KB039812

지금, 여기서 읽는

논어인문학

지금, 여기서 읽는

논어 인문학 2

초판 1쇄 인쇄일 2016년 8월 1일
초판 1쇄 발행일 2016년 8월 3일

지은이 장주식

펴낸이 김완중
펴낸곳 내일을여는책
디자인 박정화
관리실장 장수댁

인쇄 예림인쇄
제책 바다제책

출판등록 1993년 1월 6일(등록번호 제475-9301호)
주소 전라북도 장수군 장수읍 송학로 93-9(19호)
전화 063) 353-2289
팩스 063) 353-2290
전자우편 wan-doll@hanmail.net
블로그 blog.naver.com/dddoll

ISBN 978-89-7746-058-4 04140
978-89-7746-056-0 04140(세트)

(CIP제어번호: 2016017595)

지금, 여기서 읽는

논어인문학

| 장주식 지음 |

내일을여는책

| 1권 |

| 2권 |

왼손이 하는 일을 오른손이 모르게

태백

人文學

공자가 말했다.

"태백은 지극한 덕을 가졌다고 이를 만하다. 세 번이나 천하를 양보했으나 사람들이 칭송할 수조차 없었다."

子曰, "泰伯, 其可謂至德也已矣. 三以天下讓, 民無得而稱焉."

예수가 제자들에게 가르쳐서 유명해진 말이 있다.

"왼손이 하는 일을 오른손이 모르게 하라!"

내가 잘한 일을 떠벌리고 다니지 말라는 거다. 잘한 일은 숨길수록 빛을 발한다. 어떤 공연의 사회를 보던 사람이 "저는 왼손이든 오른손이든 한 일을 꼭 알게 합니다"라고 말하는 걸 들었다. 관객들이 하하하 웃었는데, 이것은 우스개로는 가능하다. 대다수 사람들이 옳다고 믿고 있던 어떤 관념을 뒤집는 효과가 있기 때문이다. 그러나 거기까지다. 우스개 이상의 효과는 없다. 자기가 잘한 일을 떠벌리면 떠벌릴수록 가치가 줄어든다.

공자가 경외롭게 여겼던 제자인 안회도 이런 고백을 했다.

"저의 소망이 있다면 두 가지입니다. 제가 잘한 일을 자랑하지 않고, 남을 수고롭게 하고 싶지 않습니다."

안회의 말을 듣고 공자는 매우 기뻐했다. 공자는 '자랑하지 않음'을 매우 높은 덕성으로 봤다. 맹지반이라는 사람이 전투에서 후퇴할 때 뒤를 맡은 공을 세우고도 "말이 달리지 않았기 때문이다"라고 겸손한 것을 높이 칭찬한 적도 있다.

태백에 대한 이야기도 같은 맥락이다. 태백은 천하의 주인이 될 수 있음에도 그 자리를 세 번이나 양보했다. 이 미덕은 엄청난 것인데도 사람들은 그 사실조차 몰랐다. 이야기는 다음과 같다.

은나라가 천하의 주인 노릇을 하고 있을 때 주나라는 서쪽 지역의 제후국이었다. 주나라의 태왕에게는 아들이 셋 있었다. 첫째는 태백, 둘째는 중옹(中雍), 셋째는 계력(季歷)이었다. 당시에 은나라는 천자의 폭정으로 민심이 떠나고 있었는데 주나라는 욱일승천의 기세였다. 백성을 아끼는 좋은 정치를 펴고 있다는 소문에 백성이 점점 늘었다. 중국 천하를 셋으로 나눈다면 거의 삼분의 이를 차지한 정도였다.

이에 태왕은 은나라를 멸망시키고 주나라의 천하를 만들 생각을 품었다. 이것을 넌지시 큰아들이자 태자인 태백에게 알렸다. 그러나 태백은 뜻이 달랐다. 은나라가 망해 가는 왕조이기는 하나, 전쟁이 일어나면 결국 비참해지는 건 백성들이라고 본 것이다. 태백은 아버지의 뜻을 따르지 않았다.

태왕은 실망스러워서 둘째 중옹과 셋째 계력을 살펴보았다. 그러던 중에 계력의 아들인 창(昌)이 눈에 들어왔다. 나이가 어린데도 포부가 크고 아주 영민했다. 태왕은 손자 창이 몹시 마음에 들었다. 창을 예뻐하는 아버지의 모습을 지켜보던 태백은 결심을 굳혔다. 태백은 동생 중옹을 찾아갔다.

"여보게 아우, 아무래도 우리가 떠나야 할까 보이."

"무슨 일이십니까, 형님?"

태백은 속내를 털어놓았다.

"아버지가 창에게 대통을 잇고 싶으신가 보네. 그러자면 계력이가 태자가 되어야 하지 않겠는가."

계력은 셋째이므로 태백과 중옹이 모두 사라져야만 왕위를 이을 수 있었다. 형제의 우애가 깊은 계력은 형들이 있으면 절대로 태자 자리를 받을 사람이 아니었다. 중옹이 흔쾌히 대답했다.

"네, 형님. 저도 어느 정도 눈치는 채고 있었습니다."

그길로 태백과 중옹은 간단히 짐을 꾸려 주나라를 떠났다. 아주 멀리 남쪽의 형만(荊蠻)으로 가서 정착했다.

태백은 평화주의자였을 가능성이 높다. 높은 자리에 앉아 권력을 휘두르기보다는 자연 속에서 편안하게 살기를 원했던 사람일 것이다. 권력을 차지하기 위해 부모형제까지 죽이는 왕조가 얼마나 많았던가.

두 형이 떠난 뒤 계력이 왕이 되고 창이 그 뒤를 이었다. 창이 바로 공자가 경모해 마지않는 그 문왕(文王)이다. 문왕은 은나라의 마지막 왕인 주(紂)에게 핍박을 받아 유리옥(羑里獄)에 갇혔다가 거기서 죽었다. 그 뒤 문왕의 아들인 무왕이 주를 죽이고 은나라를 멸망시키게 된다.

왕자들이 피비린내 나는 권력투쟁을 벌이면 죽어나는 건 백성들이다. 태백은 둘째인 중옹을 설득하여 나라를 떠났다. 평화로운 권력의 이양이 일어나게 한 것이다. 그러나 태백의 이런 행동을 백성들은 전혀 몰랐다. 공자의 칭찬은 그 부분을 향하고 있다.

공자가 말했다.

"공손하지만 무례하다면 힘들기만 하고, 신중하지만 무례하다면 두렵기만 하고, 용맹스럽지만 무례하다면 어지럽기만 하고, 정직하지만 무례하다면 목을 매단 듯 답답하다. 군자가 가까운 사람부터 다정하게 하면 사람들이 차츰 사랑의 기운을 일으키게 된다. 군자가 옛 친구를 버리지 않으면 사람들이 야박해지지 않는다."

子曰, "恭而無禮則勞, 愼而無禮則葸, 勇而無禮則亂, 直而無禮則絞. 君子篤於親, 則民興於仁, 故舊不遺, 則民不偸."

군자의 덕목을 얘기한 구절이다. 그런데 여기서 군자는 지위가 높은 사람이다. 지위가 높을수록 영향력은 커진다. 대한민국에서는 해마다 연말에 대학 교수들이 한자로 된 사자성어를 발표한다. 2015년 12월에는 혼용무도(昏庸無道)를 발표했다. 혼은 어둡고, 용은 용렬하며, 무도는 길이 없다는 뜻이다. 세상에 대한 한탄이 가득한 용어다.

예전엔 폭력적인 임금을 폭군이라 불렀지만 너무나 무능한 임금은 혼군(昏君) 또는 암군(暗君)이라 불렀다. 교수들이 현 정부를 신랄하게 비판한 용어로 보인다. 정부가 내놓는 정책이 국민들을 슬프고 답답하게 만든 부분이 다수 있다. 기득권을 가진 자는 조금의 권력도 나누려 하지 않고 부는 점점 편중되어만 간다. 무능하고 폭력적인 사람이 평범한 사람이면 큰 문제는 없다. 그런데 이 사람이 높은 지위를 갖게 되면 수많은 사람에게 참혹한 피해를 입히게 된다. 공자는 그래서 높은 지위를 가진 사람은 무례해선 안 된다고 주장하고 있는 것이다.

공손함, 신중함, 용기, 정직은 참으로 바람직한 덕목들이다. 이 덕목들은 높은 지위를 갖고 있는 군자라면 반드시 가져야 할 덕목들이다. 하지만 이 덕목들도 무례하면 아무 소용이 없다. 예는 때와 장소, 대상에 따라 수시로 바뀌어야 한다. 물론 예는 사랑, 겸소를 바탕으로 해야 한다. 아무 때나 아무 장소에서나 공손하기만 하면 나도 수고스럽고 남도 힘들게 한다. 정직의 무례가 가슴을 친다. 때와 장소, 대상을 살펴보지도 않고 정직하기만 하면 목을 매단 듯 답답하다는 말. 우리는 가끔 그런 사람을 본다.

높은 지위에 있는 사람일수록 가까운 사람을 챙길 줄 알아야 한다. 이건 전제조건이 필요하다. 가까운 사람이라고 해서 불법과 불의를 눈감아 주라는 건 결코 아니다. 가까이 있는 사람의 아픔, 슬픔, 기쁨을 공감하라는 얘기다.

내가 지위가 높아지면 오래된 친구지만 지위가 낮다고 함부로 하는 사람이 있다. 이런 사람은 오랫동안 그 지위를 누리기 어려울 것이다. 오래된 친구는 계산으로만 움직이지 않는다. 물질적이든 정신적이든 손해를 감수하고서라도 함께하는 사람이 친구다. 그러나 자기의 지위와 관련하여 만나는 사람은 철저하게 지위로 상호작용을 한다. 야박한 계산이 앞서는 것이다. 친구를 버리면 야박한 계산을 앞세운 사람들만 주변에 남는다. 얼마나 공허한가. 정말 두려워해야 할 일이다.

증자가 큰 병이 들어 위독하자 제자들을 모두 불러서 말했다.

"열고 내 발을 보아라! 열고 내 손을 보아라! 시에 노래하기를, '조심 또 조심하고, 두려워하고 또 두려워하라. 마치 깊은 연못가에 선 듯, 얇디얇은 얼음을 밟은 듯' 이라 하였다. 지금 이후에야 나는 그 조심과 두려움에서 벗어나겠구나. 제자들이여!"

曾子有疾, 召門弟子曰, "啓予足! 啓予手! 詩云, '戰戰兢兢, 如臨深淵, 如履薄氷.' 而今而後, 吾知免夫! 小子!"

증자는 증삼(曾參)이다. 공자가 살았을 때 "삼은 노(魯)하다"라고 얘기한 아주 어린 제자였다. 노는 '둔하고 미련하다'는 뜻이다. 둔하고 미련한 증삼은 공자가 죽은 뒤에 공자의 학통을 이은 사람으로 알려져 있다. 둔했기 때문에 천천히 끈기 있게 학문에 정진하여 마침내 공자의 학통을 잇는 사람이 되었다고 전한다. 기라성 같은 수많은 제자들이 있었는데도 결국 증삼이 대통을 이었으니 세상사는 참 알 수 없는 일이다.

증자의 위치에 의문을 품는 사람들은 〈논어〉라는 책을 증자의 제자들이 편찬한 것이 아닌가 의심하기도 한다. 〈논어〉에 공자 말고 성 뒤에 '자(子)'를 붙이는 제자는 셋뿐이다. 유자(有子, 유약)와 민자(閔子, 민손)와 증자(曾子, 증삼)다. 그래서 〈논어〉라는 책을 이 세 사람의 제자들이 주로 편집한 것이라고 의견을 내는 사람이 있다. 그런데 이 의견은 별 지지를 얻지 못했다. 〈논어〉 20편을 읽어 보면 몇몇 제자의 제자들이 편집했다고 보기에는 어려운 점이 많다. 굉장히 다양한 층위의 대화들이 혼재해 있기 때문이다. 다만 증자를 높여서 기록한 부분은 약간의 의문이 들기도 한다.

이 장의 기록도 증자가 마치 공자의 위치에 있는 듯한 분위기를 물씬 풍긴다. 죽음을 앞두고 제자들을 다 불러 모아놓고 한마디 하는 정경이 그려진다. 시를 인용해서 중요한 내용을 은유하는 투도 닮았다. 내용을 살펴보자.

발을 열어 보고, 손을 열어 보라고 했다. 위독한 병자라 온몸을 이불로 덮고 있었다. 당연히 손과 발도 이불 속에 있으니 보려면 이불을 열 수밖에 없다. 손과 발을 보라는 지시는 무엇일까? 뒤에 인용한 시를 보면 추측이 가능하다. '조심조심 두렵고 두려워 / 깊은 연못가에 선 듯 / 얇은 얼음을 밟은 듯'이 뜻하는 것은 정말 신중하게 살았다는 것이다. 말 한마디, 행동 하나도 함부로 할 수 없다. 한 발 잘못 내디디면 연못에 빠져 죽거나 얼음이 깨져 익사를 할지도 모른다. 깊은 연못과 얇은 얼음은 험난한 세상사를 빗댄 말이다.

영혼이 상처를 입으면 몸도 아프다. 당연히 몸이 아프면 영혼도 아프다. '내 손과 발을 보아라. 상처 하나 없이 온전하지 않느냐. 나는 내 몸을 온전하게 지키면서 삶을 살아왔다. 마침내 이제 죽음을 앞에 뒀으니 이제야 마음이 편하구나.' 이것이 증자가 하고 싶은 말이었다.

여기서 비롯되었는지 몰라도 이런 말이 생겼다. "몸과 터럭 하나까지도 다 부모에게 받았으니 상처 입히지 않음이 효도의 시작이다(身體髮膚, 受之父母, 不敢毁傷, 孝之始也)." 이것은 효도를 주제로 한 경전 〈효경(孝經)〉에 나오는 구절이다. 효는 왕조 국가에서는 정치의 중요한 이데올로기였다. 증자가 〈효경〉을 지었다는 말도 전한다. 그러나 〈효경〉의 저자가 증자라는 설은 아직도 확정되지 않았다. 역사는 역사가의 판단에 전적으로 의지하게 된다. 후대의 정치가들이 자신에게 유리하도록 앞선 역사를 조작하는 일이야 늘 있는 일이었다. 증자도 어떻게 보면 피해자일 수 있다. 뒷세대가 조작하는 역사에 원천적으로 항변할 수도 없지 않은가.

증자의 말을 있는 그대로 음미해 보자. '몸을 잘 보전해라. 좋은 삶을 살아갈 준비이니라.' 스승이나 부모로서 얼마든지 할 수 있는 말 아닌가. 다만 '전전긍긍(戰戰兢兢)'이라는 비유가 좀 과장이 심하여 답답한 느낌을 주기는 하지만.

증자가 병이 들자 맹경자가 병문안을 왔다. 증자가 말했다.

> **"새가 죽으려 할 때엔 울음소리가 슬프고, 사람이 죽으려 할 땐 말이 착합니다. 군자가 귀하게 여기는 길이 세 가지 있습니다. 용모를 움직임에 사납고 거만함을 멀리해야 합니다. 안색을 바로 함에 있어 신뢰를 가까이해야 합니다. 말 기운을 냄에 있어 구차하고 등지는 걸 멀리해야 합니다. 변두의 일은 따로 맡은 사람이 있습니다."**

曾子有疾, 孟敬子問之. 曾子言曰, "鳥之將死, 其鳴也哀, 人之將死, 其言也善. 君子所貴乎道者三, 動容貌, 斯遠暴慢矣, 正顔色, 斯近信矣, 出辭氣, 斯遠鄙倍矣. 籩豆之事, 則有司存."

맹경자는 노나라의 대부로 중손첩(仲孫捷)이라는 사람이다. 노나라에서 권력과 재물을 나눠 가진 세 집안은 맹손씨, 숙손씨, 계손씨였다. 맹손씨는 원래 중손씨였는데, 맏이가 임금이 되고 나서 맹손씨라 부르게 되었다. 맹(孟)은 맏이라는 뜻이 있다. 맏이라는 뜻을 가진 글자에 백(伯)도 있다. 똑같이 맏이라는 뜻이지만 백과 맹은 조금 다르다. 백은 태어나면서부터 맏이인 사람을 뜻하고, 맹은 백씨가 죽거나 유고가 있어 맏이가 된 사람을 나타낸다. 중손첩은 이 맹손씨 집안의 실권자였다. 그러니 맹손첩이라고 불러도 된다.

현자로 이름이 높은 사람이 죽을 때가 되면 좋은 말을 듣기 위해 많은 사람들이 병문안을 가는 것이 풍습이었다. 특히 정치를 담당한 권력자들이 많이 찾아왔다. 증자는 자기가 하고 싶은 말을 하기 위해 먼저 비유를 갖고 왔다. 상대방이 내 말에 귀 기울이게 하기 위해선 솔깃하게 만들 필요가 있다. 인기 있는 강사들이 강의를 시작하기 전에 잘 사용하는 '동기유발' 같은 거다. 증자의 동기유발이 재미있어서 이 구절이 사람들에게 많이 회자되었다.

"새는 죽을 때 울음이 슬프고, 사람은 죽을 때 말이 착하다."

누구라도 솔깃하지 않겠는가. 아, 이 양반이 착한 말을 한마디 남기려나 보구나. 맹경자가 한걸음 더 증자에게 가까이 다가앉았을 것 같다.

그런데 증자가 들려준 말은 재미가 적다. 기대가 컸기 때문이리라. 군자가 지녀야 할 세 가지 길에 대한 것으로 용모, 안색, 말이다. 용모는 몸 전체가 움직이는 몸짓을 뜻하고, 안색은 얼굴 표정이다. 용모가 사납거나 거만하지 않기. 안색이 믿음을 주기. 구차하거나 등지는 말하지 않기. 멋진 동기유발에 비하면 좀 실망스런 본론이다. 맹경자의 피식 웃는 웃음소리가 들리는 듯도 하다. 증자의 말 중에 '등지는 말'은 가슴에 와 닿는 것이 있다.

사람들과 교류하면서 등지는 말은 참 조심해야 한다. 무슨 모임이든 함께 하다 보면 실망스러운 경우가 많다. 그럴 때 등지는 말을 하기 쉽다.

"내 생각과 너무 다르다. 조율이 안 되겠다."

"내가 왜 여기 있는지 모르겠다. 난 그만두겠다."

이런 투의 말이 등지는 말이다. 한 번 등지는 말을 하고 나면 관계를 다시 회복하는 데 힘이 많이 든다. 결국 진심과는 다르게 모임에서 나오거나 모임을 깨는 일이 생길 수 있다.

마지막으로 '변두(籩豆)의 일'을 증자가 말했다. 변두는 제사를 지낼 때 쓰는 그릇이다. 변은 굽이 높고 뚜껑이 있는 제기이고, 두는 일반

제기이다. 변두는 제사 지내는 일을 총칭하는 환유다. 제사 지낼 때에는 일정한 격식이 있다. 이 격식은 그 형식을 잘 아는 사람에게 맡기면 된다는 것이다. 어떤 일의 전문가를 유사(有司)라 한다. 증자의 뜻은 '맹경자 당신이 실권자라고 해서 형식적으로 치러져야 할 일조차 이래라저래라 간섭하지 마시오' 하는 말이다. 이 말은 꽤 중요하다.

얼마 전에 나는 이 구절을 생각해 본 적이 있다. 처가에 가서 장인어른 제사를 지낼 때였다. 어떻게 하다 보니 제사상 차리는 것과 제례의 순서를 내가 맡게 되었다. 처남 두 분은 아무런 말이 없었으나, 사촌처남과 손윗동서가 한마디씩 했다. '조율시이'라든가 '홍동백서' 같은 구절도 나오고 '좌포우혜' 같은 말도 나왔다. 좀 듣고 있다가 내가 한마디 했다.

"남의 제사상에 감 놔라 대추 놔라 하면 어려워집니다. 지방마다 형식이 다르지요. 누군가 시작을 하면 간섭하면 안 돼요."

사촌처남과 동서는 약간 머쓱한 얼굴로 입을 다물었다. 그 뒤로 내가 하자는 대로 제사를 마쳤다. 제사가 끝나고 나서 나는 좀 불편했다. 그리고 마음속으로 다짐을 했다. 다음부턴 미리 이런 전제를 하고 시작하기로. '내가 하자는 대로 따르겠다면 내가 유사를 하겠다.' 이 전제가 성립하지 않는다면 유사를 하지 않는 것이 좋겠다고 마음먹었다. 증자의 말대로 '변두의 일은 유사가 있습니다' 하면 얼마나 속 편한가. 전문가에게 전문적인 일을 맡기는 것은 리더의 꼭 필요한 덕목이기도 하다.

증자가 말했다.

"잘하면서도 못하는 사람에게 물어보고, 많으면서도 적은 사람에게 묻고, 있으면서도 없는 것 같고, 가득 찼으면서도 빈 것 같고, 남의 잘못을 꼬치꼬치 따지지 않는 덕이 있다. 예전에 나의 벗들은 이런 일에 종사했다."

曾子曰, "以能問於不能, 以多問於寡, 有若無, 實若虛, 犯而不校, 昔者吾友嘗從事於斯矣."

증자가 자신의 제자들 앞에서 옛날을 회상한 이야기다. '예전에 나의 벗들'이라는 마지막 구절이 그렇다. 증자의 벗이라면 스승 공자에게 동문수학한 사람들이다. 자로, 자공, 안회, 민자건, 중궁, 재아, 염백우, 염구, 자유, 자하……. '그때가 좋았지' 정도가 아니라 듣는 사람을 자극하기 위한 의도적인 발언이다.

그런데 말이 깔끔하진 않다. 완전히 다른 해석이 나올 만한 여지들이 있다. 모두 다섯 가지인데 첫 번째를 보자. "능하면서 불능한 이에게 묻는다"고 했다. 자기 능력이 출중하여 굳이 묻지 않고 처리해도 될 일을 물어서 한다면 어떨까? 시간 낭비일까, 아니면 상대방에 대한 존중일까. 증자는 좋은 의미로 썼을 테니 좋게 해석을 하는 것이 좋겠다. 아무리 전문가라도 틈이 있기 마련이다. 모자라 보이는 사람에게서도 뜻밖의 아이디어를 얻을 수 있다. 하지만 이 구절은 불능한 사람에게도 물어본다는 고도의 자기위안일 수도 있는 찜찜함을 남긴다.

두 번째 구절도 비슷하다. "많으면서 적은 이에게 묻는다." 많다는 것은 다양하게 볼 수 있겠다. 재물, 인기, 명성 등등. 많을수록 좋다는 다다익선의 '다'이다. 부자는 가난뱅이를 업신여기기 쉽다. 인기가 많은 사람은 인기 없는 사람을 처량하게 본다. 부자, 인기인이 그렇지 못한 사람을 배려하고 오히려 높게 보아서 묻기까지 한다면 어떨까? 대단한 인품으로 보일 것이다. 그러나 한편 그 진심에 대하여 의문의 눈길을 던질 수 있다. 자신의 재물과 인기를 더욱 많게 하기 위한 전략일 수도 있으니까. 역시 뭔가 개운하지 않은 구석이 있다.

세 번째, 네 번째도 마찬가지다. "있으면서도 없는 듯, 가득 찼으면서도 빈 듯" 하라는 것인데 이것도 이중적이다. 좋게 보자면 이보다 더 좋을 수가 없다. 이것이 자연스럽기만 하다면 그는 엄청난 경지에 도달한 사람이다. 그런데 이것이 의도적이라면 위선이다. 자기기만의 위험이 도사리고 있는 셈이다.

마지막 다섯 번째는 좀 더 심하다. 범(犯)은 타자가 나를 해친 것이다. 몸을 해친 것도 되고 정신적인 피해를 준 것도 된다. 하여간 누군가 나에게 피해를 준 것이다. 교(校)는 '가르치다, 따지다'와 같은 뜻이다. 불교(不校)는 '가르치지 않는다, 따지지 않는다'고 풀이해야 한다. 그렇다면 '범이불교'는 타자가 나에게 피해를 주더라도 따지지 말라는 말이다. 이게 가능한 일일까? 아마도 증자는 남의 잘못을 꼬치꼬치 따지는 건 군자의 도리가 아니라고 본 것 같다. 남의 잘못을 따질 것이 아니라 내 잘못을 먼저 돌아보라는 의미일 텐데, 참 비현실적이다.

〈논어〉에 등장하는 증자의 이야기는 공자의 말처럼 깔끔하질 않다. 그래서 공자가 "삼, 저놈은 둔한 놈이야" 하고 말했는지도 모르겠다.

증자가 말했다.

"육척의 고아를 맡길 만하고, 사방 백 리 고을의 운명을 부탁할 만하고, 큰 절개를 보일 일에 임해서는 목숨을 바치더라도 뜻을 이루려 한다면, 그 사람은 군자인 사람인가? 그렇다. 군자인 사람이다."

曾子曰, "可以託六尺之孤, 可以寄百里之命, 臨大節而不可奪也, 君子人與? 君子人也."

춘추시대의 도량형으로 보면 일척은 23센티미터 정도 된다. 육척이라면 키가 138~140센티미터이니 아직 어린아이이다. 고(孤)는 양친을 모두 잃은 아이이다. 여기서는 보통 여염집의 고아가 아니라 왕위를 이을 후계자를 말한다.

조선시대의 슬픈 임금 단종이 바로 이 육척의 고아였다. 아버지인 문종이 병사하면서 열두 살의 나이로 왕위를 이어야 했다. 이때 문종은 김종서에게 어린 임금을 부탁했다. 그러나 잘 알다시피 김종서와 단종은 모두 수양대군에게 죽임을 당했다. 여기 증자의 말에 따르면 김종서는 결국 육척의 고아를 지켜내지 못한 사람이다.

사방이 백 리인 땅은 기원전 6세기에는 그리 작은 고을은 아니었다. 요즘 우리나라 같으면 지방의 시군 단위 정도 된다. 이 고을의 운명을 책임지는 수령의 자리를 맡을 만하다는 것. 물론 폭정이 아니라 인정을 펼 만한 능력을 말한다.

대절(大節)은 큰 마디, 큰 절개로서 나라를 위한 큰 임무를 말한다. 주로 외교사절의 책임자를 뜻한다. 외국에 사절로 간다는 건 사안에 따라 자칫하면 목숨을 잃을 수도 있는 위험한 일이다. 이때 내 몸을 죽여 대절을 이루려는 의지가 있느냐고 묻고 있다. 대한제국 때 고종의 특사로 헤이그 세계평화회의에 갔던 이준(1859~1907년) 열사는 회의장 앞에서 자결했다. 일본 제국주의가 조선과 강제로 체결한 을사조약의 부당함을 알리고 조선이 독립국임을 주장하려 했으나, 일본과 영국 대표의 방해로 회의장에도 들어가지 못했다. 그러자 목숨을 바쳐 특사의 임무를 완수하려는 의기를 보이며 순국했다. 이처럼 동서를 막론하고 대절을 이룬 사람은 적지 않다.

이 세 가지를 갖춘 사람이라면 증자는 '군자'라고 불러도 충분하다고 했다. 그런데 역시 별 재미가 없다. 증자의 말은 뭔가 판에 박힌 듯한 답답함이 있다.

증자가 말했다.

"선비는 마음이 드넓고 굳세지 않으면 안 된다. 짐은 무겁고 길이 멀기 때문이다. 인을 베푸는 것으로 자기의 짐을 삼으니 무겁지 않은가? 죽은 뒤에야 그칠 수 있으니 멀지 않은가?"

曾子曰, "士不可以不弘毅, 任重而道遠. 仁以爲己任, 不亦重乎? 死而後已, 不亦遠乎?"

임중도원(任重道遠)이라는 유명한 사자성어를 낳은 구절이다. 증자가 좀 답답한 말을 많이 했는데 여기선 꽤 인상적인 말을 남겼다.

"짐은 무겁고 길은 멀다."

문학적인 비유가 사람들의 마음을 끌어당긴다. 그런데 굳이 뒷말을 덧붙이지 않고 그냥 거기서 멈춰도 좋았겠다. 그랬다면 '무슨 짐이기에 그리 무거운가?' 하고 짐에 대해 다양한 생각들을 갖게 했을 것이다.

사람마다 진 짐의 종류가 다르다. 가정에서, 사회에서 제각각 진 짐들이 있고 인간으로서 어쩔 수 없이 진 짐도 있다. 길 또한 마찬가지다. 사람마다 추구하는 길이 다를 수밖에 없다. 그러나 가슴에 품은 꿈을 이루는 길은 멀고 험난하다. "진 짐은 무겁고 갈 길은 멀기만 하다"는 말만으로도 적지 않은 위로를 받게 된다. 그런데 지고 있는 짐이 '인(仁)'이라고 규정을 함으로써 의미의 확장성이 줄어든다. 뭔가

굴레에 갇히는 느낌이 든다. 이것이 증자와 공자의 차이점이 아닐까. 말을 듣는 사람이 스스로 길을 열어 나갈 것을 신뢰하지 못하고 규정해 주고만 싶어 하는 노파심. 이것은 친절함이라기보다는 일종의 간섭이다.

위로와 격려만으로도 충분한데, '너는 이 길을 가야 한다'라고 규정을 해버리는 순간 격려와 위로는 빛을 잃는다. 그래서 진 짐이 인이고 죽은 뒤에야 걷는 길을 그친다는 말은 일종의 사족이요 옥의 티다.

임중도원하기 위해 홍의(弘毅)해야 한다는 전제는 좋다. 홍은 '드넓다'는 뜻이고, 의는 '의지가 굳세다'는 뜻이다. 무거운 짐을 지고 먼 길을 가기 위해선 너그럽되 의지가 굳세어야 함이 마땅하다. 작은 비바람에도 픽 쓰러져서야 십 리인들 갈 수 있겠는가. 몇몇 간섭에 금방 흔들리는 속 좁은 마음을 가져서야 되겠는가. 여기서 선비가 갖춰야 할 덕목으로 '홍의'가 나왔다. 그래서 '홍의지사'라는 말도 생겼다. 어차피 우리는 인류로 태어날 때부터 짐을 지고 길을 가게 되어 있다. 걷는 길마다 끝없이 흔들리고 주저앉기도 할 것이다. 그럴 때마다 다시 일어서야 한다. 다시 일어설 때마다 조금씩 마음은 너그러워지고 중심은 점점 굳세어질 것이다.

공자가 말했다.

"시에서 감흥이 생기고, 예에서 세워지며, 음악에서 완성된다."

子曰, "興於詩, 立於禮, 成於樂."

말은 짧으나 뜻은 깊고 넓다. 교묘한 말, 수다스러운 말, 크게 하는 말은 길고 번지르르하지만 뜻은 얕고 좁은 경우가 많다. 공자의 이 짧은 말은 씹을수록 맛이 난다.

우선 시와 예와 악을 한번 보자. 시는 고생인류의 시초에도 있었고 지금도 있으며 인류가 존재하는 한 영원할 것이다. 시는 쉽기도 하고 어렵기도 하다. 시는 그냥 입 밖으로 흘러나오는 흥얼거림이기도 하고, 끊임없이 조탁해서 만드는 보석이기도 하다.

사람은 자신이 본 적이 없는 압도적인 경치를 만났을 때 "아!" 소리도 내지 못하고 그냥 입을 떡 벌리고 숨소리마저 죽일 때가 있다. 그것이 시다. 그래서 시는 아무런 말이 없기도 하고 글자로 표현하지 못할 수도 있다. 내가 미처 생각하지 못한 어떤 깨달음을 얻었을 때에도 시는 생산된다. 어떤 종교에서는 '오도송(悟道頌)'이 있는데 바로 그것이다. 도를 깨달은 노래라는 뜻이다.

이렇게 시는 사람으로 살아가는 데 물과 공기 같은 존재다. 시는 내 마음을 흥분시키고 울리고 웃게 한다. 그것이 흥(興)이다. 흥이 나면 저절로 노래를 부르게 되고, 어깨도 들썩이며 춤도 추게 된다. 얼마 전에 내가 참여하는 모임에서 송년회를 했다. 조그마한 선물을 준비해서 서로 나누는 시간이 있었다. 그때 문득 떠오른 생각이 있어서 내가 제안했다.

"우리, 자기가 받은 선물 이름으로 시를 지어 봅시다."

처음엔 다들 반대를 했다.

"에이, 어려워요."

"즐거운 날 힘들게 하지 마요."

그런데 내가 먼저 하겠다고 하자, 그들은 할 수 없이 운을 띄워 주었다. 내가 받은 선물은 '로션'이었다. 로션으로 어떻게 이행시를 짓느냐고 걱정해 주는 사람도 있었다. 나는 자신 있으니 얼른 운을 띄우라고 재촉했다. 그들이 함께 외쳤다.

"로!"

"로는 노로 바꿔서 노별꽃으로 합니다. 노별꽃을 생각하면 마음이."

"션!"

"셔언합니다!"

노별꽃은 나의 아내다. 셔언하다는 말은 시원하다는 뜻인 것을 사람들이 금방 알아차렸다. 여기저기서 쿡쿡 웃음이 터져 나오고 한 사람은 이렇게 말했다.

"사모님에 대한 아부가 좀 심하네요."

어쨌든 분위기가 조금 낙낙해졌다. 이어 사람들이 돌아가면서 자기

선물 이름으로 이행시 또는 삼행시 또는 사행시를 지었다. 거듭될수록 분위기는 점점 고조되었다. 열 명 정도 되는 인원이 시 지어 읊기를 끝냈을 때 사람들마다 얼굴에 홍조가 떠올랐다. 여기서 나는 시흥(詩興)이라는 말의 의미를 다시 한 번 깨닫기도 했다. 시는 우리 사람의 수많은 느낌들을 하나하나 일깨운다. 시각, 청각, 후각, 촉각은 물론 마음까지 다 움직이게 하는 것이다.

두 번째로 예이다. 예는 질서다. 질서는 카오스를 코스모스로 만드는 것이다. 우주의 시초는 혼돈이었다. 혼돈은 온갖 생명이 뒤얽혀 있는 그 자체다. 장자(莊子)는 혼돈이라는 신의 몸에 일곱 개의 구멍을 뚫었더니 죽어 버렸다는 이야기를 한다. 혼돈이라는 신은 그냥 둥근 덩어리였다. 여기에 뚫은 구멍은 눈, 코, 입, 귀를 말한다. 일종의 질서를 만든 셈이다. 그렇다면 구멍을 뚫는다는 건 혼돈을 사람으로 만들었다는 얘기도 된다. 장자가 이 우화를 가져온 것은 유학자들의 '곡례'를 비판하기 위한 것이었다. 곡례란 사사건건 예를 따지면서 구속하는 걸 말한다.

눈, 코, 입, 귀가 없어도 둥글둥글 잘만 살아가던 혼돈을 도와준답시고 구멍을 뚫어 죽여 버리는 것이 예를 따지는 유학자들의 병폐라는 지적이다. 이건 맞는 말이다. 사람이 예를 부려야지, 예가 사람을 부려선 안 된다. 우스갯말로 사람 나고 예 났지, 예 나고 사람 난 것이 아니잖은가. 그런데 그 가치가 전도되어 예가 사람을 부리면 마치 혼돈을 죽이는 거나 마찬가지인 셈이 된다. 요즘 돈이 사람을 죽이는 거와 같다. 사람들의 생애를 편하게 하기 위해 만들어낸 돈이라는 물건이 사람들을 초월한 신의 자리에서 생사를 결정짓는 전도현상. 인공지능 '알파고'가 세계 바둑 챔피언 이세돌 9단을 이겨서 화제가 되고 있다. 고도의 계산과 직관력이 있어야 되는 게임이 바둑이다. 몇몇 천재들의 지능을 넘어서는 컴퓨터의 탄생은 인류에게 재앙이 될지도 모른다.

예가 사람을 부리는 순간 그건 이미 예가 아니다. 비례요 무례가 되는 것이다. 예는 나와 타자의 소통을 위한 도구다. 사람은 코스모스의 세계에서 살아갈 수밖에 없다. 그러자면 질서가 필요악이다. 가장 편안한 질서, 사람답게 살아가기 위한 소통과 공감의 질서, 그 수단이 예이다. 그래서 공자는 사람과 사람들이 나란히 서서 평화롭게 살기 위한 도구로 예를 세워야 한다고 말했다. 예는 그 이상을 넘어서서는 안 된다.

세 번째로 공자는 음악을 말한다. 음악에서 모든 것이 완성된다고 말했다. 공자로선 드물게 단호하게 한 말이다. 사람의 생애가 음악에서 완성된다니……. 깜짝 놀랄 만한 발언이다. 그런데 곱씹어 보면 정말 맞는 말이라는 생각이 든다.

나는 사람들과 함께 도서관에서 〈논어〉를 원문으로 강독한 지 2년이 넘었다. 매주 두 시간씩 하는데 2년 동안 강독하여 10부인 '향당'까지 마쳤다. 한문 원문을 나와 수강생들이 같이 읽는다. 그런 다음 원문 해석을 내가 공들여서 하고 서로 토론에 들어간다. 두 시간 동안 3장밖에 못할 때도 있다. 그만큼 토론거리가 많은 까닭이다.

강독을 하는 동안 보통 30분은 음악을 감상한다. 수강생 중에 음악에 조예가 깊은 분이 있어 해설과 함께 감상을 이끌어 준다. 이 시간을 사람들은 몹시 좋아한다. 공자는 제자들에게 기본으로 하게 한 것이 악기 연주였다. 상가에 조문을 하면서 곡을 한 날이 아니면 공자는 하루도 빼놓지 않고 노래도 불렀다.

사람은 어릴수록 노래를 많이 부르고 많이 듣는다. 그런데 나이가 들어 갈수록 점점 노래를 멀리하고 잘 듣지도 않는다. '할 일이 많아서, 시간이 없어서'라고 노래를 못 부르고 못 듣는 이유를 말한다. 하지만 내가 보기엔 그 이유는 틀렸다. 음악을 멀리한다는 건 인류가 타고난 좋은 심성을 잃어버렸다는 말과 같다.

슬픈 노래, 즐거운 노래, 활기찬 노래, 잔잔한 노래, 어떤 종류의 노래든 노래는 다 힘을 갖고 있다. 듣는 사람의 감정 상태에 따라 적절한 위로를 준다. 그것이 음악의 힘이다. 인간의 밑바닥 심성에 흐르는 무언가를 자극하기 때문이다. 아마 여기서 공자가 아주 짧게 음악을 '성(成)'이라는 한 글자로 표현하고 말았지만, 이 말은 그만큼 울림이 크다. 나쁜 음악을 들으면 나쁜 인생을 완성시킬 수도 있다. 그런 위험을 무릅쓰고서라도 공자는 음악의 중요성을 얘기하고 싶었던 것이다. 음악은 나쁜 생애를 좋은 생애를 바꿔 주는 힘이 훨씬 크기 때문이다.

언젠가 텔레비전을 시청하다가 그런 생각을 확신시켜 주는 걸 느꼈다. '히든싱어'라는 프로그램인데, 아마추어 모창가수들이 인기 있는 프로 원조가수의 노래를 부른다. 얼마나 연습을 많이 했는지 모창가수가 원조가수를 이기는 경우도 있다. 모창가수들이 원조가수와 만나서 얘기할 때 공통점이 있었다.

"당신의 노래가 제 인생을 바꿨습니다."

표현은 다양했지만 대부분 이런 뜻이었다. 어떤 모창가수는 조직폭력에 몸담았다가 노래를 듣고 조직을 나온 이야기를 하기도 했다. 음악의 힘이 절절하게 느껴지는 순간이었다.

시와 예와 음악. 이것은 학문의 중심테마이기도 하면서 사람의 생애를 요약해 주는 말이기도 하다.

공자가 말했다.

"백성들을 따르게 하는 것은 되지만, 백성들을 알게 하는 건 불가하다."

子曰, "民可使由之, 不可使知之."

이 말은 공자가 지배자를 옹호하는 철학자로 공격받는 빌미가 되는 말이다. 철저하게 지배자의 논리에 선 발언으로 해석이 되기 때문이다. 유(由)는 '말미암는다'는 뜻이니 '이미 주어져 있는 길을 따라가기만 하면 된다'고 해석해야 한다. 지배자가 만들어 놓은 길을 따라가기만 하면 되지, 왜 그 길로 가야 하는지는 묻지 말라는 것이다.

지배자들이 만든 길이 어떤 길인지 묻고 어디에 도달할 것인지 당연히 물어야 되는 일이 아닌가. 그런데 그것을 알게 하는 것은 불가하다고 했으니, 세상에 이런 독재가 어디 있는가? 정말 공자에게 대실망이다.

이 공자의 말을 인용하여 역대의 독재자들이 우민정책을 합리화하는 근거로 사용했다. 공자는 책임을 벗어날 길이 없다. 제자들이 공자의 말을 잘못 알아듣고 편집상의 실수를 한 것일까? 그래서 현대 대만의 학자 팡둥메이(方東美)는 이렇게 해석을 하기도 했다. 원문의 구두점을 다르게 찍어서 읽는다.

"민가(民可), 사유지(使由之), 불가(不可), 사지지(使知之). 백성이 된다고 하면 그것을 따르게 하고, 백성들이 불가하다고 하면 알게 한다."

백성들이 괜찮다고 하면 그 정책을 시행하고, 백성들이 불가하다고 하면 정책의 필요성을 알게 하고 설득한다는 뜻이다. '불가' 앞에 '민'이라는 주어는 중복이라 생략되었다는 것이다. 공자의 의도를 변명하기 위한 충정 어린 해석이기는 하지만 그럴듯한 면도 있다. 지배자 옹호의 논리가 단번에 민본주의 발언으로 뒤바뀌지 않았는가. 지금까지 공자의 발언을 따라온 것으로 보면 팡둥메이의 해석이 일리가 있다.

독재자나 하자가 있는 지배자는 백성들이 진실을 아는 것을 몹시 두려워한다. 뒤가 너무나 구리기 때문이다. 대한민국의 현 정권은 세월호 침몰의 진실이 밝혀지는 것을 극도로 꺼리고, 역사 교과서를 국정화로 바꾼 뒤 집필자를 공개하지 않는다. 최근에 발생한 한일 간의 일본군 성노예 관련 합의도 그렇다. 2015년 12월 28일자로 두 나라 정부가 합의한 주요 골자는 이렇다.

- 위안부 문제는 당시 군의 관여 하에 다수의 여성의 명예와 존엄에 깊은 상처를 입힌 문제로서, 이러한 관점에서 일본 정부는 책임을 통감함.
- 모든 전(前) 위안부 분들의 지원을 목적으로 하는 재단을 설립함.
- 이번 발표를 통해 동 문제가 최종적 불가역적으로 해결된 것임을 확인함.

위의 사항이 협상 내용의 전부다. 재단을 설립하는 데 일본 정부는 10억 엔을 보내기로 했다. 10억 엔! 우리 돈으로 환산하면 100억 원 정도다. 우리는 100억 원이 없어서 위안부들의 치유를 위한 재단을 설립하지 못한 것일까?

가증스러운 것은 일본 측의 발표문을 보면 위안부 앞에 꼬박꼬박 '전(前)'이라는 글자를 붙이는 부분이다. '이미 지나간 일'이라는 의미를 강하게 풍기는 글자다. 과연 지나간 일일까? 결코 그렇지 않다. 지금도 성노예의 일로 고통을 당하는 분들이 엄연히 살아 있으며 고통은 진행형이다. '전(前)'이 될 수가 없는 것이다.

더욱 기가 막힌 일은 '최종적 및 불가역적으로 해결'이라는 말이다. 최종이란 '완전히 끝났다'는 뜻이다. 그것도 모자라서 '불가역적'이라는 물리학의 용어를 덧붙였다. 불가역적은 '본래의 상태로 돌아갈 수 없는 성격을 띤 것'이라는 뜻이다. 한마디로 모든 것이 끝났다는 의미이며 더 이상은 이 문제로 협상은 없다는 선언이다.

직접당사자인 위안부 할머니들의 의견을 단 한 번도 듣지 않은 정부가 무슨 권리로 이런 협상문을 내놓을 수 있을까. 이 말도 되지 않는 협상문이 어떻게 가능했을까? 여기서 우리는 눈에 보이지 않는 진실을 들여다봐야 한다. 위안부 협상은 한일 간의 문제가 아니었다. 위안부 문제의 해결을 전제로 한 미국의 개입이 있었다.

미국은 동아시아에서 중국의 확장을 견제하려면 일본을 달랠 필요가 있다. 동아시아에서 중국의 진출을 막고 미국의 이익을 유지하려면 일본의 경제력과 군사력이 꼭 필요하다. 그러자면 한국과 일본의 불편한 과거를 청산하고 밀접한 유대가 필요하다. 그것을 위안부 문제의 해결로 본 것이다. 그러나 문제는 일본이 고분고분하지 않은 것이다. 일본은 사과하는 흉내만 내고 위안부 문제를 최종적으로 끝장내고 싶어 했다. 그것이 이 협상문이다. 이것은 일본 극우세력의 의지가 그대로 관철된 협상이다. 그렇다면 한국은 도저히 받아들일 수 없는 상황인데 어떻게 타결이 가능했을까. 가능할 수밖에 없다. 한국의 현 정부와 모든 이해타산이 맞아떨어진 것이다. 그들의 이념적 친밀도가 자국의 국민이나 자국의 위안부의 눈물을 볼 수 없게 만들고 있음이다.

현 정부의 대미 의존을 잘 보여 주는 숫자가 있다. 78억 달러. 전 세계에서 1위. 이것은 무슨 숫자일까? 바로 2015년 한 해 동안 대한민국이 무기를 수입하면서 쓴 돈이고, 무기수입국의 순위이다. 78억 달러는 우리 돈으로 환산하면 약 9조 1299억 원이다. 78억 달러 중에 미국산 무기를 수입한 금액이 70억 달러다. 9조라는 돈은 대한민국의 모든 대학생의 등록금을 합친 금액과 비슷하다. 일본의 군사대국화를 지원하는 한편, 북한과 남한의 긴장상태를 고조시키면서 무기를 팔아 생기는 이익을 극대화하려는 것이 바로 미국의 전략이다.

재미있는 통계가 또 있다. 한국이 무기수입국 1위라면 과연 2위는 어느 나라일까. 놀랍게도 이라크다. 이라크는 73억 달러로 2위다. 이라크를 침공하여 수십만의 민간인과 수만의 군인을 죽게 만들고 빛나는 문화재를 파괴한 이라크전쟁을 일으킨 장본인이 미국이다. 그런 다음 친미정권을 세우고 이렇게 무기를 팔아먹고 있다. 민주주의 국가라는 가면을 쓴 제국주의의 면모가 여실하게 드러나고 있다.

위안부 협상 문제는 빙산의 일각에 지나지 않는다. 제국주의 국가에 종속된 체제를 벗어나지 못하는 한 모든 문제가 그런 식으로 풀려나갈 수밖에 없다. 그런데도 권력을 쥔 사람들은 진실을 숨기기에 급

급하다. "내가 만들어 놓은 길을 그냥 따라오라. 너희들은 알 필요 없다"고 되풀이할 뿐이다. 현재 대부분의 방송과 신문은 그런 정부의 입장을 앵무새처럼 반복하고 있다. 밤낮없이 비싼 전파와 종이를 써 가면서 말이다. 권력을 가진 사람은 공자의 진의를 왜곡하여 내 지배의 논리로 삼지 않도록 조심할 일이다.

공자가 말했다.

"용맹을 좋아하고 가난을 싫어하면 난리가 일어난다. 사람이면서 어질지 못한 경우가 있는데, 그것을 너무 심하게 미워하면 역시 난리가 일어난다."

子曰, "好勇疾貧, 亂也. 人而不仁, 疾之已甚, 亂也."

용기는 매우 좋은 덕목이다. 자기변혁을 할 수 있는 전환점의 경계가 용기의 유무다. 용기를 내면 변혁이 시작될 수 있다. 지극한 슬픔에 빠진 경우에도 새 삶을 위한 힘을 내는 데는 용기가 필요하다. 용기를 내지 못하면 무기력해지고 심각한 경우에는 자기상실을 초래할 수도 있다.

그런데 뭐든지 지나치면 화를 부른다. 용기를 낼 때 내야 하는데 아무 때나 큰소리를 치고 과장된 행동을 보이면 이것은 만용이 될 위험이 있다. 습관성 용맹이다. 이것은 사나운 용기다. 이런 사람이 가난하면 참지를 못한다. 그것이 난리인데, 질서가 있는 세계를 혼란스럽게 만들려고 한다. 코스모스의 카오스화다. 물론 카오스는 새로운 코스모스를 부르기 때문에 긍정적인 효과가 있다. 혼란이 다 나쁜 것만은 아닌 까닭이다. 그러나 혼란을 부르는 까닭이 만용에 의해서가 아니라 잘못된 질서를 깨뜨리기 위한 용기여야 할 것이다.

현재의 질서가 만인을 힘들게 하는 비민주적일 때는 깨뜨려야 한다. 이 용기는 호용질빈(好勇疾貧)이 아니라 '의지여비(義之與比)'일 것이다. 정의와 불의를 견주어 보는 용기 말이다.

사람이라고 다 인자할 수는 당연히 없다. 인자한 경우보다 모진 경우가 훨씬 더 많다. 사람의 타고난 속성이 그러한 것이지 잘못일 수는 없다. 그런데도 실수를 너무 미워하면 반발심을 불러일으킨다. 역시 미워함이 지나친 것이다. 쥐도 도망갈 구멍을 남겨 놓고 쫓으라고 했다. 막다른 골목에 이르면 돌아서서 발톱을 세운다. 쫓던 고양이가 쥐를 잡기는 하겠지만 작은 상처라도 입게 된다.

사람의 불인을 미워하라고 공자는 가르쳤다. 그러나 심하게 미워하면 그것 자체가 불인이 된다. 남의 잘못을 공격하다가 자기가 잘못을 범하는 되는 것이다. 어떤 고등학교에 많은 아이들이 싫어하는 아이가 있었다. 지극히 이기적이고, 친구들한테 함부로 하고, 마음에 상처를 입히는 아이였다. 그래서 많은 아이들이 그 아이 때문에 너무너무 힘들어했다. 졸업을 앞두고 견디다 못한 피해 아이들이 전교회의에서 그 아이를 성토하겠다고 나섰다. 교사들이 말리고 전교회장단도 말렸으나 피해 아이들은 듣지 않았다.

어떻게 되었을까? 당연히 문제는 해결되지 않고 더욱 커졌다. 학교 전체가 혼란에 빠진 것이다. 원래 피해자였던 아이들이 가해자로 탈바꿈했다. 전교회의에서 집단으로 한 아이를 몰아붙였으므로 집단폭력이 되어 버린 것이다. 전교회장단이 집단폭력으로 규정하는 바람에 회의장은 아수라장이 되었다. 피해자였던 아이들은 2차 피해를 당했다고 울어댔다. 교사들은 한숨을 쉬면서 아이들의 미숙함을 탓했다.

이러한 현상은 결국 한 아이의 불인을 너무 심하게 미워했기 때문에 벌어진 일이었다.

공자가 말했다.

"가령 주공의 재주의 아름다움을 가지고 있다 하더라도 교만을 부리고 인색하다면, 그 나머지는 볼 필요도 없다."

子曰, "如有周公之才之美, 使驕且吝, 其餘不足觀也已."

공자가 몹시 싫어한 것이 교만과 인색함이라는 걸 잘 보여 준다. 소인의 행태를 공자는 교이불태(驕而不泰)라고 얘기한 적이 있다. 교만하고 너그럽지 못하다는 것이다. 태는 '태연하다, 드넓다, 너그럽다' 등으로 해석한다. 너그럽지 못하다는 건 인색하다는 말과도 통한다. 그래서 교만과 인색은 실과 바늘처럼 같이 다니게 된다.

주공은 공자 인생의 모델이었다. 공자가 나이가 들어 죽음을 앞두고 있을 때, "심하구나! 나의 노쇠함이여. 꿈속에서 주공을 보지 못한 지도 오래되었구나" 하고 탄식을 하기도 했다. 꿈속에서조차 늘 그리워했던 인물이 주공이라는 고백이다.

사람은 누구나 마음속에 따르고 싶은 사람을 품고 산다. 나는 가끔 대중 강의를 가면 본받고 싶은 인물에 대해 얘기를 한다. "어떤 분야에서 성공한 사람들을 보면 대부분 '롤모델'이 있더라. 여러분도 그런

모델을 한둘 정도는 가지시는 게 좋겠다"라고 얘기하면 대부분 고개를 끄덕였다.

공자는 자기가 가장 사랑하는 주공을 예로 들었다. '주공의 재주의 아름다움'이라면 공자가 비유할 수 있는 최상의 아름다움이다. 그럴 리야 없겠지만, 혹시 그런 재주를 타고났다고 해도 교만하고 인색함을 보인다면 끝장이라는 것이다. 다른 재주들이 아무리 뛰어나다 하더라도 교만과 인색함이 그 모든 아름다움을 망가뜨리고 말 테니까.

공자가 말했다.

"삼 년을 배우고도 녹을 먹는 자리에 이르지 않은 사람은 얻기가 쉽지 않다."

子曰, "三年學, 不至於穀, 不易得也."

우리는 십 년 동안 한 우물을 파면 못할 것이 없다는 말을 자주 한다. 그런데 요즘 우리 아이들은 우물을 파도 너무 오래 판다. 우물의 이름은 학교인데, 엄청난 시간을 투자하여 학교를 다닌다. 초등학교만 보더라도 고학년 같은 경우 학교에서 보통 6~7시간을 보낸다. 그걸로 끝이 아니다. 학원에 가서 또 배운다. 아마도 하루에 10시간 이상을 배울 것이다. 중학교와 고등학교로 가면 시간은 더 늘어난다.

초등학교 6년, 중고등 6년이면 벌써 12년을 배웠다. 공자가 말한 삼 년의 네 배다. 그런데도 이것이 끝이 아니다. 대부분의 아이들이 대학을 간다. 대학은 4년을 배운다. 대학을 졸업하면 공자의 말대로 '녹을 먹는 자리'를 얻을 수 있을까? 녹을 먹는 자리란 벼슬자리를 뜻하지만, 여기선 그냥 직업 정도로 해두자.

현재 대한민국은 청년실업이 가혹할 정도로 심각하다. 대학을 졸업

한다고 다 직장을 잡을 수가 없다. 무엇이 잘못된 것일까. 그 오랜 세월 우물을 팠어도 물이 나올 곳을 찾지 못한 탓이다. 이리저리 사회의 불안에 휩쓸려 다니다 자신이 뭘 해야 하는지 잊어버렸다. 자본이라는 물신이 지배하는 사회에서, 그 신의 사랑을 얻기 위한 길로만 아이들을 몰아대다 보니 아이고 어른이고 모두 길을 잃어버렸다.

삼 년만 배워도 충분한 교육이 되어야 한다. 그러자면 우선, 교육을 빙자하여 자본을 축적하는 교육상인이 사라져야 한다. 왜곡된 사학제도를 뿌리 뽑지 못하면 교육장사는 날로 번창하고 아이들의 고통은 계속될 수밖에 없다.

공자가 말했다.

"신뢰를 돈독하게 쌓고, 배우기를 좋아하며, 옳은 길을 죽음으로 지켜라. 위태로운 나라에는 들어가지 말고, 어지러운 나라에는 살지 마라. 천하에 도가 있으면 드러내고, 도가 없으면 숨겨라. 나라에 도가 있을 땐 가난하고 천한 것이 부끄럽고, 나라에 도가 없을 땐 부유하고 귀한 것이 부끄러운 일이다."

子曰, "篤信好學, 守死善道. 危邦不入, 亂邦不居. 天下有道則見, 無道則隱. 邦有道, 貧且賤焉, 恥也, 邦無道, 富且貴焉, 恥也."

헬조선이라는 유행어가 새삼 생각나게 하는 구절이다. 헬은 '지옥'을 뜻하는 영어이니, 헬조선이란 '지옥 같은 조선'이란 뜻이다. 2015년 젊은이들을 중심으로 대한민국을 강타한 유행어이다. 어지러운 나라에선 살지 말고 위태로운 나라엔 들어가지 말라는 공자의 말이 그렇지 않은가. 현재의 대한민국은 극도로 위태로운 나라다. 지구상의 유일한 분단국가이며 주변의 강대국들은 오로지 탐욕으로 번들거리는 눈으로 한반도를 주시하고 있다.

남쪽을 발판으로 삼아 욕심을 채우려는 미국과 일본. 북쪽을 먹잇감으로 삼아 칼질을 하는 러시아와 중국. 그 틈바구니에서 나눠진 동포는 서로를 극도로 혐오하고 있다. 전혀 그럴 이유가 없건만 미워하고 있다. 같은 언어, 같은 풍습, 같은 혈족으로 살던 한반도의 백성들은 왜 나눠졌을까? 스스로 나눠지고 싶었던가? 당연히 아니다. 2차 세계대전이 끝나고 소련의 북쪽 진주에 당황한 미군 대령들이 자를 대고 지도상에 그은 줄 하나, 그것이 분단의 시작이었다.

한반도의 심각한 문제들은 대부분 분단이 원인이다. 분단을 해소하지 않으면 '헬조선'일 수밖에 없다. 그럼 어떻게 해야 할까. 공자의 독신호학(篤信好學)이 답이 될 수 있다. 독신은 서로 신뢰를 돈독하게 쌓으라는 말이다. 어이없는 일이었지만 이미 분단은 이뤄졌고, 그 고통이 70년에 이르렀다. 고통을 끝장내는 일은 신뢰를 쌓는 길이 첫걸음이다. 주변의 강대국들은 자국의 이익을 위해 한반도 남북 백성들이 서로 미워하게끔 이간질을 끊임없이 자행해 왔다. 그 이간질을 뚫고 신뢰를 쌓아야 한다. 이간질을 뚫는 길은 진실을 알아야 가능하다.

진실을 알기 위해선 배워야 한다. 그것이 호학이다. 분단을 공고하게 하려는 거짓된 정보를 강대국들이 양산하고 있다. 거짓을 넘어 진실에 가 닿기 위해선 마음을 열고 배워야 한다. 남한은 북한의 진실을, 북한은 남한의 진실을 알려는 노력을 해야만 한다. 상대를 향한 미움만 쌓게 만드는 거짓 선전인 확성기 방송 등을 결코 해서는 안 된다. 동포를 미워하면서 주변 강대국의 이익을 키워 주는 어리석은 행동일 뿐이다.

세상이 무도한데 자기만 부유하고 귀한 자리에 있다고 행복할까. 그런 것 같다. 다른 사람들이 절망하여 울든 말든 나만 마음껏 누리면 그만이라는 생각을 하는 사람이 많은 것 같다. 예전엔 우리 집만 좋은 것을 먹을 때 이웃에 미안한 마음을 갖고 있었다. 그래서 냄새가 밖으로 나가지 않도록 문을 닫고 밥을 먹기도 했다. 현대 헬조선의 부자들은 전혀 부끄러움을 모르는 것 같다. 오히려 떵떵 큰소리를 친다. "무도한 방법을 써서라도 부를 쌓아라. 무도한 방법을 써서라도 권력을 잡아라. 그렇지 못한 것이 오히려 부끄러운 일이다" 하고 외친다. 적반하장도 이런 적반하장이 없다.

그런데 공자의 말 중에 한 가지는 의문이다. "세상에 도가 있으면 드러내고, 무도하면 숨겨라"는 말. 헬조선을 떠나 이민을 가고 싶다는 젊은이들이 많다. 무도한 세상에 내 몸을 드러내고 투쟁해 봐야 뭐하겠느냐는 것인데 그래도 나는 싸워 봐야 한다고 생각한다. 어느 나란들 부끄러움을 모르는 자들이 없겠는가. 지금 여기를 바로잡지 못하면 어디를 간들 마찬가지일 것이다. 늘 떠돌아다니는 부평초 신세가 될 수도 있다. 비탈에 서서도 굳건히 버티는 참나무를 닮을 필요가 있다.

공자가 말했다.

"그 자리에 있지 않으면 그 정치에 대해 도모해선 안 된다."

子曰, "不在其位, 不謀其政."

자리가 사람을 만든다는 말이 있다. 못난 사람도 높은 자리에 앉아 있으면 빛나 보인다. 잘난 사람도 거지꼴을 하고 있으면 못나 보인다. 말도 그렇다. 영향력이 있는 지위에 있는 사람과 그렇지 않은 사람의 말은 무게가 다르다. 그래서 지위가 없는 사람의 말은 힘만 들고 효과를 얻지 못하니 아예 말하지 말라는 충고는 맞는 말이다.

그런데 이 말은 한편으로 맥이 빠지게 하는 면도 있다. 꼭 어떤 자리에 있어야만 정치를 도모할 수 있는가. 그렇지는 않을 것이다. 정치란 자리를 차지하고 있는 사람만의 전유물이 아니다. 오히려 지위가 없는 사람들이 적극적으로 참여할 때 지위 있는 사람의 독단을 방지할 수 있다. 그런 점에서 공자의 이 말은 역시, 비공파(批孔派 : 공자의 사상을 비판하는 사람들)들의 비판을 받을 여지가 충분히 있다.

공자가 말했다.

"악사인 지(摯)의 창으로 시작하여 기악으로 마무리되는 관저의 음악은 그 소리가 양양하여 귀에 가득 차 있구나!"

子曰, "師摯之始, 關雎之亂, 洋洋乎, 盈耳哉!"

노나라의 궁정악사인 지는 음악의 대가였다. 공자가 이 사람에게 음악을 배웠으며 공자가 음악 부문에선 존경해 마지않는 사람이다. 궁정의 모든 악기를 동원하여 합주도 하고 창도 하는 음악회에 공자가 참석한 소감을 말했다.

지휘자이자 연주가이자 가수인 지가 독창으로 먼저 시작을 했다. 이어 합주가 이어지고 대단원의 마무리는 관저이다. 관저는 〈시경〉의 맨 처음에 나오는 노래다. 일명 풍(風)의 시작이다.

음악을 듣고 나와서 귀에 쟁쟁하게 남는 경험은 많이 있다. 오페라나 뮤지컬, 록페스티벌이나 가요를 중심으로 한 음악회에 참석했다가 귀가할 때 흥얼흥얼 노래를 하는 경우도 많다. 양양은 드넓은 바다를 연상시킨다. 넘실거리는 넓고 깊은 바다처럼 귀에 가득 찼다는 것이니 감동의 깊이와 넓이를 잘 전달해 준다.

공자가 말했다.

"사나우면서 정직하지도 않고, 미련하면서 조심하지도 않고, 아주 소심하면서 믿음성도 없는 사람들이 있다. 나는 이런 사람을 어찌해야 할지 모르겠다."

子曰, "狂而不直, 侗而不愿, 悾悾而不信, 吾不知之矣."

'나는 모르겠다'는 오부지(吾不知)의 표현은 공자가 가끔 한다. 완곡한 표현 같지만 매우 강력한 의미를 담고 있다. 공자로서도 더 이상 어떻게 해볼 수 없을 만큼 갈 데까지 가 버린, 되돌릴 가능성이 아주 희박하다는 것이다. 가장 고통스러운 상황은 관심을 받지 못하는 경우다. 교사의 무관심은 학생을 죽이고, 엄마의 무관심은 자식을 죽인다고 한다. "난 모르겠으니 니가 알아서 하라"는 말은 이 무서운 무관심의 선언이다.

그렇다면 공자는 어떤 희망도 두지 않겠다는 이 박절한 말을 어떤 대상에게 했을까. 여기서는 세 부류를 들었다.

첫째, 사나우면서 부정직한 사람. 광(狂)은 '미치다, 사납다, 거칠다'는 의미를 갖고 있다. 잘 다듬어지지 못한 상태이다. 그런데 뜻이 크고 가진 재주가 남다른 사람을 광사(狂士)라고 부르기도 한다. 잘만

다듬으면 훌륭한 인재가 될 수 있는 사람이다. 그런데 전제조건이 있다. 거칠고 사납고 미치광이 같지만 정직해야 한다는 것. 순결한 심성은 갖고 있어야만 '광'은 살아날 수 있는데, 부정직한 심성까지 가졌다면 그건 그냥 거칠고 사납고 미치광이일 뿐이다. 게다가 점점 더 잔혹스러운 상태로 발전해 갈 것이다.

둘째, 미련하면서 조심성도 없는 사람. 사리분별이 안 되는데다가 둔하고 배운 것도 없는 미련퉁이가 있다. 아주 무지한 사람을 말한다. 그러나 이런 사람이 조심성이라도 있으면 그럭저럭 봐줄 만은 하다. 그런데 눈치가 없어서 자신의 무지도 모르고 고집스럽기까지 하다면 더 이상 어찌해 볼 수 없다.

셋째, 모든 일에 지나치게 소심하면서 믿음성까지 없는 사람. 돌다리도 두드려 보고 건너는 마음은 극도의 조심성이라 하겠다. 그런데 돌다리를 두드려 보고도 건너지 않는 사람이 있다. 이는 조심성이라기보다 쩨쩨하고 소심한 것이다. 그런데 소심한 사람은 많이 조심하기 때문에 하는 일은 믿을 만하게 잘해 내는 경우가 있다. 답답하기는 하지만 인정할 만한 구석이다. 하지만 극도로 소심하면서 하는 일도 믿을 만하지 않다면, 더는 희망을 걸 곳이 없다.

이 세 부류의 사람은 스스로 살아가기도 힘들거니와 주변의 사람도 몹시 피곤하게 할 것이다. 내가 그런 행동을 보이지는 않는지 되돌아볼 일이다.

공자가 말했다.

"배운 것을 아직 충분히 익히고 실천하지 못했는데, 오히려 배운 것을 잃어버릴까 두렵다."

子曰, "學如不及, 猶恐失之."

배움과 실천에 대한 공자의 태도를 잘 보여 준다. 불급(不及)이란 '도달하지 못했다'는 뜻이다. 배운 것이 도달하지 못했다는 건 무슨 뜻인가. 우선 배운 내용을 충분히 익히지 못했다고 볼 수 있겠다. 배운 것이 머리로 이해되고 가슴으로 받아들인 뒤 손과 발을 움직여 실천으로 드러나야 배움은 완성된다고 하겠다.

강의실에 앉아 배웠는데 머리로도 이해되지 않는 것들은 다 나를 스쳐 흘러갈 뿐이다. 머리로 이해되었다 해도 거기서 끝나는 경우가 많다. 가슴으로 받아들이지 않으면 내 속에 들어와 내면화되지 않는다. 결국 그 배움도 한계가 있는 것이다. 가슴에 들어와 있는 배움은 오래간다. 그 배움이 내 손을 움직이고 내 발을 움직일 가능성이 크다. 하지만 실제로 내 몸을 움직이지 않으면 역시 배움은 미완성 단계다.

공자의 불급은 배움이 완성을 향해 가는 과정에 있음을 나타낸다.

머리까지 갔는지 가슴까지 갔는지는 모르겠지만 여하튼 가고 있는 중이다. 이 길은 멀다. 한 사람의 머리와 가슴과 손발까지의 거리는 길어야 2미터 이내이다. 그러나 참으로 머나먼 길이다. 그 길을 가는 동안 배운 것들이 가뭇없이 사라지는 경우가 얼마나 많던가.

"배움이 실천에 이르는 동안 그 길을 잃어버릴까 두렵다!"는 공자의 말은 그래서 절실하다. 앎과 행동이 일치하지 않는 이중성은 배우는 사람이 정말 경계해야 할 부분이다.

공자가 말했다.

"높고도 높구나! 순임금과 우임금이 천하를 소유함이여! 간섭하지 않았으니!"

子曰, "巍巍乎, 舜禹之有天下也而不與焉!"

중국에 전설 속의 임금들이 있다. 그때는 사람들이 아주 평화로워 격양가를 부르던 시절이었다. 노랫말은 다음과 같다.

해뜨면 일어나고

해지면 잠을 자네

우물 파서 물 마시고

밭 갈아 밥 먹으니

임금의 힘이 나에게 무슨 소용인가

(日出而作, 日入而息, 鑽井而飮, 耕田而食, 帝力于我何有哉)

격양가의 내용을 보면 임금이 백성들의 삶에 간섭을 하지 않는다는 걸 알 수 있다. 그런데 사실 간섭하지 않는 것처럼 느껴지는 것이다.

백성들이 편안하게 살 수 있도록 도움이 되는 일을 하면서도 임금이 그런 노력을 하는지 모르게 했다고 봐야 한다. 이런 임금이 진짜 성군이다.

나쁜 임금일수록 임금의 위력을 백성들이 느끼게 된다. 세상사가 다 그렇지 않은가. 몸의 한 부분에 상처가 나 보라. 상처가 난 부분에 유독 신경이 쓰인다. 정치를 못하는 지도자일수록 백성들에겐 상처처럼 느껴진다. 아프기 때문에 자꾸만 신경을 쓰게 된다.

순임금은 요임금이 왕위를 물려주었고, 우임금은 순임금이 왕위를 물려주었다. 자식에게 왕위를 물려주지 않고 세상의 가장 어진 사람을 골라서 넘겨준 것이다. 권력을 무기로 사람들의 삶을 간섭하고 위세를 부리지 않을 사람을 골랐다. 순과 우의 덕은 바로 자연을 닮았다. 자연은 그냥 그대로 있어서 그 속의 생명들이 삶을 스스로 누리게 한다.

동화작가 권정생은 죽음을 앞두고 이런 말을 했다고 한다. 오랜 벗인 이현주 목사가 찾아왔을 때였다.

"사람들을 가르치려고 하지 말거래이."

이현주 목사는 그 말을 듣고 크게 깨달았다고 한다. 자연은 품에 안긴 모든 생명을 길러 주지만 그 생명들을 자기 것이라고 하지 않는다. 생명이 살아갈 수 있도록 도와줄 뿐 가르치려 하지 않는다. 그냥 그대로 있을 뿐이다. 그것이 가장 큰 가르침이다. 결국 권정생은 이현주에게 자연이 되라는 말을 남긴 셈이다.

여기서 공자의 찬탄도 바로 그것이다. 순과 우는 자연 그 자체임을. 위대한 임금이자 큰 스승인 순과 우는 다름 아닌 자연이었음을.

공자가 말했다.

"위대하다, 요가 임금 노릇 함이여! 높고도 높으며 크고도 큼은 오직 하늘이건만, 요가 그것을 본받았다. 넓고도 넓어 사람들이 이름 지어 부를 수 없구나. 드높구나! 공을 이룸이여. 빛나는구나! 문장이여!"

子曰, "大哉堯之爲君也! 巍巍乎! 唯天爲大, 唯堯則之. 蕩蕩乎, 民無能名焉. 巍巍乎! 其有成功也, 煥乎其有文章!"

요는 거룩한 사람이다. 사람으로 태어나 신이 되었다. 가장 훌륭한 지도자의 모습으로 흠모를 받는다. 요가 임금 노릇을 어떻게 했기에 이토록 위대하고 높고 드넓다는 것인가? 공자는 여덟 글자로 답을 제출한다.

유천위대, 유요칙지(唯天爲大, 唯堯則之).

"오직 하늘이 위대한데 오직 요가 그것을 본받았다"는 말이다. 여기서 핵심어는 바로 천(天)이다. 천은 하늘이다. 하늘은 얼마나 높고 얼마나 넓고 얼마나 큰지 모른다. 인류는 지구상에 태어나 살기 시작하면서 오직 이 하늘을 흠모했다. 인류가 생산한 모든 종교적인 의례의 중심엔 늘 하늘이 있었다. 모든 신의 아버지가 바로 하늘이었다. 텡그리, 여호와, 천신 등 지역마다 부족마다 이름은 달랐으나 최고의 신은 늘 하늘이었다. 공자는 바로 그 하늘과 요가 같다고 말한다. 더 이상의 높임이 있을 수 있겠는가.

그렇다면 요임금이 세상에 드리운 성공과 문장은 과연 무엇인가. 그것은 자연스러움이었다. 앞에서 격양가 얘기를 했다. 밥을 먹어 부른 배를 두드린다는 뜻인 함포고복(含哺鼓腹)을 하면서 부른다는 노래다. 배불리 먹고 아무런 근심 걱정이 없이 노래를 흥얼거리는 세상. 그런 세상이 요가 임금 노릇 하던 시대였다.

천이라는 글자 자체가 세상만물, 자연과 같은 뜻이다. 〈노자〉에 생이불유(生而不有)라는 말이 있다. '생산하고 가지지 않는다'는 건데, 하늘이 만물을 낳아 기르고도 만물을 소유하려 들지 않는다는 말과 같다. 길렀다는 공을 내세우지도 않는다. 공을 내세우지 않으니 오히려 공이 있고, 그 덕은 더욱 빛난다.

노자는 무위의 다스림을 말했다. 아무것도 하지 않는데 오히려 잘 다스려지는 다스림. 그것이 최상의 다스림이며 그런 다스림을 펼 수 있는 사람이 최고의 지도자다. 평화로운 세상에 살며 "임금이 나에게 무슨 소용인가?"라는 말을 백성들이 하는 시대의 임금. 그가 바로 요이다. 지도자가 폭력을 행사하고 위세를 부릴수록 백성들은 그의 이름을 뼈에 새기게 된다. 폭군은 두려움으로 이름을 새기고, 어리석은 지도자는 깔보느라 이름을 새긴다. 인류사에 요는 드물고 뼈에 새긴 이름들은 너무나 많다.

순임금은 훌륭한 신하가 다섯 명이었지만 천하를 잘 다스렸다. 무왕이 이런 말을 한 적이 있다.

> "나는 훌륭한 신하가 열 명이다."
> 이 얘기를 듣고 공자가 말했다.
> "재주 있는 사람을 얻는 일은 참 어렵다. 어찌 그렇지 않겠는가? 요순시대 이후 주나라 초기에 문화가 가장 융성했는데도 열 사람의 신하 중에 부인이 있으니 결국 아홉 명뿐이었다. 천하를 셋으로 나눠 그 둘을 소유했으나 복종하여 은나라를 섬겼으니 주나라의 덕은 지극하다 이를 만하다."

舜有臣五人而天下治. 武王曰, "予有亂臣十人." 孔子曰, "才難, 不其然乎? 唐虞之際, 於斯爲盛. 有婦人焉, 九人而已. 三分天下有其二, 以服事殷. 周之德, 其可謂至德也已矣."

요순을 칭송하고 나서 이제 공자는 주나라의 덕을 높이고 있다. 주나라는 공자가 평생의 롤모델로 삼았던 주공이 기틀을 잡은 나라이다. 무왕은 바로 주공의 형이다. 주나라를 높이기 전에 공자는 먼저 순임금을 가져온다.

순의 시대에 훌륭한 신하가 다섯 명 있었다고 한다. 우리는 우스갯소리로 "똑똑한 놈 셋이면 돼!" 하는 말을 곧잘 한다. '삼의 법칙'이라는 것도 있다. 거리의 광장에서 세 사람이 같은 곳을 바라보고 있으면 다른 사람들도 모여들어 그곳을 바라본다는 실험이 있었다. 실험은 신기했다. 한 사람이나 두 사람이 멈춰 서서 하늘을 바라보고 있으면 지나가던 사람들이 별 관심 없이 지나쳤다. 그런데 정말로 세 명이 한 곳을 바라보자 지나가던 사람들이 큰 관심을 보이는 것이었다. 세 사람은 큰 힘을 발휘할 수 있는 숫자였던 것이다.

그런데 순은 훌륭한 신하가 다섯이나 있었다니 그리 적은 숫자는 아니다. 역사에 기록된 다섯 명은 우(禹), 직(稷), 설(偰), 고요(皐陶), 백익(伯益)이었다. 우는 치수를 잘해서 순이 다음 왕위를 물려준 인물이다. 직은 농사를 담당했던 인물이고, 설은 교육, 고요는 법무행정, 백익은 수렵 담당이었다.

은나라를 멸망시키고 주나라를 세운 무왕은 순의 신하 숫자에 빗대어 자신은 열 명의 훌륭한 신하가 있노라고 술회했다. 무왕은 '난신(亂臣)'이라고 했는데 지금 굳어진 '난'의 뜻은 '어지럽다, 난리를 일으키다'의 뜻이다. 지금의 뜻으로 보면 나라를 어지럽히는 신하이니, 완전히 반대의 뜻이 되고 만다. 그런데 여기서 난은 '잘 다스려진다'는 뜻의 치(治)와 같다. 치(亂)라는 글자가 있는데 이 글자의 뜻이 '다스린다'는 의미가 있었다. 고대엔 이렇게 완전히 반대의 뜻이 겹쳐진 글자가 종종 있었다. 이를 반훈(反訓)이라 한다.

무왕이 말한 열 명은 주공단, 소공석, 태공망, 필공, 영공, 태전, 굉요, 산의생, 남궁괄, 문모(文母)이다. 문모는 바로 무왕의 어머니이다. 문모를 공자는 부인이라 일컬었다. 문모가 워낙 출중한 여인이라 무왕은 정치에 대해 문모에게 자문을 구했을 것이다. 그런데 어머니는 신하라 할 수 없으므로 결국, 무왕의 훌륭한 신하는 아홉이 되는 셈이다.

이만하면 순의 다섯에 비해 그 두 배에 가까운데 왜 공자는 '재난(才難)'이라 했을까. 그 까닭을 다음에 두 가지로 들고 있다. 하나는 요순시대 이후 인구도 많이 늘었고 문화도 매우 풍성해졌다는 것. 그렇다면 당연히 인재는 두 배가 아니라 몇 배는 늘어야 정상이 아니겠는가 하는 것이다. 둘째는 주나라가 소유한 땅의 넓이다. 요순시대보다 훨씬 넓은 땅을 가졌으므로 그만큼 인재가 많을 것으로 기대가 된다는 것. 그런데 생각보다 인재가 많지 않으니 재난이 아니냐고 공자가 말했다. 그건 현대도 마찬가지인 것 같다. 실제로 어떤 일을 하려고 보면 마땅한 사람을 얻지 못해 답답해 하는 경우가 많으니 말이다.

공자가 말했다.

"우는 내가 아무런 틈을 잡을 수가 없다. 자신이 먹고 마시는 것은 보잘것없는 것으로 하지만 귀신을 지극한 정성으로 받들었다. 평소에 입는 의복은 평범하게 하지만 예복과 면류관은 지극히 아름답게 했다. 자신이 사는 집은 꾸미지 않았으나 백성을 위한 치수를 하는 데 온 힘을 쏟았다. 이러니 내가 무슨 틈을 잡을 수 있으랴."

子曰, "禹, 吾無間然矣. 菲飮食, 而致孝乎鬼神, 惡衣服, 而致美乎黻冕, 卑宮室, 而盡力乎溝洫. 禹, 吾無間然矣."

우임금에 대한 칭송이다. 우는 순임금이 얘기한 다섯 명의 훌륭한 신하 중 첫손가락에 꼽힌 인물이다. 결국 순이 임금 자리를 우에게 물려줬다. 우는 하(夏)나라의 시조가 된 사람이다.

간(間)은 틈이다. 어떤 틈을 봐서 사이가 멀어지게 만드는 짓을 이간질이라고 한다. 흉을 보거나 흠을 집어내서 점점 틈이 벌어지게 하는 것이다. 여기서도 우의 틈을 본다는 말은 우가 어떤 잘못이 없는가를 본다는 말과 같다.

흉을 잡아내려면 그 사람의 일상을 보는 것이 가장 좋다. 사람의 일상은 의식주만 한 것이 없다. 역시 공자도 우의 의식주 이야기를 하고 있다. 우의 음식에 대한 태도를 보자. 자신이 먹는 음식은 보잘것없었다. 비(菲)는 '보잘것없다'는 뜻이면서 '채식 위주로 먹는다'는 의미도 포함한다. 그런데 귀신에게 바치는 음식은 '치효(致孝)' 곧, 지극한 효성을 보인다고 했다. 귀신은 삼라만상의 모든 신들이다. 조상신뿐 아니라 천지신명과 자연에 깃든 모든 신을 말한다. 하늘의 신과 지하세계의 신까지 다 공경의 대상이다. 우는 왜 귀신에게 바치는 음식에 정성을 다하는가. 귀신은 인간의 삶에 큰 영향을 미치는 존재이기 때문이다. 지도자는 나보다는 백성을 먼저 생각하는 사람이다. 귀신이 백성의 삶을 잘 돌봐 주기를 바라면서 정성을 들이는 것이다.

의복도 마찬가지다. 자신의 평상복은 꾸미지 않고 예복과 면류관은 아름답게 치장했다고 한다. 예복과 면류관은 공적인 의례를 치를 때 입는 옷이다. 지도자의 공적인 의례란 대부분 백성의 삶에 직접적인 영향을 미치는 일이다. 그런 일에 의복을 제대로 갖춰 입는 건 일에 정성을 들이겠다는 마음가짐이다.

사는 집은 더욱 감동적이다. 역사적으로 폭군들일수록 궁궐을 화려하게 꾸몄다. 백성들이 사는 집을 다 밀어 버리고 자신의 사냥터를 만든 임금도 있다. 진시황의 아방궁은 대표적인 사치로 꼽힌다. 우는 온 나라를 돌아다니며 치수를 하느라 자신의 궁실을 꾸밀 시간도 없었다. 홍수와 가뭄의 피해를 줄이고 백성들의 삶을 풍요롭게 하는 일에 골몰하느라 자신이 사는 집에 대해선 생각할 여유조차 없었다는 것이다.

쾌락주의자로 꼽히는 서양의 고대철학자 에피쿠로스(기원전 341~기원전 270년)는 행복의 조건에 대해 말한 적이 있다. 그건 세 가지다. 꼭 필요하고 자연스러운 것, 필요하기는 하지만 자연스럽지 않은 것, 필요하지도 않고 자연스럽지도 않은 것이다.

꼭 필요하고도 자연스러운 것은 의식주와 우정이라고 했다. 필요하기는 하지만 자연스럽지 않은 것으로 에피쿠로스는 좋은 의식주라고 했다. 마지막으로 필요하지도 않고 자연스럽지도 않은 것으로 명성과 지위와 부귀를 꼽았다. 여기 공자의 말과 크게 다르지 않다. 우는 좋은 의식주를 가질 수 있었으나 소유하지 않았으며, 임금이니 명성과 지위와 부귀를 최고로 누릴 수 있지만 역시 관심이 없었다. 공자가 아무런 틈을 잡아낼 수 없다는 말이 틀림없다는 걸 알겠다.

사랑이 깊지 않다. 어찌 집이 멀다 하는가
자한

人文學

제자들이 말했다.

"우리 스승님은 이와 명과 인을 드물게 말씀하셨다."

子罕言, 利與命與仁.

한언(罕言)은 '말씀이 드물었다'는 뜻이다. 언(言)은 독백이기도 하고 누군가에게 가르치는 말이기도 하다. 어(語)는 상대가 있어서 서로 주고받는 토론의 말이다. 제자들이 한언이라고 했으니 공자가 이, 명, 인 세 가지를 드물게 말씀하시고 이것에 대한 가르침도 드물었다는 거다.

문제는 '드물었다'가 무얼 뜻하느냐이다. 드물게 말했다는 건 이 세 가지가 중요하다는 것일까, 중요하지 않다는 것일까. 스승이나 부모가 아이들에게 중요하다고 생각되는 일은 귀가 아프도록 잔소리를 하기 마련이다. 드물게 띄엄띄엄 말하는 것은 별로 중요하지 않기 때문이 아닌가.

그런데 우선 이(利)는 제쳐 두고라도 명(命)과 인(仁)은 공자가 몹시 중요하게 여긴 개념이다. 공자는 오십이 되어서야 겨우 천명을 알았다고 고백할 정도이며, 명을 알지 못하면 군자가 될 수 없다고까지 얘기했다. 명은 사람이 하늘로부터 부여받은 품성 또는 살아갈 길과 같다. 이것을 모르고선 사람다운 삶을 살아갈 수 없겠다. 인은 두말할 필요가 없다. 공자의 학은 군자학이라고도 부르지만 인자가 되는 득인의 경지가 최종 목표다. 이익이라고 푸는 '이' 또한 마찬가지다. 이(利)를 파자해 보면 곡물(禾)과 칼(刂)이다. 칼을 들고 다니며 곡물의 줄기를 자르는 모습이다. 수렵생활을 하던 인류가 돌칼을 만들어 곡물의 줄기를 잘라 그 열매로 음식을 마련하던 일이 곧 이다. 사람의 삶에 얼마나 이로운 일인가.

결국 이와 명과 인은 그 무엇보다 중요한 일이었다. '이'는 목숨을 연명하기 위한 일이며, '명'은 자기가 어떤 품성을 갖고 태어났는지를 아는 일이며, '인'은 남을 나와 같이 귀하게 생각하며 살아가는 평화세상의 근본 윤리다.

이렇게 중요한 것들을 공자는 왜 드물게 말했을까. 제자들의 귀가 아프도록 자주 말해야 하지 않을까. 여기서 '드물게'라는 말을 다르게 해석할 필요를 느낀다. 나는 드물다는 말을 '보물'로 해석하고 싶다. 드물수록 가치는 높아진다. 다이아몬드나 황금 같은 보석이 왜 가치가 높은가? 쓰임새도 많지만 무엇보다 드물기 때문이다. 돌이나 흙이나 물처럼 언제 어디서나 볼 수 없다. 이와 명과 인은 사람살이의 보물과 같다는 말이다. 공자가 이 세 가지를 아주 귀하고 소중하게 얘기했으므로 제자들은 그렇게 들었던 것이다.

달항당의 사람이 말했다.

"위대하다, 공자여! 박학하지만 이룬 이름이 없으니."

공자가 전해 듣고 제자들에게 말했다.

"내가 무엇을 잡을까? 수레 고삐를 잡을까, 활을 잡을까. 나는 수레 고삐를 잡는 게 낫겠다."

達巷黨人曰, "大哉孔子! 博學而無所成名." 子聞之, 謂門弟子曰, "吾何執? 執御乎? 執射乎? 吾執御矣."

〈논어〉에 이름이 등장하지 않는 사람의 말이 더러 있다. 대부분 '혹왈(或曰)'로 나오는데 여기처럼 '달항당인왈'처럼 나오기도 한다. 혹왈은 '어떤 사람이 말했다'라는 뜻이다. 달항당인왈은 '달항당이라는 마을 사람이 말했다'는 것이다. 이름을 특정하지 않은 이런 기록은 공통성이 있다. 공자를 비꼬거나 폄훼하거나 비판하는 내용이 담겨 있는 경우가 많다.

말에 담긴 내용이 우호적이지 않으니 말한 사람의 이름을 굳이 밝히지 않는 것이 좋겠다고 제자들이 의논했을 수도 있다. 또는 비난조의 말에 대한 일종의 대응 차원에서 이름을 빼 버렸을 수도 있다. 어쨌든 편집의 의도가 엿보이는 대목이다.

여기서도 이름을 특정하지 않은 달항당 마을 사람의 말은 역시 곱지 않다. 교묘하게 공자를 비꼬고 있다. 마치 공자를 높이는 듯하지만 실상 내용은 그렇지 않다. 첫마디가 "위대하다, 공자여!"라고 했지만 바로 이어지는 구절을 보면 결코 위대하다고 보지 않음을 알 수 있다.

"박학하다지만, 이름을 이룬 게 없네?"

공자는 예의 달인, 박학다식한 사람 등으로 명성이 자자한 사람이다. 그런데 달항당의 사람이 보기에 특별하게 전문적인 것은 없어 보였다. 무소성명(無所成名)이 그것이다. 누구보다 뛰어난 전문적인 분야의 이름을 이룬 바가 없다는 것.

공자가 요임금을 칭송할 때에 '민무능명(民無能名)'이라 하고, 태백을 칭송할 때엔 '민무득칭(民無得稱)'이라고 했다. 민무능명은 사람들이 이름 지어 부를 수 없다는 것이고, 민무득칭은 사람들이 뭐라 지칭할 수 없었다는 뜻이다. 무소성명도 이 두 가지의 연장선상에 있는 것처럼 비슷한 칭송으로 느껴지기도 한다. 왜냐하면 성인은 어느 한 가지로 이름 지어 부를 수 없을 정도로 넓고 크기 때문이다. 그만큼 달항당 사람의 말이 교묘하다. 칭찬인 듯 비꼼인 듯 헷갈린다.

말이 헷갈리니 공자의 답변이 몹시 궁금하다. 제자들도 그랬으리라. 달항당인의 말은 공자의 답변에 따라 정체가 백일하에 드러날 테니 말이다. 그런데 공자의 답변 또한 묘하다.

"내가 뭘 잡을까? 수레 고삐? 아니면 활? 아무래도 수레 고삐가 낫겠지?"

여기서 수레는 싸움터에 나가는 전차를 말한다. 춘추시대의 전투는 전차전이었다. 전차에는 세 명의 무사가 탄다. 수레를 모는 어(御), 활을 쏘는 사(射), 긴 창을 쓰는 과(戈)이다. 아마도 당시에는 전차를 잘 모는 사람과 활을 잘 쏘는 사람은 특별히 이름이 높았던 것 같다.

전차를 잘 모는 건 전쟁에 나가서 승리를 할 수 있는 중요한 요인

중의 하나다. 전차를 잘 모는 사람은 대중의 영웅으로 각인될 가능성이 컸다. 로마시대를 다룬 영화 〈벤허〉에서도 많은 사람들이 압권으로 꼽는 장면이 바로 전차 경주다. 활도 마찬가지다. 신궁이니 명궁이니 해서 활을 잘 쏘는 사람이 지도자가 되는 경우가 많았다. 고구려의 시조인 고주몽도 '주몽'이라는 이름이 '활 잘 쏘는 사람'이란 뜻이다.

결국 이름을 얻으려면 전차를 잘 몰든가 활을 잘 쏴야 했다. 대중에게 인기를 얻고 이름을 얻는 길이 그러했다. 공자는 바로 그 점을 지적하고 있다. 요즘 같으면 대중에게 인기 있는 이름은 무엇일까? 노래를 잘하는 가수? 연기를 잘하는 배우? 돈이 많은 부자? 글을 잘 쓰는 작가?

생각해 보자. 누군가 당신에게 "너는 뭘 잘해?" 하고 묻는다면 뭐라고 대답해야 할까. 공자는 바로 그런 질문을 받은 셈이다. 수많은 제자가 있으며, 수많은 나라를 여행 다녀왔고, 한 나라의 장관을 지냈으며, 많은 사람들이 의견을 듣고 싶어 하는 현자가 "당신, 그래서 이룬 게 뭐냐고. 특별히 잘하는 게 없잖아?" 하는 질문을 받은 상황. 과연 대답이 어떠해야 하는가. 그냥 무시해 버릴까. 아니면 불러다 앉혀 놓고 따져야 할까. 공자는 무시하지도 않았고 불러다 따지지도 않았다.

"그래, 그렇지. 뭐 내가 특별한 게 좀 없지. 요즘 인기 있는 것들 중에 수레몰기와 활쏘기가 있던데, 나도 수레몰기를 해서 이름을 좀 내볼까?"

얼마나 시원한가. 공자를 좀 비꼬아 보려던 달항당 사람 얼굴이 붉어졌을지도 모르겠다. 이미 뭔가를 비꼬아 보려는 의도를 가진 사람에겐 구구하게 설명을 할 필요가 없다. 그저 '쏘쿨!' 비꼬려는 사람의 말을 들어 주면 그만이다. 드넓고 거침없는 군자의 풍모인 '탄탕탕' 그대로다.

공자가 말했다.

"삼베로 만든 면류관을 쓰는 것이 전통적인 예법인데 지금은 생사로 만든 면류관을 쓰는구나. 생사 면류관이 검소하니, 나는 대중을 따르겠다. 남의 집에 방문했을 때 대청 아래서 절하는 것이 전통적인 예법인데 지금은 대청에 올라가서 절을 하더구나. 대청에 올라가서 절하는 건 교만한 것이니, 나는 비록 대중과 어긋나더라도 대청 아래서 절하는 걸 따르겠다."

子曰, "麻冕, 禮也, 今也純, 儉, 吾從衆. 拜下, 禮也, 今拜乎上, 泰也. 雖違衆, 吾從下."

공자의 예에 대한 인식을 잘 보여 준다. 예란 고정되어 있는 것이 아니고 수시로 바뀔 수 있어야 한다. 때와 장소, 대상에 따라 바뀔 수 있어야 소통의 도구가 된다. 하지만 때로는 수많은 대중들과 어긋나더라도 꼭 지켜야 하는 예도 있다고 공자는 말하고 있다.

마(麻)는 삼베이고 순(純)은 생사다. 굵은 삼베와 가는 삼베를 섞고 염색까지 해서 면류관을 만들었다. 공정이 복잡하니 그만큼 삼베 면류관은 가격도 비싸다. 생사 면류관은 공정을 단순화한 모자다. 삼베 면류관보다 볼품은 없으나 모자 역할을 충분히 했다. 공자는 대중이 검소한 방향으로 문화를 만들어 간다고 보고 따르겠다고 했다.

공자는 예의 근본에 대해 묻는 임방의 질문에 "검소함"이라고 대답한 적이 있다. 삼베 면류관은 전통 예법의 형식에 불과하며, 생사 면류관이 오히려 예의 근본을 잘 지키고 있다고 본 것이다. 형식은 얼마든지 바뀔 수 있다는 주장이다.

타인의 집 방문 시 예절에서는 공자가 다른 모습을 보여 준다. 이 이야기에 등장하는 집은 마당, 봉당, 대청, 방의 구조가 있는 집이다. 지금 아파트식 집 구조만 아는 사람들에겐 생소한 구조일 것이다. 대문을 들어서면 마당이 있고, 마당에서 집으로 들어가려면 봉당과 대청을 거쳐야 했다. 물론 초가삼간의 작은 집은 마당에서 집으로 바로 들어갔다. 공자가 예로 든 것은 마당과 대청마루가 따로 있는 좀 큰 가옥이다.

상상해 보자. 방문객이 대문을 들어섰다. 그는 마당에 서서 주인을 부를 것이다. 주인은 방문을 열고 나온다. 주인은 손님에게 대청마루로 올라오라고 권할 것이다. 그럼 손님은 어찌해야 하는가. 대청마루에 올라가서 주인과 손님이 서로 손을 잡든 맞절을 하든 인사를 나누면 된다.

자연스러워 보이는데 공자는 이것을 교만스럽다고 했다. 왜 그럴까? 여기서 교만은 손님의 태도를 말한다. 손님의 교만하지 않은 태도는 마당에서 절을 해야 한다는 것. 이때 절은 바닥에 무릎을 꿇고 하는 큰절이 아니다. 두 손을 공손하게 마주 잡고 고개를 숙여 보이는 정도다. 그렇게 예를 차리고 나서 주인이 대청마루에 오르기를 권하면 그때 올라가야 한다고 공자는 말하고 있다.

남의 집에 방문을 했으면 사람을 보자마자 인사를 해야지 대청에 올라간 뒤에야 인사를 나누는 건 쓸데없는 형식이라고 본 것이다. 역시 여기서도 공자는 형식보다 근본을 묻고 있다. 사람과 사람이 만났을 때엔 이런저런 형식을 따지기 전에 먼저 인사부터 나누는 것이 맞다. 수시변역하면서도 자기의 중심이 확실하게 서 있는 예의 달인, 공자의 모습을 잘 보여 주는 장이다.

제자들이 말했다.

"우리 스승님은 네 가지를 완전히 끊으셨다. 뜻, 목표, 고집, 나, 이 네 가지이다."

子絶四, 毋意, 毋必, 毋固, 毋我.

제자들이 스승인 공자의 삶의 자세를 형용한 부분이다. 절(絶)은 '끊는다'는 것인데, 처음부터 없는 것이 아니라 있던 것을 잘라낸다는 의미다. 있던 것이란 사람이 타고나는 본성을 말한다. 여기 네 가지의 본성은 끊으면 좋은 부정적인 부분들이다. 공자는 평생의 수련을 통해 네 가지를 완전히 끊는 경지에 도달했다고 제자들이 입을 모으고 있다.

그런데 뜻이나 목표, 고집과 나가 왜 부정적인가? 부정적이기는커녕 우리가 삶을 살아가기 위해 귀하게 여겨야 할 부분들이 아닌가. 그렇다. 귀하기 때문에 그만큼 부정성이 크게 드러날 수 있다. 모든 것은 양면성을 갖기 마련이니까.

뜻을 나타내는 의(意)를 보자. 내 뜻과 내 생각은 당연히 있어야 한다. 당연히 있어야 하는 뜻과 생각에서 부정적인 부분은 무엇인가. 내 주장만 옳다고 생각하면서 남의 이야기를 들으려 하지 않는 태도를 말한다. 공자는 스스로 무지하다고 고백한 적이 있다. 자기의 무지를 자각하는 사람은 언제든 생각을 바꿀 준비가 되어 있는 사람이다.

목표를 뜻하는 필(必)은 어떤 부정성을 갖고 있을까. 필은 기필(期必)의 의미다. 반드시 그렇게 될 것을 기대한다는 뜻이다. 어떤 목표를 정해 놓고 반드시 그 목표에 도달해야 한다고 주장한다. 이것을 목표지향성이라고 부를 수 있겠다. 정해진 목표에 도달하기만을 강요할 때, 목표의 수정은 불가능하다. 그리고 정해진 길로만 오로지 달려가야 한다. 마치 기계의 부속품처럼 수동적이고 단조로운 움직임에서 벗어나기 어렵다.

목표지향성은 부모가 자식에게 강요하기 쉽다. "너는 법관이 되어야 한다", "너는 의사가 되어야 한다"라든가 "너는 꼭 훌륭한 음악가가 되어야 해" 하고 목표를 정해 놓고 거기에 도달하도록 몰아가는 일. 목표에 도달하기 전까지는 어떤 자율적인 움직임도 용납하지 않는 획일성. 이것은 스스로 세운 목표도 기필하게 되면 답답해지는데, 타자의 강요로 세워진 목표는 얼마나 사람을 질식하게 할 것인가.

고집을 나타내는 고(固)의 부정성은 고정관념이나 선입견으로 나타난다. 고정관념은 변화를 허락하지 않는 굳어진 관념이다. 고정관념은 너무나 많다. 꿈에 음식을 먹으면 감기에 걸린다는 말이 있다. 어쩌다 그런 사람이 있어서 이런 말이 생겨났을 것이다. 그런데 어떤 사람은 이 말을 완전히 믿어 버리는 사람이 있다. 누가 꿈에 음식을 먹었다고 이야기할 때, "이제 너는 감기에 걸릴 거야!" 하고 확신에 차서 말한다면 그는 고정관념에 빠진 것이다. 고정관념은 내가 정립한 사상이 아니다. 어쩌다 들은 이야기를 마치 변할 수 없는 진실인 양 내

안에서 신념화해 버린 그 무엇이다. 몹시 위험할 수밖에 없다. 고의 또 다른 부정성은 선입견이다. 선입견 역시 내가 체험을 통해서 직접 인식한 견해가 아니다. 타자를 통해서 간접적으로 알게 된 내용에 바탕을 둔다. 이 바탕은 진실이 왜곡되었을 가능성이 늘 존재한다. 그런데도 그것을 사실로 믿어 버리는 것이다. 선입견을 가질수록 진실은 점점 멀어진다.

마지막으로 나를 뜻하는 아(我)의 부정성은 무엇인가. 나는 그 무엇보다 중요하다. 내가 없으면 내 삶은 없다. 그토록 귀하기 때문에 부정성 또한 클 수밖에 없다. 그것이 자기중심성이다. 세상 모든 것을 나 중심으로 바라보는 것이다. 나에게 이롭지 않으면 해로운 것이고 나에게 좋으면 선한 것이다. 자기중심성에 갇혀 있으면 타자와 소통은 거의 불가능하다. 그렇다고 나를 완전히 없애 버려도 되는가. 그럴 수만 있다면 더없이 좋겠지만 무아의 경지는 이미 사람이 아닐 것이다. 초월자의 세계로 넘어가서 부처가 되고, 신선이 되고, 성인이 된다.

나는 이 구절을 '공자사무(孔子四毋)'라고 명명했다. 가끔 교사들을 대상으로 강의를 할 때 이 구절을 이야기한다. 교사로서 학생들과 생활할 때 이 네 가지를 생각하면 훨씬 편하지 않겠느냐고. 학생들 앞에서 내 뜻만 주장하지 말고, 내가 세운 목표에 아이들이 반드시 도달해야 한다고 몰아붙이지도 말고, 아이들을 선입견이나 어떤 고정관념으로 바라보지 말고, 아이들을 교사인 나 중심으로 생각하지 않으면 좋지 않겠느냐고. 그랬더니 대부분의 교사들 반응은 심드렁했는데, 강의가 끝나고 한 교사가 나에게 다가와서 말했다.

"마음이 좀 편해졌습니다. 저는 선생님이 말씀하신 네 가지에 매여 살아온 것 같아요."

나에게 말을 건넨 그 교사는 경력이 30년에 가까운 오십대 선생님이었다. 그 선생님이 환하게 웃으며 악수를 청했는데 손을 마주 잡고 보니 참 따뜻했다.

공자가 광 땅에서 목숨이 위태로울 정도의 위험에 빠졌다. 제자들이 두려워하자 공자가 말했다.

"문왕은 이미 돌아가셨고 그 문화는 여기에 있지 않느냐? 하늘이 지금 이 문화를 없애 버리신다면 뒤에 죽을 사람들이 이 문화를 얻지 못하리라. 하늘이 이 문화를 없애려 하지 않는데, 저 광 땅 사람들이 나를 어찌 하겠느냐?"

子畏於匡, 曰, "文王旣沒, 文不在玆乎? 天之將喪斯文也, 後死者不得與於斯文也, 天之未喪斯文也, 匡人其如予何?"

공자가 노나라를 떠나 떠돌 때의 일이다. 광(匡)은 위나라의 변방 고을이라는 말이 있는데 정확하지는 않다. 공자와 동시대에 살았던 양호라는 사람이 있다. 양호는 노나라의 대부였고, 공자만큼은 아니라도 당시 노나라 사람들에게 존경을 받는 사람이었다. 이 양호가 군사를 거느리고 광 땅에 쳐들어가서 재물을 파괴하고 인명을 살상한 적이 있었다. 그래서 광 땅 사람들은 양호를 원수로 여겼다.

문제는 거기서 생겼다. 하필 양호가 공자와 비슷한 인상착의를 가진 것이다. 키도 2미터인 거한에다가 생김새도 비슷하여 얼핏 보면 공자와 양호를 분간하기 어려운 점이 있었다. 공자 일행이 광 땅 주변 숲속에서 쉬고 있을 때였다. 양호에게 봉변을 당한 사람이 멀리서 공자를 보고 양호로 오해했다. 소식을 전해 들은 광 땅 사람들이 무장을 하고 떼를 지어 공자 일행을 공격하러 왔다. 멀리서 몰려오는 사람들을 보고 공자 일행은 두려움에 빠졌다.

그때 공자는 나무 밑에 자리를 잡고 앉았다. 사람들은 서성거리며 안절부절못하는 상황에서 공자는 나무에 기대앉아 느긋한 표정으로 말했다.

"걱정 마라. 저들은 나를 어쩌지 못한다."

사람 숫자로는 상대도 되지 않는데다 공자 일행은 무장도 하지 않았다. 자칫 목숨을 잃을 수도 있는 상황이었다. 그런데 공자는 전혀 아랑곳하지 않는다는 태도였다. 공자의 그런 모습에 제자들은 묘한 안도감을 느끼게 된다. 하나둘 공자를 따라 자리에 앉았다. 몰려온 광 땅 사람들은 어리둥절할 수밖에 없었다. 싸움이 벌어지면 서로 다치고 죽게 된다. 광 땅 사람들도 어느 정도 피해를 각오하고 쳐들어 왔는데 상대는 맞설 생각이 없이 평온하게 앉아 있는 게 아닌가.

그제야 광 땅 사람들도 흥분을 가라앉히고 나그네 일행을 찬찬이 보게 되었다. 공자가 양호가 아니라는 걸 금방 알아챘다. 머쓱해진 광 땅 사람들은 하릴없이 발길을 돌려야 했다. 그들 중의 한 사람이 짜증이 났는지 들고 있던 도끼로 나무를 찍었다. 바로 공자의 뒤편에 서 있는 나무였다. 애꿎은 나무만 화풀이 대상이 되어 꺾여 버린 꼴이다.

광 땅 사람들이 물러가고 제자들은 공자에게 물었다. 어떻게 괜찮을 줄 아시고 그렇게 편안한 마음을 가지셨는지. 그때 공자는 사문(斯文)을 얘기한다. 문왕은 주(周)나라의 임금이다. 공자가 평생 사모했던 주공의 아버지다. 문왕은 은나라의 마지막 임금이자 희대의 폭군인 주(紂)임금에게 핍박을 받고 감옥에서 죽어 간 사람이다. 당시 주나라는 형식상 은나라의 제후국이었지만 차지한 영토는 은나라보다 훨씬 넓고 백성도 많았다. 그러나 문왕은 은나라를 천자국으로 대우했다.

복희씨가 팔괘를 그려 역경(易經)을 처음으로 시작한 뒤, 문왕이 감옥에서 후천팔괘를 그리고 복희의 팔괘 그림에 일일이 괘사를 써 넣었다고 전한다. 공자는 인류의 문화는 문왕에게서 다 완성되었고 그 아들 주공에 와서 미진한 몇몇 가지가 보완되었다고 본다. 그 문왕의 문화를 공자 자신은 다 익혀서 안다는 자신감을 제자들에게 말하고 있다.

"문왕은 이미 돌아가셨고 그 문화는 여기에 있지 않느냐?"

'여기'를 뜻하는 글자인 자(玆)는 바로 공자 자신을 가리킨다. 문왕이 완성한 인류의 문화가 공자 자신의 몸에 있다는 것. 그래서 공자가 죽으면 뒷세대는 이 문화를 알 수 없게 된다. '뒤에 죽는 사람'이라는 후사자(後死者)는 먼 미래에 태어나고 죽을 사람을 말한다. 바로 미래세대를 가리키는 용어다. 그런데 하늘이 이 문화를 없앨 리가 없으니 나는 여기 광 땅에서 죽지 않는다는 논리가 성립한다.

공자가 이렇듯 큰소리를 친 것은 충분히 이해가 된다. 매우 위태로운 상황에서 우왕좌왕하면 정말 큰일이 일어날 수도 있다. 공자가 광 땅 사람들에게 저지른 잘못이 없고 정정당당하니 불안해 할 일이 없었다. 동요를 가라앉히고 편안하게 일에 대처할 필요가 있었다. 따라서 공자의 이 발언은 흔들리는 사람들을 붙들어 앉히기 위한 방편설법에 해당한다.

바로 이 구절에서 '사문'이라는 말이 공자의 학문이요, 철학을 뜻하는 용어가 되었다. 뒷날 유학을 나라의 근간으로 삼았던 조선은 유학을 비판하는 사람을 '사문난적(斯文亂賊)'이라 하여 벼슬을 주지 않았고, 심한 경우는 귀양을 보내거나 죽이기도 했다. 사실 조선시대의 사문난적은 공자를 빗대어 주자학의 권위를 세우기 위한 장치였다. 주자가 제창한 성리학에 비판적인 학설을 제출하는 사람들을 주로 공격하는 데 사문난적을 썼기 때문이다. 공자의 사문을 빌려 왔지만 조선의 사문은 주자학이었다. 따라서 조선의 사문난적은 공자의 참뜻과는 거리가 멀어도 한참 멀다. 공자는 이단조차도 공격하지 말라는 가르침을 주지 않았던가. 조선의 주자학은 이념이 왜곡되어 사람을 옥죄는 대표적인 경우의 하나다. 자신의 학문만이 최고라고 고집하는 아집은 공자의 사무(四毋)에서는 당연히 버리고 끊어야 할 부정적인 부분이다.

태재가 자공에게 물었다.

"그대의 스승은 성인이신가요? 어찌 그렇게 능력이 많으신지요."

자공이 대답했다.

"진실로 하늘이 내놓으신 성인이시지요. 또 능력이 많기도 하시고요."

공자가 이 이야기를 듣고 말했다.

"태재가 나를 아는 사람인가 보다. 나는 어려서 천하게 자랐기 때문에 잡다한 일에 능력이 많은 편이다. 그런데 군자는 능력이 많아야 할까? 많지 않아도 된다."

금뢰가 말했다.

"우리 스승님이 말씀하시기를 '나는 시험해 볼 수 없었기 때문에 재주가 많았다'라고 하셨다."

大宰問於子貢曰, "夫子聖者與? 何其多能也?" 子貢曰, "固天縱之將聖, 又多能也." 子聞之曰, "大宰知我乎! 吾少也賤, 故多能鄙事. 君子多乎哉? 不多也." 牢曰, "子云, '吾不試, 故藝.'"

태재는 벼슬 이름이다. 오나라와 송나라의 관직명이다. 자공에게 질문을 한 사람은 오나라의 태재라는 설이 있다. 오태재는 성인은 다재다능해야 된다고 생각을 한 것 같다. 공자는 박학다식한데다 할 수 있는 잡기도 매우 많았다. 문무를 겸비한데다 악기 연주, 시노래도 수준이 높고 바둑 같은 놀이에도 능했다.

공자의 박학다식을 어떤 사람은 넓기만 하지 전문적인 전공이 없다고 비꼬기도 했다. 그러나 여기 오태재는 비꼬는 투는 아닌 것 같다. 진짜로 다재다능함을 놀라워하는 마음이 있다. 그래서 자공의 대답도 부드럽다.

"맞습니다. 우리 스승님은 하늘이 낸 성인이지요. 게다가 다재다능하시기도 하고요."

자공의 맞장구를 보면 다재다능에 대한 생각이 오태재와는 약간 다르다. '게다가 다재다능하시기도 하다'는 말은, 다재다능을 그리 중요하게 여기지 않는 듯한 자공의 마음이 느껴진다. '성인이 다재다능하기까지 해야 할까? 성인의 덕만 있으면 충분한데. 다재다능이야 있어도 그만, 없어도 그만이 아닐까?' 하는 의문을 자공이 갖고 있는 것 같다. 역시 자공은 공자에게 질문을 하게 된다.

자공은 오태재와 나눈 대화를 스승에게 들려 드리면서 넌지시 물어봤을 것이다. "저의 대답이 적절했습니까?" 하고 말이다. 공자는 자공의 궁금증을 단번에 풀어 준다. 군자는 다능하지 않아도 된다고. 그렇다면 스승님은 왜 그렇게 다능하시냐는 질문이 곧바로 이어질 것을 알고 공자는 자신이 다능한 이유를 두 가지 들었다.

하나는 천하게 살았다는 고백이다. 공자는 아버지 얼굴도 모르고 무당골에서 자랐다. 천덕꾸러기로 살면서 온갖 잡기들을 익혔다는 것이다. 열아홉 살에 장가를 갔고 먹고살기 위해 당시 권력자인 계씨 집안의 말을 돌보는 일도 한다.

둘째는 자기가 배운 것을 시험해 볼 수 없었다는 고백이다. 이것은 금뢰라는 제자의 말로 등장한다. 바로 이 장이 〈논어〉의 편집 현황을 잘 보여 준다. 자공과 오태재의 대화, 좀 시간이 지난 뒤 자공과 공자의 대화, 그리고 금뢰의 말로 마무리하는 편집. 아마도 이 장을 편집할 때 금뢰가 그 자리에 있었던 모양이다. 서로 이야기를 통해 공자의 고백을 기록하는데 금뢰는 문득 생각이 났다. "아, 우리 선생님이 이런 말씀 하시는 걸 내가 들었지" 하고 자기가 들은 이야기를 내놓았다. 그랬더니 딱 어울리는 내용이어서 같이 편집하게 되었을 것이다.

시험해 볼 수 없었다는 건 자신이 기른 재주를 써 보지 못했다는 말이다. 그래서 쓰일 날을 기다리며 재주를 이것저것 많이 습득했다는 고백이다. 예(藝)는 보통 육예를 말한다. 여기선 육예뿐 아니라 여러 가지 기예를 뜻하는 것으로 봐도 무난하다.

공자가 자신의 다능함은 인정을 했다. 그런데 그것을 그리 귀하게 여기지 않는 듯한 발언을 했다. 우선 다능비사(多能鄙事)라는 말이 그렇다. '비사'라는 말 자체가 '천한 일, 낮은 일, 비루한 일, 잡다한 일'이라는 의미를 갖는다. 일에 귀하고 천한 일의 구분이 있는 걸까? 공자는 과연 그런 분별지를 갖고 말한 것일까. 아마 그렇지는 않을 것이다. 공자는 일종의 겸손 내지 다능하지 못한 제자들을 위로하려는 마음이 컸다.

"다재다능하지 않아도 된다. 인품만 좋으면 충분하지."

타고난 소질이 부족하면 다재다능할 수가 없다. 그렇다면 재주가 메주인 사람은 '나는 군자가 될 수 없단 말인가?'라고 절망에 빠질 수 있지 않겠는가. 그런 사람들을 위한 위로라고 봐야 할 것이다.

그런데 공자의 진의가 왜곡되어 "군자는 천한 일을 하지 않는다!"는 관념을 가진 사람들이 있었다. 조선시대에 양반입네 하는 사람들이 그러한데 그들은 책만 읽을 뿐 농사, 상업, 공업 등에 종사하려 하지 않았다. 공자의 진의를 파악하려 들지 않고 자신에게 유리하게만 해석하려는 책상물림들의 고루한 아집이었다.

공자가 말했다.

"나는 앎이 있는 사람인가? 아니야, 나는 무지해. 그렇지만 어떤 천한 사람이 나에게 물어 온다면, 그가 아무리 미련하더라도 나는 양 끝을 다 두드려서 내가 할 수 있는 일을 다하겠다."

子曰, "吾有知乎哉? 無知也. 有鄙夫問於我, 空空如也. 我叩其兩端而竭焉."

공부는 하면 할수록 스스로의 무지를 깨닫게 된다고 한다. 아테네의 철학자인 소크라테스도 "너 자신을 알라"는 명언을 탐구하면서 "나는 내가 무엇을 모르는지는 안다"라고 말했다. 사람이 자신의 무지를 깨닫는 순간 세상에 대해 겸손할 수 있을 것이다. 진정으로 배움이 큰 사람은 자신의 지식을 과신하지 못한다.

배움이 얕은 사람일수록 고집스럽다. 자신이 아는 세계가 지식의 전부여서 세계관 자체가 좁기 때문이다. 고집을 부릴수록 세계관은 고정되어 더더욱 견고해진다. 결국 그것이 진리인 것처럼 착각하게 된다. 몹시 위태로운 상황이다. 이는 자신의 무지를 깨닫지 못하기 때문에 그렇다.

공자는 박학다식, 다재다능으로 이름이 높았다. 그런데 여기 고백을 보라. 수많은 사람들이 공자의 지식을 칭송하자 "나는 무지하다!"고 대답하고 있다. 소크라테스는 유럽에서, 공자는 중국에서 거의 비슷한 시기에 비슷한 인식에 도달했다. 인류정신사의 진화가 거기서 거기라는 걸 잘 알 수 있다.

앎에 대한 겸손으로만 그쳐도 충분히 값어치 있는 발언이지만, 공자의 위대성은 그 다음 구절에서 찬란한 빛을 발한다. 초월적인 인간의 종교적인 성스러움이 아니라 지극히 일상적인 위대함이다. 자신에게 질문하는 사람에게 할 수 있는 모든 정성을 다하겠다는 다짐 말이다.

비부(鄙夫)의 비는 '더럽다, 천하다, 어리석다'라는 뜻이다. 비부는 지위도 낮고 가난하고 어리석기까지 한 사람을 나타내는 말이다. 이런 사람이 공공(空空)하기까지 하다. 공은 '비었다, 모자라다, 덧없다'는 뜻으로 새긴다. 그 공이 두 번 연속되었으니 한마디로 골이 텅 비었다는 표현이다. 미련하고 어리석고 금방 얘기해 준 것도 바로 까먹는 사람. 얼마나 가르치기 어려운 대상인가.

공자는 그런 사람이라 하더라도 자기에게 질문을 해온다면 온 정성을 다하겠다는 것이다. 여기서 유명한 구절이 하나 탄생했다. 고기양단(叩其兩端)! 고는 '두드리다', 기는 비부를 가리키고 양단은 두 개의 끝을 말한다. 단은 어떤 일의 실마리를 나타낸다. 비부가 이해할 수 있는 실마리를 어떻게든 찾아서 두드려 보겠다는 거다. 양(兩)을 써서 두 개의 실마리로 직역되지만 꼭 두 개만을 뜻한다고 볼 필요는 없다. 찾을 수 있는 실마리는 다 찾아보겠다는 의미로 보는 게 좋다.

자, 나는 인생을 살면서 이런 스승을 만나 본 적이 있었던가. 삼천 명을 헤아린다는 공자의 제자들은 공자의 이런 보살핌 속에서 얼마나 행복했을까. 뒤의 10장에 나오는 수제자 안연의 탄식이 생겨나는 이유를 여기서 볼 수 있다.

공자가 말했다.

“봉황새는 날아오지 않고, 하수에선 그림이 나오질 않는구나. 나도 이제 그만이구나!”

子曰, “鳳鳥不至, 河不出圖, 吾已矣夫!”

공자의 깊은 탄식이다. 아마 육신의 죽음이 찾아왔음을 느낀 때였을 것이다. 사람은 살아가면서 시시각각 죽음의 유혹을 받는다. “차라리 죽는 게 낫다”라는 말을 내뱉어 본 적이 많을 것이다. 그러나 실제로 죽음이 다가오면 살려고 발버둥을 치게 된다. 그러나 더 이상 어떻게 해볼 수 없는 죽음의 순간이 찾아오면 마침내 ‘끝’이 왔음을 알 수밖에 없다. 공자의 이 탄식은 그래서 절절하다.

봉조(鳳鳥)는 전설 속 상상의 새이다. 기린, 거북, 용과 함께 상서로운 네 동물로 불린다. 봉새는 기린, 사슴, 뱀, 물고기, 거북의 몸을 골고루 섞었고 턱은 제비, 부리는 닭을 닮았다. 깃털은 공작처럼 오색의 무늬가 있다. 오동나무에 깃들어 살며 대나무 열매를 먹고 산다. 봉새는 덕이 높은 성인이 세상에 태어나면 나타난다고 한다. 수컷을 봉(鳳), 암컷을 황(凰)이라 한다.

봉황새가 날아오지 않는다는 공자의 탄식은, 세상에 덕이 높은 성인이 없다는 뜻과 같다. 공자는 자기 스스로는 성인이 될 수 없다고 늘 말했다. 군자나 인자의 덕을 갖고 있어도 그 덕을 충분히 펼 만한 지위가 없으면 성인이라 부를 수 없다는 거였다. 공자는 작은 영토도 소유해 본 적이 없었다. 자신의 철학을 오롯이 펴볼 수 있는 영토와 백성을 가져본 적이 없었다. 겨우 노나라의 임금을 돕는 지위에 올랐을 뿐이었다.

스스로 성인이 되지 못한 공자는 성인이 나왔다는 소식이 들려오기를 학수고대했다. 오죽하면 "아침에 도를 들으면 저녁에 죽어도 좋다!(朝聞道夕死可矣)"라고 부르짖었을까. 이제는 도가 들려오기를 기다릴 시간도 없다. 육신의 죽음이 눈앞에 다가왔기 때문이다.

하수(河水)에서 그림이 나오지 않는다는 탄식도 마찬가지다. 하수는 중국의 황하를 말한다. 중국 고대 전설에 따르면 황하에서 용마가 등에 그림을 지고 나왔다. 그 그림을 보고 복희씨가 팔괘를 그렸다. 팔괘는 하늘, 땅, 우뢰, 바람, 물, 불, 산, 연못을 형상한다. 천지자연의 오묘한 이치를 인류가 이해하고 조화롭게 살아가려는 문명의 시작을 알린다는 의미가 있다. 이 복희씨는 바로 공자가 생각하는 성인 중의 한 명이다.

춘추시대의 막바지. 전쟁의 아비규환으로 이어질 전국시대의 입구에서 공자의 탄식은 가슴을 친다. 그런데 이 난세는 지금도 여전하다. 죽고 죽이는 전쟁은 지구 곳곳에서 벌어지고 있다. 자본의 탐욕은 끝이 없고 지구를 통째로 날려 버릴 수 있는 원자폭탄, 수소폭탄은 언제 터질지 모른다. 인류의 천박한 지성, 말하자면 '공공(空空)'한 어리석음은 공자 이후 2,500년이 지난 지금도 똑같다. 아니, 더 비루해진 것이 아닐지.

제자들이 말했다.

"우리 스승님은 상복을 입은 사람과 예복을 입은 사람과 맹인을 보면 비록 그들이 어린 사람들이라 하더라도 반드시 앉은 자리에서 일어나셨다. 또 그들 앞을 지나가게 되면 종종걸음을 하셨다."

子見齊衰者冕衣裳者與瞽者, 見之, 雖少必作, 過之必趨.

재최(齊衰)는 상복이다. 재는 '가지런히 마음을 모아 조심한다'는 뜻이고, 최는 '아주 질이 떨어지는 옷감으로 만든 옷'을 말한다. 상복도 여러 가지지만 재최는 부모를 잃었을 때 입는 상복이다. 부모를 잃은 상주는 죄인이라 하여 좋은 옷을 입지 않았다. 겨울에 상을 당해도 굵은 삼베로 만든 홑옷을 입었다. 따뜻한 방에서 지내지도 않고 차가운 마룻바닥에서 짚베개를 베고 잠을 잤다.

상주는 몹시 슬픈 사람이다. 그들의 슬픔을 함께하려면 상주를 귀하게 여기는 마음을 가져야 한다. 슬픔에 공감하는 사람이 상주에게 함부로 할 수는 없는 일이 아닌가. 상주 앞에서 웃는다거나 쩝쩝거리며 배불리 밥을 먹을 수는 없다. 앉아 있다가도 일어서는 태도는 극진한 대우를 하는 것이다. 조금이라도 그들의 슬픔을 나누기 위한 정성스런 행동이다.

면의상(冕衣裳)은 예복을 제대로 갖춰 입은 사람이다. 면은 머리에 쓰는 면류관이고, 의는 윗옷이며, 상은 치마다. 제대로 화려하게 옷을 갖춰 입은 것이다. 우리가 일상복이 아닌 예복으로 성장을 하는 경우는 큰 의식을 앞뒀을 때이다. 재최가 슬픔의 큰 의식인 상례를 치르는 경우의 옷이라면, 면의상은 길례에 해당하는 옷이다. 가장 기쁜 잔치는 아마 혼례가 아닐까 한다. 혼례를 앞둔 사람은 몹시 긴장하기 마련이다. 그들의 긴장을 풀어 주고 설렘, 두근거림, 기쁨의 감정들을 함께 나누기 위해선 적절한 예우가 필요하다. 우리가 신랑신부를 극진하게 대접하는 까닭이 거기에 있다.

맹인에 대한 예의도 다르지 않다. 여기선 시각장애자만 예를 들었지만, 몸이 불편한 장애인에 대한 태도를 말한다고 보면 되겠다. 호들갑스럽게 '장애우'니 뭐니 해서 지나치게 대우할 필요는 없다. 장애인이 언제 친구를 하겠다고 했는가. 처음 보는 장애인에게도 장애우 어쩌고 하면서 은혜를 베풀듯이 떠들어 대는 건 위선이다. 조용히 불편한 부분을 도와주는 것이 진실한 태도다.

앉은 자리에서 일어난다는 건, 예의를 차리는 태도이기도 하지만 자리를 양보하는 의미도 있다. 또 그 앞을 지날 때 종종걸음을 걷는 것도 자칫 그들의 움직임에 방해가 될까 염려해서이다. 제자들은 스승의 일상 행동에서 배움을 얻는다. 아무리 번지르르하게 말을 잘해도 행동이 개차반이면 스승이 될 수가 없다.

안연이 '아!' 하는 탄식 소리를 내며 말했다.

"우러러볼수록 더욱 높아지시고 뚫으려 할수록 더욱 단단해지시네. 바라볼 때 앞에 계시더니 홀연히 뒤에 계시네. 선생님은 차근차근 사람을 잘 이끌어 주시어, 나를 문으로 넓혀 주고 예로 요약해 주시네. 그만두고자 해도 그럴 수 없어 마침내 내가 가진 재주를 다 쓰게 하시네. 마치 높은 산처럼 우뚝 서 계시니 따르고 싶어도 어떤 길로 가야 할지 모르겠네."

顔淵喟然歎曰, "仰之彌高, 鑽之彌堅. 瞻之在前, 忽焉在後. 夫子循循然善誘人, 博我以文, 約我以禮, 欲罷不能. 旣竭吾才, 如有所立卓爾. 雖欲從之, 末由也已."

그 스승에 그 제자다. 어진 사람, 고요한 사람, 나를 확장시켜 주는 사람, 세 달 동안이나 인에 어긋나는 행동을 하지 않는 사람, 그래서 나보다 나은 사람……. 이런 말들이 안연에게 쏟아진 공자의 찬사다. 안연은 자이고 이름은 안회다. 공자가 서른 살이나 어린 제자인 안회를 평가한 말들을 가만히 곱씹어 보면, 이미 공자는 안회를 인자로 인정하고 있음을 알 수 있다. 스승의 이 지극한 사랑을 안회가 어찌 모르겠는가.

스승의 극찬에 안회는 한술 더 뜬 칭송을 보낸다. 그것이 바로 이 장이다. 5월 15일이면 부르는 '스승의 은혜' 1절의 두 번째 구절에 안회의 말 하나가 들어가 있다. '스승의 은혜는 하늘 같아서 / 우러러볼수록 높아만 지네.'

'스승의 은혜' 작사는 아동문학가인 강소천이 했다는 기록이 있다.

강소천 작가가 과연 〈논어〉의 이 구절을 참고했는지는 알 수가 없다. 그러나 만약 참고를 했다면 아주 적절한 선택으로 보인다. 스승을 경모하는 마음에 있어서 안회보다 더 극진한 제자가 또 있겠는가. 14년 동안 타국을 돌아다닐 때 도적떼를 만나 공자 일행이 뿔뿔이 흩어진 적이 있었다. 그때 안회가 맨 나중에 일행을 찾아왔는데 공자가 한숨을 돌리곤 말했다.

"나는 네가 죽은 줄 알았다."

"스승님이 살아 계신데 어찌 제가 죽을 수 있겠습니까."

이렇게 대답한 제자가 안회였다.

안회의 스승 칭송은 세 부분으로 나누어 볼 수 있다. 첫째, 스승 공자가 왜 그리 뛰어난 분인지를 알리는 부분이다. 우러러볼수록 높아지고 뚫으려 할수록 단단해지며, 앞에 있는가 했더니 홀연히 뒤에 있는 사람. 찬사를 보내려면 이 정도는 해야 하지 않을까. 스승의 날 편지 쓰기를 많이 하는데 안회의 말들이 참고가 될 만하다.

두 번째는 공자가 구체적으로 어떻게 제자를 가르치는지를 얘기한 부분이다. 박문약례다. 박문은 배워야 할 것들을 최대한 넓게 많이 배우라는 것이고, 약례는 배운 것들을 취사선택하여 줄기를 만들라는 것이다. 약례는 배움을 통해서 내가 얻게 되는 통찰, 세계관 등을 말한다. 약례가 되지 않은 박문은 시간낭비다. 약례가 되지 않으면 내 생각을 남들에게 말할 수 없게 된다. 박문도 어렵지만 약례가 더 어려운 까닭이다. 그렇다면 이렇게 어려운 약례를 어떻게 할 수 있을까. 그것을 공자는 차례차례, 차근차근 잘 이끌어 준다는 것이다. 순순연(循循然)이 바로 '차례차례'라는 뜻이다. 배움이란 갑자기 건너뛸 수 없다는 얘기다. 박문과 약례의 과정이 어렵기 때문에 순간순간 포기하고 싶어진다. 하지만 그럴 수 없다. 공자가 다양한 방법으로 내가 가진 재주를 다 쓸 수 있도록 도와주기 때문이다. 이것이 안회가 얘기하는 구체적인 공자의 교육법이다.

세 번째는 안회가 자신을 돌아보는 말이다. '우리 스승님은 저 높은 산처럼 우뚝하시니 나도 그렇게 되고 싶다. 하지만 끝내 나는 그렇게 될 수 없을 것 같다'라는 탄식. 왜 그런가. 나는 이미 재주를 다 써버렸기 때문이다. 이 세 번째 부분에서 공자에 대한 제자 안회의 존경심이 극한으로 표현되었다. 아울러 겸손하고 어진 안회의 마음도 잘 드러났다. 안회는 이미 동료들과 스승이 인정할 정도로 우뚝 선 인물이었다. 공자에 버금갈 정도로. 그러나 착한 안회가 그런 평가를 받아들였을 리 없다.

"무슨 소리! 선생님은 저렇게 우뚝 서 계신데. 나는 그곳으로 갈 길조차 몰라 이러고 있고."

이 말을 안회가 하고 있는 것이다. "나는 회가 앞으로 나가는 것만 보았다"고 공자가 술회할 만큼 안회의 진보에 대한 불타는 향학열을 잘 보여 준다. 아름다운 사제의 정이 아닌가.

공자가 목숨이 위중한 병이 들었다. 자로가 문인들로 하여금 신하의 일을 맡게 했다. 병이 좀 나아서 공자가 정신을 차렸을 때 말했다.

"오래되었구나. 유가 거짓된 행동을 한 것이! 신하가 없는 사람을 신하가 있는 사람으로 만들었으니, 내가 누구를 속이란 말이냐? 하늘을 속이고 말았구나! 또 나는 신하의 손에 죽음을 치르느니 차라리 너희들 몇 사람 손에 내 죽음을 맡기고 싶다. 내가 비록 큰 장례를 얻지 못한다 해도 길바닥에서 죽기야 하겠느냐?"

子疾病, 子路使門人爲臣. 病間, 曰, "久矣哉, 由之行詐也! 無臣而爲有臣. 吾誰欺? 欺天乎! 且予與其死於臣之手也, 無寧死於二三子之手乎! 且予縱不得大葬, 予死於道路乎?"

자로가 좋은 일 해보려다 또 혼나고 있다. 우직하고 순진한 자로는 스승을 위해서 뭔가를 해보려다 툭하면 꾸지람을 당한다. 다소 성급하고 핵심을 놓치는 경우가 많아 그런 것 같다. 하지만 그 진정성이야 누구보다 아름답다. 공자도 자로의 진심을 알기에 혼내기는 하지만 마음속 깊이 늘 고마워한다. 고마움의 표현이 애정 어린 꾸지람으로 나타나게 된다. 자로가 좀 덜 실수하기를 바라면서.

그럼 여기서 자로의 실수는 무엇일까. 내용의 정황상 공자가 노나라에 돌아온 68세 이후의 일이다. 오랜 타국 생활의 여독이 뭉쳐서 귀국한 뒤 크게 한 번 앓았을 것 같다. 그걸 지켜보는 자로는 얼마나 가슴이 아팠을까. 겨우 귀국을 한 스승이 곧 죽을 것 같으니 장례라도 제대로 치르고 싶었을 것이다. 그런데 그것이 문제였다.

자로가 문인들을 소집해서 '신하'를 만들어 버렸다. 자로는 공자보다 나이가 아홉 살 적었으니 제자들 가운데는 거의 만형이었다. 자로는 만형 노릇을 하느라고 장례에 관한 절차를 스스로 맡아서 집행을 하려고 했다. '신하'를 만들었다는 것은, 문인들로 장례위원회를 꾸리고 각각 맡은 일을 정했다는 말이다. 공자가 병이 나아 정신을 차린 뒤 그 사실을 알고 자로를 크게 꾸짖었다. 행사(行詐)는 거짓을 행했다는 것인데, 그 어투가 아주 준엄하다. 자로의 거짓은 무신(無臣)을 유신(有臣)으로 만들었다는 지적이다. 공자는 영토를 소유한 대부가 된 적이 없다. 노나라 임금에게 벼슬을 살았을 뿐이다. 그러니 대부나 제후처럼 신하를 둘 수 없었다.

하지만 자로에게 있어 공자는 대부를 넘어 임금으로 받들고 싶은 스승이었다. 차마 제후의 예로 장례를 치르지는 못하지만 대부의 예로는 장례를 모시고 싶었다. 하지만 공자가 어떤 사람인가. 예를 지키지 않은 계씨나 다른 대부들을 일관되게 비판해 온 사람이다. 더구나 공자는 예의 뿌리는 '검소함'으로 보는 사람이다. 형식에도 어긋나고 내용도 사치스러운 그런 장례를 공자는 도저히 용납할 수 없었다. 그래서 한 번도 아니고 두 번이나 거듭하여 꾸중을 한다.

"나는 장례위원들보다 너희들 손에 내 죽음을 맡기고 싶다!"

"나는 큰 장례를 못 치르지만, 길바닥에서 죽기야 하겠느냐!"

다른 제자들 앞에서 자로를 꾸짖는 말이 호되다. 자로에게 동의했던 많은 제자들도 머쓱했겠다. 자로도 자기 진정을 몰라주고 혼내기만 하는 스승에게 약간 불평을 품었을 수도 있다. 그러나 병이 나아 다시 짱짱하게 살아난 스승의 목소리가 더없이 반가웠을 자로다. 그래서 자로는 혼이 나면서도 빙긋 웃었을 것이다.

자공이 물었다.

"여기에 아름다운 옥이 있다고 해요. 스승님은 함에 넣어 저장해 두시겠습니까, 좋은 값을 구하여 파시겠습니까?"

"팔아야지! 팔아야지! 나는 좋은 값을 기다리는 사람이야."

子貢曰, "有美玉於斯, 韞匵而藏諸? 求善賈而沽諸?" 子曰, "沽之哉! 沽之哉! 我待賈者也."

공자는 현실정치에 참여하겠다는 뜻을 버린 적이 없다. 그렇다고 은자의 삶을 비난하지도 않았다. 세상사와 인연을 끊고 청결한 삶을 살아가는 사람들을 높이 기리는 발언도 한다. 각자 삶의 가치를 두루 인정하는 대인의 모습이다.

아름다운 옥이라는 '미옥'은 잘 갖춰진 인재의 비유다. 옥빛은 은은하다. 황금처럼 번쩍이지는 않지만 굳세면서 부드럽다. 눈부신 빛으로 주위를 현혹시키지는 않지만 깊고 영롱한 빛으로 평화를 준다. 그래서 옥은 군자의 풍모에 자주 비유된다. 더구나 아름다운 옥이니 인격이 어느 정도일지 짐작이 되고도 남는다.

함 속에 넣어 저장해 둔다는 건 자신의 재주를 드러낼 생각이 없다는 것이고, 판다는 건 재주를 사용하겠다는 뜻이다. 자공은 언변에 뛰어나다고 공자에게 인정을 받은 사람이다. 여기서도 그 재주를 유감

없이 드러냈다. 스승이 자신의 생각을 꼼짝없이 알려 줄 수밖에 없도록 질문하고 있지 않은가.

공자는 대답에 조금도 망설임이 없다. 두 번이나 강조해서 "팔겠다!"고 했다. 이미 잘 닦여진 재주는 유감없이 활용하라는 가르침인 셈이다. 송곳은 자루에 넣어 두면 뚫고 나온다. 그러나 단단한 함에 넣어 두면 뚫지 못하고 녹이 슬어 버릴 수도 있다. 송곳은 쓰면서 무디어질 수도 있지만, 쓰면서 더욱 날카로워질 수도 있는 것이다. 공자는 재주를 아껴 두지 말라고 자공에게 대답해 준다.

다만 한 가지 조건을 걸었다. 대가(待價)! 값을 기다리라는 것! 여기서 기다리는 값은 자공의 질문에 있는 선가(善價)이다. 재주에 걸맞은 지위를 얻거나 재주를 충분히 쓸 만한 일일 때 팔아야 한다는 말이다. 헐값에 자신을 함부로 넘기지 말라는 충고다. 내가 나를 귀하게 여길 때 남도 나를 귀하게 여긴다.

공자가 평소에 이런 말을 했다.

"구이의 땅에 가서 살아 볼까."

어떤 사람이 물었다.

"누추한 곳인데 어떻게 사시려고요?"

공자가 대답했다.

"군자가 사는 곳에 무슨 누추함이 있겠소."

子欲居九夷. 或曰, "陋如之何? 子曰, "君子居之, 何陋之有?"

중국에서는 동쪽 지역에 거주하는 종족을 이(夷)라고 불렀다. 그래서 동이(東夷)라고 부른다. 아홉의 종족이 있다고 통상 구이라고 부른다. 중국을 중심에 놓고 서쪽의 종족들은 서융(西戎), 남쪽의 종족은 남만(南蠻), 북쪽의 종족은 북적(北狄)이라고 불렀다. 이, 융, 만, 적은 모두 '오랑캐'라는 뜻을 가졌다. 중국의 세련된 문명에 형편없이 뒤처진 야만 종족이라는 멸시가 담겨 있다. 이를 중화주의라고 부른다. 중국을 중심에 놓고 그 주변부는 모두 중국을 향해 경배해 마땅하다는 관점이다.

여기서 공자에게 질문을 하는 '어떤 이'는 중화주의 관점을 가지고 있는 사람으로 보인다. 공자가 구이에 가서 살고 싶다고 하니까 그곳은 누추하지 않느냐고 묻고 있다. 누(陋)는 모든 나쁜 의미의 총칭 같다. '좁다, 더럽다, 천하다, 키가 작다, 가난하다' 등등의 의미로 새긴다. 어떤 이는 이 한 개의 글자로 구이에 대한 자신의 생각을 아주 잘 표현했다. 구이 같은 그런 야만의 땅에 가서 공자 당신이 어떻게 살겠느냐고 묻고 있으니까.

공자의 대답은 간명하다. "군자가 살면 무슨 누추함이 있겠는가." 이 대답을 어떻게 봐야 할까? 여기서 군자는 공자 자신을 말하는 것일까? 아니면 구이의 땅에도 군자가 살고 있다는 것일까? 두 가지 다 가능하다고 본다. 공자는 중화주의의 관점을 슬며시 비판하고 있다. 군자는 중국 땅에만 있는 것이 아니다. 동이나 서융이나 남만이나 북적이나 어디에도 군자는 있다. 그러니 당신의 관점은 틀렸다. 군자의 덕을 갖춘 사람이 어디에나 존재할 수 있는 것처럼 중심은 곳곳에 있다는 것. 어떻게 중국만이 군자가 있고 세계의 중심일 수 있느냐고 공자는 말하고 있다.

또 하나는 공자 스스로 군자라고 한 말이라고 봄도 가능하다. '군자는 사는 땅을 가리지 않는다. 아무리 누추한 땅이라도 군자가 살면 따뜻한 마을이 될 수가 있다. 사람이 나쁜 영향만 받는 건 아니다. 좋은 영향도 잘 받는 습성을 갖고 있다. 당신처럼 그렇게 요리조리 따져서 당신에게 이로운 것만 가려서 살려고 하지 마라. 군자의 삶은 그런 것이 아니다.' 이런 의미의 말들이 공자의 짧은 대답 속에 들어 있다. 과연 '어떤 이'가 공자의 말을 알아들었는지는 모르겠다. 아마 이해를 못했을 것이다. 알아듣고 공자의 제자가 되었더라면 〈논어〉에 이름이 기록되었으리라.

'하~지유(何~之有)'는 관용구로 〈논어〉에 자주 등장한다. 원형은 '하난지유(何難之有)'이다. '무슨 어려움이 있겠느냐?'라는 뜻이다. 관용구로 쓸 때, '난' 대신에 자기가 하고 싶은 글자를 넣어서 말하면 강조가 된다. 여기선 난 대신에 '누'를 넣었다.

공자가 말했다.

"내가 위나라에서 노나라로 돌아온 뒤에 음악을 바로잡으니, 아와 송이 각각 그 자리를 얻었다."

子曰, "吾自衛反魯, 然後樂正, 雅頌各得其所."

공자가 〈시경〉을 편찬하면서 한 말인 듯하다. 〈시경〉은 현재 전해지는 책에는 305편의 시의 제목과 가사가 실려 있다. 음악을 연주할 수 있는 악보는 없다. 이 〈시경〉의 체제가 풍, 아, 송으로 되어 있다. 풍은 각국의 민요이고, 아는 궁중음악이며, 송은 종묘제례악이다.

공자가 노나라로 귀국하여 보니 이 다른 종류의 음악이 마구 뒤섞여 있었다. 전문음악가인 공자는 체계를 바로잡을 필요성을 절감했다. 나이가 많았으나 공자는 심혈을 기울여 체제를 잡았다. 그것이 '정(正)', 곧 바로잡는 작업이다.

각득기소(各得其所)는 많이 쓰이는 사자성어다. 각자가 자기에게 어울리는 자리를 얻었다는 뜻이다. 우리의 삶도 그렇다. 늘 나에게 어울리는 자리를 얻기 위해 방황하는 시간들이다. 직장에 나가는 일을 '밥벌이의 지겨움'이라고 표현한 것도 그 직장이 내게 어울리는 자리가 아니기 때문에 그렇다. 사람마다 자신에게 어울리는 자리를 얻어 살아갈 수만 있다면 참 평화로운 세상일 것이다.

공자가 말했다.

"밖에 나가서는 공경을 섬기고, 집에 들어와서는 부형을 섬긴다. 상을 치를 때엔 있는 정성을 다하고, 술 때문에 곤란해지지 않는다. 이런 것들이 나에게 뭐 어렵겠는가?"

子曰, "出則事公卿, 入則事父兄, 喪事不敢不勉, 不爲酒困, 何有於我哉?"

사회생활, 가정생활, 의례생활, 식생활의 대표적인 것들을 공자가 얘기했다. 네 가지를 열거하고 마지막에 "이런 것들이 나에게 뭐 어렵겠는가?"라는 물음으로 마무리한 것으로 봐서 가르침을 주려는 의도가 다분하다.

공경(公卿)은 사회적으로 지위가 매우 높은 사람들이다. 부형은 가정 내에서 지위가 가장 높다. 공자의 이런 발언으로 보면 기원전 6세기는 이미 가부장제 사회가 완성되어 있음을 알 수 있다. 이 두 가지 발언은 보수성이 강하다. 한 사회에서 권력을 가진 사람을 섬기라는 말이 아닌가. 사회적인 질서에 대한 공자의 신뢰를 잘 보여 주는 대목이다. 이런 부분은 현대사회의 시각으로 봤을 때 별 울림이 없다.

그런데 약간 바꿔 보면 괜찮은 점이 있다. 사회와 가정의 생활을 서로 조건절로 보는 것이다. 그러면 이렇게 된다.

"나가서 공경을 섬기듯 들어와서는 부형을 섬겨라. 집에서 부형을 잘 섬기듯 나가선 사람들을 공경해라."

밖에선 너그럽고 대인답다는 소리를 듣는 사람이 집안에선 폭군 노릇을 하는 사람이 있다. 반대로 집에선 가족에게 온갖 정성을 다하는 사람이 밖에 나와선 까칠하게 구는 사람도 있다. 아이들도 그런 경우가 있다. 집에선 부모님 말씀을 잘 따르는 아이가 학교에 와선 선생님에게 함부로 구는 일이 있다. 집에서든 밖에서든 정성스럽게 생활하라는 충고로 보면 나름 의미가 있다.

사람이 살아가면서 치러야 하는 의례들 가운데에선 상례를 예로 들었다. 있는 정성을 다하라고 했는데, 정말 무미건조하다. 슬픔에 가득 찬 상주는 자연스럽게 자신이 할 수 있는 정성을 다할 것이다. 그렇지 않은 사람이 얼마나 될 것인가. 아무리 간악한 자라도 자기 부모의 죽음 앞에 마음을 쏟지 않을 수 있겠는가. 역시 별 감동이 없는 발언이다.

마지막으로 술 때문에 곤란을 겪지 않는다는 말은 그나마 조금 눈에 들어온다. 평소에 좋은 인상을 주던 사람이 술만 취하면 돌변하는 경우가 있다. 이런 사람은 평소에 잘 쌓아 놓았던 덕을 술자리에서 모두 잃어버린다. 취중진담이라는 말이 있다. 사람은 취했을 때 진실한 얘기를 한다는 뜻이다. 이 말은 상당히 일리가 있다. 평소엔 이성이 감성을 압도하여 적절한 가면을 쓰게 한다. 타인을 배려하는 가면, 손해를 봐도 인내하는 가면, 슬픔을 억누르는 가면 등등 이타적인 가면들을 쓰고 생활한다.

그런데 알코올이든 마취약물이든 감성을 고조시키는 음료를 마시고 나면 가면을 벗게 된다. 평소에 없던 용기도 생기고 평소에 억눌렸던 감정들이 용솟음친다. 그러니까 취중에 나오는 것들 역시 다 내 것이다. 오히려 더욱 진실한 내 것이다. 그래서 사람들은 누군가 취중에 하는 얘기들을 지나쳐 들을 수 없다. 공자는 이런 곤란이 없다고 말했다. 이 말은 평소와 취중이 한결같다는 말과 같다. 취하지 않는다는 게 아니라 취해도 평소와 다른 모습이 없다는 뜻이다. 끝 구절의 '하유(何有)'는 '하난지유(何難之有)'의 줄임말이다. '무슨 어려움이 있겠는가'라는 말인데, 어려움이 없다는 것을 강조하는 표현이다.

공자가 물가에 서서 말했다.

"흘러감이 이와 같구나! 낮이나 밤이나 멈추지 않네."

子在川上曰, "逝者如斯夫! 不舍晝夜."

타국을 전전하던 시절에 한 말이겠다. 어느 물가인지는 알 수가 없다. 굳이 알지 않아도 아무 문제없다. 다만 감탄의 내용으로 봐서 졸졸 흐르는 시냇물은 아닌 것 같다. 꽤 깊고 넓게 흐르는 강물이지 싶다. 제자 일행과 나그네로 떠돌다 어느 강가에 도착한 공자. 물을 건너기 전에 잠시 쉬면서 물을 바라본다. 그러다 문득 입 밖으로 흘러나온 감탄. 제자들은 공자의 감탄을 들으며 각자 생각에 잠겼겠지.

너무나 평범한 말이다. 누구나 할 수 있는 말이기도 하고. 그러나 제자들의 가슴에 깊은 인상을 남기면서 자리를 잡은 스승의 말이다. 낮이나 밤이나 흐름이 멈추지 않는다는 불사주야(不舍晝夜)가 쓸쓸한 감정을 일으킨다. 떠돌이 신세. 위나라를 거점으로 잡기는 했으나 어느 한곳에 진득하게 머물 수 없다. 제대로 자리를 잡지 못했기 때문이다. 제자들은 그런 공자의 심정을 읽었다. 낮이나 밤이나 머물 곳이 없어, 저 물처럼 흐르기만 하는구나!

그런데 이 불사주야를 밤낮없이 쉬지 않고 공부를 해야 한다는 공자의 가르침으로 읽는 해석이 있다. 사실 이런 해석이 거의 정설로 굳어져 왔다. 그럴듯하지만 좀 재미가 적다. 깊은 강물 앞에 선 늙은 나그네의 심사를 그렇게 좁게 해석할 필요는 없다.

더구나 물이 아닌가. 물은 인류의 시원이다. 인류 자체가 물속에서 진화해 나오기도 했지만 가깝게는 세상에 태어나기 전에 어머니 뱃속의 양수 속에서 살지 않았던가. 물을 오랜동안 바라보고 있으면 자기도 몰래 끌려 들어간다는 속설도 있다. 아마도 자연스러운 끌림이 뭔가 있을 것이다. 도도히 흐르는 물가에 선 노철학자의 심회를 조금이나마 읽어 주는 것이 좋겠다. 공부를 열심히 하라는 불사주야가 아니라, 세상은 저렇게 쉼 없이 흐르고 인간의 짧은 삶 또한 저렇게 흘러가고 말 것이니. 앞강물은 뒷강물에 밀리고, 뒷강물은 또 앞강물이 되어 밀리고…… 삶은 그렇게 계속된다.

공자가 말했다.

"나는 아직 보지 못했다. 호덕을 호색처럼 하는 사람을."

子曰, "吾未見好德如好色者也."

호덕은 '덕을 좋아함'이며, 호색은 '색을 좋아함'이다. 덕은 하루아침에 쌓이는 것이 아니라 길고 어려운 수련을 통해 마침내 얻을 수 있다. 반면에 색은 인간이 타고나는 육체적인 본능으로서 누구나 가지고 있다. 호색은 자연적이지만 호덕은 종교적이다. 자연적이란 세속적인 삶을 살아가는 인간을 말하며, 종교적이란 초인간적인 삶을 살아가려는 인간을 말한다. 종교사학자이자 신화학자인 엘리아데는 이렇게 말했다.

> "종교적 인간은 '자연적' 단계에서 존재하는 것과는 다른 어떤 것이 되기를 원한다는 것과 신화가 그에게 계시하는 이상적인 이미지에 따라 자신을 만들어 간다는 사실이다. 원시인은 어떤 종교적 인간의 이상을 획득하려고 시도한다."
>
> —〈성과 속〉, 171쪽, 한길사

원시인은 초기 인류를 말한다. 인류는 성스러운 공간, 성스러운 시간 속에서 살고 싶어 했다. 그러나 인류의 시공간은 점점 세속화되어 왔다. 불과 60여 년 전만 해도 우리나라의 시골에는 마을 곳곳이 신성화되어 있었다. 마을 들머리의 당산나무, 으슥한 골짜기의 곳집, 언덕배기의 장승들. 집은 어떤가. 마당 한켠에 터주가 있고, 뒷마당 장독대에는 어머니가 올려놓은 정안수가 있었다. 일상이 종교적인 삶이었다. 자연적으로 타고난 삶을 뛰어넘어 뭔가 이상적인 삶을 추구하는 신화가 마을과 집안 구석구석에 살아 숨 쉬었다.

그런데 종교적인 인간으로 살아가는 건 세속적인 삶보다 훨씬 어렵다. 인도의 차크라를 예로 들어 보자. 차크라는 바퀴라는 뜻인데 원형으로 된 통이 쉼 없이 돌고 있음을 상징한다. 인간의 몸에는 7개의 차크라가 있다고 한다. 제1차크라는 훔(hum)이라고 부르는데 회음부에 있다. 색깔은 붉은색이다. 육체의 탄생을 의미하며 삶의 근본적인 생기를 주관한다. 제1차크라에만 머물면 오로지 음식을 먹고 생명을 유지하는 일에만 집착하게 된다.

제2차크라는 밤(vam)이라 부르며 하복부에 위치한다. 색깔은 오렌지색이다. 육체의 성장과 더불어 생명 창조의 힘을 주관한다. 이 차크라에만 머물면 성과 가정에 대한 집착이 생긴다. 제3차크라는 반(van)이며 배꼽에 있다. 색깔은 노란색이다. 육체적인 건강이 완성되며 자기의 정체성을 인식하고 타인과의 친밀성도 중요함을 알게 된다. 제3차크라에 머물면 명예와 권위에 집착하게 된다. 이 제3차크라까지가 자연적 인간이다. 사람은 누구나 제3차크라까지는 도달한다. 그러나 가끔 제1, 제2차크라에 머물고 마는 경우도 있다. 공자가 말하는 호색은 제2차크라에 집착하는 것과 비슷하다.

제4차크라부터는 수련이 필요하다. 바로 공자가 말하는 호덕의 경지로 들어서게 된다. 제4차크라는 얌(yam)이며 심장에 위치한다. 색깔은 초록색이다. 여기에 내재된 감정은 사랑, 믿음, 헌신이며 수용과 균형을 이루는 사랑을 주관한다. 인간이 타고난 훌륭한 본질을 성품화하는 것이다. 제5차크라는 마(ma)라 부르며 목구멍에 있다. 색깔은 파랑색이다. 이 차크라는 창조와 의지를 주관하며 지성이 최고조에 달한다. 종교적으로 경건한 정화와 순수를 의미하기도 한다.

제6차크라는 옴(aum)이며 이마에 위치한다. 색깔은 남색이다. 영성과 예지력을 주관하며 세상을 통찰하는 힘이 있다. 신성에 대한 자각이 일어나며 성스러운 시공간을 만들고 그곳에서 살아간다. 마지막으로 제7차크라는 '1,000개의 살을 가진 바퀴'라고 부르며 정수리에 위치한다. 색깔은 보라색이다. 신과 자연과 인간의 완전한 합일을 뜻하며 득도, 열반, 깨달음으로 성스러운 인간의 완성이다. 이때가 되면 1,000개의 바퀴살은 모두 연꽃으로 바뀌어 활짝 피어나게 된다.

공자가 말하는 호덕의 출발은 제4차크라부터 보면 좋겠다. 인간이 도달할 수 있는 최고의 경지로 상정한 성인은 제7차크라가 아닐까. 제5, 제6차크라는 군자나 인자의 경지라고 볼 수도 있겠다. 어쨌든 공자는 호색하는 마음으로 호덕을 했으면 좋겠다고 말한다. 혼란한 난세에 대부분의 사람들은 식욕, 성욕, 명예욕에만 집착했을 것이다. 지금이라고 다르지 않다. 이 세 가지 욕망만으로도 충분히 행복한 삶이라고 주장한다고 잘못은 아니다. 다만 더욱 높은 경지의 삶이 있는데도 낮은 단계에 머물고 마는 것이 아쉬울 뿐이다. 공자의 탄식은 그 지점이다.

공자가 말했다.

"비유를 해보자. 토산을 만드는데 한 삼태기 흙을 채우지 않아 미완성인 채 멈추면, 그건 내가 멈추는 것이다. 또 비유해 보자. 큰 구덩이를 메워 평평하게 만들려는데 비록 한 삼태기 흙으로 시작해도, 그건 내가 나아가는 것이다."

子曰, "譬如爲山, 未成一簣, 止, 吾止也. 譬如平地, 雖覆一簣, 進, 吾往也."

우리는 "소를 물가에 끌고 갈 수는 있어도 물을 먹게 할 수는 없다"라는 속담을 잘 알고 있다. 채찍을 휘둘러 강가까지 몰고 갈 수는 있다. 그러나 소가 스스로 입을 벌려 물을 마시지 않으면 어쩔 수 없다. 입을 집게로 벌리고 물을 넣어 봐야 목구멍으로 넘기지 않으면 그만이다. 강제로 뭔가를 하게 하는 것은 결국 한계가 있다는 말이다.

공자는 두 가지를 대비시키고 있다. 멈춤과 나아감. 예전엔 흙을 쌓아 토산을 만드는 일이 곧잘 있었다. 들판에서 전투를 할 때 적진을 내려다보기 위하여 인공 산을 쌓기도 했다. 꼭 큰 산이 아니어도 언덕을 만드는 일도 비유로는 충분하다. 딱 한 삼태기만 더 넣으면 완성인데, 그걸 하지 않고 멈춰 버린다는 가정이다. 이런 일이 있을 수 있을까? 충분히 가능하다. 산을 만드는 일 자체에 내가 동의하지 않았을 때 그럴 수 있다.

산을 대학 가는 일로 비유를 해보자. 어떤 아이가 음악을 하고 싶은데 어머니는 의사가 되기를 고집했다. 그래서 어머니의 바람대로 아이는 공부를 열심히 해서 의대를 갔다. 의대 6년을 다니고 인턴, 레지던트까지 거쳐 마침내 의사가 되었다. 어머니는 잔치까지 벌였다. 잔칫날 의사가 된 아들은 어머니에게 이렇게 말했다고 한다.

"어머니, 이제 되셨죠? 지금부터 저는 음악을 하겠습니다."

그날로 아들은 집을 나왔다. 굶어 가면서 인디밴드를 서울 신촌 어딘가에서 하고 있다고 한다. 결국 의사가 된 아들은 어머니 입장에서 보면, 마지막 한 삼태기 흙을 채우지 않은 셈이다. 나는 이 이야기를 그 어머니에게 직접 들었다.

구덩이를 메우는 일의 비유 또한 마찬가지다. 멈춤과 나아감을 뜻하는 지(止)와 왕(往) 앞에 모두 오(吾)가 있음에 주목하자. '내가 멈추고, 내가 나아간다'는 것이다. 공자는 내가 주체적으로 하는 일의 중요성을 말하고 있다. 자발성이라고도 할 수 있겠다. 배움이든 일이든 내가 자발적으로, 주체적으로 하지 않을 때 좋은 성과를 기대하긴 어려울 것이다.

공자가 말했다.

"토론하여 결정된 것을 실천함에 게으르지 않는, 그 사람은 바로 회이다!"

子曰, "語之而不惰者, 其回也與!"

어(語)는 혼자 하는 말이 아닌 상대와 주고받는 말이다. 나아가 토론이라고 할 수도 있겠다. 여기서는 스승인 공자와 안회가 주고받은 말일 수도 있고, 공자와 제자, 제자와 제자가 어떤 주제를 놓고 토론한 내용이라고 할 수도 있다. 어쨌든 토론을 통해서 결론이 난 상태를 말한다. 토론 참가자들이 모두 의견을 내서 토론한 뒤 합의로 결정하는 것이 가장 좋다. 그런데 토론은 길어지는데 결정이 쉽게 나지 않는 경우가 있다. 이럴 때 다수결로 결정을 하게 되지만 이 방법은 후유증이 좀 많다.

시간이 길어지면 토론자들은 지치게 마련이다. 그럴 때는 팽팽히 맞서는 의견을 절충하기 위한 방안을 내면 좋다. A와 B가 맞서면 C라는 의견으로 결정되어도 좋을 것이다. 다수결로 A나 B로 결정이 되면 실행에서 문제가 발생할 수가 있다. 소수의견으로 패배한 사람들은 결정된 의견의 실행에 매우 소극적일 수 있다.

그러나 안회는 실천에 게으르지 않았다고 공자는 칭찬을 한다. 아마도 안회가 소수의견을 낸 사람이었던 모양이다. 치열하게 토론을 하고 결정 방법도 다수결로 하자고 동의를 한 뒤에 결론이 났다면 이것은 어쩔 수 없다. 내 의견이 채택이 되지 않았다 하더라도 적극적으로 실천해야 한다. 만약 실천을 할 생각이 없었다면 결정 방법에 동의를 해서는 안 된다. 절충안을 제시하여 합의로 가야 한다. 토론의 기본을 지키지 않으면서 자신이 가진 다른 배경으로 억누르려는 사람이 있다. 지위나 자본의 힘으로 말이다. 이런 사람은 민주적인 토론마당을 파괴하는 가장 나쁜 부류에 해당한다.

공자가 안연에 대해 이렇게 말했다.

"아, 아깝다! 나는 회가 나아가는 것은 봤으나 멈추는 것은 보지 못했다."

子謂顔淵曰, "惜乎! 吾見其進也, 未見其止也."

또 공자가 안회를 칭찬하고 있다. 그런데 칭찬의 말 앞에 "아깝다!"는 탄식을 내뱉었다. 이는 안회가 이미 죽었음을 나타낸다. 안회가 죽은 뒤에 공자의 탄식과 칭찬은 〈논어〉에 다양하게 등장한다. 안회는 늘 진보했지 멈추어 서지 않았다는 것. 그래서 죽지 않았다면 안회가 어떤 경지에까지 이르렀을지 알 수 없는데, 일찍 죽어 아깝기 그지없다는 탄식이다.

공자는 제자 염구에게 "스스로 금을 긋는다"고 꾸짖은 적이 있다. 충분히 더 진보할 수 있음에도 현재 이룬 성과에 안주하려는 태도를 버리라고 했다. 진짜로 힘이 부족하면 가다가 그만둘 수밖에 없다. 그런데 가 보지도 않고 지레 겁을 먹고 멈추는 건 용기가 없음이다. 인생을 살아가면서 우리는 용기를 내야 할 때 주저앉는 경우가 많다. "이 정도면 됐지, 뭐" 하는 자기 위안 속에 약간의 수치심을 얹어 멈춘다. 그래도 어쩔 수 없다. 모든 삶이 다 진보할 수는 없지 않은가. 가다가 엎어지는 삶도 있기 마련이다.

그런데 좀 힘들더라도 용기를 내면, 그때부터 새로운 삶이 시작된다. 일대 전환이 일어나는 것이다. 아주 사소한 예를 들어 볼 수도 있다. 한겨울에 약속을 잡았다고 해보자. 하필 시간이 저녁 늦은 시간이고 몹시 추운 날이었다. 눈까지 내리고 있다. 게다가 즐거운 자리도 아니고 회의를 해야 하는 자리다. 나는 대표도 아니고 구성원의 하나였기 때문에 빠져도 큰 상관은 없다. 이럴 때 우리는 핑계를 대고 싶어진다. 급한 일이 생겨서 나갈 수 없노라고. 그러나 이 유혹을 뿌리치고 성큼 모임에 나가 보라. 모임에 나온 사람들의 열렬한 환영을 받을 것이다. 자존감도 높아지고 새로운 삶의 활력도 얻을 수 있다. 이는 약간의 용기를 냈기 때문에 가능한 일이었다.

공자가 말했다.

"싹은 틔웠으나 꽃을 피우지 못하는 사람이 있다. 꽃은 피웠으나 열매를 맺지 못하는 사람도 있구나."

子曰, "苗而不秀者, 有矣夫! 秀而不實者, 有矣夫!"

누구를 말하는지는 모르겠으나 공자가 제자들에게 이 얘기를 할 때엔 분명 대상이 있었을 것으로 추측된다. 싹을 틔우는 일도 사실 쉽지는 않다. 도토리나무는 다람쥐가 도토리를 땅속에 파묻어 주기를 바란다. 다람쥐는 자기가 땅에 묻은 도토리를 삼분의 이만 기억한다고 한다. 그렇지만 다람쥐가 잊어버린 삼분의 일이 다 싹을 틔우는 건 아니다. 물이 들어 썩어 버릴 수도 있고, 다른 다람쥐나 다른 동물이 꺼내 먹어 버릴 수도 있다.

사람은 어떤가. 보통 정자가 난자와 결합할 수 있는 확률은 일억분의 일이라고 한다. 사람이란 씨앗으로 수정되기 위해선 일억 대 일의 경쟁을 뚫어야 한다. 어머니 몸속에서 씨앗 상태로 열 달을 버티며 싹을 틔울 준비를 해야 한다. 그 과정에서 또 얼마나 어려운 시련을 겪어 내야 하는지 모른다.

싹을 틔우는 일은 어쩌면 숭고한 일이기도 하다. '줄탁동시'라는 말이 있다. 병아리가 알을 깨고 나오려고 안에서 껍질을 쪼면 어미닭이 그 소리를 듣고 달려와 바깥에서 쪼아 주는 일을 동시에 한다는 뜻이다. 병아리 한 마리가 알을 깨고 세상에 나오는 일도 얼마나 위대한가. 식물이든 동물이든 싹을 틔우고 세상에 나오는 일은 온 우주가 돕는 일이다.

싹을 틔우는 것만으로도 참으로 훌륭한 일이라 하겠다. 그러나 이왕 싹을 틔웠으면 꽃도 피우고 열매까지 맺으면 더욱 좋겠다. 열매를 맺으면 새로운 씨앗을 만들고 또 그 위대한 싹 틔움이 가능하니까 말이다. 어떤 일을 시작했을 때 힘들더라도 끝까지 한번 가보는 경험이 소중하다. 십 년을 한곳에 집중하면 뭐든 된다 하지 않던가.

공자가 말했다.

> **"뒤에 태어나는 사람은 두려워할 만하다. 미래세대가 지금 세대보다 못할 거라고 누가 장담할 수 있나? 하지만 마흔이나 쉰이 되어서도 들려오는 얘기가 없으면, 역시 두려워할 필요는 없겠다."**

子曰, "後生可畏, 焉知來者之不如今也? 四十五十而無聞焉, 斯亦不足畏也已."

'후생가외(後生可畏)'라는 명언을 남긴 구절이다. 공자는 미래세대에 대한 신뢰가 두터웠던 사람이다. 옛것에 대하여는 "좋아한다"는 표현을 쓰면서 부지런히 배우려고 한 반면, 미래세대는 두려워할 만하다는 표현을 썼다. 거기에 덧붙여 "미래세대가 지금 세대보다 못할 거라고 누가 알겠느냐?"고 되물었다. 공자는 자기 스스로에 대한 인식이 확고했던 인물이다. 앞선 세대가 만들어 놓은 문화에 대한 존경심도 컸다. 하지만 그것을 종합하여 새로운 것을 창안해 낸 자신에 대한 자긍심이 있었다. 그것을 공자는 '온고지신'으로 표현한 바 있다. 옛것을 푹 익혀서 새로운 것을 창조한다는.

"아우, 젊은것들은 인간 안 돼. 예의도 없고 하고 다니는 꼬락서니라니" 하고 쯧쯧 혀를 차는 사람이 있다면 그 사람은 '꼰대'라는 소리를 들어도 할 말이 없다. 자기 세대의 문화에만 사로잡혀 고집스러운 노인네가 되어 버린 것이다. 새로운 세대는 새로운 문화를 만들어 내는 게 자연스럽다. 새로운 문화라고 해서 어느 날 갑자기 하늘에서 뚝 떨어지지 않는다. 완전히 본 적이 없는 것 같은 문화도 그 내면을 찬찬이 들여다보면 과거의 흔적이 살아 있다. 아니, 머나먼 인류 초기의 신화시대의 삶을 되돌린 것도 있다.

우리 세대는 몸에 문신을 하면 깡패나 범죄자로 본다. 그러나 요즘은 젊은 세대에게 문신은 자기표현의 다양한 방식 중의 하나일 뿐이다. 그런데 문신을 했다고 '못난 것들'이라고 치부하는 건 무지의 소산이다. 신화시대에는 문신을 하는 것이 자연스러웠을 뿐 아니라 일종의 권위였다. 인간의 역사가 진행되면서 시대에 따라 변화를 겪었을 뿐이다. 낮과 밤이 교대로 순환하듯 현생인류의 역사도 순환할 수밖에 없다. 뇌를 바꾼 완전히 새로운 인종이 나타나기 전에는 말이다.

공자는 한 인간이 태어나 품고 있는 재능을 펴는 기간을 마흔에서 쉰까지로 봤다. 현생인류의 창조력은 이십대에 최고조에 이른다는 연구가 있다. 아인슈타인이 상대성이론을 발견한 것도 이십대의 일이고, 시인 백석이 한국의 모든 사람들이 사랑해 마지않는 시를 남긴 시기도 이십대였다. 그러나 공자는 오십대까지도 기다려 봐야 한다고 말한다. 참 격려가 되는 말이다.

공자가 말했다.

"법어가 될 만한 말은 누군들 따르지 않을 수 있겠는가? 고치는 것이 귀하다. 겸손하고 부드러운 말은 누군들 기뻐하지 않겠는가? 잘 살펴보는 것이 귀하다. 기뻐하기만 하고 살펴보지 않으며 따르겠다고만 하고 고치지 않는다면, 나도 끝내 어쩔 수가 없구나."

子曰, "法語之言, 能無從乎? 改之爲貴. 巽與之言, 能無說乎? 繹之爲貴. 說而不繹, 從而不改, 吾末如之何也已矣."

불교계에서는 큰스님이 대중을 향하여 좋은 말씀을 남기는데 이를 '법어'라 한다. 보통 새해 첫날 하기도 하고, 큰 행사가 있을 때 법어를 내놓는다. 1981년에 조계종 종정에 취임했던 성철 스님(1912~1993년)의 취임법어가 대유행을 한 적이 있었다. 그것은 "산은 산이요, 물은 물이라"는 법어였다. 짧은 취임법어의 마지막 구절이었다. 너무나 평범해서 '이게 무슨 큰스님 말씀인가?' 하고 사람들이 의아해 하기도 했지만 만만치 않은 깊이를 가진 말이었다. 말의 리듬도 좋고 쉽기도 한데, 곱씹을수록 깊은 맛이 나는 말이었다.

그런데 이 말은 성철 스님이 처음 한 말이 아니라 중국 당나라의 청원선사(671~738년)가 지은 시의 한 구절이었다. 시의 구절은 아래와 같다.

산은 산이요 물은 물이로다

산은 산이 아니요 물은 물이 아니로다

산이 물이요 물이 산이로다

산은 산이요 물은 물이로다

山是山 水是水

山不是山 水不是水

山是水 水是山

山是山 水是水

꽤 재미있는 시다. 첫 구절과 마지막 구절은 똑같다. 그런데 마지막 구절은 첫 구절과 다르다. 왜 그런가? 두 번째 구절에서 산과 물은 한 번 부정되었다. 세 번째 구절에서는 산은 물이 되고 물은 산이 되어 서로 완전히 바뀌었다. 자기부정과 역지사지(易地思之 : 입장을 완전히 바꿈)를 거쳐 돌아온 산과 물은 처음의 산과 물일 수 없다. 깨달음을 얻은 산과 물인 것이다. 성철 스님은 바로 이 마지막 구절의 산과 물을 말한 셈이다.

이런 좋은 말씀이 법어다. 이런 법어는 누구든지 훌륭하다고 생각한다. 따르고 싶다고 말한다. 그러나 문제는 실천이다. 나만의 고집에 빠지지 않고 상대방의 입장도 생각해 보고, 깨달음을 얻은 산과 물이 되고 싶다고 누구나 생각한다. 그러나 자신의 행동을 쉽게 고치지 못한다. 공자는 법어보다 법어에 따라 실천을 하는 생활을 더 귀하게 여긴다고 말한다.

손여(巽與)라는 말은 '공손하게 베푼다'는 뜻이다. 여는 '준다, 허락한다'는 뜻도 있다. 참 공손하게 허락해 주는 말을 들으면 누군들 기쁘지 않겠는가. 그런데 손여의 말은 자칫 교언이나 참언일 가능성이 늘 존재한다. 나에게 도움이 되는 말은 내가 듣기 싫은 소리일 경우가 많다. 그래서 귀에 듣기 좋은 말을 들으면, 그 말의 이면을 잘 살펴보라는 것이다. 말 속에 가시가 박혀 있는 경우가 얼마나 많은가. 그 가시를 인식하지 못하면 곪아서 큰 병을 일으킬 수도 있다.

공자가 말했다.

"충과 신으로 중심을 잡아야 한다. 나보다 못한 친구는 없으니, 허물을 보면 고치기를 꺼리지 말아라."

子曰, "主忠信, 毋友不如己者, 過則勿憚改."

똑같은 구절이 앞에서 나왔다. 이렇게 중복해서 나오는 구절이 몇 개 있다. 〈논어〉를 한 사람이 편집한 책이 아니고 단시일에 정착된 책이 아님을 잘 알려 주는 부분이 바로 구절의 중복이다. 자세한 풀이는 1부 제8장을 참고하면 좋겠다.

공자가 말했다.

"수십만의 대군을 호령하는 사령관의 목숨을 뺏을 수는 있으나, 한 필부의 뜻을 뺏을 수는 없다."

子曰, "三軍可奪帥也, 匹夫不可奪志也."

삼군(三軍)은 보통 전군, 중군, 후군을 말한다. 때로는 중군과 좌·우군을 말하기도 한다. 그러나 한 나라에서 총력으로 동원할 수 있는 병력을 말하는 건 똑같다. 삼군의 사령관이라면 한 나라에서 으뜸가는 장수다. 병법뿐 아니라 개인의 무술도 훌륭하기 마련이다. 그런 장수의 목숨을 뺏을 수도 있는 사람이 보잘것없는 한 개인의 뜻을 뺏을 수는 없다고 공자는 말한다.

삼군과 필부가 대비되고 수(帥)와 지(志)가 대비된다. 삼군은 매우 많은 숫자이며 필부는 그냥 한 사람이다. 그것도 그냥 보통 사람. '수'는 직책의 이름이고 외면으로 드러난 모습을 비유한다. '지'는 뜻이다. 한자를 풀이해 보면 선비(士)의 마음(心)이다. 선비 대신 무사라고 풀어도 된다. 선비나 무사는 어떤 사람인가. 증자는 이런 말을 한 적이 있다. 사는 그 뜻이 드넓고 굳세지 않으면 안 된다고. 인이라고 하는 무거운 짐을 지고 먼 길을 가야 하기 때문에 그렇다고 했다. 한편 주희(1130~1200년)는 '지'를 "내 마음이 가는 곳"이라고 했다. 마음이 가지 않으면 몸으로야 따를 수 있지만 끝끝내 받아들일 수는 없다.

한 사람의 뜻을 얻는다는 건 그만큼 어렵다. 언젠가 조문을 갔다가 있었던 일이 기억난다. 올해 예순 살이 된 아버지가 아들을 데리고 함께 왔다. 스물네 살이라는 아들을 나에게 인사를 시키기에 내가 물었다.

"젊은 아들을 데리고 오기가 쉽지 않은데 대단합니다."

"내가 무조건 가야 된다고 했지."

아버지는 자랑스럽게 말했다. 내가 웃으면서 아들과 아버지를 번갈아 보며 말했다.

"그건 독재 아닙니까. 선택권을 주셔야 할 텐데."

"선택은 무슨. 요즘 젊은 사람들 문제예요. 이런 데 애들을 데리고 와야 친척들 얼굴도 알고 그러지. 그렇지 않냐, 아들아?"

아들은 아버지의 독촉에 고개를 끄덕였다. 하지만 내가 보기엔 아들의 얼굴에 불만이 있어 보였다. 아버지가 무조건 가야 된다고 하기보다는 가면 좋은 이유를 얘기해 주고 선택하게 했더라면 아들은 더 기쁜 마음으로 따라왔을 거라는 생각을 했다. 어떤 사람이 마음으로 받아들이면 몹시 어려운 일이라도 할 수 있는 법이다.

공자가 말했다.

"해진 헌 솜옷을 입고 여우와 담비 털옷을 입은 사람과 나란히 서도 전혀 부끄러워하지 않을 사람은 유일 것이다. 시에 이르기를 '원망도 하지 않으며 탐욕을 부리지도 않으니 어찌 착하지 않겠는가' 하더구나."

자로가 듣고 너무 기뻐서

"제가 죽을 때까지 이 시를 외우겠습니다."

하니까 공자가 말했다.

"이 길이 어찌 충분히 만족스러운 착함이겠느냐."

子曰, "衣敝縕袍, 與衣狐貉者立, 而不恥者, 其由也與? '不忮不求, 何用不臧?'" 子路終身誦之. 子曰, "是道也, 何足以臧?"

며칠 전 사람들과 함께 식사하는 자리였다. 처음 만나는 사람도 있고 꽤 격식을 갖춰야 하는 자리였다. 나는 늘 편한 옷을 입고 다니는데 그날은 옷차림도 좀 신경을 썼다. 그런데 아뿔싸, 양말이 문제였다. 하필 식탁은 방에 차려져 있어서 신발을 벗고 들어가야 했다. 방에 들어가 앉아서야 내 왼발 양말에 구멍이 뚫린 것을 알았다. 복숭아뼈 옆에 엄지손가락도 드나들 만큼 큼지막한 구멍이 나 있었다. 오른쪽 옆에 앉은 사람은 편한 사람이어서 괜찮았다. 그 사람은 피식 한 번 웃고 말았다.

그런데 나는 자꾸만 신경이 쓰였다. 왼발을 오른다리로 눌러 구멍을 감췄다. 하지만 어떻게 그런 자세로 계속 있을 수 있으랴. 왼발은 자꾸 밖으로 나오고 구멍은 크게만 보였다. 그렇다고 양말을 벗기도 우스웠다. 별것도 아니건만 그렇게 신경을 쓰면서 나는 〈논어〉의 이 구절이 생각났다.

자로는 헌솜으로 만든 옷, 그것도 누덕누덕 기운 해진 옷을 입고도 아무런 부끄러움이 없었다고 공자는 칭찬하고 있다. 그것도 아주 화려하게 잘 차려입은 사람 옆에서 평온한 마음을 가질 수 있다는 거다. 여기서 여우와 담비의 털옷이란 요즘으로 치면 최고가의 명품이라고 보면 되겠다. 자로가 어떻게 그런 태도를 가질 수 있는지를 공자는 시를 인용하여 풀이해 준다. 불기불구(不忮不求)다. 기(忮)는 해치거나 원망한다는 뜻이다. 구는 탐욕을 부려 구하는 마음이다. 불기불구는 원망하지도 않고 탐욕을 부리지도 않는다는 말이다. 가난한 사람이 부자와 함께 있을 때 두 가지 부류가 있다고 한다. 가난하지만 자존심이 강한 사람은 부자를 해치려 하거나 원망한다. 반대로 가난하면서 심지가 허약한 사람은 굴욕적인 자세로 탐심을 내서 구걸을 한다는 것. 자로는 이 두 부류의 모습을 훌쩍 뛰어넘는 태도를 보였다. 공자가 자로의 일상을 보고 "어찌 착하다고 하지 않으랴!" 하고 크게 칭찬을 했다.

가뭄에 콩 나듯 드문드문 칭찬을 받는 자로는 뛸 듯이 기뻤다. 그래서 들뜬 목소리로 대답했다. "선생님 그 시를 제가 평생토록 외우겠나이다!" 이렇게 좋아하는 제자에게 "그래, 그래라" 하면 될 것을 공자는 그냥 두고 보질 못한다. 한 방 날려서 기어코 자로의 기를 또 꺾어 놓고 만다. "유야, 그게 뭐 그리 만족할 만한 착함이겠느냐." 자로의 머쓱한 표정이 눈앞에 잡힐 듯하다. 부를 구걸하거나 원망하지 않는 정도보다 더 높은 경지가 얼마든지 있는데, 겨우 거기에 만족하지 말라는 가르침이다. 무릇 칭찬을 할 때 잘 살펴봐야 된다. 지나치게 좋아하다가는 자로처럼 겸연쩍은 꼴을 당하기 십상이니.

공자가 말했다.

"계절이 차가워진 뒤에야, 소나무와 잣나무가 늦게 시듦을 안다."

子曰, "歲寒然後, 知松柏之後彫也."

'세한(歲寒)'이란 차가운 계절이니 겨울로 보면 되겠다. 한때 우리나라엔 '겨울공화국'이란 말이 유행한 적이 있었다. '동토의 땅'이란 말도 비슷한 의미를 갖는다. 60년대 초 4·19혁명을 군화로 짓밟고 정권을 잡았던 제3공화국 시대를 우리는 겨울공화국이라 부른다. 사람들 서넛만 모여서 정치적인 얘기를 해도 긴급조치를 위반했다고 경찰에 잡혀가던 시절이었다. 헌법보다 대통령의 긴급조치가 위력을 발휘하던 시대다. 차갑고 암울했던 시대, 자연스럽게 많은 송백(松柏)이 드러날 수밖에 없었다.

60년대에 대표적인 현실참여 시인인 김지하는 "숨죽여 흐느끼며, 타는 목마름으로" 민주주의를 애타게 부르는 시를 쓰기도 했다. 민중이 주인인 나라가 민주국가다. 그런데 겨울공화국에서는 권력자가 주인이고 민중은 노예의 삶을 살았다. 착취당하는 민중의 절절한 민주주의에 대한 열망을 김지하는 '타는 목마름'으로 표현했다. 김지하 시인은 당시 세한의 송백이었다.

겨울공화국은 끝나고 민주주의가 찾아오는 듯했다. 그러나 독재적인 권력은 사라지지 않았다. '자본'이란 이름으로 얼굴을 바꿔 여전히 존재한다. 자본은 독재권력보다 더 엄청난 위력으로 민중을 착취하고 있는 중이다. 우리는 여전히 타는 목마름으로 새로운 길을 찾아 헤매고 있다. 그 길은 어떤 길이어야 하는지 아직 아무도 모른다. 일본의 가라타니 고진 같은 사상가는 그 길은 "호수성의 고차원적 회복"이어야 하지 않겠느냐고 말한다. 과거 인류의 시원의 시대에 있었던 증여와 호수의 관계 말이다. 김지하 시의 한 구절처럼 그것은 "살아오는 저 푸르른 자유의 추억"일지도 모르겠다.

공자가 말했다.

"지자는 의혹에 빠지지 않고, 인자는 근심하지 않으며, 용자는 두려워하지 않는다."

子曰, "知者不惑, 仁者不憂, 勇者不懼."

공자의 이 말은 묘한 위로가 된다. 우리의 인생은 얼마나 많이 흔들리고, 근심걱정에 휩싸이며, 두려움의 연속이던가. 시인 도종환은 "흔들리지 않고 피는 꽃이 있느냐"고 사람들을 격려했다. 맞다. 바람에 흔들리고 비에 젖고 동물에게 먹히면서 꽃 한 송이 피우기 위해 애를 쓰면서 우리는 살아간다. 그렇게 세상을 알고 인생을 알게 된다. 인생을 알고 나면 더 이상 미혹에 빠져 허우적대지 않을 것인가. 그것을 공자는 '지자불혹'이라고 표현한 건지도 모르겠다. 언젠가 나는 지자불혹을 진짜로 본 적이 있다.

텔레비전에서 방영한 '만재도 여인'이라는 다큐멘터리가 있었다. 젊은 여자 리포터가 찾아가서 만재도의 늙은 여인과 일주일을 같이 살았다. 서로 익숙해진 다음, 두 여인은 술잔을 기울이며 자신들의 지나온 삶을 이야기했다. 만재도의 여인은 병들어서 죽은 남편의 이야기며, 자식들이 떠나고 홀로 사는 이야기를 담담하게 풀어 놓았다. 젊은 리포터는 나이는 젊지만 만만치 않은 삶의 고난들을 이야기했다. 그 와중에 설움이 생긴 젊은 리포터는 흐느껴 울었다. 그러나 울기로 따지면 통곡을 쏟아야 할 만재도 여인은 무덤덤했다. 마치 이끼 낀 바위 같다고나 할까. 그 표정 없는 여인의 얼굴에서 비바람이 때리고 무서리가 내려도 흔들리지 않을 어떤 단단한 나무둥치를 보는 느낌이었다. 마치 여기 공자가 말하는 '지자불혹'처럼. 그러니 공자가 말하는 '지'란 꼭 박사를 따고 대학교수를 해야만 안다고 하는 그런 앎을 말하는 것은 아니겠다.

인자는 근심걱정이 없다는 말, 이 말에서 나는 자주 위안을 받는다. 삶의 단면 단면에서 근심거리는 끝없이 이어진다. 그럴 때 나는 이 구절을 떠올려 본다.

'인자는 근심하지 않는다지. 그래, 근심거리가 없어서 근심하지 않는 게 아니야. 별것도 아닌 일도 일일이 근심하면 근심에서 헤어날 길이 없을 테지. 숨 한 번 크게 쉬고, 한 박자 멈추고 다시 보면 굳이 근심하지 않아도 될 일이라는 걸 알게 되는 거라고.'

이런 생각을 하게 된다. 인자란 근심거리를 툴툴 털어 버릴 수 있는 그런 마음을 가진 사람이다. 근심에서 놓여나야 평화를 얻을 수 있고, 내가 평화로워야 주변이 평화롭다. 그게 인자의 모습이겠다.

두려움에 지지 않는 사람, 그가 용자인 것은 말할 것도 없다. 결정을 쉽게 내리지 못하는 경우, 반드시 도달해야 할 목표를 정해 놓는 경우, 미리 예측을 해놓은 대로 움직이려는 경우, 지켜야 할 재물이 많은 경우, 갖고 싶은 욕심이 넘치는 경우, 자기의 현 지위를 누리고 싶은 경우 등등, 우리가 두려움에 빠지고 마는 경우는 참 많다. 대부분

세속적인 욕구가 나를 에워싸고 있는 경우들이다. 세속의 탐욕에 빠지면 빠질수록 점점 세상은 두려워질 수밖에 없다. 진정한 용자는 그런 욕구들에서 훌쩍 벗어나 있다. 진정한 용자는 자기 주변의 공간을 성스럽게 만들고 자기 삶의 시간들을 귀하게 여긴다.

공자가 말했다.

"함께 배울 수는 있어도 도에 나아가는 일은 같이 할 수 없다. 함께 도에 나아갈 수 있어도 같이 설 수는 없다. 함께 설 수는 있어도 '권'을 같이 할 수는 없다"

子曰, "可與共學, 未可與適道, 可與適道, 未可與立, 可與立, 未可與權."

공학(共學)은 한 스승에게 배운다거나 스승은 달라도 같은 내용을 공부하는 걸 말한다. 공학을 한다는 건 공간과 시간을 함께 쓴다는 의미다. 지연이나 혈연 못지않게 끈끈한 인연을 맺어 주는 것이 학연이다. 경험치가 비슷하다는 건 공감할 부분이 많다는 것이고, 공감이 되는 사이는 깊어지게 마련이다.

그런데 공학을 했어도 '도'에 같이 나아갈 수는 없다고 공자는 말한다. 여기서 도가 뭘까. 글자 그대로 해석하면 길이다. 세상의 길이야 그 수를 헤아리기 어렵다. 사람들이 좋아하는 길도 있고 싫어하는 길도 있다. 늘 가는 익숙한 길도 있고 용기를 내야 하는 낯선 길도 있다. 지금까지 세상에 없었던 완전히 새로운 길도 있을 수 있다. 사람마다 걷고 싶은 길은 대부분 다르다. 우연히 같은 길을 걷는 경우도 있지만 걷는 방식에서 또 달라진다. 누구나 자기에게 맞는 길이 있다. 그래서 공학을 했어도 같은 길을 걷기는 어렵다고 공자는 말하는 것이다.

물론 성향이 정말 비슷해서 같은 길을 같은 방식으로 걷는 경우도 있다. 그러나 공학과 '동도(同道)'까지는 가능했지만, 도달하는 경지는 또 달라진다. 성취의 경지를 공자는 '섬(立)'이라고 했다. 배우고 열심히 길을 걸어서 어떤 경지에 도달함이다. 공자는 자신의 일생을 연대기적으로 고백하면서 "서른 살에 나를 세웠다(三十而立)"고 했다. 열다섯 살에 배움에 뜻을 두어 15년 동안 배우고 길을 걸어 자신의 주체를 확립했다는 것이다. 어떤 경지에 도달하고 어떤 주체를 세우느냐는 공학을 하고 같은 길을 걷는다고 해서 결코 같을 수는 없다. 공자는 서른 살에 섰지만, 어떤 사람은 마흔에 설 수도 있고 어떤 사람은 평생 동안 주체를 세우지 못할 수도 있다.

정말 특별하게도 공학, 동도, 이립(而立)까지 함께 하는 사람이 있다고 하자. 하지만 이 특별한 경우도 '권(權)'은 같이 할 수 없다고 말했다. 권은 저울이다. 저울은 양쪽이 균형이 맞아야 중심이 잡힌다. 어느 한쪽으로 기울어지면 균형을 맞추기 위해 계속 무게를 조정해야 한다. 그래서 권을 '중용'이라고 한다. 임기응변이기도 하고, 수시변역이기도 하며, 때와 장소와 대상에 따라 적용도 달라져야 한다. 그것이 권도(權道)이다. 당연히 권도는 함께 할 수가 없다. 우리는 각자가 단독개체로서 각자의 권도가 있기 때문이다. 이 권이야말로 한 사람을 사람답게 하는 근거가 된다. 권이 없는 사람은 진정한 자유인일 수 없다.

누가 이런 노래를 불렀다.

"산앵두나무의 꽃이여 / 이리 반짝 저리 반짝 / 어찌 그대가 그립지 않으리오 / 집이 너무나 멀구나."

공자가 노래를 듣고 말했다.

"사랑이 아직 깊지 않은 것이다. 어찌 멀다고 하느냐?"

"唐棣之華, 偏其反而. 豈不爾思? 室是遠而." 子曰, "未之思也, 夫何遠之有?"

당체(唐棣)는 산앵두나무다. 당은 당(棠)으로 쓰는 게 맞지만 본문의 글자도 통용이 된다. 산앵두나무는 사실 꽃보다는 열매가 훨씬 아름답다. 발갛고 동그란 열매가 햇빛을 받아 붉게 빛나면 매우 탐스럽다. 본문에 화(華)로 되어 있어 꽃으로 해석하지만 화는 꼭 꽃이 아니라 빛깔로 해석해도 된다. 그럼 '산앵두나무의 붉은빛이여!'라고 해석해도 좋겠다. 어쨌든 이 붉은 꽃 열매가 이리저리 반짝이며 빛나는 모습을 형상했다.

아름다운 경치를 보면 그리운 사람이 더욱 그리워진다. 경치뿐이 아니다. 맛있는 음식이 생기면 사랑하는 사람과 같이 먹고 싶지 않던가. 경치나 음식뿐이 아니다. 좋은 음악은 같이 듣고 싶고, 재미있는 영화는 같이 보고 싶다. 여기 이 노랫말을 지은 사람은 길을 지나가는데 산앵두나무 빛깔이 참으로 아름다웠나 보다. 당연히 사랑하는 사람이 생각이 났을 텐데, 안타깝게도 님은 먼 곳에 있다. 그래서 슬프게 읊조렸다.

"그리워도 집이 멀어 만날 수가 없구나!"

이 노랫말을 들은 공자가 그냥 넘어가지 않고 한마디 하셨다.

"사랑이 깊지 않다. 어찌 집이 멀다 하는가."

통쾌한 말씀이다. 사랑이 깊다면 정말 거리가 핑곗거리일 수는 없다. 배우 수애가 주인공으로 나온 〈님은 먼 곳에〉라는 영화가 있었다. 갓 결혼한 남편이 베트남전쟁에 병사로 파병되어 가자, 신혼의 젊은 아내는 혼자서 포연 자욱한 전쟁터를 찾아갔다. 우여곡절 끝에 남편을 만난 아내는 남편의 뺨을 세차게 후려친다. '사랑한다'는 백 마디 말보다 더 강력한 사랑의 메시지였다. 이영애와 유지태가 주연한 〈봄날은 간다〉라는 영화도 있다. 영화 속 이영애는 강릉에 살고 있었는데, 서울에 있던 유지태는 술을 먹다 말고 택시를 불러 타고 강릉까지 내려간다. 밤새 달려 새벽녘에 도착하여 서로를 애틋하게 바라본다. 사랑에 물리적 거리는 문제가 될 수 없다.

그런데 이런 사랑의 이야기에 많은 주석가들은 이런 해석을 붙였다. '배움에 대한 열정이 깊지 않은 것이다. 어찌 공부의 길이 멀고 방에 들어가기 어렵다고 하는가?' 여기서 '방'으로 표현되는 실(室)은 공자가 자로에게 한 말에 근거를 둘 수 있다. 자로는 "당에는 올랐으나 방에는 들어가지 못했다(升堂未入室)"고 말할 때의 '실'이 곧 배움의 궁극적인 도달 위치라고 본다. 이런 해석도 얼마든지 가능하다. 하지만 사랑으로 해석하는 '사(思)'는 배움뿐 아니라 어떤 것을 대입해도 충분히 의미는 통할 수 있다.

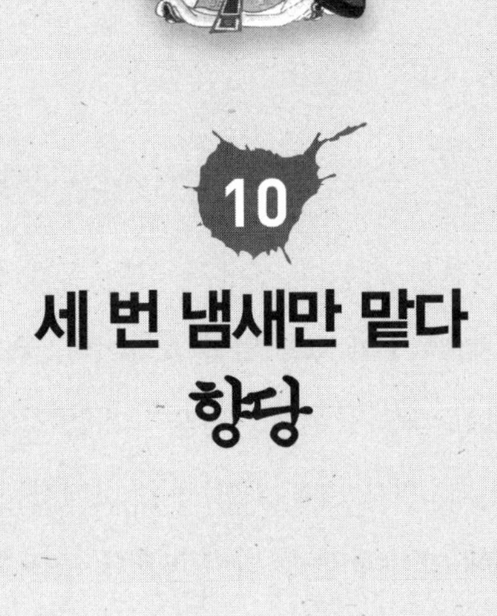

10

세 번 냄새만 맡다

향당

人文學

제자들이 기록했다.

"우리 스승님은 향당에 계실 때는 편안한 모습으로 마치 말을 못하는 사람 같았다. 종묘와 조정에 계실 때는 말씀을 매우 잘하셨는데 오직 조심스러울 따름이었다. 조회를 할 때 하대부들과는 좀 깐깐하게 하셨고 상대부들과는 은은하게 하셨다. 임금이 계시면 발걸음이 조심스러우면서도 위엄이 있었다."

孔子於鄕黨, 恂恂如也, 似不能言者. 其在宗廟朝廷, 便便言, 唯謹爾. 朝, 與下大夫言, 侃侃如也, 與上大夫言, 誾誾如也. 君在, 踧踖如也, 與與如也.

향당은 사적인 공간을 말한다. 집에서 쉬는 시간이기도 하다. 순(恂)은 편안하면서 기쁜 빛이 있는 얼굴 모습이다. 굳이 이런저런 말을 많이 할 필요 없이 아주 편한 시공간을 즐기는 것이다. 종묘와 조정은 공적인 공간이다. 뭔가 일을 해야 하는 곳에서는 말을 해야 하고, 그 말들은 조리에 맞아야 한다. 다만 공적인 일을 거론할 때엔 영향이 크기 때문에 조심스러워야 한다.

종묘는 역대 임금들의 위패를 모신 곳이고, 조정은 살아 있는 현 임금과 나랏일을 의논하는 자리다. 조정을 글자 그대로 해석하면 '아침 뜰'이다. 벼슬아치들은 해가 뜨기 전에 대궐에 들어가고, 임금은 해가 뜨는 시각에 맞춰 침소에서 나온다. 그래서 아침 뜰에서 임금과 벼슬아치들이 만나게 된다.

하대부는 상대적으로 젊고 낮은 지위의 사람들이고, 상대부는 나이도 많고 지위가 높은 사람들이다. 간간(侃侃)은 강직한 어투를 말하는 것이고, 은은(誾誾)은 온화한 말투이다. 그런데 간간은 강직함 속에 은은함이 들어 있고, 은은은 온화함 속에 강직함이 내재되어 있는 것을 말한다. 모름지기 말은 내용뿐만 아니라 어감이 매우 중요하다는 것을 잊지 말아야 한다.

임금은 조정에서 가장 중요한 공경의 대상이다. 그래서 발걸음조차 조심스럽게 해야 하지만, 몸가짐이 자칫하면 아첨하는 모습으로 비치기 쉽다. 따라서 조심스러움 속에 의연한 위엄이 있어야 한다. 물론 거만한 모습으로 비쳐선 더욱 곤란하다.

제자들이 기록했다.

“임금이 우리 스승님을 불러서 외국 사신을 접대하게 하였다. 스승님은 얼굴빛을 바꾸시고 발걸음은 몹시 조심스러웠다. 사신과 마주 섰을 때엔 읍한 손을 좌우로 움직이면서도 옷깃의 앞뒤가 가지런했다. 걸음을 걸을 때엔 새가 날개를 활짝 편 듯했다. 외국 사신이 물러가면 임금에게 돌아와 아뢰기를 ‘손님들이 돌아보지 않았습니다’ 하셨다.”

君召使擯, 色勃如也, 足躩如也. 揖所與立, 左右手, 衣前後, 襜如也. 趨進, 翼如也. 賓退, 必復命曰, “賓不顧矣.”

공자는 대사구 벼슬을 했다. 예의를 잘 알고 말솜씨가 좋았으며 몸집은 거구였다. 외국 사신을 접대하기엔 안성맞춤이었다. 벼슬자리에 있는 동안에는 접빈객을 자주 맡았다. 얼굴빛을 바꾸고 발 움직임을 경건하게 하는 건 맡은 임무에 충실하려는 태도이다.

접빈의 예에 주인은 동쪽에, 사신은 서쪽에 한 줄로 서게 된다. 주인의 맞은편에 사신의 우두머리인 ‘빈객’이 선다. 그 다음부터는 직급의 서열에 따라 죽 늘어서게 되는 것이다. 보통 주인 쪽은 5명, 사신은 9명이다. 이때 주인과 빈객이 직접 말을 주고받지 않고 자기 아래 직급의 사람에게 말을 전하여 보내게 된다. 그럼 빈객도 답변을 같은 방식으로 보낸다. 이는 참여한 사람들 전체가 의견을 내고 듣는 아주 좋은 방식이다. 읍을 하는 이유는 상대방의 말을 직접 듣는다는 의미를 표현하기 위한 예의를 갖춘 동작이다.

몸을 좌우로 움직이는데도 옷깃의 선이 가지런했다는 것은 천천히 느긋하게 움직였다는 뜻이다. 국가 간의 대사를 논하는데 초조한 몸짓을 해서는 안 될 것이다. 걸을 때엔 새가 날개를 편 듯하다는 것도 마찬가지다. 걸음이 당당하고 거침없어야 한다. 사절을 맞이한다는 것은 임금 노릇을 대신하는 셈이기 때문이다.

"사신이 돌아보지 않고 떠났다"는 것은 회담이 잘 이루어졌다는 말과 같다. 미진한 것이 있으면 자꾸 돌아보게 된다. 후회를 남기지 않았으니 돌아볼 일이 없다.

제자들이 기록했다.

"우리 스승님은 대궐을 들어설 때엔 몸을 굽혀서 마치 좁은 곳을 가듯 하고, 설 때엔 문 가운데를 피하고, 걸을 때엔 문지방을 밟지 않았다. 임금의 자리를 지나갈 때엔 얼굴빛을 바꾸고 발걸음은 매우 조심스러웠다. 말을 하실 때엔 부족한 사람처럼 하고, 마루에 오를 때엔 옷깃을 가지런히 걷어 올리고 몸을 굽혔으며, 기운이 막혀서 숨을 못 쉬는 사람처럼 하셨다. 대궐을 나와서 한 계단을 내려오면 안색이 유쾌하고 편안한 모습이었다. 계단을 다 내려오면 새가 날개를 편 듯 활기차게 걸었다. 그러다 다시 임금의 자리를 지나갈 때가 되면 발걸음이 조심스러워지셨다."

入公門, 鞠躬如也, 如不容. 立不中門, 行不履閾. 過位, 色勃如也, 足躩如也, 其言似不足者. 攝齊升堂, 鞠躬如也, 屛氣似不息者. 出, 降一等, 逞顔色, 怡怡如也. 沒階, 趨進, 翼如也. 復其位, 踧踖如也.

공자가 임금에게 가까이 갈 때와 멀어질 때의 몸가짐과 얼굴빛을 제자들이 자세하게 기록했다. 임금과 아주 가까워졌을 때에 공자의 태도는 두 가지였다. 마치 말솜씨가 부족한 사람처럼, 기운이 막혀 숨을 못 쉬는 사람처럼 했다는 것이다. 지나친 공경의 태도가 아닌가 하는 의문마저 든다.

공자는 이런 말을 한 적이 있다. "나는 임금을 모심에 예의를 다했을 뿐인데, 사람들이 아첨한다고 하더라." 지금 이 장의 공자 모습을 보면 사람들이 그런 오해를 할 만도 하다는 생각이 든다.

여기서 사람들의 입에 많이 오르내리는 구절이 하나 있다. "문 가운데에 서지 말고 문지방을 밟지 마라(立不中門, 行不履閾)"는 말이다. 공자의 행동이 이러했다는 제자들의 기록이다. 공자는 왜 그랬을까.

아주 간단한 이유가 아니었을까. 문 가운데 서면 다른 사람의 통행에 지장을 주게 될 터이고, 문지방을 밟는 것은 내가 걷는데 위험할 수가 있다. 경계에 서는 건 늘 위험을 동반하는 일이다. 문과 문지방은 모두 경계다. 경계를 밟고 서지 말고 훌쩍 넘어서야 할 필요가 있다.

제자들이 기록했다.

"우리 스승님은 규를 잡으실 땐 몸을 굽혔는데 마치 무거움을 이기지 못하는 듯 하셨다. 규를 위로 올릴 때엔 읍하듯 하고, 내릴 때는 물건을 주고받듯 하셨다. 정식으로 외교 담화를 할 때엔 얼굴빛을 바꿔 긴장하였고, 발걸음도 조심조심 하여 뒷발 끝이 앞발의 뒤꿈치에 닿듯이 걸었다. 공식 담화가 끝나고 연회가 베풀어졌을 때엔 편안한 표정이었다. 공식적인 일이 모두 끝나고 사적인 곳으로 나왔을 때엔 아주 즐거운 표정을 하셨다."

執圭, 鞠躬如也, 如不勝. 上如揖, 下如授. 勃如戰色, 足蹜蹜如有循. 享禮, 有容色. 私覿, 愉愉如也.

규(圭)는 홀이다. 벼슬아치가 임금을 만날 때 손에 들던 것인데 옥이나 상아로 만들었다. 주로 길쭉한 사각형 모양이며 위쪽은 둥글고 아래쪽은 모가 났다. 하늘은 둥글고 땅은 모나다는 '천원지방(天圓地方)'의 사상이 들어 있는 셈이다. 신하들이 임금의 말을 기록하기 위해서 들고 있었다는 우스개도 있다. 그런데 이런 우스개가 현대사회에서 이루어지는 곳이 있다. 북한의 젊은 최고권력자가 어딘가 행차를 할 때 보면 수행원들이 모두 손에 수첩과 펜을 들고 있다. 북한군의 총사령관인 장군도 예외가 없다. 삼십대 초반의 최고권력자 말을 머리가 하얀 장군이 받아 적고 있는 모습은, 전제주의 국가의 왕과 다름없는 광경이다. 과거의 홀이 지금은 수첩으로 변한 것일 뿐.

여기서 규는 외교사절의 신임장으로 보면 좋겠다. 공자는 외교사절을 맞이하는 접반사도 했고, 본인이 직접 외국에 사신으로 가기도 했다. 신임장인 규의 '무게를 이기지 못하는 듯했다'라는 말은 자신이 맡은 직책의 무거움을 비유한 표현이다. 임무에 정성을 다하겠다는 다짐이기도 하다.

상황에 따른 얼굴빛의 변화를 자세하게 기록한 부분이 재미있다. 전색(戰色), 용색(容色), 유유여(愉愉如)이다. 전색은 싸움을 앞두고 잔뜩 긴장한 모습이며, 용색은 긴장이 풀려 너그러워진 모습이며, 유유여는 완전히 편안해진 모습이다. 외교는 말 한마디, 동작 하나도 몹시 조심스러워야 하는 의례다. 상황에 맞게, 분위기에 맞게 처신을 하는 것이 마땅하다.

제자들이 기록했다.

"군자는 감색과 짙은 붉은색으로 옷을 꾸미지 않으며, 붉은색과 보라색으로 일상복을 만들지 않는다. 여름이 되면 가늘고 굵은 베를 섞은 홑옷을 겉옷으로 입고 외출하셨다. 검은 옷에는 검은 새끼 양의 가죽으로 만든 옷, 흰 옷은 새끼 사슴의 가죽으로 만든 옷, 누런 옷은 여우 털가죽 옷을 입었다. 평상복은 몸을 다 덮을 정도로 길었는데, 오른쪽 소매는 짧았다. 반드시 잠옷이 따로 있고, 그 길이는 몸길이의 한 배 반이었다. 여우와 담비의 두터운 가죽으로 방석을 만들었다.

상을 치를 때가 아니면 몸에 옥을 차지 않은 적이 없었다. 아래옷은 주름치마가 아니면 반드시 길이를 줄였다. 검은 옷과 검은 모자를 쓰고는 조문하지 않으셨다. 매월 초하루에는 반드시 조복을 입고 조회에 나가셨다. 제계를 할 때엔 반드시 명의를 입었는데 삼베로 만들었다. 제계를 할 때엔 반드시 음식도 변화를 주고 거처하는 곳도 옮겨 앉았다."

君子不以紺緅飾, 紅紫不以爲褻服. 當署, 袗絺綌, 必表而出之. 緇衣, 羔裘, 素衣, 麑裘, 黃衣狐裘. 褻裘長, 短右袂. 必有寢衣, 長一身有半. 狐貉之厚以居. 去喪, 無所不佩. 非帷裳, 必殺之. 羔裘玄冠不以弔. 吉月, 必朝服而朝. 齊必有明衣, 布. 齊必變食, 居必遷坐.

여기서 '군자'는 공자를 가리킨다. 공자의 옷 입는 일에 대한 기록이다. 기원전 6세기의 의복이 현대보다 못하지 않음을 짐작하게 된다. 공자가 천하게 살던 시절에는 이런 식으로 옷을 갖춰 입을 수는 없었을 것이다. 대사구 벼슬도 지내고 수많은 제자들을 거느렸던 말년의 모습이라고 생각된다.

몇 가지만 살펴보자. 우선 붉은색 계통으로 평상복을 만들지 않고 옷을 꾸미지 않았다는 기록. 왜 그랬을까? 주나라는 붉은색을 숭상했다. 붉은색은 태양신을 받드는 천신족의 색이다. 따라서 붉은색은 신성한 색이 된다. 신성한 색으로 일상복을 만들어 입거나 옷의 깃이나 소매를 꾸미는 일은 신성모독의 의미가 있다. 따라서 제관, 조복 등에는 신성한 색깔을 쓸 수 있지만 일상복에는 쓰지 않아야 된다고 본 것 같다.

외출할 때엔 반드시 두루마기를 입었다고 했다. 더운 여름에는 옷을 적게 입는 것이 가장 좋다. 그렇더라도 공자는 외투 없이 바깥에 나가는 건 비례라고 봤다. 더위를 감안해서 홑겹으로 된 겉옷을 만들어 입고 다녀야 한다는 것.

검은 옷, 흰 옷, 누런 옷에 검은 양, 새끼 사슴, 여우의 털가죽을 쓰는 것은 염색을 하지 않고 천연의 색깔을 그대로 쓰기 위한 것으로 보면 좋겠다. 재미있는 것은 오른쪽 긴소매를 잘라서 짧게 만들었다는 표현이다. 공자가 오른손잡이라는 걸 알려 준다. 오른손을 많이 움직이므로 실용적인 의미가 있다. 딱딱한 예에 구속되지 않았던 공자의 면모를 잘 보여 준다. 긴 잠옷은 이불의 의미도 있다.

상을 치를 때 빼고는 옥을 차지 않은 적이 없다는 건 늘 패옥을 한다는 강조다. 옥을 몸에 차면 몸의 기운이 소통하는 데도 도움이 되고 자신을 경계하는 의미도 있다. 움직일 때마다 청아한 옥 소리가 울려 마음을 정돈하게 되는 한편, 자신의 위치를 명명백백하게 드러내어 사특함을 미리 방지하는 뜻도 있다.

상례 때 입는 옷은 검은 옷을 피하고, 매월 초하루에는 조복을 입고, 목욕재계를 하고 나서는 명의(明衣)를 입었다. 명의는 밝은 옷이라는 뜻인데, 천지신명과 소통하기 위한 옷이라고 보면 되겠다. 때와 상황에 맞춰 입는 옷을 다르게 하고 정성스럽게 하는 일은 마음을 가다듬기 위한 형식이라고 보면 된다. 사치한 옷이 아니라 검소한 옷을 정갈하게 입는 것은 충분히 의의가 있다. 제계를 하는 일은 신과 소통하기 위한 준비다. 공간을 신성화하고 시간도 성화시키는 일이다. 음식을 변화시키는 변식(變食)이나 거처하는 곳을 옮기는 천좌(遷坐)가 바로 그런 의식이다. 육류를 금하고 채식을 위주로 하거나, 깨끗한 방에 거처하며 부부가 합방을 하지 않는 등 공간의 성화를 위해 애썼다.

제자들이 기록했다.

"우리 스승님은 밥은 깨끗하게 정미한 쌀밥을 싫어하지 않았고, 회는 가는 것을 싫어하지 않으셨다. 쉬었거나 맛이 변한 밥, 물러 터진 물고기와 썩은 육류는 드시지 않았다. 색깔이 나쁘거나 냄새가 나쁜 것은 드시지 않았다. 익지 않은 열매는 드시지 않았고, 제철이 아닌 음식도 드시지 않았다. 자른 것이 바르지 못한 건 먹지 않고, 딱 맞는 양념이 없으면 드시지 않았다. 고기가 아무리 많아도 밥 기운을 넘게 하지 않았다. 오직 술은 정한 양이 없었으나 어지러움에 이르진 않았다. 시장에서 사온 술과 포는 드시지 않았다. 생강은 잡숫는 걸 끊지 않았다. 음식을 많이 드시지 않았다.
제사 지낸 고기를 대궐에서 보내오면 잠을 재우지 않았다. 집에서 제사 지낸 고기는 삼 일을 넘기지 않았으며, 삼 일이 넘어가면 먹지 않았다. 밥 먹을 땐 말하지 않았고, 잠자리에 누워서도 말을 하지 않으셨다. 비록 잡곡밥이나 나물국을 드실 때에도 제를 지내시되 반드시 경건하게 하셨다. 그리고 자리가 바르지 않으면 앉지 않으셨다."

食不厭精, 膾不厭細. 食饐而餲, 魚餒而肉敗, 不食. 色惡, 不食. 臭惡, 不食. 失飪, 不食. 不時, 不食. 割不正, 不食. 不得其醬, 不食. 肉雖多, 不使勝食氣. 唯酒無量, 不及亂. 沽酒市脯不食. 不撤薑食, 不多食. 祭於公, 不宿肉. 祭肉, 不出三日. 出三日, 不食之矣. 食不語, 寢不言. 雖疏食菜羹, 瓜祭, 必齊如也. 席不正, 不坐.

공자의 음식에 대한 태도를 보여 준다. 병은 입으로 들어온다는 말이 있다. 음식은 살기 위해 반드시 먹어야 하지만 잘못 먹으면 독이 된다. 자기 몸을 사랑하는 사람이 남도 사랑할 수 있다. 식욕은 제어하기 몹시 어려운 본능이다. 못 먹는 것도 병이지만, 지나치게 많이 먹는 것도 병이다. 공자의 음식에 대한 태도를 보면 매우 정갈하다.

잘 정미한 밥, 깨끗하게 다듬은 회, 금방 한 밥, 싱싱한 육류, 색깔이 좋은 것, 냄새가 향기로운 것, 충분히 익은 과일, 제철에 나는 채소……. 자기의 몸을 해치지 않기 위해선 당연히 고려해야 하는 조건들이다. 음식마다 양념이 있는 것은 맛을 더 내기 위한 것도 있지만 찬 음식과 더운 음식의 조화를 위해 장(醬)은 필요하다. 적절한 장을 얻지 못하면 음식이 조화를 잃어 몸에 독이 될 수 있다.

육류가 밥 기운을 넘지 못하게 한다는 건 무슨 의미일까. 사람은 잡식을 하는 동물이긴 하지만 육식이 과하면 몸에 독이 많이 쌓일 수 있다. 곡류인 밥의 기운이 육류의 사나운 기운을 누름으로써 몸의 평화를 유지해야 할 것이다. 술은 몸을 덥히고 기운이 활발하게 돌게 하는 장점이 있다. 그러나 자칫 지나치게 먹어 몸과 마음을 모두 해칠 수 있으므로 주의해야 한다. 사온 술과 육포는 음식의 출처가 분명하지 않으므로 먹기를 꺼린 것이다. 생강은 혈액순환을 도와서 몸을 따뜻하게 하고 면역기능 강화, 노화 방지 등 매우 좋은 약재로 분류된다. 다만 먹기에 그리 만만한 음식은 아니다. 공자는 생강을 늘 먹음으로써 몸을 아끼는 태도를 손수 보여 줬다.

여기서 인상적인 것은 '많이 먹지 않았다(不多食)'이다. 조금씩 먹는 소식이 건강에 무엇보다 좋다는 건 누구나 아는 상식이다. 하지만 소식이야말로 대단한 절제가 필요한 부분이다. 하나 더 인상적인 부분은 보잘것없는 음식을 먹을 때에도 반드시 제사를 지냈다는 내용이다. 원문의 '과제(瓜祭)'는 필제(必祭)의 착간이다. 나물국과 잡곡밥을 차려 먹으면서 무슨 거창한 제를 지내는 건 아니다. 음식이 내 앞에 오기까지 수고한 모든 분들에게 바치는 정성이다. 마련된 음식에서 한 젓가락씩 떼어 놓고 잠시 기도를 드리는 것, 그것이 여기의 제이다. 음식은 누군가의 생명이다. 그 생명에 대한 추모의식은 꼭 필요한 부분이 아니겠는가.

자리의 정과 부정은 어떻게 봐야 할까. 자리가 바르지 않으면 앉지 않았다는 기록은 공자의 성격이 매우 깐깐했다는 뜻일까. 그렇지는 않은 것 같다. 〈논어〉의 전반적인 기록으로 볼 때 공자의 성격이 그렇지는 않았다. 여기서 '석부정(席不正)'의 석은 그야말로 깔개다. 깔개가 꼭 필요한 곳이 있다. 그런데 맞춤한 깔개가 없으면 서 있으면 된다. 몸가짐을 구차스럽게 할 필요는 없는 것이다.

제자들이 기록했다.

"우리 스승님은 마을 사람들과 술을 마실 때엔 장자가 나간 뒤에 일어나셨다. 마을 사람들이 나제(儺祭)를 지낼 때 조복을 입고 동쪽 섬돌에 서 계셨다."

鄕人飮酒, 杖者出, 斯出矣. 鄕人儺, 朝服而立於阼階.

마을에서 사람들과 함께 어울리는 모습에 대한 기록이다. 요즘 아파트라는 주거건물은 마을이라고 보기 어렵다. 이웃은 서로 정을 나눠서 이웃인데, 아파트라는 건물은 가장 가까이 있는 이웃을 서로 미워하게 만드는 구조다. 층간소음은 서로 미워하다 못해 살인까지 저지르게 만든다. 몇 년 동안 아래위층에 살면서 서로 얼굴을 모르고 지내기도 한다.

내가 시골 마을에서 살 때 이 구절을 여러 번 생각했다. 마을회관에서는 마을 사람들끼리 술자리가 자주 있다. 장자(仗者)는 지팡이를 가진 사람이니 나이가 많은 어른이다. 예순이 되면 동네에서 지팡이를 짚고, 일흔이 되면 고을에서 지팡이를 짚고, 여든이 되면 조정에서도 지팡이를 짚을 수 있다는 말이 있다. 요즘이야 백세시대 운운하니 이 나이가 상향조정되어야 할 것 같다. 그러나 현대사회의 노인에 대한 공경심은 매우 낮다. 노인이 지나치게 많기도 하거니와 어른답지 못한 노인도 많다. 장자로서 대접을 받으려면 장자다운 언행이 있어야 한다. 공자는 마을에서 장자였을 텐데 권위적인 모습을 보이지는 않았을 것이다. 진정한 장자는 대접을 받으려 하지 않고 먼저 대접을 하는 사람이다.

그 다음에 이어지는 마을의 '나제'에서 공자가 보여 주는 태도를 보면 잘 알 수 있다. 나제는 역귀를 물리치는 마을굿이다. 마을 사람들이 함께 추렴을 해서 천지신명에게 정성을 드리는 치성굿이다. 이때 공자는 동쪽 계단에 서 있었다고 제자들이 기록했다. 동쪽 계단은 주인이 서는 곳이다. 손님은 주로 서쪽에 선다.

마을의 행사에 슬쩍 얼굴만 비치는 사람도 많다. 더구나 사회적으로 명성이 좀 있는 사람은 더 심하다. 돈이나 보내서 생색을 내거나 사람을 시켜 물건을 전달하고 직접 나타나지 않는 경우도 많다. 그러나 여기 보라. 공자는 조복까지 차려입고 나와서 주인의 자리에 서서 함께하고 있다. 한 마을에서 장자의 위치에 있으려면 그만큼 마을 일에 정성스러워야 한다.

제자들이 기록했다.

"사람을 다른 나라에 심부름 보내 안부를 물을 때엔 두 번 절하고 보내셨다."

問人於他邦, 再拜而送之.

절은 심부름꾼에게 했지만 실제로 절을 받는 대상은 심부름꾼이 가서 만날 사람이다. 심부름꾼이 그 사람을 만나서 "저에게 두 번 절하고 보내셨습니다"는 말만 해도 충분하다. 극진한 예가 아니겠는가.

계강자가 약을 보내왔다. 공자가 절하고 받은 뒤 말했다.

"내가 이 약에 통달하지 못해서 감히 맛볼 수가 없다."

康子饋藥, 拜而受之. 曰, "丘未達, 不敢嘗."

계강자는 노나라의 실권자였다. 공자는 노나라로 돌아온 뒤 매우 연로했으므로 자주 병을 앓았다. 왕을 능가하는 권력자가 약을 보냈으니 보통 사람 같으면 감동하여 눈물마저 흘렸을지 모르겠다. 그러나 공자는 담담하다. 절하고 받는 거야 일상의 예를 표시한 것에 지나지 않는다. 공자의 말을 보자. 약에 통달하지 못해서 감히 맛볼 수가 없다고 에둘러 말했으니 실제 내용은 "나는 그 약이 무슨 약인지 모르니 안 먹겠다"는 말이 아닌가.

받아 놓고 안 먹으면 그만이지 굳이 이렇게까지 말을 할 필요가 있었을까. 그러나 분명하게 말해 놓으면 뒤가 편하다. 일종의 정정당당함이다. 이렇게 말을 해놔야만 약을 돌려보낼 수도 있고 다른 사람이 먹게 할 수도 있다. 나는 먹지 않겠다는 말은 내 몸에 맞는 약을 나는 알고 있다는 뜻도 된다. 계강자가 보낸 약은 내 몸에 맞지 않을 수도 있으므로 먹을 수가 없다. 이것은 공자의 음식에 대한 일관된 태도다. 정갈한 음식으로 몸을 사랑하는 모습. 몸이나 마음이나 다 한가지 아니던가. 몸이 더러우면 마음도 당연히 더러워질 수밖에 없다.

공자 집의 마구간에 불이 났다. 공자가 조정에서 물러나와 그 사실을 알고 말했다.

"사람이 다쳤느냐?"

그리고 말에 대해선 묻지 않았다.

廏焚. 子退朝曰, "傷人乎?" 不問馬.

몹시 냉정한 사람처럼 보인다. 마구간에 불이 났으니 당연히 말의 생사가 가장 궁금한 일 아닌가. 다친 말이 없는지 먼저 물어봐야 할 텐데 공자는 사람이 다쳤는지 먼저 물었다. 사람은 불을 끄다가 다칠 수도 있기는 하다. 그리고 아예 말의 생사에 대해선 묻지도 않았다. 사람의 생명만 중요하고 말의 생명은 어떻게 되어도 좋다는 말인가? 그렇다면 공자가 그토록 부르짖는 '인'은 어디에서 찾는단 말인가. 인은 삼라만상 모든 생명에게 골고루 베풀어져야 할 텐데 말이다.

이 구절은 사람의 생명을 가장 중요하게 여겼다는 공자의 사상으로 유명하다. 그러나 진정 인명을 가장 우위에 뒀다면 이건 공자 사상의 한계다. 그래서 이런 주석이 있다. 말은 당시에 재산 가치가 가장 높았다. 말 한 마리가 노예 몇 명의 목숨보다 귀하게 여겨지기도 했다. 여기서 공자가 말한 '다친 사람'은 아마도 천한 일을 하는 사람일 가능성이 높다. 훨씬 재산 가치가 높은 말보다 노예의 목숨을 소중하게 여기는 물음. 그래서 '불문마(不問馬)'는 시대 상황을 고려해 보면 아주 감동적인 말이 되는 것이다.

요즘 시대에 말을 살리려고 사람 목숨을 다치는 일이 있다면 말도 되지 않을 것이다. 공자가 살았던 당시엔 인권보다 마권의 가치가 훨씬 높았다는 것을 고려하고 보면 되겠다. 그런데 요즘은 금권(金權)이 인권을 능가한다. '사람 나고 돈 난 것'이 아니라 돈이 사람의 생명을 좌지우지하는 세상이 되었다. 그래서 공자의 '불문마'는 요즘 더 절실한 말이다.

제자들이 기록했다.

"우리 스승님은 임금이 음식을 주시면 반드시 자리를 바로잡고 앉아서 먼저 맛을 보셨다. 임금이 날것을 주시면 반드시 익혀서 제사를 지낸 뒤 잡수셨다. 임금이 살아 있는 짐승을 주시면 반드시 길렀다. 임금을 모시고 식사를 할 때에는 임금이 제를 지내는 동안 먼저 밥을 드셨다."

君賜食, 必正席先嘗之. 君賜腥, 必熟而薦之. 君賜生, 必畜之. 侍食於君, 君祭, 先飯.

여기 정석(正席)은 앞에 나온 부정석(不正席)의 대구가 된다. 정석은 '바른 자리, 또는 자리를 바르게 깔고'의 뜻이라면, 부정석은 '바르지 않은 자리, 또는 자리가 흐트러져 있음'을 말한다. 정석을 하는 까닭은 마음을 가지런하게 모은다는 의미도 있다.

이미 요리가 된 음식은 사당에 제사를 지내지 않고 먹는다. 요리가 되지 않은 날것은 요리를 하여 사당에 먼저 올린 뒤에 먹는다. 생물을 보내오면 죽일 수가 없으므로 길러야 한다. 임금이 고시례를 하는 동안 먼저 밥을 먹는 것은 임금에 앞서 신하가 시식하는 예를 따른 셈이다. 일상의 예는 물이 흐르듯 자연스러워야 하겠다.

공자가 병이 깊어 임금이 병문안을 왔다. 이에 공자가 사람들에게 말했다.

"내 머리를 동쪽으로 두게 하고, 조복으로 내 몸을 덮고 띠는 배에 올려 두어라."

疾, 君視之, 東首, 加朝服, 拖紳.

공자가 벼슬을 살면서 병이 났을 때이다. 당시 임금은 정공이었다. 귀국한 뒤의 일일 수도 있다. 벼슬을 살았던 적이 있으므로 집에 조복은 갖춰져 있었다. 병자의 몸으로도 귀한 손님에 대한 예의를 갖추는 모습이다. 제자들의 눈에는 아주 인상적으로 비쳤을 것이다.

제자들이 기록했다.

"우리 스승님은 임금이 명을 내려 부르면 수레 준비하는 걸 기다리지 않고 먼저 걸어가셨다."

君命召, 不俟駕行矣.

우리 일상사에서도 누군가 부르면 얼른 대답을 하는 것이 좋다. 부모님이 부르시면 바로 달려가는 것이 예이지만, 곧바로 달려가지 못할 때엔 말대답이라도 얼른 해야 한다. 금방 가겠다고 대답을 하면 부른 사람은 편안하게 기다릴 수 있다. 가장 무례한 것은 대답도 없고 행동도 없는 것이다. 공자는 임금의 명이 집에 오면 수레와 말을 연결하는 걸 기다리지 않고 집을 나섰다. 이는 부른 사람의 마음을 헤아리는 배려의 마음이다.

제자들이 기록했다.

"우리 스승님은 태묘에 들어가셔서는 일마다 물어서 하셨다."

入太廟, 每事問.

이런 공자의 행동이 제자들에게 큰 감동을 줬던 모양이다. 이 구절은 두 번이나 거듭해서 〈논어〉에 등장한다. 공자의 이런 행동을 보고 비웃는 사람도 있었지만 공자는 예가 어떠해야 하는지를 몸소 행동으로 보여 줬다.

"예는 고정될 수 없다. 누구나 예를 다 안다고도 할 수 없다. 예는 변하는 거야. 그것이 예다!"

공자는 그렇게 웅변하고 있다.

제자들이 기록했다.

"우리 스승님의 벗이 죽었는데 돌아갈 곳이 없었다. 그러자 스승님이 말씀하셨다. '우리 집에 빈소를 차려라.' 우리 스승님은 벗이 보내 준 선물은 비록 수레나 말이라 하더라도 제사 지낸 고기가 아니면 절하지 않으셨다."

朋友死, 無所歸, 曰, "於我殯." 朋友之饋, 雖車馬, 非祭肉, 不拜.

공자가 벗을 대하는 태도를 기록한 것이다. 집에 빈소를 차리라는 얘기는 장례를 치러 준다는 뜻이다. 상례는 참으로 만만치 않은 일이다. 생과 사를 가르는 일이니 슬픔뿐 아니라 두려운 일이기도 하다. 그래서 상례는 혈친이 아니면 치르기 어렵다. 공자는 벗을 혈친의 범위 내에 뒀음을 알 수 있겠다.

수레와 말은 선물 가운데 가장 귀하고 큰 것이다. 그런 선물을 받고도 절을 하는 예를 하지 않는 대상이 벗이라는 말이다. 벗은 '또 다른 나'라는 의식이다. 내가 나에게 준 선물이니 내가 나에게 절을 하지 않는다는 의식. 제육(祭肉)은 벗의 조상에 대한 예를 갖춰야 하니 절을 할 수밖에 없다.

제자들이 기록했다.

"우리 스승님은 주무실 때 시체처럼 눕지 않았고, 한가롭게 집에 계실 때는 얼굴을 꾸미지 않았다."

寢不尸, 居不容.

잠을 자는 자세는 모로 눕는 것이 좋다는 연구 결과가 있다. 어머니 뱃속에 태아로 있을 때의 자세가 가장 편하다는 말도 있다. 모로 누워서 두 다리를 오므린 자세. 시체 염을 할 때엔 두 손을 가슴에 모으고 다리도 가지런하게 편다. 여기서 '시체처럼'이란 말은 아마도 염을 한 시체의 모습일 듯하다. 이 자세로는 오래 견디기도 어렵다. 살아 있는 사람은 산 사람의 모습을 가지라는 말에 다름없다. 집에 한가롭게 있을 때엔 몸도 편안하게 둬야 마음도 편안하다. 용(容)은 세수부터 한껏 모양을 내는 화장까지 다 포함하는 말이다. 더러는 세수도 하지 않고 몸을 편안하게 둘 필요도 있다.

제자들이 기록했다.

"우리 스승님은 상복을 입은 사람을 보면 몹시 친한 사람이라도 반드시 얼굴빛과 몸가짐을 바꾸셨다. 옷을 제대로 갖춰 입은 사람과 맹인을 만나면 늘 만나는 사람이라도 꼭 예의를 갖추었다. 수레를 타고 가다가 흉한 옷을 입은 사람을 만나면 가로대를 잡고 허리를 숙이셨다. 호적을 지고 가는 관리를 만나도 역시 허리를 숙이셨다. 좋은 음식을 대접받으면 반드시 얼굴빛을 바꾸고 일어섰다. 성난 우레가 치고 폭풍우가 불면 반드시 얼굴빛과 몸가짐을 바꾸셨다."

見齊衰者, 雖狎, 必變. 見冕者與瞽者, 雖褻, 必以貌. 凶服者式之. 式負版者. 有盛饌, 必變色而作. 迅雷風烈必變.

변(變)은 평상시와 다른 변화된 모습을 보이는 걸 말한다. 얼굴 표정과 몸가짐, 말투 등이 여기에 해당한다. 그 대상은 상복 입은 사람, 의식을 치르기 위해 옷을 제대로 갖춰 입은 사람, 시각장애인을 비롯한 몸이 불편한 사람, 나라의 중요한 문서를 지고 가는 사람, 나에게 좋은 음식을 대접하는 사람 등이다. 여기에 특별히 우레와 폭풍으로 대표되는 자연현상을 추가했다.

좋은 사람이란 공감능력이 있는 사람이다. 힘들거나 슬프거나 기쁘거나, 나에게 어떤 일들이 벌어졌을 때 우리는 누군가가 내 심정을 함께 공감해 주길 기대한다. 공자가 여기서 보여 주는 태도는 공감이다. 우레와 폭풍우도 마찬가지다. 자연의 변화는 인류의 생에 결정적인 영향을 미친다. 자연과 공감하지 않는 생은 오만이다. 오만한 사람은 공자의 말에 따르면 '겨우 죽음을 면하고 사는 생'이라고 할 수 있다.

제자들이 기록했다.

"우리 스승님은 수레에 오르실 때엔 반드시 똑바로 서서 손잡이 끈을 잡으셨다. 수레를 타고 가는 중에는 내부를 돌아보거나 빠르게 말하거나 손가락으로 가리키는 일이 없었다."

升車, 必正立, 執綏. 車中, 不內顧, 不疾言, 不親指.

우리가 자동차를 타는 일을 생각해 보자. 차문을 열고 어딘가 잡을 곳을 잡고 들어가면 몸을 바르게 가질 수 있다. 의지할 무언가를 잡지 않으면 몸이 기우뚱거리게 된다. 수(綏)는 수레 손잡이 줄이다. 수레가 높기 때문에 손잡이를 반드시 잡아야 한다. 잡지 않고 경망스럽게 뛰어오르거나 하는 일은 보기에도 좋지 않다. 요즘도 트럭처럼 높은 차는 손잡이를 꼭 잡고 차에 올라야 한다.

예의는 상대방에 대한 배려의 마음이다. 차 안에서 뒤를 돌아보거나 말을 빠르게 하거나 바깥 경치를 손가락으로 가리키면 운전사의 주의가 분산된다. 말을 하지 않을 수는 없지만 운전사의 주의를 분산시키지 않는 범위에서 해야 한다. 운전사는 자신뿐 아니라 차 안에 탄 사람들의 생명을 지켜야 하므로 긴장하기 마련이다. 운전사의 마음을 귀하게 여기고 잘 대접하는 것은 기본 중의 기본이다.

제자들이 기록했다.

"우리 스승님이 제자들과 함께 산길을 걷고 있었다. 인기척에 새들이 화들짝 놀라서 후루루 날아올랐다. 새는 공중을 빙빙 돌다가 다시 내려와 앉았다. 그것을 보고 스승님이 말씀하셨다. '저 산의 나무다리에 앉은 까투리를 봐라. 좋은 때로구나! 좋은 때야!' 이 말을 듣고 자로가 냉큼 달려가 까투리를 잡아다가 구워서 드렸다. 그러자 스승님은 세 번 냄새만 맡고는 일어섰다."

色斯擧矣, 翔而後集. 曰, "山梁雌雉, 時哉時哉!" 子路共之, 三嗅而作.

재미있는 장면이다. 공자가 제자들과 산길을 걸었다. 한가롭게 산책을 나간 길인 것 같다. 자로가 잡아 온 꿩고기를 먹지 않은 것으로 봐서 굶주리던 나그네 길은 아니었다. 인기척에 놀란 새들이 후루루 날아올라 하늘을 빙빙 돌다가 다시 우르르 내려앉는 모습은 많이 본 장면이다. 여기서 집(集)이란 글자는 새(隹)와 나무(木)의 형성자이다. 새들이 나무에 모여 앉은 모습이니 '모인다'는 뜻을 갖게 되었다.

공자는 기껏 자로가 잡아서 구워 드린 꿩고기를 왜 냄새만 맡고 먹지 않았을까. 공자의 감탄은 "꿩고기를 먹고 싶다!"가 아니었다. 아마 따뜻한 봄이나 싱그러운 가을쯤이었을 것이다. 자연의 아름다운 때를 맞아 즐거운 흥취를 공자는 탄성으로 내뱉었다. 산의 계곡에 걸쳐진 나무다리에 앉은 까투리도 경치의 한몫으로 예뻤을 테고.

그런데 자로는 오해를 했다. '아, 우리 선생님이 꿩고기를 드시고 싶은가 보다. 아주 먹기 좋은 때란 말씀이렷다.' 자로는 이렇게 생각하고 쫓아가 꿩을 잡았다. 아마도 활을 쏘아서 잡았으리라. 공자는 약간 이맛살을 찌푸렸을 수도 있다. 그러나 어찌하랴. 자로의 정성을 외면할 수는 없고. 하여 세 번 정도 냄새를 맡는 것으로 자로의 정성에 보답한 것이다.

여기서 '세 번 냄새 맡다'라는 말이 생겨났다. 상대방이 내 생각을 오해했으나 악의가 없고 오히려 나를 위한다고 한 일일 때 쓰는 말이다.

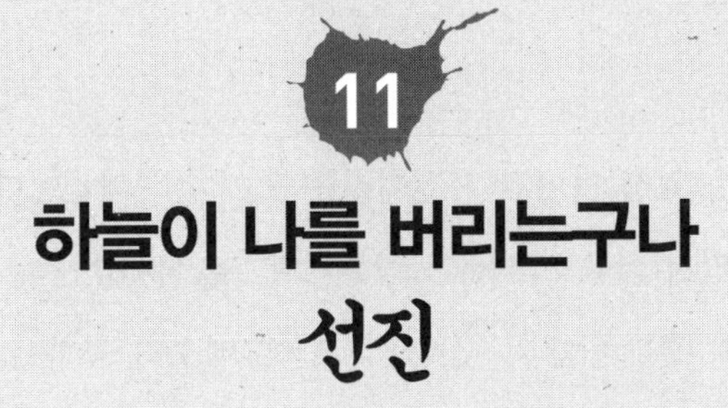

11

하늘이 나를 버리는구나

선진

人文學

공자가 말했다.

"선진은 예악에 있어서 야인과 같다. 후진은 예악에 있어서 군자와 같다. 만약 어느 것을 쓸 것이냐고 묻는다면 나는 선진을 따르겠다."

子曰, "先進於禮樂, 野人也, 後進於禮樂, 君子也. 如用之, 則吾從先進."

선진(先進)은 앞서 나아간 사람이라는 뜻이니 선배들이다. 먼저 세상에 태어나 먼저 삶을 시작한 사람들이다. 후진은 당연히 뒤에 태어난 사람들이며 후배들이다. 공자의 학단에 배우러 찾아온 제자들의 선후배라고 봐도 좋겠다. 예악은 공자의 중심 테마다. 예악을 제대로만 갖추면 누구나 어진 정치를 펼 수 있으며 평화세상이 온다고 공자는 주장한다. 공자가 바라 마지않던 '도가 있는 세상'이 바로 예악정치가 펼쳐지는 세상이다.

공자의 예악을 이어받아 예악정치를 왕도정치(王道政治)로 개념화한 사람은 맹자다. 맹자는 예악이 아니라 무력을 앞세우면 패도정치가 된다고 했다. 맹자의 말을 들어 보자.

패자는 무력으로 인을 가장하며 반드시 큰 나라이기를 바란다. 반면 덕으로써 인을 행하면 왕도정치가 되는데 왕도정치를 펴는 왕자는 꼭 큰 나라가 아니어도 된다(以力假仁者覇, 覇必有大國. 以德行仁者王, 王不待大. 〈맹자〉 '공손추 상').

패도정치는 겉으로는 군자인 척하며 인정을 펴기 위해 어쩔 수 없이 무력을 사용한다고 포장한다. 미국이 이라크를 침공하면서 '세계평화를 유지하기 위해서'라고 꾸민 것과 같다. 이때 이라크에 주둔하던 몇몇 다국적군의 이름이 '평화유지군'이었다. 그러나 이라크의 사정은 평화와는 거리가 멀어도 한참 멀었다. 수만 명의 이라크 국민이 죽고 건물들은 파괴되었다.

공자의 말을 빌려서 생각해 보자. 과연 미국이 선진국인가. 욕심을 숨기고 겉으로 인자인 척 거짓을 늘어놓은 것은 예악을 마치 군자처럼 펴는 거짓이 아닌가. 공자의 말에 따르면 아주 볼품없는 후진국이다. 맹자의 말을 따르면 일방적인 패자이다. 공자가 말하는 야인(野人)은 겉으로 번드르르하게 꾸미지는 않았으나 진실한 바탕이 있는 사람을 말한다. 물질과 무력과 과장된 꾸밈에 현혹되지 말고 진실을 봐야 한다.

자본주의가 극도로 발달한 나라를 선진국으로 불러선 안 된다. 문화적으로 훨씬 후진 나라이다. 과거에 인간다움을 간직했던 시대가 훨씬 문화적으로 바람직했다. 지금 우리가 쓰고 있는 '선진국'이란 용어는 왜곡되었다.

공자가 말했다.

"진나라와 채나라 사이에서 나와 함께하던 제자들이 모두 내 문하에 없구나. 덕행엔 안연, 민자건, 염백우, 중궁이요, 언어엔 재아와 자공이며, 정사엔 염유와 계로, 문학은 자유와 자하로다."

子曰, "從我於陳蔡者, 皆不及門也. 德行, 顏淵閔子騫冉伯牛仲弓. 言語, 宰我子貢. 政事, 冉有季路. 文學, 子游子夏."

여기의 진(陳)나라는 최초로 중국 천하를 통일했던 진(秦)나라와는 달리 조그마한 나라였다. 채나라 역시 작은 나라였다. 공자가 노나라를 떠나 나그네 생활을 할 때 진나라와 채나라 사이에서 고초를 많이 겪었다. 사람이란 힘든 일을 함께 겪은 사람이 오래 기억에 남는 법이다.

"지금 모두 내 문하에 없구나!"라는 탄식을 하는 것으로 봐서 이 말은 공자가 세상을 떠나기 직전에 한 것으로 보인다. 공자가 죽기 이 년 전에 안연이 죽고 일 년 전에는 자로가 죽었다. 염백우도 문둥병에 걸려 먼저 세상을 떠났다. 다른 제자들이야 죽지는 않았지만 모두 공자의 문하를 떠나 각자 벼슬을 살러 가거나 따로 거처를 마련하여 머물고 있었다.

이 말은 공자가 한 말이 아닐 거라는 의견이 있다. 공자는 제자들을 부를 때 늘 이름을 불렀다. 그런데 여기는 모두 제자들을 자(字)로 부르고 있으니 공자의 말일 수 없다는 지적이다. 그럴 것도 같다. 수많은 제자들 중에 굳이 열 명만 뽑아서 이렇게 말하는 것도 공자답지는 않다. 그래서 아마도 이 구절은 후대에 제자들 사이에 오고 간 이야기를 기록한 것으로 보는 것이 온당할 듯하다. 물론 그렇다 해도 전혀 사실무근이라고 볼 수는 없다. 공자가 평소에 하는 말들을 종합하여 기록했을 수도 있기 때문이다.

희한하게도 이 구절과 똑같은 내용이 전부는 아니지만 일부분이 〈맹자〉에도 나온다. 맹자가 살았던 시대엔 지금 우리가 보는 〈논어〉와 같은 책이 존재하지 않았다. 공자의 말들이 파편으로 돌아다니고 있던 시대였다. 〈맹자〉를 보면 이런 말이 있다.

> 옛날에 재아와 자공은 유세하는 말을 잘했고, 염우와 민자건과 안연은 덕행이 뛰어났습니다. 공자는 그것을 둘 다 겸해서 갖고 계셨죠(宰我子貢善爲說辭, 冉牛閔子騫顏淵善言德行, 孔子兼之. 〈맹자〉 '공손추 상').

공손추라는 제자가 맹자에게 질문을 하면서 하는 말이다. 공손추는 노나라 옆에 있던 제나라 사람인데, 공자 제자들의 장점에 대한 이야기가 기원전 4세기에는 이미 일상적으로 사용하는 말이 되어 있었다는 걸 알 수가 있다.

어쨌든 이 구절로 말미암아 공문십철, 사과십철 등의 말이 생겼고 여기에 거론된 제자들은 공자의 십대제자로 인류사에 남게 되었다. 이 제자들은 사실 십대제자라고 해도 손색이 없을 만큼 곳곳에 족적을 남겼다. 만약 거론된 제자들이 수긍할 만하지 못했다면 이 구절은 〈논어〉에 기록될 수도 없었을 것으로 본다. 그야말로 이름과 내용이 서로 어울리는 명실상부의 좋은 예라고 하겠다.

덕행은 인품이 누구보다 훌륭하다는 것이고, 언어는 말솜씨, 정사는 정치감각이다. 문학은 요즘의 시, 소설, 동화, 평론 등으로 좁아진 범위가 아니라 저술과 관련된 모든 것을 포함한다고 봐야겠다.

공자가 말했다.

"회는 나를 도와주는 사람이 아니구나. 내가 하는 말은 다 기뻐하지 않음이 없으니."

子曰, "回也非助我者也, 於吾言無所不說."

공자는 앞에서 "나를 일으키는 사람은 상이로구나(起予者, 商也)"라고 말한 적이 있다. 상은 복상이며 자하다. 공자가 그림 그리는 일은 흰 칠을 뒤에 한다고 하니까 "그렇다면 예가 뒤라는 말씀입니까?" 하고 자하가 되물었다. 그 말을 듣고 공자가 "지나간 것을 알려 주니까 올 것을 아는구나"라고 극찬을 했다. 칭찬을 하기 전에 공자가 한 말이 바로 "나를 일으키는 사람"이라는 거였다.

나를 일으킨다는 것은 내가 미처 생각하지 못한 부분을 일깨워 준다는 의미다. 바로 여기의 '나를 돕는다'는 의미와 통한다. 그런데 안회는 공자가 무슨 말을 하든지 다 기뻐하기만 하고 아무런 말이 없으니 도통 도움이 되지 않는다. 그렇다면 공자의 이 말은 안회를 책망한 것일까? 표면만 보면 그런 것 같다. 하지만 그 이면을 들여다보면 이 말 또한 안회에 대한 칭찬임을 알 수 있다.

어설프게 자기의 논리를 들이대는 사람이 있다. 얼마 전 한 방송사에서 서울 지하철의 배려문화를 집중 취재한 적이 있다. 임신부를 위한 '핑크좌석'의 문제였다. 운행 중에 핑크좌석이 비워져 있는 경우는 40퍼센트 정도였다. 핑크좌석에 앉은 일반 승객에게 기자가 왜 자리를 비워 두지 않았느냐고 물었을 때 대부분 "몰랐다"라고 대답했다. 그런데 한 사십대 중반의 남자가 열정적으로 이렇게 말했다.

"이건 또 다른 역차별입니다. 일반 승객도 피곤하긴 마찬가지요. 그런데 동의도 받지 않고 누구 마음대로 핑크좌석을 만든단 말입니까. 이건 승객들의 인권침해가 아니겠소."

누군가는 이 논리를 듣고 '코딱지 논리'라고 하면서 비웃었다. 내가 보기에도 이 사람의 주장이 보편성을 얻기 어렵다. 일반 승객의 인권과 임신부를 위한 사회적인 배려는 다른 문제였다. 차라리 여기의 안회처럼 가만히 있는 것이 훨씬 좋다.

공자가 말했다.

"효자로다, 민자건이여! 사람들이 그의 부모와 형제들의 말에 흠을 잡지 않는구나."

子曰, "孝哉閔子騫! 人不間於其父母昆弟之言."

민자건은 민손(閔損)이다. 계씨가 고을 수령 자리를 주려 하니까 노나라를 떠나겠다고 하며 거절했던 그 사람이다. 위의 2장에서 덕행으로 이름을 올린 사람이기도 하다. 게다가 여기엔 또 지극한 효자였음을 공자가 인정하고 있다. 그렇다면 민자건의 효도는 어떠했을까. 이런 이야기가 전한다.

민자건은 어려서 어머니를 여의고 아버지가 새장가를 갔다. 새어머니는 두 아들을 데리고 왔는데, 전처소생인 민자건과 차별이 심했다. 한겨울인데도 민자건에겐 홑겹의 옷을 입혔다. 어느 겨울날 민자건을 데리고 외출했던 아버지는 아들이 얇은 옷을 입고 추위에 떠는 걸 알게 되었다. 화가 치솟은 민자건의 아버지가 집에 돌아와서 아내에게 말했다.

"내가 다시 장가를 든 까닭은 아이가 어미 없이 살기 힘들까 봐 그랬소. 따뜻하게 입히고 잘 먹여 주길 바랐는데 오히려 그 반대가 되고 말았소. 당장 이 집에서 나가시오."

아내를 내쫓으려 하자 민자건이 아버지 앞에 꿇어앉아 말했다.

"아버님. 그리하지 마소서. 저 혼자 추위를 참으면 되지만 새어머니가 나가시면 세 아들이 다 춥게 됩니다."

민자건의 말은 모두를 감동시켰다. 아버지는 물론 새어머니와 이복형제들도 민자건의 착한 마음을 진심으로 믿게 된 것이다.

공자의 말에 등장하는 부모는 친아버지와 새어머니이며, 곤제(昆弟)는 바로 이복형제들을 말한다. 곤은 '형, 맏이'라는 뜻도 이다. 그런데 부모형제는 남 앞에서는 흠이 있으면 감싸 주려 한다. 따라서 부모형제의 말을 남들은 곧이곧대로 믿기가 어렵다. 하지만 민자건의 효도에 대해선 남들도 민자건 부모형제의 말에 트집을 잡지 않았다. 그만큼 누구나 인정하는 효를 실천했다는 증명이 되겠다.

제자들이 말했다.

"남용이 날마다 세 번씩 '백규'를 외웠다. 그러자 우리 스승님이 형의 딸을 남용에게 시집보냈다."

南容三復白圭, 孔子以其兄之子妻之.

남용에게 조카딸을 시집보낸 이야기는 '공야장'편 2장에도 나온다. 거기선 남용의 덕목을 여기와는 다르게 이야기한다. 여기 덕목은 '백규'라는 시를 날마다 세 번 외웠다는 것이다. 백규는 〈시경〉 '대아의 억편'에 나온다.

> 흰 옥의 티는 / 갈아서 없앨 수 있으나
>
> 말의 흠은 / 어찌할 수 없다
>
> (白圭之玷, 尙可磨也, 斯言之玷, 不可爲也)

백규는 흰 옥으로 만든 홀이다. 홀은 벼슬아치들이 임금을 뵐 때나 외국에 사신으로 갈 때 들고 가는 신임장이다. 매우 귀한 물건인 셈이다. 아무리 귀해도 거기에 생긴 티는 갈아서 없앨 수가 있다. 그러나 말로 만든 잘못은 엎질러진 물처럼 쓸어 담기가 몹시 어렵다. 남용이 이 시를 늘 외웠다는 건 그만큼 말조심을 한 사람이라는 뜻이다.

공자는 말에 대한 생각이 확고한 사람이다. 말은 잘하기보다는 어눌해야 한다고 강조했다. 큰소리도 치지 말고 말은 했으면 꼭 지켜야 한다고 했다. 남용은 앞에서 나라에 도가 있으면 크게 쓰이고 나라에 도가 없어도 위험을 면하는 사람이라고 했다. 아마도 말에 신중한 사람이라 그랬을 것 같다. 공자는 장애가 있었던 형 맹피(孟皮)가 일찍 죽자 조카딸을 데려다 친딸처럼 키웠다. 그 조카를 즐거운 마음으로 남용과 결혼시켰다.

계강자가 물었다.

"제자 중에 누가 호학하는 사람입니까?"

공자가 대답했다.

"안회라는 제자가 호학했는데 불행하게도 명이 짧아 죽었습니다. 지금은 없답니다."

季康子問, "弟子孰爲好學?" 孔子對曰, "有顏回者好學, 不幸短命死矣, 今也則亡."

호학, 곧 '배우기를 좋아함'은 공자가 가장 자부심을 가졌던 부분이다. "열 집쯤 되는 작은 마을에도 정성스럽고 믿음직한 충신(忠信)의 사람이 하나쯤 있겠지만 나처럼 호학하는 사람은 없을 것이다"라고 공자답지 않게 호언장담을 할 정도였다. 또 자주 "배우기를 싫어하지 않으며 가르치기를 게을리하지 않는 일은 나에게 어렵지 않다(學不厭, 教不倦)"라고 고백 했다. 후대에 맹자는 학불염(學不厭)을 지(智)의 일이며 교불권(教不倦)은 인(仁)의 일로 봤다. 그래서 공자는 지와 인을 겸비한 인물로 존중했던 것이다.

이처럼 공자에게 있어 호학은 가장 중요한 테마였으며 쉽게 인정하지 않는 경지였다. 그러나 안회는 호학하는 사람이라고 〈논어〉에서 두 번이나 인정한다. 한 번은 애공이 물었을 때이고, 한 번은 여기 계강자가 물었을 때이다. 당시 노나라 임금이던 애공의 물음에는 "성난 것을 옮기지 않으며, 똑같은 잘못을 두 번 하지 않았다(不遷怒, 不貳過)"라며 안회가 실제로 호학하던 모습을 들려줬다. 계강자의 물음에는 이 부분이 생략된 것은 이미 안회의 호학의 덕목이 널리 알려져 있었다고 보면 좋겠다.

"불행하게도 명이 짧아서 죽었다"는 말로도 충분한데 굳이 "지금은 없다"는 말을 덧붙인 것은 공자의 애통함을 잘 보여 준다. 안회는 마흔에 죽었다. 마흔이면 춘추시대 당시로는 그리 짧은 생애도 아니지만 공자의 인식에는 너무나 짧은 생이었다.

안연이 죽었다. 안연의 아버지인 안로가 공자에게 말했다.

"스승님의 수레를 팔아서 제 자식의 곽을 만들었으면 합니다."

공자가 대답했다.

"재주가 있건 없건 역시 각각 말하면 자기 아들이다. 리(鯉)가 죽었을 때 관은 있었지만 곽이 없었다. 또 내가 수레를 팔아 곽을 만들어 주지 못하는 것은 나도 대부의 뒤를 따르는 사람이라 도보로 다닐 수 없기 때문이다."

顔淵死, 顔路請子之車以爲之槨. 子曰, "才不才, 亦各言其子也. 鯉也死, 有棺而無槨. 吾不徒行以爲之槨. 以吾從大夫之後, 不可徒行也."

안연이 죽은 뒤의 일은 이곳에 집중적으로 나온다. 안로는 안연의 아버지인데, 공자의 제자이기도 했다. 안로는 죽은 사람들 염을 해주는 직업을 가졌던 것 같다. 장의사도 돈을 벌기로 치면 못 벌 것도 없다. 그렇지만 안로와 안연은 돈을 버는 데는 영 젬병인 사람들인 모양이다. 안연이 죽었을 때 관을 마련할 수는 있었지만 곽을 마련할 돈이 없었다. 시체를 넣는 곳이 관이고, 관을 넣는 곳이 곽이다. 따라서 곽은 관보다 훨씬 크고 화려했다. 큰 부자거나 높은 벼슬을 지낸 사람들이나 곽을 쓸 수 있었다.

안연은 젊어서 죽었고, 벼슬도 없었고 가난했으니 당연히 곽을 쓸 수 없는 처지다. 그런데 안로가 참 희한한 청을 하고 있다. 공자에게 수레를 팔아서 곽을 마련해 달라니, 이게 어떻게 가능한 부탁일까. 아무리 공자가 안연을 사랑했기로서니 좀 지나친 요구로 보인다. 그건 아마도 다른 많은 제자들이 안로를 충동질한 것 같다. 안연은 덕행이 뛰어났으니 충분히 곽을 쓸 만하다고 제자들은 생각했다.

그러나 역시 공자는 단번에 거절한다. '리'는 공자의 아들이다. 안회보다 일 년쯤 먼저 죽었다. 그때 공자는 곽을 쓰지 않았다는 것이다. 본문에서 말하는 '재주가 있는 사람'은 안연이고 '재주가 없는 사람'은 공리다. 그러나 둘 다 누군가의 아들인 건 마찬가지다. "안연이 안로 너의 아들이면 공리는 나의 아들이다"라는 공자의 말이다. 또 공자는 스스로 안연을 아들처럼 여긴다고 말한 적이 있다. 그러니 내 아들인 공리처럼 안연도 곽을 쓰지 않겠다는 거다.

그렇게만 대답해도 충분할 터인데, 공자는 대부의 뒤를 따르는 사람이라는 말을 덧붙인다. 이 말은 좀 구차스러운 느낌이 든다. 대범하게 도보로 못 다닐 것은 무언가. 형식보다 검소함을 중시하는 공자가 아니던가. 그래서 뒤에 덧붙인 말은, 아마도 수레를 줄 수 없음을 못 박으려는 말인 것 같다. 그래야 안로가 다시는 더 청하지 않을 테니까.

안연이 죽었다. 소식을 들은 공자가 슬퍼했다.

"아아! 하늘이 나를 버리시는구나! 하늘이 나를 버리시는구나!"

顔淵死. 子曰, "噫! 天喪予! 天喪予!"

천붕지괴(天崩地壞)라는 말이 있다. 하늘이 무너지고 땅이 꺼진다는 뜻이다. 그래서 천붕은 아버지의 죽음, 지괴는 어머니의 죽음에 비유를 한다. 합쳐서 붕괴다. 하늘과 땅이 다 없어졌으니 짙은 어둠 속의 막막한 외로운 아이가 되고 말았다. 어머니와 아버지를 다 잃은 아이의 슬픔이 절절하게 표현되었다 하겠다.

공자의 부르짖음도 천붕지괴에 버금간다. 하늘은 공자가 마지막으로 기대는 곳이다. 공자가 평생 갈구했던 도를 시원스럽게 펴진 못했지만 '하늘'은 알아주실 거라고 얘기한 적이 있다. 하늘이 알아준다는 건 공자가 죽어도 그 도를 이어받을 제자가 있음을 뜻하는 말이기도 하다. 제자가 이어받아서 언젠가는 세상에 도를 펴 주기를 바랐고, 공자 마음속의 그 제자는 바로 안연이었다. 그런 안연이 죽었으니 하늘이 공자를 버린 거나 마찬가지였다.

안연이 죽자 공자의 곡소리가 너무나도 애통했다. 걱정이 된 제자들이 말했다.

"스승님, 너무 지나치게 슬퍼하십니다. 몸을 상하실까 걱정이 됩니다."

"그렇게 보였느냐? 하지만 내가 저 사람을 위해 통곡하지 않으면 누구를 위해 그리하겠느냐."

顔淵死, 子哭之慟. 從者曰, "子慟矣!" 曰, "有慟乎? 非夫人之爲慟而誰爲?"

공자는 스스로 "슬퍼하되 몸을 망칠 정도가 되어선 안 된다(哀而不傷)"고 한 적이 있다. 관저의 노래가 이런 경지를 얻었다고 한 평가의 말이기는 하지만 일상의 슬픔에도 적용할 수 있는 말이다. 비슷한 말로 애이불비(哀而不悲)가 있다. 슬프되 비통에 빠지진 않는다는 말이다.

내가 아는 분 중에 수술 과실로 식물인간이 된 남편을 집에서 몇 달 동안 병간호하다 떠나보낸 사람이 있다. 하루하루 죽어 가는 모습을 지켜보는 것이 큰 고통이었다고 한다. 병원에 입원을 시켰으면 좀 더 살았을지 모른다는 죄책감도 함께 있었다. 남편이 세상을 떠났을 때 병원의 냉동창고에 시신을 넣기 싫어서 집에서 장례를 치렀다. 정성을 다한다고 했지만 몸과 마음이 얼마나 많은 스트레스를 받았는지 이가 무려 여덟 개나 빠졌다고 한다. 그 슬픔과 고통이 어느 정도 가시고 마음이 편해지는 데 육 년이 걸렸다. "슬프되 비통에 빠지지 않는다"는 말은 슬픔이 발생한 그 즉시에는 결코 해당될 수 없는 말이라고 했다.

또 내가 아는 분 중에 정신지체를 앓는 아들을 둔 분이 있다. 이분은 연세가 꽤 들어서 아들도 서른 살이 넘었다. 그러나 여전히 장가를 가지 못하고 가끔 남들에게 업신여김을 받기도 한다. 이분의 가슴에는 늘 커다란 바윗덩이가 들어앉아 숨을 턱턱 막히게 하는 답답함이 생길 수밖에 없다. 그분이 언젠가 보름달을 보면서 '애이불비'해야겠다고 하신 적이 있다. 삼십여 년의 슬픔 속에서 겨우 도달한 경지로 보였다.

지금 공자는 하늘이 자신을 버린 슬픔을 바로 당하였다. 그 애통함이 어떻게 애이불비의 경지에 있을 수 있으랴. 내가 지금 통곡하지 않으면 누구를 위해 통곡하겠느냐는 공자의 슬픔이 아프게 다가온다.

안연이 죽자 문인들이 공자에게 여쭈었다.

"너무나 애통하니 장례라도 후하게 치러 주고 싶습니다."

공자가 짧게 대답했다.

"불가하다."

하지만 문인들이 장례를 후하게 치렀다. 공자가 말했다.

"회는 나를 아버지처럼 대했는데 나는 자식처럼 대해 주질 못했구나. 이건 내 잘못이 아니라 너희들 탓이다."

顔淵死, 門人欲厚葬之. 子曰, "不可." 門人厚葬之. 子曰, "回也視予猶父也, 予不得視猶子也. 非我也, 夫二三子也."

공자가 몹시 언짢았던 모양이다. "내 잘못이 아니고 너희들 탓이다"라며 남 탓까지 하고 있다. 앞에서 안로가 공자의 수레를 팔아 안연의 곽을 만들어 주기를 요구했던 일화는 바로 이 '후한 장례'와 관계가 있다. 공자가 거절하자 문인들이 십시일반으로 돈을 거둬 관곽을 마련하고 음식도 많이 만들어 아주 후한 장례를 치렀다. 자공은 워낙 돈이 많은 사람이니 장례비용을 많이 댔을 것으로 보인다. 자공과 안연은 한 살 차이로 거의 동갑내기의 정을 나눴다.

둘도 없이 사랑하는 제자인데다 문인들이 다 바라는데도 공자는 왜 안연의 후장(厚葬)을 반대했을까? 이유는 공자의 말에 있다. "나는 회를 자식처럼 생각했다"는 말이 그것이다. 공자는 아들 공리가 죽었을 때 조촐하게 장례를 치렀다. 장례는 죽은 사람의 격에 맞춰서 치르는 게 맞다. 사자가 생전에 이룬 삶의 경지에 걸맞은 마침을 준비하는 것이 산 사람의 정성이다. 이는 과거나 현재나 별반 차이가 없다.

사회적으로 큰 족적을 남긴 인물은 사회가 모두 나서서 애도를 하는 것이 맞다. 반면 평범하게 살다가 간 인물이라면 마지막을 보내는 것도 그렇게 보내면 된다. 그냥 보통 삶을 살다가 간 사람인데도 자식이 대단한 위치에 있다고 죽은 사람도 그렇게 대우할 순 없다. 옛말에 "정승집 개가 죽으면 조문객이 미어터지지만 정승이 죽으면 찾는 사람이 없다"라는 우스개가 있는데, 이는 사람들의 냉정함을 드러낸 말이다. 하지만 이런 사회적인 분위기는 사람의 심리가 그렇다 해도 결코 좋은 풍속이라고 볼 수 없다.

공자는 안연을 자기의 아들인 공리와 똑같이 대우하고 싶었다. 공리와 마찬가지로 벼슬도 없었고 부모 앞에 죽은 자식이기 때문이다. 그런데 나는 공자의 심정은 이해가 가지만 문인들의 마음도 이해가 된다. 안연은 공리가 이룩한 경지보다는 분명 높은 경지에 도달했던 인물이었다. 문인들의 마음에서 우러난 정성은 받아들이는 것이 옳다고 본다. 공자는 나이도 많이 들었고 안연의 죽음에 충격을 받은 나머지 좀 꼬장꼬장하게 고집을 부리는 느낌이다. 문인들이 스승의 반대를 무릅쓰고 후장을 치른 것은 그만큼 안연의 덕성이 훌륭했음을 잘 보여 주는 일이다.

계로가 공자에게 물었다.

"귀신은 어떻게 섬겨야 합니까?"

"산 사람 섬기는 일도 잘 못하는데 어찌 귀신을 섬길 수 있겠느냐?"

자로가 머쓱해 있다가 다시 물었다.

"감히 죽음에 대해 여쭙니다."

"삶도 잘 모르는데 죽음을 어찌 알겠느냐?"

季路問事鬼神. 子曰, "未能事人, 焉能事鬼?" 曰, "敢問死." 曰, "未知生, 焉知死?"

참 스승이 모질기도 하다. 계로는 자로다. 공자는 유독 자로에게는 꾸짖는 투의 말이 많다. 만만해서 그런지, 아니면 자로가 워낙 신중하지 못해서 그런지 모르겠다. 〈논어〉의 기록 중에 자로가 칭찬을 받는 경우는 정말 드물다.

그러나 이 대화는 굉장히 유명하다. 공자가 죽음과 귀신을 어떻게 보는지 잘 드러나 있기 때문이다. 죽음은 모든 살아 있는 생명들의 관심사일 수밖에 없다. 특히 인간은 세상에 태어나면 언젠가는 죽어야 한다는 운명을 잘 인식하고 있다. 그렇기 때문에 죽음에 대하여 늘 생각하면서 살아간다. 자로의 물음은 너무나 단순해서 어떤 배경을 가졌는지는 알 수가 없다. 죽음은 어떻게 대비를 해야 하는가, 잘 죽으려면 어떻게 해야 하는가, 혹시 안 죽을 수도 있는 건가 등등 수많은 함의를 갖고 있다.

그런데 공자의 대답은 간명하다. "살아 있는 지금의 '생'도 잘 모르는데 죽음을 어떻게 알겠느냐." 한마디로 죽음 따위는 생각도 하지 말라는 거 아닌가. 어차피 태어났으니 잘 살아갈 궁리나 하라는 얘기다. 귀신도 같은 맥락이다. 귀신은 죽음의 세계다. 죽은 영혼을 섬기는 일에 빠지지 말고 주변에 펄펄 살아 움직이는 사람들에게나 잘하라는 것. 현실주의자 공자의 면모가 여실하게 드러나 있다.

그렇다고 공자는 죽음의 세계나 귀신에 대하여 완전히 무시하지는 않았다. 무게중심을 삶에 뒀을 뿐이다. 잘 살기 위해선 귀신을 공경해야 한다고 말한다. 다만 너무 가까이하여 삶을 잃어버릴 정도로 빠지는 것을 경계했다. 그래서 "공경하되 멀리하라(敬而遠之)"고 가르쳤다.

제자들이 기록했다.

"민자가 곁에서 스승님을 모시고 있을 때엔 온화했고, 자로가 스승님을 모시고 있을 때엔 씩씩했으며, 염유와 자공이 모시고 있을 때엔 화기애애했다. 이에 스승님이 아주 즐거워하셨는데, 그러면서도 조금 걱정스럽게 말씀하시기를 '유처럼 하면 자연스러운 죽음을 얻지 못할 것이다'라고 하셨다."

閔子侍側, 誾誾如也, 子路, 行行如也, 冉有子貢, 侃侃如也. 子樂. "若由也, 不得其死然."

'자락(子樂)하다'라는 말이 참 좋다. '스승님이 즐거워하셨다'는 뜻이다. 민자건과 자로와 염유와 자공, 네 사람의 제자만 등장했지만 제자와 스승이 서로 어떤 모습을 연출하는지를 잘 보여 준다. 은은(誾誾)은 '향당'편에서 나왔다. 따스하고 온화한 모습이다. 민자건은 염백우, 중궁, 안연과 함께 덕행으로 이름이 높은 사람이었다. 품성이 온화하다는 얘기다.

항항(行行)은 굳세고 씩씩한 모습이다. 무인이며 남다른 용맹을 자랑하는 자로다운 모습이다. 염유와 자공은 간간(侃侃)하다고 했는데, 약간 긴장감이 있으면서도 재미있는 모습을 형용한다. 그래서 나는 화기애애하다고 해석했다. 자공은 말을 잘하고 염유도 나름대로 재미있는 인물이었다.

공자는 다양한 장점들을 지닌 제자들에 둘러싸여 즐거웠다. 그러나 즐거운 중에도 걱정이 된다. 그건 바로 자로다. 의리가 있고 강직한 자로의 성정이 못내 근심이 되었다. 그래서 공자는 경계를 하느라고 즐거운 중에도 염려를 한다.

"유야. 너처럼 하다가는 제 명에 못 죽는다. 조심해라."

공자의 예측은 그대로 들어맞았다. 공자가 죽기 일 년 전 자로는 위나라의 내전 중에 목숨을 잃는다. 이미 대세가 기울었건만 자로는 자신이 모시던 주군에게 의리를 지키고자 죽음을 택했던 것이다. 게다가 그 주군인 위나라 임금 첩(輒)은 좋은 평가를 못 받는 사람이었다. 안타까운 일이다.

노나라 정부에서 장부를 새로 만들었다. 그 일을 듣고 민자건이 말했다.

"옛 관습대로 하면 어떤가. 하필 새로 지어야 한단 말인가."

민자건의 말을 듣고 공자가 말했다.

"저 사람은 말을 안 해서 그렇지, 말을 하면 꼭 들어맞는다."

魯人爲長府. 閔子騫曰, "仍舊貫, 如之何? 何必改作?" 子曰, "夫人不言, 言必有中."

공자가 칭찬을 주로 하는 제자들은 공문십철 가운데 덕행으로 이름을 올린 이들이다. 염옹(중궁)이 그렇고, 여기 민자건이 그렇다. 안회야 두말할 필요가 없다. 다만 염백우(염경)만 큰 병에 걸린 일화 외에는 없다. 안회에 이어 두 번째로 칭찬을 많이 받는 사람이 민자건이다. 덕행에다 효자에 과묵함까지 갖추었다. "말을 안 해서 그렇지, 말을 하면 딱딱 들어맞는다"는 칭찬은 엄청난 것이다. 말을 하면 반드시 적중함이 있다는 '언필유중(言必有中)'은 군자가 갖추어야 할 최고의 덕목 중 하나다. 공자는 민자건이 군자라고 인정을 하는 거나 마찬가지인 셈이다.

그런데 민자건이 '언필유중'하다는 전제조건이 좀 의아하다. 장부(長府)는 재물창고다. 창고는 크게 세 가지가 있다. 창고부(倉庫府)인데 창은 곡식 종류, 고는 무기 종류, 부는 재물 종류를 보관한다. 그러니까 여기의 '장부'는 노나라 궁정의 재물창고다. 귀한 재물이 많으니 관리를 잘해야 한다. 오래되어 낡았으면 새로 지을 필요가 있다. 그런데 만자건의 말로 보면 굳이 새로 지을 필요 없이 리모델링 정도면 되었던 것 같다. 그래서 재물을 보관하기 위해 재물을 낭비하지 않으면 좋겠다는 정도의 의견을 낸 것으로 보면 된다.

겨우 이 정도의 의견으로 언필유중이라는 대단한 칭찬을 받았으니 민자건은 낯이 좀 뜨거웠겠다. 그러나 인정이 한 번 잘한 일로 이루어질 수는 없다. 민자건의 평소 언행이 쌓여서 이러한 인정의 말을 듣게 했다.

공자가 말했다.

"유의 '슬' 소리가 어찌하여 내 집 문안에서 나느냐?"

이 말을 듣고 문인들이 자로를 공경하지 않았다. 그러자 공자가 이렇게 말했다.

"유는 당에 올랐다. 다만 방에 들어가지 못했을 뿐이다."

子曰, "由之瑟, 奚爲於丘之門?" 門人不敬子路. 子曰, "由也升堂矣, 未入於室也."

'자로승당(子路升堂)'으로 유명한 이야기다. 승당은 당에 올랐다는 말인데, 당은 마루다. 집의 구조로 보면 대문 바깥, 대문 안마당, 섬돌, 마루, 마지막으로 방이다. 어떤 배움을 시작하는 단계를 입문(入門)이라고 한다. 문은 집과 바깥의 경계다. 어떤 집에 들어가기 위해선 문을 들어서야 그 집의 마당이 나온다. 공부를 시작하기 위해선 입문의 단계를 반드시 거쳐야 한다.

마당에서 다양한 배움이 일어나고 한 단계 더 진보하면 섬돌에 오르게 된다. 그리고 마루에 오른다는 건 방에 들어가기 직전이다. 마루와 방을 경계 짓는 건 벽인데, 벽을 부수고 방에 들어갈 수는 없다. 그래서 방으로 들어가는 호(戶)와 창(窓)을 만들었다. 하지만 실제로 방에 드나드는 출입구는 호이다. 창은 방 안을 들여다보는 구실을 할 뿐이다. 호를 찾지 못하면 끝내 방으로 들어갈 수가 없다.

어쨌든 자로의 승당은 매우 높은 경지에 도달했음을 공자가 인정한 셈이다. 이는 다른 문인들이 자로에게 불경스럽게 한 태도를 꾸짖는 의미도 있다. 자로가 '슬'을 타는 솜씨는 좀 부족해도 다른 배움은 크다고 공자가 칭찬한 것이다. 슬은 현악기 중에 가장 크다. 24현이 넘는 악기로 큰 거문고라고 부르기도 한다. 자로의 연주 소리는 거칠고 음 이탈이 많았던 모양이다. 음악에 대해선 남다른 조예가 있는 공자로선 귀에 몹시 거슬렸을 것이다. 더구나 자로는 이미 오랫동안 공문에서 배운 제자로서 연주 솜씨가 상당한 경지에 올라야 할 텐데 아직 미진함이 많은 것도 마음에 들지 않았다.

그런 마음들의 표현이 "이놈! 어째 연주 실력이 아직도 그 모양이냐?" 하는 가벼운 꾸지람이었다. 그런데 다른 문인들이 오해를 하고 자로를 공경하지 않는 모습을 보였다. 자로는 꽤 중후한 위치였다. 공자보다 아홉 살 적었으니 제자들 가운데선 거의 맏형이었다. 공자는 권위에 맹종하는 문인들의 태도도 꾸짖는 한편, 자로의 체면도 살려주는 일거양득의 발언을 던졌다. 그것이 '자로승당'이다. 여기서 입실(入室)은 군자, 인자, 성인 등 사람으로서 수양을 통해 최고 경지에 도달한다는 의미를 갖게 되었다.

자공이 공자에게 물었다.

"사와 상은 누가 낫습니까?"

"사는 넘치고 상은 못 미친다."

"그럼 사가 더 낫군요?"

"넘침과 못 미침은 같다."

子貢問, "師與商也孰賢?" 子曰, "師也過, 商也不及." 曰, "然則師愈與?" 子曰, "過猶不及."

자공은 사람들 평가하기를 즐겼다. 그래서 공자에게 "너는 참 한가하구나. 나는 내 배움에 바빠 남을 평가할 겨를이 없는데"라는 소리를 듣기도 했다. 자공은 스스로 도달한 경지가 어느 정도인지를 늘 궁금해 하기도 했다. 공자에게 "나는 이런 사람이 되고 싶다"는 말도 자주 했다. 자공이 하도 사람 평가하기를 좋아하니까 공자도 자공에게 "너와 안회는 누가 나으냐?"고 묻기도 했다. 그때 자공은 "안회는 하나를 들으면 열을 알지만, 저는 하나를 들으면 둘은 압니다" 하고 대답한다.

이 장에서도 자공은 후배들에 대하여 묻는다. 사(師)는 전손사인데 자는 자장이다. 공자보다 무려 48살이나 어렸다. 자공보다도 17살이나 어리다. 상(商)은 복상인데 자는 자하다. 공자 사후에 크게 이름을 떨쳤고 공문십철에 이름을 올렸다. 공자보다 44살 어렸다. 자공은 한참 어린 두 후배지만 뛰어난 구석이 있어서 스승이 어떻게 보고 있는

지 궁금했다.

자공의 질문을 보면, 자공이 자장을 좀 더 낫게 보고 있다는 것을 알 수 있다. 자장은 포부가 크고 호언을 잘하는 성격이었다. 반면 자하는 돌다리도 두드려 보고 건너는 신중파였다. 시원시원한 성격의 자장을 자공은 좀 더 좋게 평가하고 있었는데, 공자의 말은 달랐다. 넘침과 못 미침은 같다는 것. 둘 다 중용을 얻지 못했으니 똑같이 미흡하다는 지적이다.

그런데 우리는 보통 "지나친 것보다는 못 미치는 것이 낫다"고 말한다. 이 말은 과유불급(過猶不及)이 아니라 불급유과(不及愈過)라고 해야 한다. '같을 유'가 아니라 '나을 유'를 쓰고, 불급과 과의 위치도 바꿔야 맞다. 그런데 못 미침이 지나침보다 낫다는 말에는 사람들이 많이 동의를 하는 편이다. 지나쳐 버리면 되돌리기에 어렵지만 못 미치는 건 좀 더 노력하면 이룰 희망이 있기 때문이다. 찌개를 끓여 봐도 그렇다. 적당하게 간을 맞추면 가장 좋지만 그렇지 못할 때엔 싱거운 편이 낫다. 소금을 더 넣어서 간을 맞출 수 있기 때문이다. 그런데 소금이나 간장을 지나치게 넣어서 짜면 간을 맞추기 어려워진다. 물을 더 넣어야 하는데, 그렇게 되면 맛을 버리게 되기 십상이다.

음식만 그런 것이 아니다. 살아가는 다양한 일상생활에서도 조금 빈구석이 있는 편이 좋다. 방은 비어 있기 때문에 사람이 들어가 쉴 수 있다. 서로 교제를 할 때도 놀 수 있는 공간을 많이 만든 사람 주변에 사람들이 모인다. 그래서 그런 것인가. 자하는 공자 사후에 위(魏)나라에서 매우 큰 학파를 이끄는 리더가 된다.

계씨는 주공보다도 더 부유했다. 그런데도 염구가 계씨를 위해 세금을 거두어 더욱 부유하게 보태 주었다. 이에 공자가 말했다.

"저놈은 나의 제자도 아니다. 너희들 모두 북을 울리면서 저놈을 공격함이 옳다!"

季氏富於周公, 而求也爲之聚斂而附益之. 子曰, "非吾徒也. 小子鳴鼓而攻之, 可也."

요즘 잘 쓰는 말로 공자가 염구를 '극혐(極嫌)'하고 있다. 아니, 염구를 미워한다기보다는 염구의 '행위'를 너무너무 싫어하고 있음이다. 염구는 계씨의 총애를 받았다. 정사에 재주가 있다는 공문십철의 한 사람답게 일을 잘했다. 그 능력으로 염구는 노나라의 실권자인 계씨의 막하에서 최고실력자가 되었다. 공자가 노나라에 귀국할 수 있도록 계씨를 설득한 사람도 염구다.

그런 염구를 공자는 왜 이토록 극혐하고 있는가. 내 제자도 아니니 북을 울리면서 공격하라는 말은 섬뜩하기조차 하다. 그 까닭이 바로 취렴부익(聚斂附益)이다. '취렴'은 세금을 부과하여 긁어모은다는 뜻이다. '부익'은 있는데 또 더 보태 준다는 의미다. 주공은 은을 멸하고 주나라가 천하를 소유한 뒤에 노나라에 처음 임명된 제후다. 노나라는 주공의 후예가 대대로 임금이 되었다. 따라서 주공보다 부자란 얘기는 노나라에서 계씨가 왕보다 더 많은 재산을 소유하고 있다는 말이다.

현재 우리나라를 보면 부의 편중이 심각한데 몇몇 재벌가들이 엄청난 부를 소유하고 있다. 삼성그룹은 한 분기의 순소득이 10조 원을 넘는다고 한다. 10조 원이면 우리나라 모든 대학생의 등록금을 면제해 줄 수 있는 금액이다. 아르바이트를 하는 대학생들의 시급이 7천 원도 되질 않는다. 노동을 착취하고 금융의 불로소득을 통해 재벌가들은 취렴부익을 하고 있는 중이다. 공자가 이 시대를 살고 있다면 "저 재벌 놈들은 우리 국민도 아니다. 모두 북을 울리면서 저 놈들을 공격하는 것이 옳다!"고 외쳤을 것 같다. 재벌뿐 아니라 쉬운 해고, 임금피크제, 파견법 등등 노동착취를 가능하도록 법을 만들어 주는 정치인들과 재벌의 직접 손발이 되어 움직이는 모든 '염구'들도 공격해야 마땅할 것이다.

공자가 말했다.

"시는 어리석고 삼은 둔하며, 사는 치우쳤으며 유는 거칠다."

柴也愚, 參也魯, 師也辟, 由也喭.

시는 이름이 고시(高柴)이며 자는 자고(子羔)라는 제자다. 공자보다 40살 어렸다. 〈공자가어〉에 고시에 대하여 이런 기록이 있다.

"고시는 걸을 때 남의 그림자를 밟지 않았으며, 봄이 되면 동물을 죽이지 않았고, 새로 나오는 싹이나 가지를 꺾지 않았다. 부모의 상을 치를 때엔 삼 년 동안 울면서 이를 드러내고 웃은 적이 없었다."

이런 기록으로 봐서 고시는 지혜는 부족하지만 후덕한 성품을 가진 사람이라고 주희는 주석을 냈다. 그래서 어리석은 사람으로 보인다는 것이다. 자로가 고시를 비읍의 수령으로 천거했다가 공자에게 크게 혼나기도 했다.

삼은 증삼이며 증자다. 증삼은 송대 유학자들이 세운 도통론에 따르면 공자의 학통을 이은 수제자다. 그런데 공자는 증삼을 "둔한 놈!" 이라고 말했다. 노(魯)는 노나라의 이름이기도 하지만 '미련하다, 둔하다'는 뜻을 갖고 있다. 그래서 미련퉁이를 '노둔(魯鈍)하다'고 부르기도 한다. 공자의 평으로 봤을 때 증삼은 이해가 늦은 사람이었던 듯하다. 둔한 사람은 깨닫는 시간이 오래 걸릴 뿐이지, 깨닫기만 하면 오히려 더욱 단단해질 수도 있다.

사는 앞에 나온 전손사이며 자장이다. 앞에서 자하와 비교당한 그 제자다. 여기서도 마찬가지로 '편벽될 벽'을 써서 한쪽으로 치우쳤다는 평가를 받았다. 유는 중유이며 자로인데, 늘 '거칠다, 야스럽다, 사납다'는 평을 받는 사람이다.

공자가 제자들의 단점을 얘기한 것만 모아 놓았다. 단점은 고쳐지기만 하면 장점들을 더욱 빛나게 한다. 스승이라면 제자의 단점을 정확하게 지적해 줄 의무가 있다. 두리뭉실하게 넘어가는 건 스승의 책무를 방기하는 것이다. 요즘 학교에서 교사들이 작성하는 평가문을 보면 해도 그만 안 해도 그만인 문구들이 많다. 그런 평가는 시간 낭비다. 한두 마디를 해도 제자의 가슴에 들어가 박힐 정확한 얘기를 할 필요가 있다. 그러자면 제자의 성품, 배움의 도달 정도, 가정환경 등등 파악해야 할 일들이 많다. 다른 사람의 단점을 정확하게 지적하는 일은 애정을 바탕으로 하되 용기도 있어야 가능한 일이다.

공자가 말했다.

"회는 거의 득도한 사람인가? 자주 텅 비는구나. 사는 천명을 받지 않았으나 재물을 잘 늘린다. 억측 같은데도 자주 들어맞는구나."

子曰, "回也其庶乎, 屢空. 賜不受命, 而貨殖焉, 億則屢中."

앞에서 네 명의 제자에 대한 한 글자 평을 모은 다음, 출중한 제자 두 명에 대한 평을 따로 편집했다. 〈논어〉를 편집한 사람들의 재치가 돋보인다. 회(回, 안회)와 사(賜, 자공)는 나이도 한 살 차이였고, 자공이 안회와 자신을 자주 견주어 봤던 사이이다. 자공은 공자 앞에서 안회가 훨씬 낫다고 고백하기는 했지만 마음속으론 은근히 라이벌 의식을 가졌던 것 같다. 라이벌 의식을 간파했던 공자는 "회는 너보다 나을 뿐 아니라 나보다도 낫다"고 말하여 자공의 희망을 여지없이 꺾어 버린 적이 있기도 했다.

여기서도 안회와 자공에 대한 평가가 사뭇 다르다. 크게 두 가지로 볼 수 있다. 하나는 천명을 받고 못 받음, 즉 수명(受命)의 여부다. 안회는 '서호(庶乎)'라고 해서 의문을 표시하기는 했지만 '거의 천명을 받은 사람'인 것 같다고 했다. 서(庶)는 '거의 ~하다'의 뜻이다. 그런데 단목사는 아주 딱 부러지게 '명을 받지 못했다(不受命)'라고 말했다. 천명을 받지 못했다는 것은 '천재(天才)'가 아니라는 말이다. 작은 재주부터 시작해서 타고난 품성까지 천재는 다양하다. 안회는 호학에 대한 재주뿐 아니라 타고난 덕성이 거의 군자 내지는 인자라는 말이다. 그러나 단목사는 그런 천재를 받지 못했는데 오직 재물을 불리는 소질은 있다는 공자의 인정이다.

두 번째는 누공(屢空)과 누중(屢中)이다. 누공은 자주 텅 빈다는 것이고, 누중은 여러 번 적중한다는 말이다. 훌륭한 덕성을 가진 인자인 안회는 자신을 텅 비워 누구든 받아들이는 너그러움을 갖췄다. 그러나 자공은 재물을 불리는 일에는 예측을 하면 잘 들어맞는다는 얘기다. 재물이 불어나 곳간을 가득 채우니 자주 텅 비는 안회와는 영 다른 셈이다. 결국 여기서도 공자는 안회를 크게 칭찬하고 있다.

누공은 '쌀독이 자주 빈다'라고 해석하는 경우도 있다. 그럴 수도 있겠다. 자공의 불어나는 재물과 비교가 아주 쉽게 된다. 그러나 이 경우도 역시 마찬가지다. 쌀독이 비는 가난 속에서도 인자의 따스함을 유지했다는 것이니까. 후대의 맹자도 '무항산 무항심(無恒產 無恒心)'을 말했다. 늘 생산하는 물질이 없으면 한결같은 마음을 유지하기 어렵다고 했다. 그런데 가진 재산도 없고 쌀독이 비어도 항심을 가질 수 있는 사람이 있는데, 그 사람이 진정한 '사(士)'라고 했다. 안회가 바로 그런 인물이었던 것 같다.

자장이 선인의 길에 대해서 묻자 공자가 대답했다.

"자취만 밟아 가지 말아야 한다. 그렇게만 하면 역시 방에는 들어가지 못하기 때문이다."

子張問善人之道. 子曰, "不踐迹, 亦不入於室."

여기 공자의 말은 해석이 만만치 않다. 주자도 상당히 고민을 한 흔적이 보인다. 고민 끝에 주자는 선인(善人)을 '타고난 바탕은 아름답지만 배우지 않은 사람'이라고 정의한다. 착한 본성을 타고났기 때문에 비록 배우지 않더라도 나쁜 짓은 하지 않는다는 것이다. 하지만 역시 배움이 없기 때문에 성인의 방(室)에는 들어갈 수 없다고 결론을 내린다. 공자의 말에서 '천적(踐迹)'을 배움이라고 봤다. '적'은 흔적, 자취 등 지나간 것들이므로 '천적'은 옛 자취를 밟는다는 말이다. 공자가 앞에서 말한 온고(溫故)에 해당한다고 하겠다. 온고가 되지 않았기 때문에 성인의 방에 들어갈 수 없다는 해석이 된다. 그럴듯한 해석이다.

하지만 나는 다르게 보고 싶다. 선인을 그냥 '착한 사람'이라고 볼 것이 아니라 '상당한 경지에 도달한 사람'으로 보자는 거다. 자장이 단지 착하게 태어난 사람에 대하여 물어봤을 리가 없다. 큰소리치기를 좋아하는 자장은 공자에게 하는 질문들이 큰 편이었다. 자장이 생각하는 선인은 군자, 인자, 성인 등과 같은 반열의 인격을 가진 사람으로 상정하고 있다고 보고 싶다. 공자도 그렇게 인식한 상태에서 대답한 말로 보고 해석하면 본문의 번역처럼 된다.

천적을 온고로 해석하는 건 똑같다. 그러나 온고만 하면 보수가 아니라 수구가 된다. 옛것만 좋은 줄 알아서 그것만 고집하면 어떻게 되겠는가. 눈뜬장님이나 마찬가지일 것이다. 온고와 더불어 새로운 창조에 힘을 기울일 줄 알아야 어떤 경지에 도달할 수 있다. '입실'한다는 것은 새로운 통찰, 새로운 발견, 새로운 시스템을 만들어 내는 일이다. 이제 겨우 이십대 중반에 이른 어린 제자에게 공자는 커다란 기대를 걸면서 진보할 것을 기대하고 있음이다.

공자가 말했다.

"하는 말이 아주 진실한 사람은 인정할 만하다. 그러나 그것만으로 그는 군자일까, 아니면 색장자일까?"

子曰, "論篤是與, 君子者乎? 色莊者乎?"

이 말도 해석이 분분하다. '논독(論篤)'은 이견이 별로 없다. 논은 어떤 주제를 놓고 주고받는 말이다. 토론한다고 하면 되겠다. 독은 믿을 만하고 알맹이가 있다는 뜻이다. 그러니까 토론할 때 내는 의견이 알맹이가 있으며 진정성이 있어 믿을 만하다는 얘기다. 다음은 시여(是與)다. '시'는 '이것, 옳다' 등의 뜻을 갖는다. '여'는 '주다, 함께하다, 참여하다, 허락하다' 등등의 뜻을 갖는다. 시와 여를 잘 종합하여 앞의 논독에 어울리는 해석을 찾아내면 '이것을 인정하다'의 의미가 된다.

그렇게 되면 토론을 할 때 하는 말이 알맹이가 있고 진정성이 있는 사람은 인정할 만하다고 해석을 할 수가 있다. 그런데 괜찮은 사람이라고 인정은 했지만 이 사람이 과연 군자인지 색장자인지는 확정할 수가 없다. 색장(色莊)은 밖으로 드러나는 모습이 엄숙하고 위엄이 있는 사람이다. 그러나 그 내면은 잘 알 수가 없다. 안과 겉이 달라서 이

중적인 모습을 보이는 사람이 색장자이다. 그러니까 논독이 색장일 수도 있다는 말이다.

군자는 표리부동해선 안 된다. 다양성은 좋은 점이지만 이중성은 기만이다. 논독인 사람은 인정하고 함께 어울릴 수는 있다. 그러나 그가 색장자일 수도 있으므로 주의해야 한다. 물론 가려내기가 몹시 어려울 것이다. 색장은 그 자체로는 전혀 부정적인 의미가 아니기 때문이다. 색장이 내면을 기만하는 가면일 때 문제가 될 뿐이다.

자로가 스승에게 여쭈었다.

"들으면 바로 실천하리까?"

"부형이 계신데 어찌 바로 실천할 수 있겠느냐?"

염유가 여쭈었다.

"들으면 바로 행하리까?"

"들으면 바로 실천해라."

옆에서 듣고 있던 공서화가 여쭈었다.

"유가 '바로 실천하리까?' 할 땐 부형이 계신다 하시고, 구가 '바로 실행하리까?' 할 땐 바로 실천하라고 하시니 저는 궁금합니다. 그래서 감히 까닭을 여쭈어 봅니다."

"구는 물러나는 사람이라 나아가게 했고, 유는 누구보다 앞서는 사람이라 좀 물러나게 했다."

子路問, "聞斯行諸?" 子曰, "有父兄在, 如之何其聞斯行之?" 冉有問, "聞斯行諸?" 子曰, "聞斯行之." 公西華曰, "由也問聞斯行諸, 子曰, '有父兄在', 求也問聞斯行諸, 子曰, '聞斯行之'. 赤也惑, 敢問." 子曰, "求也退, 故進之, 由也兼人, 故退之."

역시 타고난 재질에 따라 가르침을 베푸는 모습을 보여 준다. 제자를 사랑하는 스승의 마음이 잘 드러나 있다. 제자의 천품을 정확하게 파악하고 있어야 이런 가르침을 줄 수가 있다. 나를 인정하고 사랑하는 스승의 마음을 느낀 제자가 어찌 가르침을 따르지 않겠는가.

염구는 앞에서도 "금을 긋고 있다"는 꾸지람을 받은 제자다. 충분히 진보할 수 있는 재질을 갖고도 현재 이룬 것에 만족하여 멈추는 것을 '금을 긋는다'고 한다. 염구는 그런 모습을 보이는 제자였다. 그래서 공자는 머뭇거리지 말고 바로 실천하라고 가르친다. 여기서 들었다는

'문(聞)'은 문의(聞義)에서 '의'가 생략되어 있다. 의는 정의로운 일, 꼭 해야 하는 당위의 일들을 말한다.

염구는 정의로운 일도 바로 실천하기를 머뭇거리는 성향이 있으므로 듣자마자 실천하라고 했다. 하지만 자로는 누구보다 실천성이 뛰어난 인물이다. 자로는 자기가 하겠다고 약속한 일은 묵히는 법이 없다고 누구나 인정하는 그런 사람이다. 아무리 정의로운 일이라도 앞뒤를 따지지 않고 곧바로 실행하면 실수도 있는 법이다. 그래서 자로에겐 한발 물러나 생각해 보기를 권했다. 자장과 자하를 얘기할 때 넘침과 모자람이 있었다. 여기서는 자로는 넘침이고, 염구가 모자람이다.

공서적이 자기보다 훨씬 나이가 많은 자로를 '유'라고 이름을 불렀다. 스승의 앞에서는 아무리 나이가 많아도 같은 제자 입장이므로 높이지를 않았다. 자로를 높이면 스승이 불편할 수도 있기 때문이다. 공서적은 예에 통달하고 싶어 했던 인물이다. 이런 작은 말투에서도 그런 섬세함이 느껴진다.

공자가 자로를 가르치는 말인 '퇴지(退之)'라는 말을 자기 호로 쓴 사람이 있다. 중국 당나라 시대의 대문장가인 한유가 바로 그다. 그래서 한유를 한퇴지로 많이 부른다. 한퇴지도 자로처럼 실천에 남달리 성급한 사람이었던 모양이다. 아니면 스스로 매사에 한발 물러나 겸손하고 싶었을지도 모르고.

공자가 광 땅에서 목숨의 위협을 당하는 위험을 겪었다. 제자들이 사방으로 흩어졌다가 모였는데 안연이 맨 뒤에 나타났다. 공자가 한숨을 돌리며 말했다.

"나는 네가 꼭 죽은 줄 알았다."

"스승님이 살아 계신데 회가 어찌 감히 죽겠습니까?"

子畏於匡, 顔淵後. 子曰, "吾以女爲死矣." 曰, "子在, 回何敢死?"

광 땅에서 겪은 위험은 앞에서 자세하게 얘기했다. 난리 통에 뿔뿔이 흩어져 각자 생명을 유지하느라 바빴다. 나그네 생활 십사 년 동안 한시도 스승 곁을 떠나지 않았던 안회가 공자와 헤어질 정도였으니 광 땅의 위험이 얼마나 긴박했는지 짐작이 가능하다. 하나둘 모여드는 제자들 가운데 안회가 없으니 공자는 얼마나 속이 탔으랴.

마지막으로 나타난 안회를 보고 "난 네가 죽은 줄 알았다!"고 한 말이 공자의 절박한 심정을 잘 표현한다. '의(矣)'라는 종결사는 강한 단정을 나타낸다. 이 종결사의 의미를 살리면 '정말, 꼭 죽은 줄 알았다'는 뜻이 된다. 안회가 돌아오기까지 조바심을 하면서 애태웠던 공자의 마음을 잘 표현해 주는 종결사다.

역시 예쁜 제자는 말도 예쁘게 한다. "선생님이 살아 계신데 제가 어찌 감히 죽을 수 있겠습니까?" 끌어안고 등을 쓰다듬어 주고 싶지 않은가. 뛰어난 자질과 끝없이 진보하는 학문의 열정을 가진 제자가 말까지 이렇게 하니 얼마나 사랑스러운가. 이런 제자가 결국은 자기가 한 말을 지키지 못하고 공자보다 먼저 죽었다. 공자로선 "하늘이 나를 버렸다!"고 통곡할 수밖에 없었다.

계자연이 공자에게 물었다.

"중유와 염구는 대신이라 할 만합니까?"

"나는 그대가 뭔가 특별한 것을 물을 줄 알았소. 그런데 겨우 유와 구에 대해 묻는구려. 이른바 대신은 바른 길로 임금을 섬기다가 불가하면 그만두는 사람이오. 하지만 지금 유와 구는 재주만 갖춘 신하라 할 수 있소."

"그렇다면 뭘 시켜도 잘 따르겠군요?"

"그렇지 않소. 아비와 임금을 시해하는 일은 따르지 않을 거요."

季子然問, "仲由冉求可謂大臣與?" 子曰, "吾以子爲異之問, 曾由與求之問. 所謂大臣者, 以道事君, 不可則止. 今由與求也, 可謂具臣矣." 曰, "然則從之者與?" 子曰, "弑父與君, 亦不從也."

계자연은 노나라 실권자인 계씨 집안의 사람이었다. 당시에 염구(염유)와 중유(자로)는 계씨 집안의 일을 보고 있었다. 공자의 제자들 중에서도 특히 정사에 뛰어나다는 평을 받은 두 제자가 바로 염구와 자로다. 계씨 집안은 허수아비 같은 노나라의 왕가를 뒤엎고 스스로 임금으로 서고 싶은 욕심도 없지 않았다. 노나라 인민들에게 신망이 두터운 공자에게 묻는 의도가 그렇다. 염구와 자로를 앞세워 쿠데타를 일으킨다고 하면 두 사람이 어떻게 하겠느냐고 넌지시 물어본 것이다.

공자는 "아비와 임금을 시해하는 일은 따르지 않는다!"고 단호하게 대답한다. 공자는 염구와 자로가 계씨 집안에서 벼슬 사는 걸 탐탁지 않게 여겼다. 그래서 염구와 자로를 '구신(具臣)'이라고 낮게 평했다. 자기가 맡은 일만 잘해 내는 사람을 구신이라고 한다. 나라의 방향을 일신할 만한 정책을 기획하고 추진하는 정도가 되어야 대신이라 할 수 있다. 그런데 한 나라의 일개 대부 집안의 가신이니 아무리 잘해도 대신이 될 수가 없다.

"뭔가 특별한 것을 물을 줄 알았다"라는 핀잔이 공자의 생각을 잘 나타낸다. 노나라의 실권자인 만큼 난세인 현재의 세상을 어떻게 경영하면 좋겠느냐는 질문 정도라도 하기를 공자는 내심 바라고 있었던 것이다. 그런데 겨우 자기의 가신이 쓸 만하냐는 물음이니 정성스럽게 대답할 가치를 못 느꼈다. 좋은 대답을 얻기 위해선 질문이 좋아야 한다.

자로가 자고를 비읍의 수령으로 삼으려는 걸 알고 공자가 말했다.

"남의 자식을 해치는구나."

자로는 스승과 생각이 달랐다.

"인민이 있고 사직이 있으면 되지, 하필 독서를 한 뒤에야 배웠다고 하겠습니까?"

공자가 언짢은 표정으로 말했다.

"이렇기 때문에 말 잘하는 놈을 내가 미워한다."

子路使子羔爲費宰. 子曰, "賊夫人之子." 子路曰, "有民人焉, 有社稷焉, 何必讀書, 然後爲學?" 子曰, "是故惡夫佞者."

자고는 앞에서 나온 고시이다. 공자가 어리석다고 평한 제자다. 고시가 지혜는 부족하지만 후덕한 품성을 갖고 있었던 모양이다. 자로는 인품이 좋으니 한 고을의 수령으로 충분하다고 생각했다. 그래서 추천하게 되었다. 비읍은 계씨 집안의 근거지다. 공자가 대사구일 때 자로와 함께 삼도(三都)를 허무는 일을 했다. 삼도는 노나라의 삼대부인 맹손씨, 숙손씨, 계손씨의 근거지를 허무는 일을 말한다. 삼대부 집안은 각자 근거지에서 힘을 길러 노나라의 왕가를 위협할 정도로 힘을 갖게 되었기 때문이다.

삼도를 노나라 왕가의 직할지로 만들려면 왕이 직접 읍재(邑宰)를 임명해야 한다. 이때 계손씨의 근거지인 비읍에 읍재로 자로가 자고를 추천한 것이다. 공자는 자고가 나이도 어리고 읍재를 맡을 만한 역량이 없다고 봤다. 충분한 역량이 있어도 만만치 않은 일인데, 능력이 부족한 사람이 수령이 되면 스스로도 해치고 고을의 인민도 힘들게 된다. 그래서 공자는 '남의 자식'을 해치려 한다고 혼을 냈다. 여기서 남의 자식은 자고를 가리키는 말이지만 비읍의 고을 인민도 된다.

자로는 여기서 물러나야 하는데 자기주장을 더 폈다. 인민이 있고 사직이 있으니 고을을 다스리면서 정치를 배우면 된다는 것. 꼭 책을 읽어 정치를 배운 뒤에 수령을 맡을 필요가 있겠느냐고. 자로의 의견도 일리가 있다. 연애도 책으로 배우면 고지식한 연애밖에 못한다고 했다. 실전을 치르면서 익히는 것이 훨씬 더 단단한 배움이 될 수 있다.

자로의 말이 논리적으로 별 하자가 없다. 그래서 공자는 짜증이 나서 한마디 내쏘았다.

"내가 이래서 말 잘하는 놈을 미워한다!"

자로는 이렇게 되면 항복을 할 수밖에 없다. 스승이 미워한다고까지 하는 데야 더 고집을 부릴 수가 없지 않은가. 그러나 이 대화에서 자로가 평소에 품고 있는 생각을 잘 알 수 있다. 책을 읽고 지식을 쌓는 것보다 실제 일을 해가면서 경험을 쌓는 것이 더 좋다는 생각. 역시 자로답다. 공자도 실전의 중요성을 잘 알고 있다. 공자만큼 경험을 중요시하는 사람도 없으니까. 다만 시행착오를 줄이려면 미리 공부를 많이 한 뒤에 적용하는 것이 좋다고 봤다.

자로, 증석, 염유, 공서화가 공자를 모시고 앉아 있었다. 공자가 말했다.

"내가 너희들보다 나이가 좀 많다고 어려워하지 말라. 너희들은 평소에 '나를 알아주지 않는다' 고 말하더구나. 만약 내가 너희들을 알아준다면 무슨 말을 하려느냐?"

자로가 기다렸다는 듯이 대답했다.

"천승의 나라가 큰 나라 사이에 낀 데다 군대의 핍박까지 받아서 기근을 겪고 있습니다. 제가 그 천승의 나라를 맡아 삼 년이면 인민들을 용맹스럽게 하고 잘 살아갈 방도를 알게 할 수 있습니다."

스승이 미소를 지으며 염유에게 물었다.

"구야, 너는 어떠하냐?"

"사방 육칠십 리 또는 오륙십 리 되는 땅을 제가 맡는다면 삼 년 안에 백성들이 풍족하게 살도록 할 수 있습니다. 예악의 문화는 군자를 기다리겠습니다."

"적아, 너는 어떠하냐?"

"제가 꼭 할 수 있다고는 못합니다만 배우고 싶은 건 있습니다. 종묘의 제의를 담당하는 일과 제후들이 회동을 할 때 예복을 갖춰 입고 조그마한 도움이라도 되고 싶습니다."

"점아, 너는 어떠하냐?"

큰 거문고 소리가 점점 작아지더니 '터엉!' 하는 소리를 내며 거문고를 놓고 증석이 자리에서 일어섰다.

"저는 저 세 사람이 품은 생각과 좀 다릅니다."

"무슨 걱정이냐. 각자 자기 뜻을 말했을 뿐이다. 말해 봐라."

"늦은 봄에 봄옷이 완성되면, 어른 대여섯과 어린이 예닐곱이 함께 기수에 가서 목욕한 뒤 무우대에 가서 바람을 쐬고 노래나 부르며 돌아오고 싶습니다."

공자가 '아!' 하고 탄식을 하며 말했다.

"나도 점과 함께하고 싶구나."

자로와 염유와 공서화, 세 제자가 밖으로 나갔다. 증석이 뒤에 남았다가 물었다.

"저 세 사람의 말은 어떻습니까?"

"각자 자기 뜻을 말했을 뿐이다."

"유(由)의 말에 스승님께서 미소를 지은 까닭은 무엇입니까?"

"나라를 다스리는 데는 예로써 해야 하는데 그 말이 겸손하지 않아서 웃었다."

"구(求)는 나라를 다스리는 일이 아닙니까?"

"사방 육칠십 리나 오륙십 리 땅이 나라가 아니면 무엇이냐?"

"적(赤)은 나라를 다스리는 일이 아닙니까?"
"종묘의 일과 회동하는 일이 제후의 일이 아니면 무엇이냐? 적이 하는 일이 작은 일이면 누가 하는 일을 크다고 하겠는가?"

子路曾皙冉有公西華侍坐. 子曰, "以吾一日長乎爾, 毋吾以也. 居則曰, '不吾知也!' 如或知爾, 則何以哉?" 子路率爾而對曰, "千乘之國, 攝乎大國之間, 加之以師旅, 因之以饑饉, 由也爲之, 比及三年, 可使有勇, 且知方也." 夫子哂之. "求! 爾何如?" 對曰, "方六七十, 如五六十, 求也爲之, 比及三年, 可使足民. 如其禮樂, 以俟君子." "赤! 爾何如?" 對曰, "非曰能之, 願學焉. 宗廟之事, 如會同, 端章甫, 願爲小相焉." "點! 爾何如?" 鼓瑟希, 鏗爾, 舍瑟而作, 對曰, "異乎三子者之撰." 子曰, "何傷乎? 亦各言其志也." 曰, "莫春者, 春服既成, 冠者五六人, 童子六七人, 浴乎沂, 風乎舞雩, 詠而歸." 夫子喟然歎曰, "吾與點也!" 三子者出, 曾皙後. 曾皙曰, "夫三子者之言何如?" 子曰, "亦各言其志也已矣." 曰, "夫子何哂由也?" 曰, "爲國以禮, 其言不讓, 是故哂之." "唯求則非邦也與?" "安見方六七十如五六十而非邦也者?" "唯赤則非邦也與?" "宗廟會同, 非諸侯而何? 赤也爲之小, 孰能爲之大?"

매우 긴 대화인데 별 재미가 없다. 자로와 염구와 공서화의 말도 이미 앞에서 다 나온 이야기라 새로울 것도 없다. 더구나 증자의 아버지인 증석(증점)이 거의 공자와 맞먹는 인물로 등장하는데, 증점의 말이 좀 생뚱맞다. 공자가 세 제자의 말은 비웃고 증점의 말에 "나도 점과 함께하고 싶다"라고 하는 말이 우스꽝스럽다는 생각마저 든다.

공자는 치열한 현실참여의 삶을 살았다. 그런데 여기 증점의 말은 유유자적하는 은자의 삶을 닮았다. 기수에 가서 목욕이나 하고 무우대(舞雩臺 : 기우제를 지내던 곳)에 가서 바람이나 쐬고 노래나 흥얼거리겠다는 것인데, 이는 〈논어〉에 등장하는 공자의 삶과 좀 다르다. 하지만 공자는 증점의 말에 감탄까지 한다. 이런 소시민적인 삶에 감동하고 그런 삶을 살고 싶다는 공자의 바람은 뭔가 초점이 안 맞는다. 그래서 이 장은 공자와 제자들의 실제 대화를 기록한 것이 아니라, 뭔가 꾸며진 이야기가 삽입된 느낌을 갖게 한다.

나를 이기고 예를 회복하다
안연

人文學

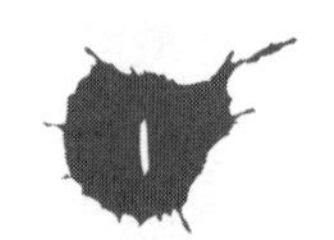

안연이 스승에게 여쭈었다.

"인은 어떻게 실천해야 합니까?"

"나를 이기고 예를 회복하면 인을 실천할 수 있다. 사람들이 하루를 '극기복례' 할 수 있다면 세상이 다 인으로 가득할 것이다. 인을 실천함은 나에게 있지, 남에게 있겠느냐."

"구체적인 방법을 듣고 싶습니다."

"예가 아니면 보지 말고, 예가 아니면 듣지 말고, 예가 아니면 말하지 말고, 예가 아니면 움직이지 마라."

안연이 손을 모으고 공손하게 말했다.

"회가 비록 어리석지만 이 말씀을 가슴에 새겨 따르겠습니다."

顔淵問仁. 子曰, "克己復禮爲仁. 一日克己復禮, 天下歸仁焉. 爲仁由己, 而由人乎哉?" 顔淵曰, "請問其目." 子曰, "非禮勿視, 非禮勿聽, 非禮勿言, 非禮勿動." 顔淵曰, "回雖不敏, 請事斯語矣."

〈논어〉에서 너무나 유명한 '극기복례(克己復禮)' 이야기가 나왔다. 〈논어〉를 집주한 송나라의 주자는 〈논어〉 20편을 한마디로 요약한다면 '극기복례'라고 하겠다고 말했다. 극기는 '나를 이긴다'고 해석한다. 청소년 수련활동이나 병사들의 훈련에는 극기 코스가 꼭 있다. 외줄타기나 통나무오르기 등 주로 신체훈련을 목표로 한다. 그런데 몸이 어려운 과정을 넘어서기 위해선 생각이 매우 중요하다. 계곡을 가로지르는 외줄을 보고 겁을 낸다면 몸이 외줄을 타고 건너기 어렵다. 물론 겁이 나더라도 외줄에 들어서서 몸이 잘 간다면 점점 겁이 없어질 수도 있다. 결국 극기는 몸과 마음이 함께 수련이 되어야 가능하다는 얘기다.

공자가 말하는 극기는 무엇일까. 몸이 요구하는 것과 마음이 요구하는 것들 가운데 불의, 탐욕, 사치 등 무가치할 뿐 아니라 사회악적인 요소들을 내 몸과 마음에서 배격하는 것이다. 무엇이든 나를 이롭게 하는 깔때기가 작동하는 것이 인간의 삶이다. 어떤 문제가 발생했을 때 내 잘못보다는 남의 잘못을 먼저 찾아보게 되는 것도 인간이다. 이건 인간이 타고난 매우 부정적인 요소들인데, 이 부정성들을 최대한 제거하자는 것이 극기이다. 부정적인 부분들이 제거되는 공간에는 긍정적인 요소들이 자리를 잡게 된다. 그것이 '복례'다. 부정의 요소들이 사라진 공간을 긍정의 요소들로 되채우기를 하니 '회복'인 셈이다.

그렇지만 극기복례는 약간 추상적이다. 그 총명한 안회도 묵묵히 알아챌 수가 없어서 구체적인 실천방법을 물어봤다. 공자는 네 가지로 대답한다. 예가 아니면 보지도 듣지도 말하지도 움직이지도 말라는 것이다. 이 말대로라면 예가 없으면 생존 자체가 불가능하다. 그래서 공자는 한마디로 "예가 없으면 사람으로 설 수 없다"고 잘라 말하기도 했다. 이렇게 중요한 예는 그럼 무엇인가? 공자의 말을 빌려 보면 때와 장소, 대상에 따라 달라지는 것이 예이다. 또 예의 근본은 '검소함'이라고 하기도 했다. "사람이 인을 실천하지 않으면 예가 있은들 무엇하랴?"고 묻기도 했으니, 예의 전제조건은 인의 실천이라는 뜻도 있다.

예는 대나무의 마디처럼 일의 매듭을 나타내기도 한다. 그래서 절문(節文)이라고 하여 때와 장소, 상황에 맞는 적절한 꾸밈을 말한다. 한 덩어리로 뭉쳐져 있는 카오스를 질서 있는 코스모스적인 세계로 만들어 주는 것이 예이기도 하다. 결국 사람이 타자와 조화로운 삶을 영위하기 위한 기본 조건이 예인 셈이다. 그러니 삶의 아주 작은 영역에도 예가 함께할 수밖에 없다.

중궁이 스승에게 여쭈었다.

"인의 실천에 대해 알고 싶습니다."

"문을 나서면 큰 손님을 뵌 듯하고, 사람을 부릴 때엔 큰 제사를 받들 듯이 해라. 내가 하고자 하지 않는 일은 남에게 시키지 말아라. 그리하면 나라에서도 원망이 없고 집안에서도 원망이 없을 것이다."

"옹이 비록 어리석지만 이 말씀을 가슴에 새겨 따르겠나이다."

仲弓問仁. 子曰, "出門如見大賓, 使民如承大祭. 己所不欲, 勿施於人. 在邦無怨, 在家無怨." 仲弓曰, "雍雖不敏, 請事斯語矣."

중궁은 염옹이다. 공문십철에 안연과 함께 덕행으로 이름을 올렸다. 공자는 똑같은 질문을 받아도 사람에 따라 대답이 다르다. '인의 실천'에 대한 질문에 안연에겐 극기복례를 말했지만 중궁에겐 '주경행서(主敬行恕)'를 말했다. 공경함을 내면에 체득하는 줏대로 세우고 밖으로는 공감하는 마음을 실행하는 것을 '주경행서'라 하는데, 이는 주자의 말이다. 중궁에게 공자가 하는 말을 잘 요약했다고 생각된다.

주경(主敬)은 "문을 나서면 큰 손님을 대하듯 하고 사람을 부릴 땐 큰 제사를 받들듯 하라"는 구절이다. 우리가 집에 손님이 올 때는 청소를 하고 음식도 준비하면서 마음을 정성스럽게 갖는다. 큰 제사를 받들 때에는 목욕제계를 통해 몸과 마음을 정갈하게 가다듬는다. 문을 나선다는 것은 집 밖으로 나와 사람들과 교제함을 이른다. 사람을 부리는 것도 마찬가지다. 타자와 나의 교류, 대빈과 대제는 내가 할 수 있는 최대한의 정성을 들이는 마음가짐이다.

행서(行恕)는 공감이다. '서'는 타자의 마음을 내 마음처럼 생각하는 일이다. 타자의 다양한 감정상태, 현실상황 등을 내 마음처럼 느끼는 것이다. 그것을 공자는 내가 하기 싫은 일은 남도 하기 싫을 것이니 시키지 말라고 구체적으로 알려 줬다. 여기에 덧붙여 내가 도달하고 싶은 곳에 타자도 도달시켜 주라고 다른 자리에서 말하기도 했다.

정성스러운 마음으로 타자를 공감하는 일, 그것이 인의 실천이라고 공자는 말하고 있다. 이렇게 행동하는 사람을 누가 원망하겠는가. 원망은커녕 나라 안에서건 집안에서건 누구나 함께 있고 싶어 하겠다.

사마우가 스승에게 여쭈었다.

"인의 실천에 대해 묻고 싶습니다."

"인자는 하고 싶은 말을 참을 줄 아는 사람이다."

사마우가 좀 놀라서 되물었다.

"하고 싶은 말만 참으면 정말 인을 실천한다고 할 수 있습니까?"

"그렇다마다. 그건 참 어려운 일이다. 말이란 것을 참고 안 함이 없는 경지를 터득할 수 있겠느냐?"

사마우가 잠시 생각하다가 이렇게 여쭈었다.

"그렇다면 군자는 어떤 사람입니까?"

"군자는 근심도 없고 두려움도 없는 사람이다."

이번에는 사마우가 고개를 갸웃하며 되물었다.

"근심 안 하고 두려워하지 않으면 정말 군자가 된단 말입니까?"

"자기 속으로 살펴서 아무런 허물이 없다면 무엇을 근심하고 무엇을 두려워하겠는가."

司馬牛問仁. 子曰, "仁者, 其言也訒." 曰, "其言也訒, 斯謂之仁已乎?" 子曰, "爲之難, 言之得無訒乎?" 司馬牛問君子. 子曰, "君子不憂不懼." 曰, "不憂不懼, 斯謂之君子已乎?" 子曰, "內省不疚, 夫何憂何懼?"

사마우는 이름이 리(犁)이다. 안연, 중궁에 이어 인의 실천에 대한 세 번째 물음이다. 역시 공자는 대답이 다르다. 음악의 달인다운 멋진 변주 솜씨이다. 사마우에게 하는 말은 간결하면서도 쉽다. 극기복례나 주경행서 같은 추상성을 띠지도 않는다. 아주 현실적인 충고다. "하고 싶은 말을 참아라!" 이는 사마우가 전혀 예상하지 못했던 대답이었다. 사마우는 되물을 수밖에 없다. "정말 그 정도가 인의 실천이란 말입니까?"

사마우의 되물음은 말을 참고 안 하는 것이 쉽다고 생각했음을 드러낸다. 그런데 공자는 이것은 매우 어렵다고 대답을 해준다. 사실 그렇다. 내 경험에 비춰 보면 내가 하고 싶은 말이 생각났을 때 다른 사람의 말을 자르거나 껴든 경우가 매우 많다. 그럴 때마다 상대방은 이맛살을 찌푸렸다. 당연히 내 말을 경청하지 않을 텐데도 나는 내가 하고 싶은 말을 다 해버렸다. 내가 할 말을 참지 못함은 타자에 대한 배려나 공감의 자세가 전혀 아니다. 내 생각이 옳으니 너는 입을 닫고 내 말을 들으라는 오만이다.

말을 참고 안 하는 것만으로도 매우 어려운데 공자는 한 발 더 나아간다. 무인(無訒), 즉 '말을 참음이 없음'의 경지다. 말을 참고 하지 말아야지 하고 의식적으로 다짐하는 것이 아니라, 상대방의 말을 경청하고 필요할 때 말을 하는 아주 자연스러운 경지이다. 꼭 필요한 때 꼭 필요한 말을 하니 마치 말을 안 하는 것 같다는 칭송을 받는 사람도 있다. 공자가 말하는 '무인'의 경지가 바로 그것이다.

이제 사마우는 군자에 대하여 물었다. 그 대답도 산뜻하다. 근심하지 않고 두려워하지 않는 사람이다. 이 대답 역시 사마우의 예상과는 거리가 멀었다. 뭔가 좀 더 고차원적인 말씀을 해주셔야 하는데 듣기에 너무 쉬워 보인다. "겨우 그 정도입니까?" 하고 되물으니 이번엔 좀 더 친절하게 말씀을 주셨다. 자기의 내면으로 들어와 생각해 보면 자신의 허물은 정확하게 안다. 다만 사람은 자기변호를 잘하는 동물이어서 자기합리화를 하는 것이 문제다. 자기합리화를 하지만 부끄러움은 남는다. 얼굴이 붉어진다거나, 말을 더듬는다거나, 괜히 어색한 몸짓을 한다거나. 만약 이런 부끄러움조차 없다면 이미 병적인 자기합리화 단계로 넘어간 상태다.

사람은 자기의 잘잘못을 스스로는 정말 잘 안다. 공자의 말대로 자기 내면으로 들어와 송사를 벌이듯 따져 봐서 아무런 허물이 없다면 근심할 필요도 두려워할 필요도 없어진다. 뒤가 구린 사람이 자기방어가 많은 법이다. 방어할 것이 많을수록 공격적으로 변하며 날마다 근심하고 날마다 두려워할 수밖에 없다.

사마우가 근심이 가득한 얼굴로 말했다.

"사람들은 다 형제가 있는데 나만 홀로 없구나."

자하가 듣고 말했다.

"내가 들으니 '살고 죽음은 운명이요, 부귀는 하늘에 달렸다' 고 하더군요. 군자가 자신의 내면은 '경' 으로 다져 잃음이 없고 사람을 사귐에 공손하여 예가 있으면, 세상 사람이 다 내 형제가 될 것이오. 그러니 군자가 무엇 때문에 형제가 없다고 근심하리오."

司馬牛憂曰, "人皆有兄弟, 我獨亡." 子夏曰, "商聞之矣, 死生有命, 富貴在天. 君子敬而無失, 與人恭而有禮. 四海之內, 皆兄弟也, 君子何患乎無兄弟也?"

자하의 말이 사마우에게 별로 위로가 되지 않을 것 같다. 사마우는 사마환퇴의 동생이다. 사마환퇴는 성정이 고약하고 사나웠다. 자신의 세력을 믿고 반란을 주도하기도 했다. 사마우는 형이 언제 죽을지 몰라 늘 근심했다. 세상에 나만 홀로 형제가 없다는 한탄은 형이 곧 죽을 것을 예상하고 하는 말이었다. 형이 한탄을 듣고 마음을 좀 다스렸으면 하는 바람도 있는 말이었다.

그런데 자하가 위로랍시고 한 말을 보자. "생사는 운명이고 부귀는 재천"이라는 인용구도 썩 와 닿지 않거니와, '경례(敬禮)'가 있는 군자는 세상 사람이 다 형제라는 말은 참 허망하다. 더구나 군자의 덕을 가진 사람은 형제 없음을 근심하지 않는다는 마지막 구절은 사마우를 화나게 할 수도 있을 것 같다.

후대에 '인구에 회자'된 사생유명(死生有命), 부귀재천(富貴在天),

사해형제(四海兄弟) 같은 여러 관용구들을 생산했으나 자하의 말은 구체성이 결여되었다. 이런 말이 격려의 힘이 약하다는 것을 자하 스스로 증명해 보였다. 자하는 아들이 죽었을 때 너무나 심하게 울어서 실명을 했다고 한다. 자하는 세상 사람이 다 형제라고 사마우를 위로했으면서 정작 자신은 누구의 위로도 받아들이지 못했던 것이다. 진정한 격려와 위로는 공감의 바탕 위에 같이 울어 주는 일이다. 높은 자리에서 가르치려 들어서는 안 된다.

자장이 스승에게 여쭈었다.

"밝음이란 무엇입니까?"

"물이 스며들듯 하는 참소와 피부에 와 닿는 하소연을 가려내어 행하지 않는다면 밝다고 할 수 있다. 물처럼 스며드는 참소와 피부처럼 달라붙는 하소연을 가려내어 따르지 않는다면 욕됨도 멀리할 수 있다."

子張問明. 子曰, "浸潤之譖, 膚受之愬, 不行焉, 可謂明也已矣. 浸潤之譖, 膚受之愬, 不行焉, 可謂遠也已矣."

'밝음'을 나타내는 글자 명(明)은 해와 달의 결합이다. 해는 낮을 밝히고, 달은 밤을 밝힌다. 밤낮으로 다 밝으니 이보다 더 밝을 수는 없다. 여기서는 타자의 내면을 살펴보는 통찰을 말한다. 눈 밝음, 귀 밝음, 심리적인 헤아림의 밝음이다. 물은 소리도 없이 고요히 스며든다. 여기의 침윤(浸潤)은 스펀지에 물이 스미는 것과 같다. 참소는 다른 사람을 해치기 위하여 꾸며 내는 말이다. 진실이 아닌 거짓인 셈이다. 이는 거의 교언과 같은 것이다. 거짓말이지만 진실보다 더 진실 같은 말, 그것이 교언이다. 숨소리마저 거짓이라는 희대의 사기꾼들이 하는 말이 침윤하는 참소라고 하겠다.

피부처럼 몸에 착 달라붙는 하소연은 참 거절하기 어렵다. 돌아서서 후회하지만 눈앞에 보이는 딱한 모습에 넘어가고 만다. 이런 참소와 하소연을 가려내어 행하지 않음은 정말 더 이상 밝을 수 없는 일이다. 참소와 하소연에 걸려들어 얼마나 많은 사람이 일생의 욕을 겪었던가.

당장 내가 아는 사람 하나도 보증을 잘못 서는 바람에 겨우 모았던 돈을 하루아침에 다 날려 버린 사람이 있다. 가족을 데리고 여관방, 지하 셋방을 전전하며 십오 년을 버틴 끝에 이제 겨우 아파트 전세금을 마련하였다. 그 십오 년 세월 그 친구가 감내해야만 했던 굴욕은 참으로 모질었다. 침윤과 부소의 참소와 하소연을 알아보지 못한 대가치고는 정말 혹독했다.

자공이 스승에게 여쭈었다.

"정치는 어떠해야 합니까?"

"음식을 풍족하게 하고, 무기를 충분하게 하며, 백성들의 신뢰를 얻어야 한다."

"만약 부득이해서 하나를 버려야 한다면 무엇을 먼저 버려야 합니까?"

"무기를 버려야지."

"부득이해서 또 하나를 버려야 한다면요?"

"음식을 버려야지."

자공이 고개를 갸우뚱하자 공자가 말했다.

"옛날부터 죽음이야 어차피 있는 일이다. 하지만 백성들이 신뢰를 잃으면 설 곳이 없다."

子貢問政. 子曰, "足食, 足兵, 民信之矣." 子貢曰, "必不得已而去, 於斯三者何先?" 曰, "去兵." 子貢曰, "必不得已而去, 於斯二者何先?" 曰, "去食. 自古皆有死, 民無信不立."

〈웰컴투동막골〉이란 영화가 있다. 2005년에 개봉한 박광현 감독의 영화인데 6·25전쟁이 한창이던 때 전쟁의 참화를 전혀 모르는 '동막골' 사람들의 이야기다. 동막골 사람들은 자연의 변화에 맞춰 삶을 살아간다. 총이나 대포 같은 무기도 모른다. 이곳에 미국 공군 조종사가 불시착하고, 한국군과 북한군 패잔병이 들어왔다. 자연과 조화를 이뤄 가는 사람들의 삶이 전쟁의 참화에 휘둘리는 상황을 코믹하게 잘 그린 영화였다.

이 영화에서 나는 깊은 인상을 받은 장면이 하나 있다. 북한군 장교로 나온 배우 정재영이 동막골 촌장과 나누는 대화이다. 촌장이 마을 사람들의 절대적인 신임을 얻고 있는 걸 보고 정재영이 이렇게 물었다.

"그 위대한 영도력의 비결이 뭐이요?"

이 물음에 촌장은 아무것도 아니라는 듯 지나가는 말투로 이렇게 대답했다.

"뭘 마이 멕이야제."

자기가 기대했던 것과 영 다른 대답에 어벙벙한 표정을 짓는 정재영의 얼굴이 큰 웃음을 자아낸다. 그런데 촌장의 대답은 사실 대단한 것이다. "백성에겐 밥이 하늘이다"라는 말도 있다. 그만큼 먹는 것이 중요하단 뜻이다. 예전부터 군주들은 백성들이 배불리 먹는 것을 덕치의 뿌리로 삼기도 했으니까.

하지만 공자는 밥보다 신뢰가 중요하다고 한다. 자공이 고개를 갸웃할 수밖에 없다. 공자는 밥이 있어도 신뢰를 잃으면 죽은 것이나 마찬가지라는 논리를 편다. 가끔 그럴 때가 있기는 하다. 세상에 대한 신뢰, 주변 사람들에 대한 신뢰를 완벽하게 잃어버리면 세상을 살아갈 희망 자체를 접어 버릴 수도 있으니까.

그런데 신뢰를 뜻하는 '민신지(民信之)'는 두 가지 해석이 있다. 첫째, '백성들이 윗사람에게 신의를 지키느냐(民信於上)'이고 둘째, '백성들이 윗사람을 신뢰하느냐(民信其上)'이다. 첫째는 백성들이 군주에게 신의를 지켜서 떠나지 않으면 좋은 정치가 이루어진다는 뜻이다. 둘째는 백성들이 신뢰할 만한 군주라야 좋은 정치가 이루어진다는 해석이다. 비슷한 것 같지만 함의가 완전히 다르다. 첫째 해석은 백성은 어떤 일이 있어도 군주를 믿고 따라야 한다는 것이지만, 둘째는 군주가 믿을 만하지 않으면 버려도 된다는 뜻이다.

이 두 가지 해석은 16세기 조선에서 명망이 높았던 두 학자 사이에서도 논쟁이 벌어졌다. 우계 성혼(1535~1598년)과 구봉 송익필

(1534~1599년)이 장본인이다. 성혼은 첫째 해석을 지지했고, 구봉은 두 번째 해석을 지지했다. 두 사람의 출신을 보면 각각의 해석이 더욱 묘한 여운을 남긴다. 성혼은 뼈대 있는 양반가의 자제로 귀족의 삶을 누려 왔고, 송익필은 할머니가 노비였다. 송익필 자신도 우여곡절 끝에 중인까지 올랐다가 50대 중반에 다시 노비로 떨어지는 불운을 겪었다. 당시 율곡 이이가 배움을 청할 정도로 학문이 높은 송익필이었지만 끝내 벼슬길에 나가지도 못했다.

성혼이 따른 해석은 주자의 주석이다. 성혼은 주자의 주석을 대주(大註)라고 부르며 신성시했다. 나는 송익필의 해석이 좋다고 본다. 정치를 맡은 정치가가 신뢰할 만한 언행을 해야 마땅하다. 그렇지 못한 정치가는 당연히 백성들에게 버림을 받아야 한다. 자격이 없는 자가 자리만 차지하고 앉아서 백성들을 도탄에 빠뜨리는 역사가 그 얼마나 많았던가. 2016년 현재의 대한민국도 그렇다.

극자성이 말했다.

"군자는 바탕이 좋아야 한다. 어찌 꾸며서 만들어지겠는가."

자공이 듣고 말했다.

"아깝다! 극 선생이 군자를 말함이여! 네 마리 말이 끄는 수레도 혀 놀림을 따를 수는 없구나. 꾸밈은 바탕에 따르고, 바탕은 꾸밈으로 빛난다. 호랑이와 표범의 가죽과 개와 양의 가죽이 털이 없으면 똑같아 보인다."

棘子成曰, "君子質而已矣, 何以文爲?" 子貢曰, "惜乎, 夫子之說君子也! 駟不及舌. 文猶質也, 質猶文也. 虎豹之鞟猶犬羊之鞟."

극자성은 위나라의 대부로 이름은 질(疾)이다. 당시는 겉으로 화려하게 꾸미는 것을 좋아하는 풍속이 있었다. 요즘도 춘추시대에 못지않다. 서울 강남에는 신체 성형병원이 성업 중이다. 서울 지하철에서는 강남의 역들을 지날 때 몇 번 출구로 나가면 무슨 성형병원이 있다고 선전을 할 정도다. 뼈를 깎고 살을 째고 보형물을 집어넣어 타고난 신체를 바꾼다.

당시에는 이런 성형술이야 없었을 테니 여기 극자성이 말하는 '꾸밈'은 옷이나 말솜씨 같은 것들이겠다. 극자성은 바탕이 아름답지 못하면서 겉으로만 화려하게 꾸미는 것을 혐오한 모양이다. 발언의 내용에 그런 분위기가 있다. 그런데 자공은 극자성의 발언이 한쪽으로 치우쳤다고 지적한다. 바탕이 아름다워야 꾸미기도 좋고, 잘 꾸며지면 바탕을 더욱 빛나게 할 수 있다는 것. "돼지 목에 진주 목걸이"라는 말이 있다. 진주 목걸이는 좋은 꾸밈이지만 돼지에겐 어울리지 않는 장식이다.

한쪽으로 편중되면 중용을 잃는다. 다른 한쪽편의 공격을 받기 십상이다. 말은 좀 더 신중하게 해야 하는데 극자성은 꾸밈에 대한 혐오가 지나쳐 발언이 급했다. 자공은 네 마리 말이 끄는 수레도 따라갈 수 없다고 신중하지 못한 '혀 놀림'을 애석해 했다. 호랑이와 표범의 털빛은 아주 아름답다. 개나 양의 털빛은 한 급 낮다. 그런데 털을 없애 버린 맨가죽은 차이가 없다. 그냥 짐승의 살가죽일 뿐이다. 자공은 짐승의 살가죽을 바탕, 털을 꾸밈으로 봤다. 이는 사람이 타고나는 본성은 다를 바 없으나 꾸밈에 따라 달라진다는 생각을 내포하고 있다. 공자도 "타고난 인성은 비슷하지만 익히는 습관에 따라 점점 멀어진다(性相近, 習相遠)"고 말했다.

그런데 내가 보기엔 타고나는 인성 자체에서 차이가 나는 경우도 많다. 후천적으로 아무리 꾸며도 고쳐지지 않는 나쁜 성품도 존재하는 것 같다. 그러니 나쁜 성품을 타고났을수록 수련이 더욱 필요하다. 호랑이의 살가죽과 개의 살가죽은 다를 수밖에 없다. 살가죽이 다르기 때문에 거기에 나는 털도 다르지 않겠는가. 자공의 혀 놀림도 좀 빠르다고 봐야겠다.

애공이 유약에게 물었다.

"흉년이 들어서 대궐에서 쓸 곡물이 부족합니다. 어떻게 하면 좋을까요?"

"왜 철법(徹法)을 쓰시지 않습니까?"

"아니, 무슨 말씀이오? 둘도 오히려 부족하거늘 어찌 철법을 쓸 수 있습니까?"

"백성이 풍족하면 임금이 누구와 더불어 부족하겠습니까? 반대로 백성이 부족하면 임금은 누구와 더불어 풍족하겠습니까?"

哀公問於有若曰, "年饑, 用不足, 如之何?" 有若對曰, "盍徹乎?" 曰, "二, 吾猶不足, 如之何其徹也?" 對曰, "百姓足, 君孰與不足? 百姓不足, 君孰與足?"

철(徹)은 주나라에서 만든 세법이다. 땅 백 묘(百畝)씩을 받은 여덟 명의 농부가 백 묘에 해당하는 공유지를 공동경작하여 세금으로 내는 방법이다. 이를 정전법(井田法)이라고 한다. 우물 정(井) 자의 가운데를 공유지로 보면 빙 둘러싼 땅들이 여덟 명 농부의 사유지다. 농부들은 공유지의 일을 힘을 합쳐 가장 먼저 해야 한다. 각자의 땅은 각자의 노력에 맞는 수확을 얻게 된다.

그런데 유약과 대화를 나누는 임금인 애공의 시대에는 철법을 쓰지 않았다. 공유지의 수확은 당연히 거둬 가고 사유지에서도 수확의 십분의 일을 거두고 있었다. 따라서 나라에서 걷는 세금은 십분의 이인 셈이었다. 이미 세금이 늘어나 있는 상태인데도 애공은 세금을 더 걷고 싶어서 유약에게 묻고 있는 것이다. "둘도 오히려 부족한데 어찌 철법을 쓰겠느냐?"는 물음이 애공의 속셈을 잘 보여 준다.

유약이 애공의 속셈을 모를 리 없다. 유약은 짐짓 모르는 척 역공을 한다. "백성들이 굶주리는데 임금인 당신은 누구와 배불리 먹으려고 하느냐?" 유약의 이 날카로운 공격은 뒷날 맹자의 '여민동락(與民同樂)'의 사상으로 열매를 맺는다. 그러나 젊은 임금 애공은 유약의 진정 어린 충고를 받아들이지 못한다. 백성과 더불어 즐기는 '여민락'을 실천하는 군주는 정말 드물다. 어쩌면 그게 권력의 속성인지도 모르겠다. "말린 북어도 쥐어짜면 물이 나온다"고 주장하는 세력이 부패한 권력이다. 이 권력은 자본과 궁합이 너무나 잘 맞는다. 현대의 자본주의가 바로 그 정점에 있다.

자장이 스승에게 여쭈었다.

"덕을 숭상하고 의혹을 분별하는 것에 대해 알고 싶습니다."

"정성과 신뢰를 줏대로 삼되 정의를 실천하면 덕을 숭상하는 것이다. 사랑할 땐 살기를 바라다가 미워하면 죽기를 바라는 경우가 있다. 이미 살기를 바라다가 또 죽기를 바라니 이 얼마나 의혹스러우냐. 시에 이르기를 '참으로 풍부함도 없고 다만 기이할 뿐이다'라고 하니 바로 이를 말하는 것 같다."

子張問崇德辨惑. 子曰, "主忠信, 徙義, 崇德也. 愛之欲其生, 惡之欲其死. 旣欲其生, 又欲其死, 是惑也. '誠不以富, 亦祇以異.'"

숭덕(崇德)과 변혹(辨惑)은 당시 제자들이 많이 궁금해 하는 부분이었던 것 같다. 자장뿐 아니라 번지도 같은 내용을 묻는다. 물론 답변은 다르다. 충신으로 내면의 줏대를 세우라는 말은 공자가 습관처럼 하는 말이다. 사람이 줏대가 없으면 작은 바람에도 픽 쓰러진다. 중심이 굳건한 사람이 다른 사람도 잘 포용한다. 정의의 실천이라는 '사의(徙義)'는 공자가 스스로 고백한 네 가지 근심 가운데 하나였다. 사회의 정의가 무엇인지 모르는 사람은 별로 없다. 다만 몸을 움직여 실천하는 일이 어렵다. 충신으로 줏대를 세우고 정의를 실천하는 일이 '숭덕'이라고 공자는 알려 준다. 자장뿐 아니라 누구나 귀담아 들어야 할 말이다.

변혹에 대한 공자의 설명이 재미있다. 사랑할 땐 살기를 바라다가 미워하면 죽기를 바라는 마음. 그게 의혹이 아니냐고. 공자는 시를 인용하는데 시의 내용도 재미있다. 성(誠)은 '진실로, 참으로'라고 해석한다. 부(富)는 '풍부하다, 살찌우다' 정도로 보면 되니까, 성불이부(誠不以富)는 '참으로 풍부한 것도 살찌우는 것도 없는 허깨비'라는 뜻이다. 기(祇)는 '다만'의 뜻을 갖는 부사다. 따라서 역기이이(亦祇以異)는 '다만 기이하기만 하다'고 풀이할 수 있다. 내용은 아무것도 없는데 겉으로 보기에 기이하기만 한 그 무엇. 이것이 시의 내용이다.

공자는 '의혹'에 대한 해설로 적절한 시 구절을 가져왔다. 사람들을 미혹으로 끌고 들어가는 것은 허깨비라는 지적이다. 타자의 생사를 내 마음의 변화에 따라 마구 재단하는 일은 정말 기이하지 않은가. 수십 년을 함께 사랑하며 살아온 부부가 있다. 그런데 아내가 위중한 병에 걸렸다. 냄새도 나고 욕도 하는 모진 병에 걸렸다. 이때 남편이 아내를 버린다면 과연 수십 년의 사랑은 과연 사랑이라고 말할 수 있는 걸까. 수십 년의 사랑은 허깨비가 아니었을까.

제나라 임금인 경공이 공자에게 물었다.

"정치란 무엇입니까?"

"임금은 임금답고, 신하는 신하답고, 아비는 아비답고, 자식은 자식다워야 합니다."

경공이 감탄했다.

"참 좋습니다! 진실로 임금이 임금답지 않고, 신하가 신하답지 않고, 아비가 아비답지 않으며, 자식이 자식답지 않으면, 비록 곡식이 있은들 내가 그것을 얻어서 먹을 수 있겠습니까."

齊景公問政於孔子. 孔子對曰, "君君, 臣臣, 父父, 子子." 公曰, "善哉! 信如君不君, 臣不臣, 父不父, 子不子, 雖有粟, 吾得而食諸?"

제나라는 노나라 동북쪽에 있는 큰 나라다. 문왕에게 발탁되어 주나라가 천하를 얻는 데 큰 기여를 했던 강태공(姜太公)이 제후로 봉해진 나라다. 공자가 살았던 당시에 제나라는 군사대국일 뿐 아니라 찬란한 문화를 자랑하던 나라였다. 하지만 경공은 사람이 신통하지 못했다. 술도 좋아하고 특히 여자를 너무 좋아하여 후궁이 많았다. 정빈, 후궁 할 것 없이 자식을 낳아 아들은 많았지만 태자를 세우지 못했다. 결국 대부인 진씨(陳氏)에게 왕권을 빼앗기는 수모를 당한다.

주색에 빠진데다 영민하지 못했던 경공은 이름이 저구(杵臼)다. 절굿공이와 절구라는 뜻이다. 이름이 묘하다. 절굿공이와 절구이니 궁합이 잘 맞는 느낌도 있지만 에로틱한 느낌도 준다. 큰 영토와 풍부한 물산, 뛰어난 문화와 역사를 가진 나라를 소유하고도 실정을 거듭하는 경공이 안타까워 공자는 좀 제대로 정치를 하라고 일깨워 줬다.

"임금다운 임금이 되어 보시오!"

공자의 말은 '군군(君君)'에 초점이 맞춰져 있었다. 신신, 부부, 자자는 덧붙인 말에 지나지 않는다. 그런데 뜻밖에도 경공은 공자의 말에 반색을 한다. 참 좋다고 감탄하면서 되새기기도 했다. 게다가 백성과 함께 곡식을 나눠 먹는 즐거움, 곧 '여민락'까지 언급을 한다. 그러나 말뿐이었다. 실천이 뒷받침되지 않으니 아무짝에도 쓸모가 없다. 경공은 '모범이 될 만한 말을 따르겠다고만 하고 고치지 않는' 종이불개(從而不改)의 모습을 보여 주었다. 사소한 일 같은데도 임금이 종이불개하면 나라를 빼앗길 수도 있음을 증명해 줬다.

공자가 말했다.

"한 조각의 말로 옥사를 결단할 수 있는 사람은 유가 아니겠는가?"

자로는 허락한 일을 묵히는 법이 없었다.

子曰, "片言可以折獄者, 其由也與?" 子路無宿諾.

유는 중유요 자로다. 자로의 과감한 결단력을 공자가 칭찬한 말이다. 참 드물게 나오는 자로에 대한 공자의 칭찬이다. 편언(片言)이란 한 조각 말이라고 해석을 했지만, '말을 시작하자마자' 또는 '한마디 말' 등으로 풀면 더 정확하겠다. 옥사는 사람의 생사가 걸린 매우 중요한 일이다. 신중에 신중을 거듭해야 실수를 줄일 수가 있다. 억울한 누명을 쓰고 죽음에 이를 수도 있는 것이 옥사가 아니겠는가.

이런 옥사를 단 한마디 말로 결단할 수 있다는 것은 대단한 일이다. 사심이 없이 공명정대한 마음으로 일을 처리해야만 가능한 일이다. 중국 역사상 옥사의 판관으로 이름을 드날린 사람은 포청천이다. 이 사람은 단 한 조각의 사심도 옥사 결단에 개입하지 않은 청백리로 유명하다. 자로 또한 그랬던 모양이다. 그래서 자로가 한마디 말로 옥사를 결단해도 다 수긍하고 받아들였다는 것이니까.

한 번 허락한 일은 묵히지 않고 바로 실천에 옮겼다는 말을 덧붙인 것은 자로가 사람들에게 신임이 두터웠음을 근거로 보여 주기 위한 것이다. 숙(宿)은 '잠잔다'는 뜻만 있는 것이 아니라 '묵는다'는 뜻도 있다. 그러니 허락한 일을 잠재운다기보다 시간을 끈다는 것으로 봐야 한다. 실제로 그런 일이 많이 벌어진다. 허락을 해놓고도 망설이는 일이 얼마나 많은가. 허락을 하고도 실행을 하지 않거나 시간을 끌게 되면 잃어버리는 것은 신뢰다. 신뢰를 잃으면 수레가 바퀴를 잃어버린 것이나 마찬가지다. 바퀴 없는 수레가 어떻게 굴러갈 수 있을까.

초나라 항우가 한나라 유방에게 패한 이유의 하나가 바로 '망설임' 때문이었다. 공을 세운 부하 장수에게 상으로 주는 관인(官印)을 만들어 놓고도 금방 안 주고 주저했다는 거다. 손안에서 만지작거리다가 다 닳아 버렸다는 말이 있을 정도였다. 항우는 이 망설임과 소심함으로 유방에게 천하를 잃었다.

공자가 말했다.

"송사를 듣는 일은 나도 남만큼 할 수 있다. 하지만 나는 반드시 송사가 없게 하겠다."

子曰, "聽訟, 吾猶人也. 必也使無訟乎!"

자로가 한마디 말로 옥사를 결단할 수 있다는 칭찬을 한 뒤에 바로 이 말이 나왔다. 〈논어〉를 편집한 사람들의 유머가 느껴진다. 청송(聽訟)이나 절옥(折獄)이나 같은 말이다. 유무죄를 다투는 일이 송사인데, 이 송사를 듣는 사람은 판관이다. 옥에 가둘 것인지 말 것인지를 판단하는 사람 역시 판관이다. 중앙정부가 아닌 고을의 수령은 행정과 법관을 겸했다.

공자는 자로를 칭찬했지만 자기 스스로도 자로만큼 절옥을 할 수 있다고 전제했다. 그런 다음 한발 더 나아갔다. 만약 내가 어떤 고을을 맡았다면 반드시 송사가 일어나지 않게 하겠다는 것. 송사가 일어나는 건 서로 이익을 다투기 때문이다. 경쟁이 보편화되다 보면 싸움이 일어나기 마련이다. 협동이 중심이 되는 사회는 싸움이 현저하게 줄어든다. 공자가 생각하는 예악정치는 협동을 통한 평화세상을 가져온다. 자연스럽게 송사할 일이 생기지 않는다. 단 하루라도 오로지 인을 실천할 수 있다면 세상이 온통 인의 세상이 되지 않겠느냐는 공자의 절절한 바람이 눈물겹다.

자장이 스승에게 여쭈었다.

"정치란 무엇입니까?"

"일상생활에 게으름이 없어야 하고, 어떤 일을 맡아 실행을 할 때엔 온 정성을 다해야 한다."

子張問政. 子曰, "居之無倦, 行之以忠."

정치가의 삶에 대한 이야기다. 공자는 두 가지로 나눴다. 거(居)는 일상이다. 일을 맡아서 해야 하는 어떤 자리를 갖지 않은 상태다. '거'는 앞에서 공자가 안회와 자신만이 가능하다는 '용행사장(用行舍藏)'에서 '사장'에 해당한다. 용행은 써 주면 힘껏 실천하는 것이고, 사장은 버리면 감춘다는 뜻이다. 자리에서 물러났다 하여 게을러지면 안 된다는 얘기다. 준비가 되어 있어야 쓰일 수 있다. 공자는 한때 이런 말을 한 적도 있다. "나는 내 능력을 시험해 볼 수 없어서 이것저것 많이 익혔다."

행(行)은 맡은 일을 하는 것이다. 어떤 일을 맡겼는데 영 기대만큼 못해 내는 경우가 있다. 이런 사람은 두 번 다시 쓰기 어렵다. 맡은 일을 잘해 내는 능력을 갖췄어도 정성껏 하지 않는 사람 또한 두 번 쓰지 않는다. 아주 쉬운 일이라도 정성스럽게 하는 태도가 필요하다. 전문가일수록 아주 쉬운 기초에 정성을 들인다.

공자가 말했다.

"널리 문화를 배우고 질서 있게 예로 마디를 잡아 요약한다면, 삶이 잘못 어긋나는 일은 없으리라!"

子曰, "博學於文, 約之以禮, 亦可以弗畔矣夫!"

박문약례는 공자의 기본 가르침이다. 사람이 배워서 삶에 대한 통찰을 갖기 위해선 꼭 필요한 과정이다. 이와 똑같은 구절이 6부 26장에서 나왔다.

공자가 말했다.

"군자는 사람의 아름다움을 이뤄 주고 사람의 나쁜 점을 이뤄 주지 않는다. 소인은 이와 반대로 한다."

子曰, "君子成人之美, 不成人之惡. 小人反是."

여기 군자가 하는 행동은 사람의 본성에 반대인 것 같다. 사람은 타고나기를 투현질능(妬賢嫉能)의 본성을 가진 것으로 보이기 때문이다. '투현'은 타자의 어짊을 시새움하는 것이고, '질능'은 타자의 능력을 싫어하는 마음이다. 누군가 어진 행동을 하면 괜히 아니꼽게 바라보고, 누군가 능력을 발휘해서 좋은 성과를 거두면 '그래, 너 잘났다'고 시기를 한다. 이것이 질투라는 것인데, 사람은 누구나 질투를 갖고 산다.

그래서 그런지 〈질투는 나의 힘〉이라는 영화도 나왔다. 질투심이 있어야만 나도 성장할 수 있는 동력을 끌어 모을 수 있다는 사람도 있다. 질투심이 좋은 쪽으로 발휘되면 '견현사제(見賢思齊)'가 될 수도 있다. 어진 이나 어진 행동, 어진 일을 보면 나도 그렇게 되기를 생각하는 마음을 견현사제라 한다. 약간의 질투심이 생기겠지만 그것을 동력으로 하여 나도 같은 어진 이의 경지로 올라설 수 있다면 참 좋은 일이다.

본성은 투현질능이라 하더라도 이런 본성에는 역행해도 좋겠다. 타자의 장점, 좋은 점, 아름다움을 이뤄 주기 위해 노력을 하는 사람이 더러 있다. 이를 맹자는 '존현사능(尊賢使能)'이라고 했다. 타자의 어짊을 높이고 타자의 능력을 맘껏 쓰게 해준다는 뜻이다. 과연 누가 이렇게 할 수 있을까. 부모? 스승? 친구? 애인? 과연 어떤 관계의 사람이 그럴 수 있을까? 공자는 그런 사람을 군자라고 불렀다. 누군가 나의 어짊을 높여 주고 나의 능력을 맘껏 쓰게 해준다면 나는 그 사람을 무척 좋아하게 될 것 같다. 나를 한번 돌아보자. 과연 나는 군자인가, 소인인가? 아니면 가끔은 군자인 적이 있기는 했는지.

16

계강자가 공자에게 물었다.

"정치란 어떠해야 합니까?"

"정치는 '바름' 입니다. 그대가 바른 것으로써 이끈다면 누가 감히 부정을 저지를 수 있겠습니까?"

季康子問政於孔子. 孔子對曰, "政者, 正也. 子帥以正, 孰敢不正?"

공자는 늘 남 탓에 앞서 스스로 돌아보기를 권한다. 여기 계강자의 질문에 대한 답변도 마찬가지다. 정치란 '올바름'이어야 하는데 정치가가 가장 먼저 올바른 모습을 보여야 한다고 강조한다. 그런데 현실 정치에선 늘 그 반대현상이 일어난다. 정치에 입문하는 순간 똥 묻은 개가 되어 버린다. 온갖 협잡과 사기와 분열이 난무한다. 대한민국의 정치현장은 왜 그렇게 되어 버렸을까.

아마도 대한민국 정부가 수립되는 시점부터 문제가 있었던 것 같다. 일제 강점 기간 동안의 반민족행위자가 제거되지 않고 오히려 나라의 독립을 위해 애썼던 사람들이 죽임을 당하였다. 외세에 의존하는 정권은 출발부터 '부정(不正)'이었던 셈이다. 부정은 부정을 부른다. 부정을 '정'으로 만들기 위한 노력이 4·19혁명으로 나타났지만 곧 군홧발에 짓밟혔다. 군사쿠데타로 정권이 만들어지고 얼음장 같은 겨울공화국이 십팔 년이나 이어졌다. 잠시 봄이 오는가 싶었으나 민주화 세력은 분열로 지리멸렬했다.

현재의 대한민국을 보면 부정이 정을 압도하는 형국이다. 정치가들 가운데 더러 정의 모습을 보이는 사람이 있으나 역시 때가 묻어 있다. 오랜 세월 켜켜이 쌓인 부정의 정치가 만든 더러운 때를 자신도 모르게 몸에 묻히고 만 것이다. 공자의 정치에 대한 정의(定義)는 지금 우리의 현실에 더욱 절실한 울림을 준다.

계강자가 공자에게 물었다.

"요즘 도둑이 많아 걱정입니다. 어떻게 하면 좋을까요?"

"진실로 그대가 탐욕을 버린다면, 비록 상을 주면서 도둑질을 하라고 해도 훔치지 않을 겁니다."

季康子患盜, 問於孔子. 孔子對曰, "苟子之不欲, 雖賞之不竊."

공자는 계강자를 몹시 미워한 듯하다. 공자가 보기에 계강자는 '부정의 정치'를 하는 사람이다. 공자의 대답을 보면 "너나 잘하세요"의 냄새가 강하게 풍긴다. 계강자의 의도는 도둑이 많으니 토벌대책을 알려 달라는 거였다. 그러나 공자의 대답은 전혀 차원이 달랐다.

"진정한 도둑은 계강자, 바로 너다."

계강자는 노나라의 권력과 재물을 온통 거머쥔 집안의 장자였다. 나라 안에 도둑이 생기는 까닭이 무엇인가. 영향력이 가장 큰 사람이 도둑질을 하고 있으니 도둑질은 전염될 수밖에 없다는 논리. "계강자, 그대가 도둑질을 멈추면 된다." 공자의 대답은 아주 간명하다. 최고의 권력자 앞에서 단도를 곧바로 들이미는 이 담대함. 계강자는 간담이 서늘했을 것이다.

계강자가 공자에게 물었다.

"만약 정치가가 무도한 자를 죽여서 바른 길로 나아가게 하면 어떻습니까?"

"그대는 정치를 하는데 어찌 '죽임'을 쓰려 하시오? 그대가 선을 베풀면 백성들도 선하게 되지요. 군자의 덕은 바람이요, 소인의 덕은 풀입니다. 풀 위에 바람이 불면 풀은 눕습니다."

季康子問政於孔子曰, "如殺無道, 以就有道, 何如?" 孔子對曰, "子爲政, 焉用殺? 子欲善而民善矣. 君子之德風, 小人之德草. 草上之風, 必偃."

공자는 일관되게 "당신이 잘하라!"고 주장한다. 반면 계강자는 줄기차게 백성을 탓하고 있다. 백성은 도둑이다, 백성은 무도하다고 보고 있는 것이다. 도둑이고 무도하니 죽여야 하지 않겠느냐고, 일벌백계를 하여 다른 백성들을 올바른 길로 나아가게 하는 것이 정치가 아니겠느냐고 묻고 있다. 그런데 공자가 보기엔 계강자가 도둑이요 무도한 놈이다. 그러니 공자의 대답은 계강자가 원하는 것과 정확하게 반대편을 향하고 있다.

"정치는 살리는 것이지 죽이는 것이 아니다"라고 일단 전제를 한 뒤에, "그대가 먼저 착해져야 한다"고 말했다. 그런 다음 군자의 덕목에 대한 유명한 이야기를 한다. 바람과 풀의 이야기다. 여기서 군자는 높은 지위에 있는 정치가를 말하고, 풀은 민중을 뜻한다. 정치가는 풀을 눕히는 바람처럼 힘이 세다는 것이다. 바람이 폭풍이면 풀뿌리를 뽑아 날리겠지만, 부드럽게 부는 바람은 풀도 반갑게 맞을 것이다.

그런데 공자의 풀과 바람의 논리는 민중으로 비유되는 풀이 수동적인 모습이라는 한계가 지적되었다. 과연 민중은 지배자의 힘에 따라 좌우되는 나약한 존재인가. 여기에 김수영 시인은 의문을 제시했다. 풀은 결코 수동적이지 않다는 것이다. 김수영은 대한민국에서 생산된 뛰어난 절창 가운데 하나인 '풀'이라는 시에 자신의 그런 생각을 담아냈다.

풀은 비를 몰아오는 동풍에 밀려 누우면서 운다. 날이 흐리니 더욱 서럽게 운다. 여기까지는 공자의 풀이다. 그러나 풀은 바람보다 빨리 눕고 바람보다 빨리 일어날 수도 있으며, 바람보다 늦게 누워도 먼저 일어날 수도 있다고 김수영은 노래한다. 수동적인 자세에서 능동적으로 변화하여 당당하게 바람에게 맞서는 모습이다.

민중에 대한 애정에 있어서는 공자나 김수영이나 똑같다. 그러나 민중의 힘을 바라보는 시각에 큰 차이가 있다. 김수영은 민중이 지배자를 바꾼다는 것이며, 공자는 지배자가 민중을 바꾼다는 믿음을 갖고 있다. 그래서 공자는 지배자의 수련을 강조하게 되고, 김수영은 민중의 혁명을 지지하게 되는 것이다.

자장이 스승에게 여쭈었다.

"사(士)는 어떻게 하면 통달했다고 할 수 있습니까?"

"네가 생각하는 통달은 무엇이냐?"

"집안에서도 명성이 나고 나라 안에서도 명성이 자자해야 하는 것이 아닐까요?"

공자가 고개를 흔들었다.

"그 명성이란 것은 통달이 아니다. 무릇 사의 통달이란 다음과 같다. 정직을 바탕으로 삼고 정의로운 일을 좋아하며, 타인의 말을 곱씹어 보고 얼굴빛을 살필 줄 알며, 사려 깊은 행동으로 나를 남보다 낮출 줄 알아야 한다. 그렇게 하면 집안에서도 나라 안에서도 통달했다 하겠다. 무릇 명성이란 다음과 같다. 얼굴빛은 인자의 모습이나 실천하는 행위는 그렇지 않으면서도 평소에 그런 행위를 옳게 여겨 조금도 의심하지 않는 사람. 이런 사람은 집안에서도 나라 안에서도 이름만 난다."

子張問, "士何如斯可謂之達矣?" 子曰, "何哉, 爾所謂達者?" 子張對曰, "在邦必聞, 在家必聞." 子曰, "是聞也, 非達也. 夫達也者, 質直而好義, 察言而觀色, 慮以下人. 在邦必達, 在家必達. 夫聞也者, 色取仁而行違, 居之不疑. 在邦必聞, 在家必聞."

〈맹자〉에 '성문과정(聲聞過情)'이란 말이 있다. 소문이 실제 내용보다 부풀려졌다는 뜻이다. 군자는 성문과정을 부끄러워한다고 했다. 그런데 여기 자장이 말하는 '명성'을 추구하는 사람은 오히려 성문과정을 바라 마지않는다. 부끄러워하기는커녕 그렇게 명성을 추구하는 것이 옳다고 믿어서 의심하지 않는다. 현대사회의 광고는 성문과정을 얼마나 더 세련되게 할 수 있느냐에 초점을 맞춘 것 같다. 어떤 홈쇼핑을 보면 성문과정이 부끄러움이 아니라 더 과장해서 판매고를 올리는 것을 자랑스러워한다. 자본주의 사회를 살아가면서 그것은 이제

가치 있는 일로까지 자리를 잡아 가는 듯하다.

사(士)는 명예욕을 가져서는 안 된다고 공자는 가르치고 있다. 이름이 알려지고 인정을 받기를 바라는 건 자장이 말하는 통달이다. 그러니까 자장은 사의 통달과 명성을 등치시키고 있다. 공자는 자장의 오류를 바로잡아 주기 위하여 세 가지를 말한다. 질직호의(質直好義), 찰언관색(察言觀色), 려이하인(慮以下人)이다.

정의의 바탕은 정직이다. 정의를 실천하기 좋아하는 사람은 정직한 사람이다. 질직은 호의의 바탕이요, 호의는 질직이 내면화되어야 가능한 경지다. 타자의 말을 새겨듣는 일과 타자의 안색을 살펴 주는 일은 공감의 출발이다. 자기 고집으로 뭉쳐진 사람은 타자의 말을 듣지 않으며 타자의 얼굴빛을 보지 않는다. 공감대가 형성될 수 없다. 사려 깊은 행동을 하면서 나를 남보다 낮추는 일은 질직호의, 찰언관색이 체화된 사람의 자연스러운 모습이다.

이 세 가지 덕목을 갖추면 사로서 통달한 사람이다. 통달한 사람은 명성이 있거나 없거나 관심을 두지 않을 것이다. 그런 사람의 통달은 자연스럽게 타자에게 가 닿게 될 테니까.

번지가 무우대 아래에서 스승을 모시고 노닐다가 여쭈었다.

"감히 묻습니다. 덕을 숭상함과 간특함을 닦는 일과 미혹을 분별하는 힘, 이 세 가지를 알고 싶습니다."

"좋구나, 물음이! 일을 먼저 하고 얻음은 뒤로 돌리는 것이 덕을 숭상함이 아니겠느냐. 나의 악은 공격하되 타자의 악은 공격하지 않음, 이것이 간특함을 닦는 일이 아닐까. 하루아침의 분노를 참지 못하여 자기 몸을 망치고 화가 부모에게까지 미치게 하는 일, 그것이 미혹이 아니겠느냐."

樊遲從遊於舞雩之下, 曰, "敢問崇德, 脩慝, 辨惑." 子曰, "善哉問! 先事後得, 非崇德與? 攻其惡, 無攻人之惡, 非脩慝與? 一朝之忿, 忘其身以及其親, 非惑與?"

앞에서 자장은 숭덕과 변혹에 대하여 물었는데, 여기 번지는 수특(脩慝)을 더 물었다. 수특은 '간특함을 닦는다'라고 해석했다. 특(慝)은 '숨긴다'는 닉(匿)과 마음(心)의 결합이다. 숨기는 마음이란 뜻인데, 무엇을 숨긴다는 것일까? 사람이 자기가 잘한 일은 굳이 숨기지 않을 것이다. 잘못한 일과 나쁜 일은 숨기고 싶어 하는데, 여기의 특은 악을 숨기는 걸 말한다. 그래서 속에는 칼을 품고 있으면서 겉으로는 웃는 것이 간특함이다. 사람은 누구나 간특함을 갖고 있다. 어떻게 하면 간특함을 없애느냐가 문제다. 군자는 간특함을 최대한 제거하는 수련을 거친 사람이다. 공자는 '군자-되기'를 주장하는 사람이다. 그런데 번지가 군자가 되기 위한 수련에 대해 물었으니 예쁠 수밖에 없다. 자연스럽게 공자는 "좋구나, 물음이!" 하고 우선 칭찬부터 했다.

공자의 대답은 간결하고 쉽다. 간특함은 자신의 악을 숨기는 일이므로 나의 악을 드러내 공격하라는 것. 아울러 남의 악은 굳이 공격하지 말라는 말을 덧붙였다. 사실 그렇다. 어떤 문제가 생겼을 때 우선 남의 악부터 찾는 것이 인지상정이다. 어린아이들이 싸웠을 때 불러서 물어보면 서로 상대방의 잘못부터 공격한다. 상대의 잘못을 공격한다고 해서 나의 잘못이 없어지는 것이 아닌데도 그렇게 한다. 선선히 나의 악을 인정하고 뉘우치면 상대방도 나의 악을 공격하지 않는다. 이런 행위가 거듭되면 내 안의 간특함이 사라질 것이라는 공자의 진단이다. 내 주변에는 교사가 많은데 학부모와의 관계를 매우 힘들어한다. 나는 이렇게 충고했다.

"교사의 입에서 아이의 단점이 얘기되어선 안 됩니다. 부모의 입에서 아이의 단점이 나오게 하세요. 교사는 아이의 인정할 만한 점을 최대한 찾아서 말해야 합니다. 교사가 그렇게 하면 부모는 당연히 자기 아이의 단점을 말하게 됩니다. 교사가 아이의 단점만 찾아 흉을 보면 부모는 당연히 방어와 변호를 하게 되죠."

경력이 많은 저학년 담당 선생님들은 내 충고에 고개를 끄덕이는 분이 많았다. 교사가 정말 하지 말아야 할 행동이 자기가 맡은 아이의 '악'을 공격하는 일이다.

숭덕에 대한 대답은 역시 자장에게 한 말과 다르다. 일을 먼저 하고 거기서 생기는 소득은 뒤로 돌리라는 말. 이는 선난후획(先難後獲)이라는 말로 6부에서 나왔다. 어려운 일을 앞장서서 하고 거기서 생기는 이득은 맨 늦게 가지라는 가르침. 정말 어려운 일이다.

미혹에 대한 이야기는 경청할 만하다. 하루아침의 분노라는 일조지분(一朝之忿)은 잠깐 사이에 울컥하는 분노를 말한다. 이 울컥을 참지 못하여 신세를 망치는 경우가 너무나 많다. 울컥할 때 심호흡 하면서 한 박자만 늦추어도 평화를 유지할 수 있다. 그렇지만 우리 일상은 울컥으로 점철된다. 이 어찌 미혹이 아니겠는가.

번지가 스승에게 여쭈었다.

"인이 무엇입니까?"

"사람을 사랑하는 거지."

"지(知)란 무엇입니까?"

"사람을 아는 거지."

번지가 말을 알아듣지 못해 멍하니 있으니까 공자가 다시 말했다.

"곧은 이를 뽑아 굽은 사람 위에 두면 굽은 자들을 곧게 할 수 있다는 얘기다."

번지는 여전히 이해하지 못하고 스승 앞에서 물러나왔다. 번지는 다른 날 자하를 만난 자리에서 말했다.

"전에 스승님을 뵈었을 때 '지'에 대해 물었더니 '곧은 이를 뽑아 굽은 자들 위에 두면 굽은 자들을 곧게 만들 수 있다'고 하시더군. 도대체 무슨 말씀인가?"

"오! 풍성하구나, 말씀이! 순임금이 천자가 되어 무리 중에서 고요(皐陶)를 뽑아 썼더니 불인한 자들이 멀어졌지요. 탕임금이 천자가 되어 무리 중에서 이윤(伊尹)을 뽑아 쓰니 불인한 자들이 또한 멀어졌답니다. 그 얘기예요."

樊遲問仁. 子曰, "愛人." 問知. 子曰, "知人." 樊遲未達. 子曰, "擧直錯諸枉, 能使枉者直." 樊遲退, 見子夏曰, "鄕也吾見於夫子而問知, 子曰, '擧直錯諸枉, 能使枉者直', 何謂也?" 子夏曰, "富哉言乎! 舜有天下, 選於衆, 擧皐陶, 不仁者遠矣. 湯有天下, 選於衆, 擧伊尹, 不仁者遠矣."

번지는 좀 둔한 제자였다. 이름이 지(遲)인데, 지는 '느리다, 게으르다'는 뜻이다. 번지는 공자의 수레를 모는 제자로 자주 등장한다. 느리고 둔하기는 하지만 심덕이 원만했던 모양이다. 출타할 때 데리고 다니는 제자는 믿을 만하기 때문일 것이다. 공자와 자주 가까운 자리에 있다 보니 번지는 중요한 질문을 할 기회가 많았다. 하지만 이해가 느려서 다른 제자들에게 묻고는 했다. 여기 자하에게 묻는 일도 번지 일상의 하나였다. 자하는 나이는 어리지만 공문십철에도 들었던 인물인

만큼 제자들 사이에도 영민하다고 높은 평가를 받았다.

번지는 나름대로 '사람을 사랑하는 것'이 인이라는 건 알아들었다. 다만 '지'가 사람을 아는 것이란 말을 이해 못했고, 공자가 풀어서 해 준 말도 못 알아들었다. 번지는 공자가 말한 '거직조왕(擧直錯枉)'이란 말이 도대체 왜 '지'와 관계가 되는지 통 알 수가 없었다. 그래서 자하에게 물었는데, 자하가 더 쉽게 풀어 줬다.

순임금 때의 뛰어난 인물인 고요가 직(直), 바로 '곧은 이'이며, 탕임금 때는 이윤이 곧은 이라고 자하가 알려 줬다. 공자 말의 왕(枉), 바로 '굽은 자들'을 자하는 불인자(不仁者)라고 표현했다. 사람을 사랑할 줄 모르며 공감할 줄도 모르며 연민도 없으며 남을 나처럼 생각할 줄도 모르는 자들이 굽은 자이며 불인자이다. 곧은 사람인 고요와 이윤을 뽑아 불인자들 위에 두니까 그들이 멀어졌다는 것이다. 여기서 멀어졌다는 말은 그들이 불인에서 멀어졌다는 말로 보면 좋겠다. 왜냐하면 불인에서 벗어나 곧아지니까.

그런데 '거직조왕'을 '곧은 이를 뽑아 쓰고 굽은 자들은 버린다'고 해석하기도 하는데 뭐 큰 차이는 없다. 지혜란 사람을 알아보는 능력이라는 공자의 '지'에 대한 풀이엔 변함이 없기 때문이다. 자하의 풀이를 듣고서야 번지는 "아하!" 하고 무릎을 쳤을 것이다. 어쨌든 번지의 앎을 향한 뚝심에 박수를 보내고 싶다.

자공이 스승에게 여쭈었다.

"벗을 사귀는 일은 어떠해야 합니까?"

"정성스럽게 깨우쳐서 좋은 길을 함께 가야지. 하지만 충고를 해도 듣지 않는다면 그만둬야 한다. 그래야 스스로 욕됨이 없을 거야."

子貢問友. 子曰, "忠告而善道之, 不可則止, 毋自辱焉."

'충고(忠告)'라는 말이 나왔다. 충은 내가 할 수 있는 정성을 다하는 것이고, 고는 단순히 알려 줌을 넘어서 깨우쳐 준다는 의미다. 충고는 내가 할 수 있는 정성을 다해서 벗을 깨우쳐 주는 일이다. 선도(善道)는 좋은 방향으로 또는 좋은 일로 이끌어 간다는 의미다. 요즘은 없어졌지만 예전엔 중고등학교에 '선도'를 맡은 선도부 학생들이 있었다.

충고를 해도 듣지 않는 벗이 당연히 있다. 공자는 충고를 해도 듣지 않으면 그만두라고 했다. 그럼 몇 번이나 충고를 하는 게 좋을까? 나는 세 번 정도라고 본다. 세 번을 충고했는데도 듣지 않는다면 들을 생각이 없는 거라고 봐야 한다. 들을 생각이 없는 사람에게 자꾸 얘기하면 그건 잔소리다. 잔소리가 많으면 벗도 잃고 말도 잃는다. 이는 스스로 불러들인 모욕이 아니겠는가.

증자가 말했다.

"군자는 배움을 통해 벗을 만나고 벗을 통해 인을 실천하는 데 도움을 얻는다."

曾子曰, "君子以文會友, 以友輔仁."

사람의 끈질긴 인연 가운데 하나가 학연이다. 함께 배우면서 맺은 인연은 오래간다. 낯선 사람을 만나서 서로 인사하다가 같은 학교를 나온 것을 알게 되면 왠지 정이 간다. 일정 정도 공감대 형성이 가능하기 때문이다. 글로 맺어진 벗을 '문우(文友)'라고 부르기도 한다. 피로 맺어진 인연인 혈연, 같은 공간에서 태어나고 자란 인연인 지연에 버금가는 인연이 학연이다. 배움은 이성과 지성을 함께 나누는 것이니 더욱 각별할 수도 있겠다.

그렇게 학연으로 맺어진 벗을 통해 나의 행위를 교정할 수 있다. 인을 실천하는 일은 군자로 가는 중요한 과정이다. 서로에게 도움이 되는 벗이라면 인을 실천할 수 있도록 서로 격려해야 마땅하다. 인의 실천에 도움이 되지 않는 벗은 벗이 아니라 나를 해치는 도적이다.

13

이름을 바로잡아야지

자로

人文學

자로가 스승에게 여쭈었다.

"정치란 어찌해야 합니까?"

"남보다 먼저 하고 남보다 더 노력해라."

"좀 더 말씀해 주십시오."

"게으름이 없어야 한다."

子路問政. 子曰, "先之勞之." 請益. 曰, "無倦."

하는 일은 없이 자리만 차지하고 앉아 월급을 받아먹는 정치인들이 있다. 국영기업체나 정부출연기관의 이사장이나 사장들이 그렇다. 연봉이 보통 일억대 이상인 그 자리의 임명권자는 대통령이다. 대통령의 당선에 도움을 준 사람들에게 보은 차원에서 자리를 주는 경우가 많다. 또는 국회의원 공천에서 떨어지거나 지역구를 양보한 의원들에게도 준다. 그러니 이들은 전문성이 있을 리가 없다. 인천국제공항의 사장 자리는 삼 년 사이에 두 명이 바뀌기도 했다.

전문성이 떨어지는 정치인이 자리나 차지하고 앉아서 연봉이나 받아먹으면 그나마 다행이다. 괜히 뭔가를 해보겠다고 나서면 일을 그르치는 일이 종종 생긴다. 이런 비전문가 사장은 차라리 게으른 것이 낫다. 그런데 정말 노력하고 앞장을 서야 할 정치가들은 또 게으름을 피운다. 선거 기간 동안은 납작 엎드려서 표를 구걸하던 태도가 돌변하여 국민들의 머리 꼭대기에 앉아서 권력을 휘두른다. 이런 정치가는 권력을 휘두르는 데엔 열심이지만 국민을 위한 정책 개발에는 관심이 없다.

내가 사는 곳의 한 시의원은 하루에 열 시간 이상 주민들을 만난다. 매주 하루는 지역현안을 놓고 토론하는 시간도 갖는다. 정치, 경제, 문화예술 분야의 책도 일주일에 한 권을 읽는다고 한다.

"그러다 쓰러지겠어요."

내가 걱정스럽게 말하자 그는 활짝 웃으며 말했다.

"이렇게 일하라고 뽑아 주셨잖아요."

그 시의원을 찾는 전화는 자주 울리고 활기찬 그의 목소리는 사람들에게 힘을 불어넣는다.

중궁이 계씨 집안의 총재가 되자 스승에게 여쭈었다.

"정치를 어떻게 해야 합니까?"

"전문적인 일은 유사에게 먼저 맡기고, 작은 허물은 용서하며, 훌륭한 재목을 뽑아서 쓰도록 해라."

"어떻게 훌륭한 재목인지 알아서 뽑습니까?"

"네가 아는 사람을 우선 뽑도록 해라. 그러면 네가 모르는 사람은 다른 이들이 추천할 것이다."

仲弓爲季氏宰, 問政. 子曰, "先有司, 赦小過, 擧賢才." 曰, "焉知賢才而擧之?" 曰, "擧爾所知. 爾所不知, 人其舍諸?"

중궁은 염옹이다. 공자가 왕 노릇을 할 만한 인품을 가졌다고 극찬한 제자다. 계씨가 중궁을 발탁하여 자기 집안의 총재를 맡겼다. 당시 계씨 집안은 실질적으로 노나라를 좌지우지하는 힘을 가졌으므로 계씨의 총재 자리는 매우 중요했다. 중궁은 맡은 일을 잘해 내고 싶어 스승에게 조언을 구했다.

유사(有司)는 각 부분의 일을 맡은 전문가를 말한다. 총재는 다양한 영역의 전문가들인 유사를 관리하는 자리다. 당연히 유사보다 전문성이 떨어진다. 그런데도 유사가 맡은 일에 밤 놔라 대추 놔라 하고 간섭을 하면 어떻게 되겠는가. 임명권자의 말이니 유사가 무시할 수도 없다. 결국 일이 잘못되고 피해는 고스란히 대중에게 돌아가게 된다. '선유사(先有司)'라는 말은 전문성을 가진 유사에게 믿고 맡기라는 말이다.

큰 허물은 죄를 물어야 한다. 그러나 자잘한 허물은 너무 빡빡하게 따지지 말라는 충고다. 대범하고 너그러운 모습을 보이면 진심으로 따르게 된다. 세 번째로 공자의 충고는 훌륭한 인재를 등용하라는 것인데, 중궁도 이 부분을 가장 중요하게 여겼다. "인사가 만사"라는 말이 있다. 사람을 잘못 쓰면 정치를 망친다. 중궁은 자신이 인재를 몰라볼까 근심했다. 공자는 중궁의 근심을 시원하게 해결해 준다.

"네가 모르는 인재는 다른 사람이 추천해 준다. 네가 모든 인재를 어떻게 다 알 수 있겠느냐."

공자의 말이 틀림없는 얘기다. 내가 아는 사람은 한계가 있을 수밖에 없다. 내가 아는 훌륭한 사람을 등용하면 그 사람이 또 인재를 추천해 준다. 그러니 내가 아는 몇몇 인재가 참 중요하다. 인재를 알아볼 눈을 가지려면 상당한 내공이 필요하다. 내공은 박문약례를 통한 통찰력을 키워야만 가능하다. 아집에 빠진 사람은 절대로 인재를 알아보지 못한다.

자로가 스승에게 여쭈었다.

"위나라 임금이 스승님께 정치를 맡긴다면 무엇을 가장 먼저 하시겠습니까?"

"반드시 이름을 바로잡겠다."

"이렇다니까요. 스승님도 참 먼 얘기를 하십니다. 어떻게 겨우 이름 바로잡는 걸 정치라고 하십니까?"

공자가 이맛살을 찌푸렸다.

"야스럽구나, 유야! 군자는 자기가 모르는 것은 비워 두는 법이다. 이름이 바르지 않으면 말이 순조롭지 않고, 말이 순조롭지 않으면 일이 이뤄지지 않는다. 일이 이뤄지지 않으면 예악이 일어나지 않고, 예악이 일어나지 않으면 형벌이 맞지 않는다. 형벌이 맞지 않으면 백성들이 손발을 둘 곳이 없어진다. 때문에 군자는 이름을 붙이면 반드시 그에 어울리는 말이 있다. 말을 하면 반드시 어울리는 실천이 따른다. 군자는 자기가 하는 말에 있어서 조금도 구차한 바가 없느니라."

子路曰, "衛君待子而爲政, 子將奚先?" 子曰, "必也正名乎!" 子路曰, "有是哉, 子之迂也! 奚其正?" 子曰, "野哉, 由也! 君子於其所不知, 蓋闕如也. 名不正, 則言不順, 言不順, 則事不成, 事不成, 則禮樂不興, 禮樂不興, 則刑罰不中, 刑罰不中, 則民無所錯手足. 故君子名之必可言也, 言之必可行也. 君子於其言, 無所苟而已矣."

공자의 정명론(正名論)으로 유명한 이야기다. 공자가 이름을 바로잡겠다는 정명을 급선무로 본 까닭이 있다. 당시 위나라는 영공이 죽고 손자인 첩(輒)이 왕위를 이어받았다. 맏아들이자 태자였던 괴외(蒯聵)는 영공에게 추방당해 타국을 전전하고 있었다. 괴외가 계모인 남자(南子)가 음탕하다고 죽이려 했기 때문에 패륜으로 낙인찍혀 쫓겨난 것이다. 영공은 둘째 아들인 영(郢)에게 왕위를 물려주려 했으나 영이 태자 자리를 받지 않았다. 결국 영공은 태자를 세우지 못하고 죽었다.

영공이 죽고 왕후인 남자가 전권을 갖게 되었다. 남자도 처음엔 둘째 아들인 영을 왕위에 앉히려고 했으나 영이 거절하자 할 수 없이 괴외의 아들 첩을 등극시켰다. 영공이 죽은 것을 알고 괴외가 귀국하여 왕위를 찾으려 하니 첩은 남자의 명을 받아 아버지의 귀국을 막았다. 자로가 공자에게 질문을 한 것은 바로 이때였다. 자로의 물음 중에 나오는 위군(衛君)은 첩을 말한다.

공자는 첩을 도울 생각이 없었지만 만약 전권을 준다면 '이름을 바로잡겠다'고 했다. 공자의 이 정명은 첩이 왕위에 오른 것이 잘못되었다는 뜻을 내포하고 있다. 괴외도 이유가 어떻든 어머니를 죽이려 했기 때문에 패륜이고, 첩도 아버지 괴외를 막았기 때문에 패륜이라는 것. 따라서 위나라 임금은 둘째 아들인 영이 되어야 '정명'이라는 것이다. 자로는 공자의 이 논리가 불만이었다. 당시 자로는 첩 아래에서 장수로 벼슬을 살고 있었다. 따라서 자로는 공자의 정명을 '먼 얘기'라고 되받았다. 현재 왕위에 앉은 사람은 첩이고 영은 왕 노릇을 할 생각이 없는데, 굳이 그런 비현실적인 얘기를 할 필요가 있느냐는 거였다. 어차피 왕이 된 첩을 도와 정치를 잘하는 것이 좋다는 자로의 생각이다.

공자는 그런 자로를 '야하다, 비루하다'라고 표현하며 꾸짖는다. 그리고 정명의 필요성을 역설한다. 이름, 말, 일, 예악, 형벌의 순서를 밟아 마침내 백성의 평화 여부로 결론이 난다. 정명이 되지 않으면 결국 백성의 평화가 깨지고 만다는 논리다. 공자의 예상은 곧 들어맞았다. 괴외가 세력을 모아서 첩을 치려고 전쟁을 일으킨 것이다. 위나라는 내전 상태에 돌입했고, 자로는 첩의 장수로 출전했다가 전사했다. 괴외는 자로의 시체를 토막 내어 젓갈을 담았다. 자로는 패색이 짙은 전투에 나서면서 이렇게 말했다.

"녹봉을 먹었으면 섬기는 사람이 어려울 때 피하는 건 도리가 아니다."

첩의 녹봉을 먹었으니 첩이 어려울 때 도와야 한다는 논리다. 자로는 충분히 도망칠 여유가 있었으나 자신의 논리대로 죽음을 맞았다. 하지만 뒷날 이런 말이 나왔다. 자로는 첩에 대한 의리는 지켰으나 첩이 준 녹봉이 불의함을 몰랐다는 한계가 있다는 것.

자로가 스승의 말을 듣고 미리 첩의 신하 자리에서 물러났다면 죽음을 면할 수도 있었을 것이다. 공자의 말대로 둘째인 영이 왕위에 올랐다면 괴외도 내전을 일으킬 명분이 없었다. 백성들의 수많은 목숨과 재물이 파괴되는 일도 막았을 수 있다. 공자의 정명이 백성의 평화와 연결되는 까닭이다.

번지가 스승에게 여쭈었다.

"오곡 가꾸는 일을 배우고 싶습니다."

"나는 늙은 농부만 못하니 가르쳐 줄 게 없구나."

"그렇다면 채소 가꾸는 일은 배울 수 있을까요?"

"나는 늙은 원예사만 못하다."

번지가 멀뚱히 앉았다가 밖으로 나갔다. 그러자 공자가 말했다.

"소인이로다, 번수여! 윗사람이 예를 좋아하면 백성들이 감히 공경하지 않으랴. 윗사람이 정의를 좋아하면 백성들이 복종하지 않으랴. 윗사람이 신뢰를 좋아하면 백성들이 감히 진실을 숨기랴. 무릇 이와 같다면 사방에서 자식을 강보에 싸서 업고 찾아올 것이다. 어찌 농사짓는 법을 쓰리오."

樊遲請學稼. 子曰, "吾不如老農." 請學爲圃. 曰, "吾不如老圃." 樊遲出. 子曰, "小人哉, 樊須也! 上好禮, 則民莫敢不敬, 上好義, 則民莫敢不服, 上好信, 則民莫敢不用情. 夫如是, 則四方之民襁負其子而至矣, 焉用稼?"

별로 맘에 들지 않는 공자의 말이다. 농사를 짓는 일보다 위정자로서의 능력을 키우는 것이 더 좋다는 말이다. 뒷날 맹자는 대인의 일과 소인의 일로 구분을 한다. 대인의 일은 지배자가 하는 일이고, 소인의 일은 피지배자가 하는 일이다. 여기 공자가 "소인이로다, 번수여!" 할 때 소인이 바로 그렇다. 굳이 피지배자의 일을 배우려고 하느냐는 지적인 셈이다.

그런데 과연 그런가. 농사를 짓는 일은 피지배자의 일인가. 역사적으로 보면 그렇기는 하다. 농사꾼은 착취의 대상이었다. 피땀 흘려 생산한 물산을 빼앗기고 두드려 맞기까지 했다. '농부는 천하의 근본'이라는 말은 착취를 하기 위해 만들어 놓은 허울 좋은 교언에 불과했다. 피지배자를 수동적이며 교화의 대상으로 보는 시각에서는 소인일 수밖에 없다. 공자의 시각도 그러하다. '윗사람'이 어떻게 하느냐에 따라 백성은 교화되고 변화한다는 논리. 민중의 능동성에 주목하지 못했던 공자의 한계가 여실히 드러나는 장면이다. 오히려 나는 농사를 배우고 싶어 하는 번지에게 박수를 보내고 싶다.

공자가 말했다.

"시 삼백 편을 외우고도 정치를 맡았을 때 통달하지 못하고, 외국에 사신으로 가서 홀로 결단을 하지 못한다면, 비록 많은 시를 외웠으나 또한 무엇에 쓰겠는가?"

子曰, "誦詩三百, 授之以政, 不達, 使於四方, 不能專對, 雖多, 亦奚以爲?"

시는 문학의 정수다. 삶의 통찰이요 진실이다. 그래서 시인은 맨 앞에 선 사람이요, 늘 경계에 선 사람이다. 세상이 아플 때 가장 먼저 아파하는 사람도 시인이요, 세상이 기쁠 때 가장 먼저 기뻐하는 사람도 시인이다. 시인은 시를 쓸 때 단 한 조각의 거짓도 섞이지 않도록 애를 쓴다. 가장 순결무구한 심정으로 시를 쓴다. 시인 윤동주는 '잎새에 이는 바람에도 괴로워했다'고 고백할 정도였다.

시는 또한 노래이다. 슬플 때도 즐거울 때도 우리는 노래를 듣고 부른다. 노래는 내 삶을 조화롭게 해준다. 슬픔도 즐거움도 지나치면 병이 된다. 내 몸과 마음이 병들지 않도록 노래는 힘을 준다.

정치가는 시를 외워야 한다는 공자의 주장은 그래서 아름답다. 시 삼백 편 정도를 외우면 높은 지위에 올라 정치를 하든가 외국에 사신으로 가도 훌륭하게 일 처리를 할 수 있다고 봤다. 만약 시 삼백 편 정도를 외우고도 훌륭하게 일 처리를 못한다면 외운 시는 쓸모가 없다고 했다. 아마 나쁜 시를 외웠거나 시를 건성 읽었거나 했을 것이다. 좋은 시는 사람을 훌륭하게 만들 수밖에 없다. 그런데 과연 요즘 현실 정치인들은 얼마나 시를 읽고 있을까?

공자가 말했다.

"내 몸이 바르면 명령을 하지 않아도 일이 실행되고, 내 몸이 바르지 않으면 비록 명령을 하더라도 따르지 않는다."

子曰, "其身正, 不令而行, 其身不正, 雖令不從."

은유로 자주 쓰는 정말 '공자님 말씀'이다. 여섯 살 아이가 이런 말을 했다고 한다.

"나는 엄마가 물 쏟아도 혼내지 않는데."

아이가 물을 쏟았을 때 아이 엄마가 모질게 혼을 냈던 모양이다. 아이가 컵의 물을 쏟았다고 전후사정은 살피지 않은 채 마구 혼을 내면 아이는 억울함을 갖게 된다. 그렇다고 엄마가 물을 쏟았을 때 아이는 혼을 낼 수 없다. 마음속으로 엄마에 대한 불만만 쌓일 것이다. 불만이 가득 쌓인 아이는 청소년기가 되면 엄마에게 사사건건 저항을 하게 된다. 아무리 좋은 말로 타일러 봐야 듣지 않는다. 이미 엄마는 신뢰를 잃어버렸기 때문이다. 한번 잃은 신뢰를 회복하는 것은 얼마나 힘이 드는지 모른다.

공자가 말했다.

"노나라와 위나라의 정치는 형제이다."

子曰, "魯衛之政, 兄弟也."

노나라는 주공이 제후로 봉해진 나라이고, 위나라는 주공의 동생인 강숙(康叔)이 제후로 봉해진 나라이다. 형제의 나라인 것을 누가 모르겠는가. 마치 이 말은 '물은 흐르는구나'와 같은 식의 말이다. 좀 더 깊이 따져 보자면 '산은 산 물은 물'과 같은 말도 된다. 처음 주공과 강숙이 제후가 되었을 때엔 정치가 볼만했으나 수백 년이 흐른 지금은 둘 다 정치가 타락했다는 한탄쯤으로 보면 되겠다.

공자가 위나라 대부인 형(荊)에 대해 이렇게 말했다.

"자기 집안 재물 관리를 참 잘하는 사람이다. 처음 재산이 생겼을 때엔 '그런대로 모아졌다' 하더니, 조금 더 재산이 모이자 '그런대로 갖춰졌다' 하고, 아주 부자가 되자 '그런대로 아름답다'고 하더라."

子謂衛公子荊, "善居室. 始有, 曰, '苟合矣.' 少有, 曰, '苟完矣.' 富有, 曰, '苟美矣.'"

재산이 불어나는 과정을 다 '재산이 있다(有)'고 하고, 그것을 꾸미는 말로 시(始), 소(少), 부(富)로 나아갔다. 시는 재산이 처음 생기기 시작하는 때, 소는 얼마간 재산이 모였을 때, 부는 재산이 아주 풍부해서 부자가 되었을 때이다.

그때마다 대부 형이 한 말이 중요하다. 구(苟)는 '진실로, 구차하게, 한때, 임시로' 등과 같은 뜻을 갖는다. 그런데 여기서는 '대충, 대강, 그런대로'의 의미를 갖는 '조략(粗略)'으로 푼다. 이 장에선 '그런대로'라는 말이 가장 적합하다. 대부 형은 합(合), 완(完), 미(美)라는 표현을 썼다. '모아졌다'는 합이나, '완전히 갖춰졌다'는 완이나, '아름답다'는 미는 품고 있는 뜻이 대동소이하다.

'그런대로 모아졌다, 그런대로 갖춰졌다, 그런대로 아름답다'라는 말은 가치의 고하가 없다. 재산이 없을 때나 재산이 많을 때나 전혀 호들갑스러움이 없다. 이런 사람은 부, 소, 시가 거꾸로 가도 별로 괴로워하지 않을 것 같다는 생각이 든다. 한마디로 재물에 욕심이 크게 없다는 뜻이다. 공자는 결국 재물의 있고 없음에 일희일비하지 않는 대부 형의 삶의 태도를 높이 평가한 것이다.

공자가 위나라에 갈 때 염유가 수레를 몰았다. 공자가 염유에게 말했다.

"백성이 많구나!"

염유가 여쭈었다.

"이미 백성이 많아졌다면 무엇을 더 하면 됩니까?"

"풍성하게 살도록 해야지."

"이미 풍성해졌다면 무얼 더 하리까?"

"가르쳐야지."

子適衛, 冉有僕. 子曰, "庶矣哉!" 冉有曰, "旣庶矣, 又何加焉?" 曰, "富之." 曰, "旣富矣, 又何加焉?" 曰, "教之."

복(僕)은 보통 조선시대에 남자 종을 부르는 말로 많이 쓰였다. 그러나 원래 수레를 모는 마부를 뜻하는 말이었다. 의미가 확장되어 자기를 낮추어 '저'라고 부르는 겸칭으로 쓰이기도 했다. 여기서는 제자 염유가 스승을 위해 수레를 몰고 있음을 나타낸다. 공자가 위나라 국경에 접어들면서 많은 사람이 오가는 것을 보고 감탄했다.

"백성이 참 많이 늘었구나!"

스승이 별 뜻 없이 한 말이지만 염유가 질문을 잘했다. 똑똑한 제자는 스승의 지나가는 말도 놓치지 않는 법이다. 공자는 먼저 먹을 것을 풍부하게 한 다음 교육을 해야 한다고 대답했다. "백성의 하늘은 밥이다"라는 말이 있다. 사람의 삶은 의식주가 가장 급선무임은 두말할 필요가 없다.

그런데 공자는 자공과 대화에서 '신뢰'가 '먹을 것'보다 중요하다고 대답한 적이 있다. 이 문제는 참 어렵다. 〈로드(Road)〉라는 영화가 있다. 지진과 화산 폭발로 완전히 망가진 지구에서 살아남은 사람들의 이야기다. 먹을 것이 생산되지 않자 사람들이 서로 잡아먹는다. 그때 주인공 격인 아버지와 아들이 따뜻한 남쪽 바닷가에 희망을 걸고 가는 '길'을 카메라가 따라간다. 며칠 굶주렸을 때 어린 아들이 아버지에게 묻는다.

"아빠도 저를 먹을 거예요?"

"아니!"

아빠는 단호하게 고개를 흔든다. 이때 어린 아들은 편안한 얼굴이 된다. 아들은 아빠가 아무리 배가 고파도 자기를 잡아먹지는 않을 거라는 신뢰를 갖게 된다. 아들이 보내는 신뢰는 아빠에게 있어서는 사랑일 것이다. 분명 인간에게는 먹을 것에 앞서는 무언가가 있다. 공자는 그것이 교육으로 가능하다는 희망을 가진 것 같기도 하다.

공자가 말했다.

"참으로 나를 써 주기만 한다면 일 년이면 기강을 잡고 삼 년이면 공을 이룰 텐데."

子曰, "苟有用我者, 期月而已可也, 三年有成."

위나라의 영공(靈公)이 공자를 대부로 등용하려다가 끝내 쓰지 못했을 때 공자가 내놓은 탄식이다. 일 년이면 가(可)하다는 것은 기강을 잡는 일이다. 법령을 만들어 공표할 수 있는 기간으로 충분하다는 것. 삼 년이면 공표한 법령이 효과를 발휘할 수 있는 기간으로 봤다. 현대정치에서도 일정 정도 효과는 삼 년이면 나타난다.

공자가 말했다.

"내가 듣기에 '선인이 백 년 동안 나라를 다스리면 잔학함이 없어지고 사람을 죽이는 일도 사라진다'고 하니 참 좋구나, 이 말이여!"

子曰, "'善人爲邦百年, 亦可以勝殘去殺矣.' 誠哉是言也!"

선인은 성인, 인자, 군자와 같은 반열의 사람이다. 백 년 동안 선인이 나라를 다스린다는 것은 정말 어렵다. 한 번 등극하면 종신토록 왕위에 있었던 왕조시대에도 대여섯 번은 왕이 바뀌어야 하는 기간이다. 요즘 같으면 오 년 또는 길어야 칠 년 동안 한 정당이 정권을 잡을 수 있으니 보통 긴 시간이 아니다.

그런데 백 년이면 승잔거살(勝殘去殺)이 이루어진다는 거다. 잔(殘)을 이기고 살(殺)이 사라진다는 얘기다. 잔은 모질고 잔인하고 폭력적인 행위이다. 사람은 선하기도 하지만 한없이 악하기도 하다. 이타심을 30퍼센트 정도 타고난다면 이기심을 70퍼센트 타고난다고 심리학자들은 말한다. 악한 본성과 이기심이 극대화되면 사람은 어떤 동물보다도 잔혹스럽다. 하지만 선한 본성과 이타심도 선한 일과 이타적인 행위를 하면 할수록 강화된다. 간디 같은 사람은 이타심이 90퍼센트에 이르렀다는 보고도 있다. 후천적인 수련으로 얼마든지 가능하다는 얘기다.

인류의 역사에서 통치자는 영향력이 강력하다. 백 년 동안 선인이 통치를 이어간다면 사람들의 선한 본성과 이타심도 많이 풍부해질 것 같다. 자연스럽게 잔혹스러움은 사라지고 서로 해치는 일도 없을 것이다. 이타적이고 평화로운 문화가 형성되는 모습이다.

공자가 말했다.

"만약에 왕 노릇을 정말 잘하는 사람이 있다 하더라도 반드시 한 세대가 흘러야 인한 풍속이 생길 것이다."

子曰, "如有王者, 必世而後仁."

사람의 변화가 어렵다는 공자의 진단이다. 본문의 왕자(王者)는 성인이나 인자, 선인, 군자가 왕위를 얻은 것을 말한다. 후대에 맹자는 공자의 이 말을 확장하여 왕도(王道)와 패도(覇道)로 개념화했다. 인의와 예악으로 백성을 설득하고 감동시키는 것을 왕도정치, 무력을 앞세우고 법령으로 백성을 옥죄는 것을 패도정치라고 한다.

앞의 10장에서 삼 년이면 공을 이룬다는 공자의 말이 패도를 뜻한다면 여기의 한 세대, 곧 삼십 년은 되어야 인한 풍속이 생긴다는 건 왕도이다. 그만큼 패도는 쉽고 왕도는 어렵다는 뜻이 되겠다. 패도가 공(功)이라면 왕도는 인(仁)이라는 구별도 가능하다.

공자가 말했다.

"참으로 내 몸이 바르다면 정치를 하는 데 무슨 어려움이 있을까. 내 몸을 바르게 하지 못하면서 어떻게 타자를 바르게 하겠다는 것인가?"

子曰, "苟正其身矣, 於從政乎何有? 不能正其身, 如正人何?"

최근에 우리나라에서 제작하여 개봉한 〈내부자들〉이란 영화가 있다. 재계 서열 1위의 재벌회장과 대통령 당선권에 있는 국회의원과 유력 신문사 주간, 셋이 짝짜꿍이 되어 권력을 농단하다 망하는 이야기다. 정경언(政經言)의 유착을 실감나게 보여 준다. 이들이 처절하게 망하게 되는 원인은 '연예인의 성접대를 받는 장면이 찍힌' 동영상이다.

사실 성접대 동영상은 빙산의 일각에 지나지 않으며 이들의 협잡은 상상을 초월한다. 영화에 등장하는 국회의원이 친구인 신문사 주간에게 "내가 싼 똥을 니가 잘 치워 왔잖아"라는 표현을 할 정도다. 이렇게 자기 몸이 부정한 사람들이 얼마나 많이 정치계, 언론계, 경제계에 포진하고 있는지 우리는 모른다. 수많은 내부자들이 잔혹한 굴욕을 당하면서도 고발을 못하고 있다. 날마다 피울음을 삼키는 사람이 얼마나 많은지. 참으로 고통스러운 지금, 여기의 대한민국이다.

염자가 조정에서 물러나오자 공자가 물었다.

"왜 이렇게 늦었느냐?"

"정사의 논의가 길어졌습니다."

"집안일이겠지. 나라의 정사였으면 비록 내가 쓰이지 않고 있으나 나도 그 일에 참여하여 들었을 테니까."

冉子退朝. 子曰, "何晏也?" 對曰, "有政." 子曰, "其事也. 如有政, 雖不吾以, 吾其與聞之."

염자는 염유이며 염구이다. 성인 염 뒤에 '자'를 붙인 것으로 봐서 염구를 존숭하는 제자들이 편집한 대화로 보인다. 그러나 내용은 꼭 그렇지 않다. 염구를 높이는 이야기가 아니다. 〈논어〉의 편집이 진실성을 확보하는 부분이 이런 장면들이다.

염구가 계씨 집안의 총재로 있을 때이며, 공자의 귀국 초기로 보인다. 아마도 공자가 귀국한 초기에 염구는 퇴근할 때마다 스승을 뵈었던 모양이다. 보통 때보다 현저히 늦은 퇴근이라 공자가 물어본 것이다. 염구는 별 생각 없이 있는 그대로 회의가 늦어졌다고 대답했다. 계씨는 일개 대부 집안이지만 노나라의 정치를 좌우했다. 그러니 계씨가 염구와 논의한 것은 노나라의 정치가 맞다.

하지만 공자는 인정하지 않는다. 계씨의 전횡을 미워했기 때문이다. 그 전횡에 일익을 담당하고 있는 염구도 마찬가지로 경계할 필요성을 느꼈다. 그것은 '집안일(其事)'에 불과하다는 표현은 계씨의 논의를 한참 격하시키는 발언이다. 덧붙인 '나도 참여하여 정사를 들었을 것'이라는 말은 근거가 있다. 대부급 벼슬을 지낸 사람은 나라의 중요한 논의에는 참여를 시키는 것이 당시 관례였다. 공자는 대부가 된 적은 없지만 대사구 벼슬을 지냈으므로 '원로'의 대접을 받아야 했다. 그 자리에 있지 않으면 그 정사를 논의하지 말라는 생각을 공자는 갖고 있었다.

정공이 공자에게 물었다.

"한마디 말로 나라를 일으킬 수 있다 하니, 정말 그런 게 있습니까?"

"한마디 말로 그렇게 될 것을 기대할 수는 없겠지요. 하지만 사람들이 '임금 노릇 하기도 어렵지만 신하 노릇 하기도 쉽지 않다'고 말합니다. 만일 임금 노릇 하기가 어렵다는 것을 안다면 한마디 말로 나라를 일으킬 것을 슬쩍 기대해 볼 수도 있지 않을까요?"

"말 한마디로 나라를 잃을 수도 있다 하니, 과연 그런 게 있습니까?"

"말 한마디로 그렇게 되기를 기약할 수는 없을 겁니다. 하지만 사람들이 '나는 임금 노릇 하는 건 즐겁지 않지만 오직 사람들이 내가 한 말을 어기지 않는 건 좋다'고 하더군요. 만일 임금의 말이 선한데 어기지 않는다면 그건 좋은 일입니다. 그런데 선하지 않은데도 사람들이 어기지 못한다면, 아마도 한마디 말이 나라를 잃게 할 수도 있지 않을까요?"

定公問, "一言而可以興邦, 有諸?" 孔子對曰, "言不可以若是其幾也. 人之言曰, '爲君難, 爲臣不易.' 如知爲君之難也, 不幾乎一言而興邦乎?" 曰, "一言而喪邦, 有諸?" 孔子對曰, "言不可以若是其幾也. 人之言曰, '予無樂乎爲君, 唯其言而莫予違也.' 如其善而莫之違也, 不亦善乎? 如不善而莫之違也, 不幾乎一言而喪邦乎?"

정공은 공자가 대사구 벼슬을 할 때의 임금이다. 이 문답은 그때 이뤄진 것으로 보인다. 이 대화에서 인상적이 부분은 나라를 잃어버리게 하는 상방(喪邦)의 한마디다. 임금의 말이 불선한데도 아무도 어기지 않는다는 것, 얼마나 끔찍한가?

이 끔찍함이 인류 역사상 수많은 나라에서 일어났고 나라를 망쳤다. 권력에 아부하는 '지당대신'들이 얼마나 많았던가. 지금 2016년 대한민국에서도 그런 일이 벌어지고 있다. 대통령의 성인 박(朴)을 놓고 친박이니 비박이니 한다. 더욱 가관인 것은 진박논쟁(眞朴論爭)이다. 대통령이 국회의원 선거 공천을 앞두고 "진실한 사람이 선거에서 살아와야 한다"고 한마디 하자 여기저기서 '내가 진실한 사람'이라고 아우성을 쳐댄다. 대통령의 마음을 헤아리는 진실한 사람이 '진박'이라는 것이다. 차마 눈뜨고 못 볼 꼴불견이다. 공천권을 두고 침을 질질 흘리며 달려드는 똥개들 같다.

이런 진박이 대통령 주변을 에워싸고 있으면 여기의 대화처럼 한마디 말로 나라를 잃어버리지 않겠는가. 북한의 미사일을 견제하는 데 무용지물인 '사드(THAAD : 고고도미사일방어체계)'를 미국이 좁은 땅에 배치하겠다는데 '옳소'만 외치는 사람들로 가득하니 '상방'의 위험이 가득할 뿐이다. 같은 민족끼리 서로 미워하면서 군비경쟁에만 골몰하면 좋아하는 건 미국의 군수업체요, 멀어지는 건 한반도 평화다.

섭공이 공자에게 물었다.

"정치는 어떻게 해야 합니까?"

"가까이 있는 사람을 기쁘게 하세요. 그러면 먼 데 사람이 찾아옵니다."

葉公問政. 子曰, "近者說, 遠者來."

섭공이란 인물은 7부에 나왔던 섭이라는 작은 고을의 수령이다. 워낙 정치를 잘해서 신망이 두터워 사람들이 '섭공'이라 불렀다. 공자의 대답은 정말 무릎을 치게 만든다. "가까이 있는 사람이 기쁘면 먼 데 사람은 저절로 찾아온다." 이 말은 정치뿐 아니라 우리 삶의 모든 부분에 적용해도 좋다.

가정생활에서 가족을 기쁘게 하는 사람은 밖에 나와서도 사람들을 기쁘게 할 것이다. 자기 직장에서 동료들을 기쁘게 하는 사람이 밖에 나가서 그렇지 않으랴. 그러나 거꾸로 밖에 나와서 사람들을 기쁘게 하면서 정작 집에 들어가서는 가족을 슬프게 하는 사람이 있을 수 있다. 이런 사람은 정말 행복한 삶일까? 결코 그렇지 않을 것이다. 살 속에 고름이 잡혀 있는데 밖으로 화장하여 감추고 있을 뿐이다.

나와 가장 가까이 있는 사람부터 기쁘게 하자. 그것이 곧 세상 전부를 기쁘게 하는 일이다. 나와 가장 가까운 사람은 누구일까? 바로 나 자신이다. "한 영혼이 성장하면 세계가 성장한다"는 말이 있다. 한 개인이 스스로 성장의 기쁨을 맛보지 못하면 그 개인의 세계는 삭막한 죽음이다. 내가 즐겁지 않은데 세상에 무슨 즐거움이 있겠는가. 나를 기쁘게 하고, 가족을 기쁘게 하고, 이웃을 기쁘게 하자. 내가 내면의 희열을 가질 때 나와 가까운 사람도 기쁠 수 있다.

내가 할 수 있는 일, 내가 잘하는 일, 내가 좋아하는 일을 하는 것. 그것이 내가 기쁠 수 있는 첫 번째 조건이다.

자하가 거보(莒父) 땅의 읍재가 되자 스승에게 여쭈었다.

"제가 가서 정치를 어떻게 하면 좋겠습니까?"

"빨리 하려고 하지 말고, 작은 이익을 보려고 하지 마라. 빨리 하려 하면 도달하지 못하고, 작은 이익을 보려 하면 큰일을 이루지 못한다."

子夏爲莒父宰, 問政. 子曰, "無欲速, 無見小利. 欲速, 則不達, 見小利, 則大事不成."

거보는 노나라의 작은 읍이다. 읍재는 읍의 정치를 총괄하는 수령의 자리다. 자하는 공자가 귀천했을 때 스물아홉 살이었다. 그러니 이십 중후반의 나이로 한 고을의 수령이 된 것이다. 큰일을 맡았으니 걱정이 많고 스승에게 자문을 구하는 건 당연했다.

중요한 일일수록 빨리 처리하면 실수가 많다. 현대사회에서도 부동산을 사고파는 데 격언이 하나 있다. '팔 때는 신속하게, 살 때는 신중하게'가 그것이다. 팔려고 내놓을 때는 이미 충분히 심사숙고해서 내놨으니 살 사람이 나타나면 신속하게 파는 것이 좋다. 그러나 살 때엔 뜸을 들이고 이리저리 계산하여 신중하게 구입하는 것이 후회가 적다.

고을의 수령이 처리하는 일은 부동산 매매보다 더욱 중요한 일이 많다. 조급할수록 뒤탈이 많은 법이다. 눈앞의 이익을 노리다가 큰일을 그르치는 경우야 비일비재하니 구구하게 말을 덧붙일 필요가 없겠다.

섭공이 공자에게 물었다.

"우리 고을에는 참으로 정직한 사람이 있습니다. 자기 아버지가 양을 도적질해 먹었는데 그 정직한 사람이 관가에 알렸습니다."

"우리 고을의 정직한 사람은 그와 다릅니다. 아비는 자식을 위해 숨기고, 자식은 아비를 위해 숨겨 줍니다. 정직이란 그런 속에 있는 겁니다."

葉公語孔子曰, "吾黨有直躬者, 其父攘羊, 而子證之." 孔子曰, "吾黨之直者異於是, 父爲子隱, 子爲父隱. 直在其中矣."

양(攘)은 남의 집에 가서 훔쳐 오는 것이 아니라 우리 집 울타리 안으로 들어온 짐승을 돌려주지 않고 먹어 버리는 걸 말한다. 가서 훔치는 것보단 죄질이 덜 나쁘다 해도 절도인 것은 분명하다.

정직에 대한 다양한 의견이 나올 만한 대화다. 자, 섭 땅의 정직한 사람이 진짜로 정직한 것일까? 공자 마을의 정직한 사람이 정직한 것일까? 내가 보기에 공자가 말하는 사람은 정직하진 않다. 왜냐하면 숨기고(隱) 있기 때문이다. 범인을 은닉하는 건 범죄다. 다만 직계인 경우 정상을 참작하여 '범인은닉죄'로 처벌하지 않는 것이 우리나라 법의 판례이긴 하다.

맹자는 공자의 생각을 이렇게 변호했다.

"만약 고수(瞽瞍)가 살인을 했다면 순임금은 아무도 몰래 자기 아버지를 업고 도망쳤을 겁니다. 바닷가를 따라가서 숨어 살겠지요(瞽瞍殺

人, 舜竊負而逃, 遵海濱而處. 〈맹자〉 '진심 상', 35장)."

고수는 순임금의 아버지인데 성정이 포학하다고 전해진다. 순임금은 아버지가 살인을 하면 미련 없이 왕위를 던지고 아버지를 업고 도망칠 것이라는 말이다. 이는 사실이 아니라 맹자가 자신의 주장을 펴기 위한 가정이었다. 순임금이 그런 행동을 하는 이유는 어버이를 사랑하는 마음이 정직과 부정직을 따지는 것보다 훨씬 크기 때문이라는 것이다.

공자가 "정직이란 서로 숨겨 주는 속에 들어 있다"고 하는 말을 맹자가 그렇게 해석한 것이다. 어버이를 사랑하는 친친(親親)은 정직의 유무를 넘어서는 가치라는 것. 친친한 뒤에 타자도 사랑할 수 있으니, 친친이 되지 않는 것은 정직이 아니라 다른 욕심이 있기 때문이라고 본다. 그렇다면 섭 땅의 정직한 자식은 무슨 탐욕이 있는 것일까? 정직한 사람이라는 명예를 얻자는 것일까. 아니면 아버지를 고발하고 현상금을 받기 위한 것일까.

번지가 스승에게 여쭈었다.

"인이란 무엇입니까?"

"평소의 생활을 공손하게 하고, 일을 처리할 때엔 경건하게 하며, 사람을 사귐에는 정성을 다하는 것이다. 이 삶의 방식은 비록 오랑캐의 땅에 가더라도 버려서는 안 된다."

樊遲問仁. 子曰, "居處恭, 執事敬, 與人忠. 雖之夷狄, 不可棄也."

번지가 '인'에 대해 스승에게 묻는 것이 〈논어〉에 세 번 나온다. 그때마다 공자의 대답은 다 다르다. 6부에 나오는 대화에선 '선난후획(先難後獲)'이었고, 12부에선 '애인(愛人)', 여기에선 '공경충(恭敬忠)'이다.

"어려운 일을 먼저 하고 얻는 것은 뒤에 하라."

"사람을 사랑하라."

"나의 태도는 공손하게, 일은 경건하게, 사람을 사귐에는 정성스럽게 하라."

왜 똑같은 질문에 대한 대답이 다 다를까. 그리고 번지는 왜 같은 질문을 세 번이나 한 것일까.

번지는 워낙 둔한 사람이라는 말을 앞에서 했다. 스승의 대답을 이해하지 못하면 동료 제자에게라도 다시 물어서 깨닫고는 했다. 아마

세 번이나 인에 대해 물은 것은 번지가 공자의 말을 자기 나름대로 이해하지 못해서 그랬을 가능성이 있다. 그래서 어떤 주석가는 공자의 대답 세 가지의 순서를 매겼다.

가장 먼저 한 대답은 지금 여기의 '공경충'이며, 두 번째는 '선난후획', 마지막으로 '애인'이라는 것이다. 공자가 대답이 점점 짧아진다. 나의 몸가짐, 일에 대한 태도, 사람을 사귀는 정성으로 광범위하게 얘기하다가 타자에게 덕을 베푸는 모습으로 요약되고, 마침내 사람을 사랑하는 실천으로 열매 맺게 된다. 일리 있는 해석이다. 인이란 결국 타자를 나와 같이 생각하며 공감하는 일이며, 그건 사랑의 다른 이름이 아니던가.

자공이 스승에게 여쭈었다.

"어떤 사람을 '사(士)'라 이를 수 있습니까?"

"몸가짐에 염치가 있으며 외국에 사신으로 가서 임금의 명을 욕되게 하지 않으면 '사'라 할 수 있다."

"감히 그 다음을 묻습니다."

"일가친척에게 효자라는 인정을 받고 마을에서 공손한 사람이란 칭송을 듣는 사람이다."

"감히 그 다음도 여쭙니다."

"말에 반드시 신뢰가 있고 행동에 반드시 결과가 있는 사람이다. 이런 사람은 작은 차돌멩이처럼 단단한 고집이 있어 소인 같기는 하지만, 그래도 그 다음이라 할 만하다."

"지금 정치를 하는 사람들은 어떻습니까?"

"헐! 한 말이나 한 말 두 되들이 같은 사람들을 무엇으로 계산하겠느냐?"

子貢問曰, "何如斯可謂之士矣?" 子曰, "行己有恥, 使於四方, 不辱君命, 可謂士矣." 曰, "敢問其次." 曰, "宗族稱孝焉, 鄉黨稱弟焉." 曰, "敢問其次." 曰, "言必信, 行必果, 硜硜然小人哉! 抑亦可以爲次矣." 曰, "今之從政者何如?" 子曰, "噫! 斗筲之人, 何足算也?"

공자 당대의 현실정치인에 대한 실망이 가득한 발언이다. 두소지인(斗筲之人)의 '두'는 한 말, '소'는 한 말 두 되들이 그릇이다. 대나무로 만들었다. 종지보다는 크지만 어쨌든 그릇이 작은 인물이다. 차돌멩이처럼 단단한 고집으로 뭉친 소인보다도 못하다고 공자는 진단한다. 공자의 한탄은 지금도 여전히 유효하다. 국민과 역사는 보이지 않고 '금배지'만 보이는 두소지인들이 대한민국의 여의도 국회의사당에 가득하다.

자공에게 '행기유치(行己有恥)'를 말한 것은 절실하다. 자공은 말을 잘하는 사람이었다. 사신으로는 아주 적합한 사람이다. 그러나 말을 잘하는 것은 자칫하면 화를 부를 수 있다. 사신이 말 한마디를 잘못하면 곧바로 임금을 욕되게 하는 일이며 나라에 해를 끼치게 된다. 눌변인 사람보다 달변인 사람이 오히려 실수할 가능성이 크다고 하겠다. 그래서 공자는 '행기', 곧 자기의 몸가짐, 자기의 언어에 부끄러움이 있어야 한다고 충고했다. 달변인 사람은 사실이 아닌 것도 진실인 것처럼 과장하다가 화를 부르는 일이 종종 있기 때문이다.

공자가 말했다.

"중용을 행하는 사람과 함께하지 못한다면 반드시 '광견'한 사람과 함께하겠다. 광자는 진취적이요, 견자는 하지 않는 바가 있는 사람이다."

子曰, "不得中行而與之, 必也狂狷乎! 狂者進取, 狷者有所不爲也."

중행(中行)은 중용의 덕을 행하는 사람이다. 불편부당한 사람. 어느 한쪽으로 치우치지도 않고 패거리도 짓지 않는 공명정대한 사람. 이런 사람은 매우 드물다. 하지만 광자와 견자는 우리 주위에 많다. 광자는 진취성이 남보다 뛰어난 사람이다. 거칠고 사납지만 뜻이 원대하다. 다듬어지지 않은 원석이라 빛이 날 요소를 많이 품고 있다. 행동도 크고 넓어서 대범하다. 말은 더욱 커서 한마디 말로 세상을 결딴낼 듯하다. 이 광자는 잘만 다듬으면 인류의 보석이 되지만, 잘못 다듬으면 인류의 해악이 될 수도 있다.

견자는 지혜는 좀 부족하나 세상의 불의에 대해선 결코 용납하지 않는 사람이다. 당연히 견자 본인은 불의한 일을 절대로 하지 않는다. 다만 뜻을 넓게 가지고 행동을 대범하게 하는 포용력이 필요하다. 광자는 지나치게 크고 견자는 지킴이 좀 답답할 정도로 견고한 단점들을 가졌다. 단점을 잘라 내고 장점을 키우면 광자와 견자는 중행이 될 가능성을 갖고 있는 사람들이다.

공자가 말했다.

"남쪽 사람들이 말하기를 '사람이 항심이 없으면 무당이나 의사가 될 수 없다' 고 하니 참 좋은 말이다! 역경의 항괘(恒卦) 구삼(九三) 효사에 '그 덕이 한결같지 않으면 끝내 부끄러움을 얻게 된다' 고 했다. 이는 정성스럽게 점을 하지 않아서 그렇다."

子曰, "南人有言曰, '人而無恆, 不可以作巫醫.' 善夫!" "不恆其德, 或承之羞." 子曰, "不占而已矣.

항심은 한결같은 마음이다. 맹자는 항심은 '선비'가 갖춰야 할 기본 덕목이라고 봤다. 그런데 항심은 항산(恒產)이 없으면 갖기 어렵다고 했다. 항산이란 사람이 사람답게 살아가는 데 필요한 기본적인 의식주를 말한다. 하지만 항산이 없어도 아주 드물게 항심을 유지하는 사람이 있는데 굳센 의지를 가진 '사'가 가능하다.

남쪽 사람들이 말하는 무당과 의사가 맹자의 표현을 빌리면 바로 굳센 의지를 가진 '사'이다. 선비로 번역되는 사는 후대에 개념화된 것이고, 공자 시대의 말로는 '샤먼'이라고 보는 게 좋다. 샤먼은 혹독한 통과의례를 거쳐 타계의 신들과 소통하는 사람이다. 그들은 무당이라 불리기도 했고 의원이라 불리기도 했다. 샤먼은 사람들의 신체의 병과 영혼의 병을 모두 치유해 주는 사람들이었다.

샤먼은 한 번 죽었다 재생의 의식을 치른다. 죽음에 이를 정도로 음식을 먹지 않고 옷도 입지 않으며, 토굴이나 나무 위에서 죽음의 의식을 치른다. 인간의 기본적이 삶의 조건인 의식주를 초월하는 통과의례를 완수한다. 재생하여 진정한 샤먼이 되면 그들은 항심을 갖게 된다. 타자의 아픔을 위로하고 치유하는 삶을 살게 되는 것이다.

그런데 더러 선무당이 있다. 선무당은 제대로 된 죽음과 재생의 통과의례를 거치지 않은 사이비 샤먼이다. 이들은 당연히 항심을 가질 수 없고 샤먼의 덕이 한결같을 수 없다. 가끔 사람들을 치유해 주는 능력을 발휘하기도 하지만 끝내 스스로 수치와 굴욕을 받게 된다. 공자는 그것을 '부점(不占)'이라고 말했다. 정성스럽게 점을 하지 않았기 때문이라는 건데, 이는 제대로 된 통과의례를 거치지 않았다는 말과 같다. 신성화된 시공간을 자유롭게 오갈 수 있는 샤먼이 아니라는 것이다.

지극히 세속화된 물욕에 눈이 어두운 선무당이 참 많다. 성스러운 종교적인 인간으로 살아가는 샤먼은 상대적으로 드물다. 서양 의학에서 히포크라테스의 선서는 의학의 성화를 의미한다. 그러나 지금은 어떤가. '자본'이라는 이름을 가진 물신을 숭배하는 무의(巫醫)만이 가득하다.

공자가 말했다.

"군자는 조화롭고 패거리를 짓지 않지만, 소인은 패거리를 짓고 조화롭지 않다."

子曰, "君子和而不同, 小人同而不和."

화(和)는 다른 모습, 다른 생각을 인정할 때 가능하다. 사람은 누구나 각자의 존재만으로도 충분히 빛난다. 사람만이 아니다. 나무나 꽃이 그렇고 길가의 돌멩이 하나, 흐르는 강물도 얼마나 아름답게 빛나는가. 나의 존재는 내가 존재하는 것만으로도 충분히 가치 있는 일이므로 다른 사람의 판단에 휘둘릴 필요는 전혀 없다. 물론 다른 이의 판단을 나의 내면으로 가져와 참고는 해야 한다. 필요한 것은 남겨 두고 필요 없는 것들은 버린다. 그것이 조화다.

동(同)이란 이견과 이의를 인정하지 않는 것을 말한다. 유일한 어떤 것이 있고 맹목적으로 추종해 간다. '우리는 하나다!', '우리가 남이가!'를 외치며 획일성을 강조한다. 각자 단독자로서 존재가 빛나지 않으며 전체 속의 한 요소에 지나지 않는다. '동'이 지배적인 사회는 독재와 전체주의의 세계가 된다. 한마디로 소인들의 전성시대가 되는 것이다.

자공이 스승에게 여쭈었다.

"마을 사람들이 모두 '좋다!' 고 하면 어떻습니까?"

"아직 동조하면 안 된다."

"마을 사람들이 모두 '나쁘다!' 고 하면 어떻습니까?"

"아직 동조하면 안 된다. 마을 사람 가운데 선한 사람이 좋다 하고 불선한 사람이 나쁘다고 하는 것만 못하다."

子貢問曰, "鄕人皆好之, 何如?" 子曰, "未可也." "鄕人皆惡之, 何如?" 子曰, "未可也, 不如鄕人之善者好之, 其不善者惡之."

절대적으로 선한 사람이나 불선한 사람이 있을까. 공자의 말이 성립하려면 모든 사람이 인정하는 선자와 불선자가 있어야 한다. 내가 어떤 마을에서 실제로 겪은 경험이 있다. H라는 분은 외부에서 보기엔 정말 훌륭했다. 진보적인 사회단체에서도 활동하며 연세도 높은데 하는 말씀이 늘 공손했다. 그런데 마을에 들어가서 보니 앙숙으로 싸우는 사람 M이 있었다. 비슷한 연배인 두 분은 서로 화해가 불가능할 정도로 미워하고 있었다. 그런데 두 분은 각각 지지세력이 있었다.

자, 이 두 사람은 불선자인가 선자인가. 만약 H의 말씀에 따르자면 M은 정말 나쁜 사람이고 불선자이다. 한편 M이 극도로 미워하는 H는 당연히 '미워할 만한 사람'이 된다. 공자의 말에 따르면, 한 마을의 불선자가 나쁘다고 하는 사람은 진짜 나쁜 사람이니까. 이렇게 되면 M과 H는 둘 다 '나쁜 사람'이다.

그런데 다르게 생각해 보자. H가 외부의 평가대로 선자라면, H가 좋아하는 사람은 '좋은 사람'이다. 그런 사람 L이 그 마을에 있다. H는 L을 천하에 둘도 없는 훌륭한 사람이라고 칭찬한다. 그런데 이미 앞에서 증명한 대로 H는 선자가 아니다. 왜냐하면 H는 자신이 불선자라고 지목한 M에게 나쁘다는 평을 듣고 있기 때문이다. 따라서 L에 대한 평가 또한 신빙성이 떨어진다.

결국 여기 공자의 논리는 애매하다. 선자와 불선자를 절대적으로 확정할 수 없다면 성립할 수 없는 논리이기 때문이다. 확실한 것은 누군가를 자꾸 나쁘다고 말하는 사람은 신뢰를 잃기 십상이라는 점이다. 꼭 내가 아니더라도 누군가를 인정하고 칭찬하는 말은 듣기가 좋다. 물론 내가 아닌 다른 사람을 나쁘다고 하는 말도 듣기가 싫은 법이다. 그렇다면 공자가 말하는 선자(善者)는 '나쁘다'는 말을 하지 않는, 누군가를 칭찬하고 인정하는 말만 하는 사람이 아닐지. 군자는 다른 사람의 아름다움을 이뤄 주지, 나쁜 점을 이뤄 주지 않는다고 했다. 이 말을 약간 바꾸면 "군자는 다른 사람의 좋은 점만 얘기하지, 나쁜 점은 말하지 않는다"고 할 수 있겠다.

공자가 말했다.

"군자는 섬기기는 쉬워도 기쁘게 하기는 어렵다. 정당하지 않은 방법으로 기쁘게 하면 기뻐하지 않기 때문이다. 군자는 사람을 쓸 때에 그 사람의 그릇에 맞춘다. 소인은 섬기기는 어려워도 기쁘게 하기는 쉽다. 정당하지 않은 방법으로 기쁘게 해도 기뻐하기 때문이다. 소인은 사람을 쓸 때에 한 사람이 모든 걸 갖추기를 요구한다."

子曰, "君子易事而難說也. 說之不以道, 不說也, 及其使人也, 器之. 小人難事而易說也. 說之雖不以道, 說也, 及其使人也, 求備焉."

군자와 소인의 모습을 알기 쉽게 잘 대비시켰다. 섬기기 쉽고 어려움은 사람을 부리는 것으로 드러난다. 군자는 사람을 재질에 맞게 일을 준다. 사람을 적재적소에 배치하면 일하기가 쉽다. 일의 능률도 오르고 성취도 좋다. 윗사람에게 꾸지람 받을 일도 당연히 줄어든다. 적재적소에 배치하는 일, 그것이 '기지(器之)'이다.

반면 소인은 사람의 재질을 잘 파악하지 못하거나 파악했다고 하더라도 적재적소에 배치를 하지 못한다. 공명정대하지 않고 여러 가지 요소가 개입하여 자리가 뒤틀리기 때문이다. 재질에 맞게 배치를 하지 못한 상태에서 "그런 일도 못하느냐!" 하고 꾸짖는다. 소인의 밑에서 일을 하는 사람은 모든 일을 다 잘해야 되니 죽을 맛이다. 모든 능력을 갖추기를 요구하는 것, 그것이 '구비(求備)'이다. 얼마나 섬기기 어려운가.

정당하지 않은 방법을 써도 기뻐하면 기쁘게 하기 쉽다. 세상에는 비정상적인 방법으로 성취할 수 있는 것이 훨씬 많기 때문이다. 정정당당하게 성취하는 일만 기뻐하는 사람이 군자이다. 따라서 군자를 감동시키기란 쉽지 않은 셈이다.

공자가 말했다.

"군자는 태연하며 교만하지 않다. 소인은 교만하며 태연하지 않다."

子曰, "君子泰而不驕, 小人驕而不泰."

태(泰)는 넉넉하고 자유로우며 태연한 모습이다. 마음속에 불편한 기운이 쌓이면 태연할 수가 없다. 군자는 마음속에 근심걱정이 없으므로 평화롭고 너그럽다. 태연함이 자연스럽지 않고 큰 체를 하면 그건 교만이 된다. 내면에 덕성이 가득 쌓여 자연스럽게 밖으로 드러나면 태연하다. 그러나 속에는 두려움이 있고 근심걱정이 있으면서 밖으로만 태연한 척하면 그건 교만이다. 물론 재물이 많고 지위가 높아 크게 평가를 받는 것이 실제라고 하더라도 그것을 자랑으로 여기는 마음을 보이면 그것 또한 교만이다.

공자가 말했다.

"강하고 굳세고 소박하고 어눌하면, 인에 가깝다."

子曰, "剛毅木訥, 近仁."

인자가 될 수 있는 소질을 네 가지 들었다. 강(剛)은 강철처럼 단단하여 쉽게 꺾이지 않는 심지를 말한다. 의(毅)는 결단성이 있고 한번 결정한 일을 끝까지 밀고 나가는 굳센 의지를 말한다. 목(木)은 소박하고 순수함이다. 눌(訥)은 과묵하여 말을 함부로 하지 않는 성품이다.

이 네 가지는 하나하나 아름다운 소질이다. 넷 중에 하나만 타고나도 일생을 살아가는 데 큰 허물이 없겠다. 그런데 만약 이 네 가지를 다 타고났다면 그 사람은 인자가 될 가능성이 매우 크다는 것이다. 이를 공자는 근인(近仁)이라고 했다.

공자의 말을 들으면서 나는 스스로 돌아보았다. 우선 다른 사람과 대화를 할 때 하고 싶은 말을 못 참고 말이 많으니 '눌'이 없다. 강철처럼 단단한 심지도 자신할 수 없다. 한번 결정한 일은 꽤 밀고 나가는 힘이 있으니 '의'는 조금 있다. 화려하고 웅장한 것을 좋아하니 소박하진 않은 것 같다. 나를 분석하고 보니 인자가 될 성정을 별로 타고난 것 같지 않다. 더욱 많은 수련이 필요하다는 뜻이겠다.

자로가 스승에게 여쭈었다.

"어떻게 하면 '사'라고 할 수 있겠습니까?"

"간곡하고 지극하게 힘을 쓰고 조화롭고 화목한 사람은 '사'라 할 수 있지. 붕우에겐 간곡하고 지극하게 정성을 쏟고, 형제에겐 조화롭고 화목해야 한다."

子路問曰, "何如斯可謂之士矣?" 子曰, "切切偲偲, 怡怡如也, 可謂士矣. 朋友切切偲偲, 兄弟怡怡."

사(士)는 공자가 정립한 사회계급이라 할 수 있다. 공자 당시인 춘추시대에는 왕과 귀족이 지배계급을 형성했다. 일반 백성인 민(民)이 일정한 스펙을 쌓으면 '사'가 되어 벼슬길에 나아갈 수 있었다. 사는 잘하면 자기의 영토를 갖는 대부가 될 수도 있었다. 공자의 학단에서 배운 사람들이 사가 되어 젊은 나이에도 고을의 수령이 되어 가곤 했다. 제자들이 공자가 말하는 '사'가 무엇인지 의문을 가질 수밖에 없다. 많은 제자들이 사에 대해 묻는 까닭이 거기 있다.

자로와의 대화에서 역시 공자의 교육 방법이 그대로 드러난다. 묻는 제자의 성정과 재질에 맞추어 대답을 주는 가르침. 자로는 언젠가 붕우에 대한 무한신뢰를 드러낸 적이 있다. 수레와 말과 좋은 재물을 벗들과 함께 쓰다가 다 없어져도 유감이 없겠다는 소망. 공자도 자로의 그런 성정을 잘 알았다. 이미 그것만으로도 자로는 사의 소질이 있었다. 그러나 공자는 자로의 장점을 더욱 극대화시켜 주기 위해 절절시시(切切偲偲)를 말해 준다. 간절하고 지극하게 정성 들여 벗에게 힘을 쏟으라고 격려한다. 나에게 절절시시하는 벗이 있다면 나 역시 그 벗에게 절절시시하게 될 것이다. 물론 내가 먼저 절절시시해야 한다.

굳이 벗과 형제를 구분해서 형제에겐 '이이(怡怡)'하라고 한 까닭은 무엇일까? 형제는 피를 나눈 혈친이지만 친구처럼 막역하지 못한 경우가 많다. 형제 사이엔 화목하고 화락한 것이 먼저다. 형제 사이가 화목하다면 절절시시는 자연스럽게 따라올 것이다.

공자가 말했다.

"선인이 백성을 칠 년 동안 가르치면 전쟁에 나아가게 할 수 있다."

공자가 또 말했다.

"가르치지 않은 백성으로 전쟁을 벌이는 것, 이것을 백성을 버린다고 말한다."

子曰, "善人教民七年, 亦可以卽戎矣." 子曰, "以不教民戰, 是謂棄之."

공자는 전쟁을 원하지 않았다. 인자가 예악으로 정치를 하면 전쟁은 필요 없게 된다고 주장했다. 그러나 주나라 무왕이 은나라의 폭군인 주임금을 친 것은 인정했다. 은나라의 백성들도 폭군을 제거하기를 바랐기 때문이다. 이는 선인에 해당하는 무왕이 주의 백성과 은의 백성을 가르친 이후, 부득이한 전쟁을 벌인 것으로 본다.

그러나 지배자의 욕망을 위하여 백성의 요구와 어긋나는 전쟁이 '가르치지 않은 백성'으로 휘몰아 벌이는 전쟁이다. 이런 전쟁은 참혹한 죽음만 쌓이게 된다. 공자가 당시의 제후들이 자신의 욕망으로 백성을 버리는 전쟁을 획책하는 세태를 한탄한 것이다.

지금 대한민국은 주변 강대국들의 전쟁터가 될 위기에 있다. 미국 군수업체의 돈벌이와 미국의 욕망을 실현시켜 주기 위한 미사일 방어진지를 한반도 땅에 설치하려 한다. 대한민국의 정부는 국민들에게 진실을 알리지 않는다.

중국은 이런 흐름을 이렇게 표현했다.

'항장무검, 의재패공(項莊舞劍, 意在沛公).'

"항장이 칼춤을 추는 건 뜻이 패공에게 있다"는 말이다. 항장은 중국에서 초나라와 한나라가 천하를 놓고 다투던 때 초나라 항우의 부하 장수였다. 항우가 패공, 곧 유방을 초청한 자리에서 항장에게 칼춤을 추게 했다. 칼춤을 추다가 유방을 암살하라고 지시한 것이다. 이 계책을 눈치챈 유방은 뒷간을 간다 하고 자리를 피해 도망쳤다. 결국 유방이 긴 싸움 끝에 항우를 멸망시키고 한나라를 세웠다.

중국이 이 말을 한 까닭이 무엇이겠는가. 대한민국은 미국이라는 항우의 부하 장수인 항장이 되어 칼춤을 추고 있다는 뜻이 아니고 무엇이겠는가. 주권을 가진 한 나라가 이런 수모를 당하고도 아무런 대응을 못하는 건 참 무기력한 일이다.

14
원양, 이 도적놈아
헌문

論語人文學

원헌이 스승에게 여쭈었다.

"부끄러움에 대해 알고 싶습니다."

"나라에 도가 있을 때에도 녹만 먹고, 나라에 도가 없을 때에도 녹만 먹는 것이 부끄러운 일이다."

憲問恥. 子曰, "邦有道, 穀, 邦無道, 穀, 恥也."

원헌은 원사(原思)라고도 불리는 제자다. 재물에 별 욕심이 없는 인품으로 공자에게 칭찬을 받았다. 곡(穀)은 벼슬을 할 때 나라에서 주는 곡식이니 바로 녹(祿)이다.

공자는 유도한 세상이나 무도한 세상이나 벼슬을 할 수 있으면 해야 한다는 생각을 하고 있다. 문제는 녹만 먹는 것이다. 아무것도 하는 일 없이 자리만 차지하고 앉아 나라의 세금을 축내는 일, 그것이 부끄러운 일이다. 요즘 우리나라의 상황에서 보면, 대통령 선거가 끝난 뒤 국영기업체의 장을 나눠먹기 식으로 차지하는 관례가 여기 공자가 지적하는 일에 정확하게 대응된다.

원헌은 견개(狷介)한 사람으로 유명했다. '견'은 지조를 지켜 의리에 맞지 않는 일은 하지 않는 것이고, '개'는 옳고 그름을 분별하여 재물이나 자리를 함부로 취하지 않는 것을 말한다. 견개가 있는 사람은 하는 일 없이 녹을 먹는 것을 몹시 부끄러워한다. 지금 우리나라에는 부끄러움이 없는 사람이 너무나 많다.

원헌이 스승에게 여쭈었다.

"이기려는 것, 자랑하는 것, 원망하는 것, 욕심 부리는 것을 하지 않으면 인을 실천한다 할 수 있겠습니까?"

"그건 참 실천하기 어려운 일이다. 하지만 인의 실천이라고 할 수 있을지는 나도 모르겠구나."

"克伐怨欲不行焉, 可以爲仁矣?" 子曰, "可以爲難矣, 仁則吾不知也."

'하지 않는다'는 뜻인 불행(不行)은 통제의 의미가 있다. 자연스럽지 않고 강제하는 것이 통제다. 남을 이기려는 마음, 자랑하고 싶은 마음, 남을 원망하는 마음, 욕심을 부리는 마음들이 불쑥불쑥 솟아나지만, 그걸 억지로 억눌러 가라앉히는 것이 불행이요 통제다. 공자는 그런 통제 자체도 어려운 일임을 인정했다.

사실 그렇다. 평온한 마음이다가도 단 한마디 말 때문에 울컥 화를 쏟아낼 때가 얼마나 많은가. 왜 내 마음을 그리도 못 알아주느냐고 원망도 많이 한다. '극벌원욕(克伐怨慾)'의 속물적인 근성은 내 온몸 곳곳에서 솟아나오기 위해 호시탐탐 틈을 노린다. 눈빛으로도 나오고 말로도 나오고 행동으로도 나온다. 통제를 해야 되는 곳이 한두 군데가 아니다. 그러니 얼마나 어려운가.

이렇게 어렵기 때문에 '인'이라고 할 수가 없다. 인은 통제를 통해 이뤄지는 경지가 아니다. "열 번을 잘해 주다가도 한 번 버럭 화를 내서 다 까먹는다"는 말이 있다. 한 번의 화가 지나치게 강력하여 열 번 잘하던 것을 다 무색하게 만들어 버릴 때 그렇다. 이런 경우엔 차라리 잘해 주지 말라는 경고를 듣는다. 이것이 바로 통제의 비극이다. 간신히 열 번은 통제를 했으나 단 한 번 통제를 하지 못해 '나쁜 사람'이 되고 만다. 당연히 이 사람은 열 번을 잘했어도 한 번의 잘못이 너무 크기 때문에 나쁜 사람일 수밖에 없다. 그래서 공자는 말한다.

"통제하는 것도 어려운 일이다. 하지만 통제를 통해서 인의 경지에 갈 수는 없단다, 헌아."

공자가 말했다.

"사가 편안하게 살기를 바란다면 사라고 하기엔 부족하다."

子曰, "士而懷居, 不足以爲士矣."

꽤 무서운 말이다. 편안하게 살기를 바라지 말라니. 거(居)는 '살다, 거주하다, 앉다, 차지하다' 등의 뜻을 갖는다. 그래서 어떤 사람이 사는 곳을 '거처'라고 표현하기도 한다. 회(懷)는 '품다, 안다, 생각하다' 등의 뜻이다. 그렇다면 회거(懷居)는 어떤 살 곳을 마음속으로 생각한다는 뜻이 되겠다.

여기서는 '사'의 조건으로 제시되었으므로, 나는 '편안하게 살기를 바란다'고 해석을 했다. 사는 늘 경계에 서서 굳센 삶을 살아가는 사람이므로 평안하기는 어렵지 않겠는가. 여기서 평안이란 세속적인 어떤 성공이나 행복을 말한다. 사는 세상사에 눈을 감고 살 수가 없다. 세상의 온갖 풍파를 받아 안으려는 각오를 가진 사람이다. 그래서 어디 숲속으로 들어가 자연과 벗 삼는 은자의 삶도 가지지 않는다.

민중의 삶을 해치는 권력이 패악을 부리면 누구보다 앞장서서 나서는 사람도 '사'다. 광화문 광장에서 물대포에 쓰러지는 늙은 농부도 사다. 촛불을 들고 서울시청 잔디밭에 앉아 노래를 부르는 교복 입은 중학생도 사다. 집에 편안히 누워 즐길 수 있는 핸드폰 오락을 마다하고 길거리를 행진하는 그들은 다 사다. 모든 편안한 거처를 뛰쳐나와 불편한 진실과 옹골차게 맞서는 그는 단연코 사다.

공자가 말했다.

"나라에 도가 있으면 말을 높게 하고 행동도 높게 하라. 나라에 도가 없을 땐 행동은 높게 하되 말은 겸손하게 낮춰라."

子曰, "邦有道, 危言危行, 邦無道, 危行言孫."

공자는 한 나라에 도가 있을 때와 없을 때의 언행에 대해 여러 가지로 변주한다. 도의 유무에 관계없이 행동은 변함이 없어야 하지만, 말은 때에 맞춰 변화를 주라고 한다. 위(危)는 '위태롭다'는 뜻이다. 높은 벼랑 위에 서 있는 사람은 위험하다. 그래서 위는 '높다'는 뜻을 포함한다. 높고 위험한 행동이 곧 위행(危行)이며, 높고 위태로운 말이 위언(危言)이다. 시인 백석의 시 '흰 바람벽이 있어'에 이런 구절이 있다.

> 하늘이 이 세상을 내일 적에 그가 가장 귀애하고 사랑하는 것들은 모두 가난하고 외롭고 높고 쓸쓸하니 그리고 언제나 넘치는 사랑과 슬픔 속에 살도록 만드신 것이다.

위언은 높은 말이며, 불의를 비판하는 말이며, 센 말이다. 위행은 정직한 행동이며, 올바른 행동이며, 용기 있는 행동이다. 따라서 위언과 위행을 하는 사람은 높지만 쓸쓸하고 외롭다. 넘치는 사랑으로 사람들을 사랑하지만, 그 자신은 슬픔 속에서 살아간다. 안회처럼 똥구멍이 찢어지게 가난하기도 하다.

공자는 위언과 위행을 하는 사람을 높게 인정한다. 그러나 안타까운 마음으로 넌지시 충고한다. 무도한 세상에선 위행은 하되 위언은 삼가라고. 행동은 높고 용기 있고 올바르게 하더라도 말은 낮추라는 것이다. 공자의 충고를 곰곰이 생각해 보면 '말'이 얼마나 큰 위력을 갖는지를 알게 된다. 따뜻한 말 한마디가 말없는 수많은 행동보다 더 감동을 주는 경우도 많다. 우리는 누군가의 행동을 이해하지 못하는 경우는 많지만, 말은 그렇지 않다. 말은 전달력과 파괴력에 있어서 행동보다 몇 배 더 강력하다.

공자가 말했다.

"덕이 있는 사람은 반드시 쓸 만한 말도 있지만, 쓸 만한 말을 한다고 반드시 덕이 있는 건 아니다. 인자는 반드시 용기가 있지만, 용기가 있다고 반드시 인자인 건 아니다."

子曰, "有德者必有言, 有言者不必有德. 仁者必有勇, 勇者不必有仁."

여기 '유언(有言)'의 조건은 다음과 같다. 교언이 아닐 것, 행동보다 앞서지 말 것, 뻥치는 큰소리가 아닐 것, 정확하게 모르는 건 뺀 말일 것, 때에 적절하게 맞는 말일 것, 어눌할 것 등이다. 이 조건들은 공자가 여러 제자들에게 들려준 말에 대한 가르침이다. 공자가 말하는 '쓸 만한 말'이 되려면 이 조건들은 기본적으로 갖춰야 한다.

덕은 몸에 체화되어 자연스럽게 드러나는 훌륭한 품격이다. 쓸 만한 말을 하는 것 자체가 덕이 있는 사람이란 걸 나타낸다. 그러니까 유덕자는 쓸데없는 말을 하지 않는다는 것과 같다. 하지만 사람은 누구나 가끔은 쓸모 있는 말을 하기도 한다. 늘 소인으로 살다가 가끔 군자가 되기도 하듯이. 쓸 만한 말을 자꾸 하다 보면 유덕자가 될지도 모른다. 말을 조심하는 것 자체가 덕을 기르는 좋은 방법이기도 하니까.

인자필용(仁者必勇)은 정말 엄청난 이야기다. 인자는 자기 목숨을 이어 가기 위해서 인을 희생시키지 않는다고 했다. 차라리 자기 목숨을 버려서라도 인을 이룬다는 살신성인(殺身成仁)이 바로 인자의 용기가 아닐까 한다. 죽음조차 두렵지 않다면 무슨 용기인들 내지 못하겠는가.

그러나 용기가 있다고 반드시 인자일 수 없다는 말은, 가끔은 인을 해치는 용기도 있기 때문이다. 자로는 패륜의 혐의가 있는 위나라 임금 첩을 위해 싸우다가 죽었다. 신하된 의리를 지키기 위하여 살 수도 있는 목숨을 희생한 것은 진정한 용기라고 보기는 어렵다. 왜냐하면 첩의 권력이 정당성이 부족한 부분이 있었으므로 '살신성인'에 해당하지 않기 때문이다.

남궁괄이 공자에게 말했다.

"예(羿)는 천하제일의 명궁이었고 오(奡)는 땅에서 배를 끌 만큼 힘이 셌지만, 둘 다 자연스럽게 죽지 못했습니다. 우(禹)와 직(稷)은 몸소 농사를 지었으나 천하를 소유했습니다."

공자가 대답을 하지 않고 묵묵히 있었다. 잠시 뒤 남궁괄이 밖으로 나가자 공자가 말했다.

"군자로구나, 저 사람이여! 덕을 숭상하는구나, 저 사람이여!"

南宮适問於孔子曰, "羿善射, 奡盪舟, 俱不得其死然. 禹稷躬稼而有天下." 夫子不答. 南宮适出, 子曰, "君子哉若人! 尙德哉若人!"

남궁괄은 공자가 조카사위로 삼았던 남용이다. 남궁괄은 '예'와 '오'로 당시의 권력자들을 비유하고, '우'와 '직'으로 공자를 비유했다. 이는 공자를 면전에서 매우 높이는 말이므로 공자가 대답을 하지 않고 있다가 남궁괄이 자리를 뜬 뒤에 칭찬을 했다.

그렇다면 이 네 사람은 어떤 사람들인가. 예는 천하명궁이었으며 하(夏)가 천자국일 때 궁(窮)이라는 나라의 제후였다. 예는 당시 하나라의 천자인 상(相)을 내쫓고 왕위를 빼앗았다. 하지만 예는 곧 신하인 한착(寒浞)에게 죽임을 당하였다. 오는 바로 한착의 아들인데, 다시 소강(小康)에게 죽임을 당한다. 소강은 상의 아들로서 반란제후들을 몰아내고 왕위를 되찾은 인물이다.

우는 순임금의 신하로 물을 잘 다스려 농사지을 땅을 확보한 인물이다. 그 공로로 순임금의 선위를 받아 하왕조를 열었다. 직도 역시 순임금의 신하인데, 농사를 담당한 사람으로 씨앗의 대가였다. 직은 주(周)나라의 제후로 봉해졌다. 주나라는 나중에 은나라를 멸망시키고 천하를 소유하게 된다.

재능과 무력으로 죽고 죽이는 일을 벌인 사람들이 예와 오였다. 우와 직은 인자한 덕으로 사람을 살리는 일을 하였다. 두 부류의 사람이 극명하게 대비되지 않는가. 그래서 공자는 남용이 '덕을 숭상하는 군자'라는 칭찬을 한 것이다.

중국 신화에 아홉 개의 해를 쏘아 떨어뜨리는 신도 예이다. 여기에 등장하는 예는 신화 속의 예와는 다른 인물이다. '주몽'이라는 이름이 활을 잘 쏘는 사람의 명칭이듯이, '예'도 활을 잘 쏘는 사람을 부르던 이름 중의 하나였다.

공자가 말했다.

"군자이면서 불인한 사람은 있으나, 소인이면서 인자인 경우는 아직 없다."

子曰, "君子而不仁者有矣夫, 未有小人而仁者也."

군자와 소인, 인자의 대비가 강렬하다. 군자는 거의 인자의 경지에 도달한 사람이지만 아직 한 걸음이 부족하다. 군자라는 소리를 들으면서도 가끔은 불인한 모습을 보일 수도 있다는 얘기다. 어찌 그렇지 않겠는가. 공자가 지극히 존경했던 위나라의 거백옥도 날마다 자신의 허물을 돌아보고 고친다고 했다. 먹고 말하고 일하고 움직이는 동안에 우리는 얼마나 실수가 많은가. 다만 군자는 가끔 불인한 일을 하더라도 치명적인 잘못은 없다. 웃어넘길 수 있는 가벼운 실수.

반대로 소인은 아주 가끔도 인자의 모습을 보여 주지 않는다고 공자는 말하고 있다. 남의 잘못에 대해 가혹하게 반응하는 사람이 소인이다. 자신의 잘못에 대해선 매우 너그럽기 때문에 거백옥처럼 날마다 자신의 허물을 돌아보지도 않는다. 소인은 치명적인 잘못을 일상적으로 하면서도 그것이 잘못인지 모르는 경우도 많다.

공자가 말했다.

"사랑한다고 수고롭게 안 할 수 있는가? 정성만 들이고 가르침이 없어도 되는가?"

子曰, "愛之, 能勿勞乎? 忠焉, 能勿誨乎?"

공자가 의문을 표시한 말이어서 반향이 더 크다. '애지물로(愛之勿勞)'는 쉽게 바꿔 보자면 "손끝에 물 한 방울 안 묻혀 봤다"라는 말로 비유해 볼 수도 있겠다. 무남독녀 외동딸이 너무 아까워 설거지 한번 시키지 않은 어머니가 있다. 그 어머니는 음식을 하는 거라든가 집안일을 좀 가르치는 것이 좋지 않겠느냐는 친구의 말에 이렇게 대답했다.

"시집가면 고생할 텐데 뭣 때문에 미리 시켜."

"안 배워 두면 진짜 고생한다니까."

"아, 그럼 집안일을 안 하는 데 시집보내지 뭐."

어머니가 딸을 아끼는 마음은 이해하고도 남는다. 그런데 가끔 미리 이것저것 배워 두지 못한 것을 후회하는 딸들이 있다. 딸만 그런 것이 아니다. 너무 아끼고 사랑하다가 오히려 일을 그르치는 경우가 종종 있다. "미운 놈 떡 하나 더 주고 예쁜 놈은 매 하나 더 주라"는 말이 그래서 생겨난 듯하다.

충언물회(忠焉勿誨)도 쉽게 바꿔 보자면 "버릇없는 손자가 할아버지의 수염을 뽑는다"고 할 수 있겠다. 충은 온갖 정성을 다 들이는 마음이다. 자식보다 더 사랑스러운 대상이 손자다. 할아버지는 손자를 위하여 정말로 충성을 다해 사랑한다. 그런데 아뿔싸, 인간의 도리를 가르치질 않았다. 그래서 버르장머리가 아주 없어서 할아버지의 수염도 마구 뽑아 댄다. 그래도 할아버지는 그냥 "허허허" 웃기만 하니 손자의 버릇은 점점 나빠져만 간다.

윗사람을 대하는 태도도 마찬가지다. 정성을 들여서 보필을 하지만 필요할 때는 직언을 할 수 있어야 한다. 그 대가로 자리를 잃는 건 감수해야 한다. 직언과 충언으로 군주를 가르치다가 목숨을 잃은 충신도 많았다.

하지만 말이 그렇다. 아끼면서 수고롭게 하기, 충성의 대상을 가르치기. 이 두 가지는 실제 행동으로 옮기기엔 정말 어려운 일이다. 그러나 마음에 새겨 두자.

"진정 사랑한다면 수고롭게 하고, 진정 정성을 들인다면 가르쳐라."

공자가 말했다.

"사명장을 만들 때 비침이 초안을 만들고, 세숙이 토론하고, 행인인 자우가 수정하여 빼거나 덧붙이고, 동리의 자산이 윤색을 하였다."

子曰, "爲命, 裨諶草創之, 世叔討論之, 行人子羽脩飾之, 東里子産潤色之."

사명장(辭命狀)은 외교문서를 말한다. 한 나라의 운명을 좌우할 수도 있는 것이 사명장이다. 이 사명장을 네 명의 현자가 힘을 모아 만들었다는 얘기다. 비침(裨諶), 세숙(世叔), 자우(子羽), 자산(子産)은 모두 정나라의 대부들이다.

초창, 토론, 수식, 윤색은 한 편의 글이 완성되는 과정을 잘 보여 준다. 초창은 말 그대로 처음 만든 초안이다. 글의 뼈대가 되는 부분이므로 초안이 가장 중요하다. 초안의 줄기가 크게 바뀌지는 않는 글이 많다. 토론은 초안이 갖고 있는 장단점을 살펴보는 일이다. 다음 수식에서 장점은 살리고 단점은 삭제하게 된다. 마지막으로 글 전체의 틀과 각각의 단어, 문장이 더욱 빛나도록 꾸미는 일이 윤색이다.

초창과 토론은 '무엇을 쓸 것인가?'에 대한 부분이라면, 수식과 윤색은 '어떻게 쓸 것인가?'에 대한 논의라고 보면 되겠다.

어떤 사람이 공자에게 물었다.

"자산은 어떤 사람입니까?"

"은혜로운 사람이지요."

"자서는 어떤 사람입니까?"

"아, 그 사람! 그 사람!"

어떤 이가 잠시 생각하다가 다시 물었다.

"관중은 어떤 사람입니까?"

"그 사람은, 백씨의 병읍 삼백 호를 빼앗아 가졌습니다. 그런데 백씨는 고을을 빼앗기고 거친 밥을 먹으면서도 죽을 때까지 원망하는 말이 없었답니다."

或問子產. 子曰, "惠人也." 問子西. 曰, "彼哉! 彼哉!" 問管仲. 曰, "人也. 奪伯氏騈邑三百, 飯疏食, 沒齒無怨言."

자산은 바로 위에 나온 정나라의 대부이다. 정자산으로 많이 불리는데 공자가 높게 인정한 동시대 인물 가운데 한 사람이다. 자산은 사람을 사랑하는 일관된 마음으로 정치를 한 사람이었다. 백성들에게 너그럽고 은혜로운 인물로 정평이 있었다. 자서는 초나라의 신능(申能)이란 사람이다. 초나라 소왕을 도와 정치를 한번 일신하여 현자라는 칭송을 들었다. 그러나 자서는 소왕이 공자를 등용하려는 걸 저지하였다. 공자는 자서를 그다지 인정하고 싶지 않은 인물이어서 그냥 "아, 그 사람!" 하고 말았다.

관중은 〈논어〉에도 많이 나오는 인물이다. 공자의 평가는 칭찬과 비판이 공존하는데, 여기선 높이 평가하고 있다. 병읍(騈邑)은 제나라의 고을 이름이며, 백씨(伯氏)는 병읍을 소유한 대부였다. 삼백 호 정도 된다고 했으니, 한 호에 식구를 네 명씩 잡으면 1,200명 정도 된다.

그리 큰 고을은 아니다. 제나라 환공이 병읍을 빼앗아 관중에게 줬다. 백씨는 졸지에 식읍을 잃고 거친 밥을 먹으면서 가난하게 생을 마감했다. 몰치(沒齒)는 '이빨이 다 없어졌다'는 말로 죽음을 뜻한다. 그렇지만 백씨는 자기 땅을 가진 관중을 원망하는 말이 없었다는 것이다.

공자는 이 일화를 들어 관중의 어떤 인품을 말하려 한 것일까? 자기 땅을 빼앗기고도 원망하지 않는 마음은 어떤 마음일까? 내가 땅을 빼앗길 만하다는 인정인가. 내 땅을 가져간 관중에 대한 흠모인가. 공자가 비유를 한 뜻은 아마도 둘 다인 것 같다. 나보다 훨씬 훌륭한 인품을 가진 사람이 고을을 다스리는 것이 맞다는 긍정. 이는 관중의 인품이 훌륭했음을 증명하는 좋은 일화다. 그런데 나는 백씨의 인품에 슬며시 마음이 간다. 이 일화대로라면 백씨는 대단한 인물이 아닌가. 내 소유를 빼앗기고도 원망하지 않고 가난하게 일생을 마치다니, 이건 도대체 어떤 인격이기에 가능한가. 과연 공자는 관중을 높인 것인가, 백씨를 높인 것인가.

공자가 말했다.

"가난하면서 원망이 없기는 어렵지만, 부유하면서 교만하지 않기는 쉽다."

子曰, "貧而無怨難, 富而無驕易."

〈논어〉를 편집한 사람의 재치가 보인다. 바로 앞장의 백씨 이야기가 자연스럽게 이어진다. 백씨는 대부였으며 병읍이라는 식읍을 가진 사람이었다. 그런데 졸지에 가난뱅이로 굴러떨어졌다. 태어나면서부터 가난한 것도 견디기 힘들지만, 부자였다가 가난해지면 더욱 견디기 어렵다고들 한다. 백씨는 부자였던 사람이다. 그런데도 원망하지 않았으니 얼마나 어려운 일을 해낸 것인가.

가난한 생활은 어렵고 부유한 생활이 쉬운 건 인지상정이다. 따라서 우리의 지향점은 당연히 모든 사람에게 좋은 모두가 부유한 방향으로 잡아야 한다. 누구는 어렵게 살게 하면서 나만 쉽게 살아서 되겠는가. 그런데 자본주의는 방향이 반대다. 어렵게 사는 누군가가 있어야만 나의 자본이 축적되기 때문이다. 결국 모든 사람이 살기 쉬운 방향으로 나아가기 위해선 자본주의가 극복되어야 한다는 얘기다. 문제는 어떤 방식으로 극복할 수 있느냐 하는 것이다. 공산주의, 사회주의, 복지국가 등등 많은 실험들이 있었고, 이 실험들은 실패했거나 진행 중이다.

공자가 말했다.

"맹공작은 조와 위 집안의 가로(家老)가 되면 넉넉하겠지만, 설나라나 등나라의 대부가 되는 건 불가하다."

子曰, "孟公綽爲趙魏老則優, 不可以爲滕薛大夫."

맹공작은 노나라의 대부다. 맹손씨 집안의 사람인데, 이 사람의 인물평을 공자가 한 것이다. '조'와 '위'는 진(晋)나라의 큰 집안들이었다. 전국시대가 되면 진나라가 세 개로 쪼개져서 한(韓), 위(魏), 조(趙)가 된다. 이 세 나라를 '삼진'이라고 불렀다. 공자가 살고 있던 춘추시대 당시엔 조와 위 집안은 진나라의 대부들이었다. 노나라의 맹손씨, 숙손씨, 계손씨처럼 막강한 권력을 갖고 있던 집안들이다.

가로(家老)는 지위는 높지만 실권은 갖지 않는 자리다. 세세한 직무에 전문적으로 참여하지 않고 사람들 인화의 중심이 된다. 등나라와 설나라는 제후이긴 했으나 매우 작은 나라다. 작은 나라지만 임무를 맡으면 전문적으로 일 처리의 책임을 져야 한다. 맹공작은 조위의 가로가 되기엔 넉넉한 인품을 가졌으나, 작은 나라의 전문적인 책임을 맡는 관리가 되기엔 불가하다는 말이다.

자로가 스승에게 여쭈었다.

"완성된 사람이 있습니까?"

"장무중의 지혜와 맹공작의 불욕과 변장자의 용기와 염구의 재주에다 예악으로 꾸민다면 완성된 사람이라 할 수 있겠지."

자로가 말없이 가만히 있으니까 공자가 덧붙였다.

"지금의 완성된 사람이야 뭐 반드시 그렇겠느냐. 이익을 보면 정의를 생각하고, 위험할 때 목숨을 아끼지 않으며, 평소에 한 말을 잊지 않고 오랜 약속을 지켜내면, 역시 완성된 사람이라 하겠다."

子路問成人. 子曰, "若臧武仲之知, 公綽之不欲, 卞莊子之勇, 冉求之藝, 文之以禮樂, 亦可以爲成人矣." 曰, "今之成人者何必然? 見利思義, 見危授命, 久要, 不忘平生之言, 亦可以爲成人矣."

자로의 물음이 공자의 심기를 약간 건드렸다. 완성된 인간이라니. 성인(成人)이란 사람으로서 완성을 말하는데, 공자는 그런 인간을 말한 적이 없다. 성인(聖人)이나 인자나 군자는 사람다운 삶을 추구해 나가는 과정에서 자연스럽게 도달하는 경지로 봤다. 그런데 자로가 불쑥 '완성된 인간형'에 대한 질문을 던진 것이다. 공자의 대답은 자로의 예상을 한참 벗어났다.

지혜, 불욕, 용기, 재주라는 네 가지는 하나도 갖추기가 쉽지 않다. 더구나 장무중, 맹공작, 변장자, 염구는 세상에 이름이 떠르르한 인물들이다. 거기에 예악으로 꾸미기까지 해야 한다. 자로는 입을 떡 벌리고 아무 말도 못했다. 자로는 누구보다 먼저 나서서 말하기 좋아하지만 공자의 말에 기가 질렸다. 꿀 먹은 벙어리로 앉아 있는 자로를 보고 공자가 덧붙였다.

이익이 생겼을 때 정의로운 것인지를 살펴보고, 위험한 일이지만 의롭다면 목숨을 걸 수 있으며, 오래된 약속이라도 내가 한 말이라면 잊지 않는 것. 이 조건들도 어렵기는 마찬가지지만 그래도 많이 완화되었다. 자로에게는 이 조건들이 보통 사람들보다 좀 더 완수하기 쉬운 것들이기도 했다.

공자가 공명가에게 공숙문자(공손지)에 대해 물었다.

"정말입니까? 공손 선생은 말씀도 안 하고, 웃지도 않고, 물건을 취하지도 않는다고 하더군요."

"알려 드린 사람이 지나쳤습니다. 공손 선생은 때가 된 뒤에 말씀하시니 사람들이 그 말씀을 싫어하지 않습니다. 충분히 즐거운 뒤에 웃으시니 사람들이 그 웃음을 싫어하지 않습니다. 정의로운 물건이라야 취하시니 사람들이 그 취함을 싫어하지 않습니다."

"그런가요? 어떻게 그럴 수가?"

子問公叔文子於公明賈曰, "信乎, 夫子不言, 不笑, 不取乎?" 公明賈對曰, "以告者過也. 夫子時然後言, 人不厭其言, 樂然後笑, 人不厭其笑, 義然後取, 人不厭其取." 子曰, "其然? 豈其然乎?"

공숙문자는 공손지(公孫枝)라는 사람으로 위나라의 대부이다. 공명가도 위나라 사람인데 공자의 제자는 아니다. 공자는 공명가는 만났지만 공숙문자는 만난 적이 없다. 다만 '삼불(三不)'로 소문이 자자해서 물어본 것이다. 말도 안 하고, 웃지도 않고, 물건을 취하지도 않는 것이 삼불이다. 누가 들어도 당연히 '비유의 언어'라고 생각되지만, 그 이면이 궁금할 수밖에 없다.

공명가는 공자에게 소문을 전한 사람이 지나쳤다고 한 뒤 자신의 견해를 말했다. 시언(時言)은 때맞춰 내리는 단비처럼 꼭 필요한 때에 꼭 필요한 말을 하는 것이다. 당연히 사람들이 싫어하지 않을 뿐 아니라 좋아하겠다. 락소(樂笑)는 함께 즐길 줄 아는 것이다. 즐거움은 나누면 더욱 즐거워진다. 충분히 즐거운데도 웃지 않으면 다른 사람의 즐거움까지 빼앗는다.

의취(義取)는 사람이라면 마땅히 그러해야 하는 행위이다. 내가 가져야 마땅한 물건인데도 굳이 양보를 하는 것도 실례다. 정의롭게 취하는 물건은 다른 사람도 기뻐한다. 가져도 되고 안 가져도 되는 물건은 갖지 않는 것이 좋지만, 가져야 마땅한 물건을 갖지 않는 건 다른 사람을 불편하게 한다.

시언, 락소, 의취는 마치 우리가 숨 쉬는 공기처럼 자연스럽다. 그러나 얼마나 귀한가. 공기가 없으면 우리는 한순간도 살아갈 수가 없다. 사람의 인품이 이런 경지에 도달할 수 있을 거라고 공자는 차마 인정하기 어려웠다. 그래서 거듭 "어떻게 그럴 수가?" 하고 의문을 표시했다.

공자가 말했다.

"장무중이 방(防) 땅의 후임을 노나라 임금에게 추천했다고 한다. 비록 임금을 강요하지는 않았다고 말들 하지만, 나는 믿지 않는다."

子曰, "臧武仲以防, 求爲後於魯, 雖曰不要君, 吾不信也."

방(防)이란 고을은 장무중의 식읍이다. 장무중이 노나라 임금에게 죄를 얻어서 주(邾) 땅으로 귀양을 가게 되었다. 주 땅으로 가던 장무중은 '방'에 머물면서 자기 대신 방을 맡아 줄 후임을 천거했다. 자신을 낮추고 말이 아주 겸손하여 전혀 임금을 겁박하는 내용은 없었다. 그래서 사람들은 장무중이 임금을 강요하지 않았다고 말했다. 하지만 공자는 사람들의 말을 믿지 않는다고 했다. 부드러운 말 속에 흉계를 숨기고 있다는 것이다.

죄를 얻어 귀양을 가면서 자기 식읍에 머무는 것 자체가 반심을 품은 증거라는 것. 자신의 추천이 받아들여지지 않으면 방을 근거지로 반란을 일으킬 수도 있다는 것. 그런 의도를 슬쩍 내보임으로써 임금의 결정을 강요하고 있다는 것이다. 장무중은 지혜롭다는 평가가 있지만 그 지혜를 자신의 이익을 위해 쓰고 있다는 공자의 비판인 셈이다.

16

공자가 말했다.

"진문공은 속임수를 쓰면서 바르지도 않다. 제환공은 바르고 속임수도 쓰지 않는다."

子曰, "晉文公譎而不正, 齊桓公正而不譎."

진나라 문공과 제나라 환공은 춘추시대에 제후들의 맹주를 지낸 임금들이다. 각각 진나라와 제나라를 강대국으로 만들었다. 영토를 넓히고 백성 숫자를 넓혀 강대국이 되는데 두 사람은 사용한 힘이 달랐다. 진문공은 무력을 사용했지만 제환공은 무력 사용을 자제했다. 이력가인(以力假仁)이란 말이 있다. "힘으로 하면서 인을 가장한다"는 말이다. 무력을 사용하여 상대방을 제압하면서 겉으로는 마치 사랑을 베푸는 것처럼 꾸민다는 말이다.

미국이 이라크를 침공할 때 "독재자 후세인이 탄저균 등 대량살상무기를 만들고 있다"는 것을 명분으로 내세웠다. 대량살상무기는 인류를 위협하므로 지구의 평화를 지키기 위해 미국이 이라크를 점령하겠다는 것이다. 이라크를 점령한 뒤에 미국에 동조하는 몇몇 국가가 파견한 다국적군대의 이름도 '평화유지군'이었다.

그러나 과연 이라크는 평화로웠는가. 결코 아니었다. 민간인이 수십만이 죽었고, 미국군 이라크군 등 젊은 군인들도 수만 명이 속절없이 죽어 갔다. 수천 년을 이어 온 수많은 문화재도 파괴되었다. 전쟁이 끝나고 수년이 지난 지금도 이라크는 혼란스럽기만 하다. 그렇다면 이 전쟁을 통해 누가 이득을 얻었을까? 무기를 생산하는 업체가 가장 큰 이익을 봤을 것이다. 결국 미국의 이라크 침공은 여기 진문공처럼 '속임수를 쓰면서 정의롭지도 않은' 것이었다.

그렇다면 제환공은 어떤가? 바르고 속임수도 쓰지 않았다고 공자가 평했다. 제환공은 무력을 쓰지 않고 제후들의 패자가 되었다. 무력 사용을 자제하기 위해선 상대를 설득해야 한다. 설득은 진실이 생명이다. 털끝 같은 거짓이 한 나라의 운명을 결딴낼 수도 있다. 따라서 바르게 행동해야 하며 속임수를 쓰면 안 된다. 제환공이 이런 정책을 펼 수 있었던 것은 관중의 공이었다. 바로 다음 장에 그런 관중의 이야기가 나온다.

자로가 스승에게 여쭈었다.

"제환공이 공자인 규를 죽이자 소홀은 따라 죽었지만 관중은 죽지 않았습니다. 인하지 못한 행동이지요?"

"환공이 제후들을 통솔하는 맹주가 되는데 무력을 쓰지 않은 것은 모두 관중의 힘이다. 과연 누가 그 인 같겠는가. 누가 그 인만 하리오."

子路曰, "桓公殺公子糾, 召忽死之, 管仲不死." 曰, "未仁乎?" 子曰, "桓公九合諸侯, 不以兵車, 管仲之力也. 如其仁, 如其仁."

공자가 관중을 아주 높게 평가하고 있다. 마지막에 두 번이나 거듭 "누가 관중의 인과 같으리오"라고 말한 건 극찬이다. 자로가 불인하다고 본 것을 공자는 인이라고 봤다. 스승과 제자, 두 사람의 생각을 엇갈리게 한 사실을 잠깐 살펴보자.

제환공은 임금이 되기 전에는 공자 소백(小白)으로 불렸고, 공자 규(糾)와는 배다른 형제였다. 두 사람은 제나라 임금이던 양공의 동생들이었다. 제양공은 무도하고 잔인했다. 노나라 환공에게 시집간 여동생과 근친상간까지 저지르는 음탕함도 보였다. 잔혹한 양공의 성정에 위기를 느낀 소백과 규는 제나라를 떠나 망명길에 올랐다.

소백은 어머니의 나라인 위나라로 가지 않고 제나라에서 가까운 거(莒) 땅으로 갔는데 포숙아가 수행했다. 규는 어머니의 나라인 노나라로 떠났고 관중과 소홀이 수행했다. 두 사람이 망명을 하고 얼마 지나지 않아 양공의 사촌형인 공손무지가 양공을 죽였다. 그러나 공손무지도 무도한 자여서 얼마 지나지 않아 부하들 손에 살해되었다. 무주공산이 된 제나라의 임금 자리는 규와 소백 중에 먼저 귀국하는 사람의 차지였다.

거 땅이 노나라보다 제나라에 가까웠던 덕에 소백이 먼저 귀국하여 임금이 되었다. 그런데 배다른 형제이긴 해도 규가 형이었다. 동생이 임금이 된 것을 용납할 수 없었던 규는 노나라의 도움을 받아 소백을 쳤다. 소백의 군대와 노나라의 지원을 받은 규의 군대가 벌인 전투는 소백의 승리로 끝났다. 규는 전투 중에 죽었고 소홀과 관중은 사로잡혀 끌려왔다. 소홀은 끌려오는 중에 자살을 해버렸지만 관중은 죽지 않았다.

자로가 "소홀은 공자 규를 따라 죽었지만 관중은 죽지 않았다"고 한 말이 바로 이것이다. 관중은 어떻게 죽지 않고 살아남았을까? 소백은 애초에 관중의 목을 직접 자를 생각이었다. 그러나 우리가 너무나 잘 아는 관포지교(管鮑之交)의 절친 포숙아가 바로 소백의 오른팔이었다. 관중을 무릎 꿇린 소백 앞에서 포숙아가 말했다.

"임금께서 제나라 하나만을 다스리시려 한다면 제가 재상을 맡을 수도 있습니다. 하지만 중국천하의 맹주가 되고 싶으시면 반드시 저 관중을 재상으로 삼으셔야 합니다."

통이 컸던 소백은 관중을 살려 주고 포숙아의 말대로 재상으로 삼았다. 자기를 죽이려 한 사람을 재상으로 삼는 이 대범함. 역시 춘추시대 제후들의 맹주가 될 만한 인물이었다. 죽마고우인 벗을 죽음에서 구하고 자기보다 윗자리에 추천한 포숙아는 또 어떤가. 이로써 제환공과 관중, 포숙아가 있는 제나라가 중국천하를 오랫동안 호령하게 된다. 이 일은 공자와 자로가 대화를 하고 있는 시점에서 약 백 년 전의 일이었다.

자로와 공자의 생각이 갈리는 지점은 무엇일까? 자로는 '의리'를 중요하게 여기고 있다. 모시던 사람이 죽었다면 소홀처럼 따라 죽는 것이 의리라고 보는 것이다. 그러나 공자는 따라 죽는 것은 작은 의리이며, 살아남아 제후들의 전쟁을 막은 관중의 행위야말로 오히려 큰 의리라고 본다. 따라서 관중의 행위는 오히려 인의 실천으로 승화된다.

하지만 자로는 스승의 말을 받아들인 것 같지 않다. 자신의 생각대로 의리를 지키다가 위나라의 내전 중에 죽임을 당한다. 한 사람이 내면에 품은 뜻을 바꾸기가 얼마나 어려운가 하는 것을 잘 보여 주는 예이다.

자공이 스승에게 여쭈었다.

"관중은 인한 사람이 아니겠지요? 환공이 공자 규를 죽였는데도 따라 죽지 않고 게다가 재상까지 되었으니 말입니다."

"관중이 환공을 도와 제후들의 패자가 되게 했다. 한번 천하를 바로잡으니 백성들이 그 혜택을 받아 지금까지 미치고 있다. 관중이 없었다면 나는 머리털을 늘어뜨리고 옷깃은 오른쪽을 위로 하고 있을 것이다. 어찌 필부처럼 작은 의리를 지키려고 스스로 목을 매고 죽어 시체가 도랑에 뒹구는 것도 모르게 하겠느냐."

子貢曰, "管仲非仁者與? 桓公殺公子糾, 不能死, 又相之." 子曰, "管仲相桓公, 霸諸侯, 一匡天下, 民到于今受其賜. 微管仲, 吾其被髮左衽矣. 豈若匹夫匹婦之爲諒也, 自經於溝瀆而莫之知也?"

자공이 자로와 똑같은 질문을 던지고 있다. 백여 년 전에 있었던 관중의 일은 여전히 대단한 사건으로 얘기되고 있었음을 잘 보여 준다. 자로에게 한 대답과 마찬가지로 공자는 관중을 높이 평가하고 있다. 관중은 지나간 인물이 아니라 그가 끼친 은택이 지금도 여전히 살아 있다고 했다.

은택의 증거는 피발을 하지 않고 좌임을 하지 않는다는 것이다. 피발(被髮)은 머리를 단정하게 묶지 않고 흩트려 놓은 걸 말한다. 조선시대의 상투를 생각하면 쉽겠다. 상투를 풀면 머리가 산발되어 망나니처럼 된다. 이 피발은 춘추시대 당시엔 오랑캐들의 풍습이었다. 현대 대한민국은 피발이 대세다. 좌임(左衽)은 왼쪽 옷깃이란 뜻인데, 옷깃이 밑으로 들어가는 것을 기준으로 말하므로 좌임이란 왼쪽 옷깃이 밑으로 가고 오른쪽 옷깃이 위로 올라오는 것을 말한다. 이것이 당시엔 오랑캐 풍속이었다. 요즘 우리 시대의 여자들 정장은 오른쪽 옷깃을 위로 올리는 좌임이다.

공자의 발언은 관중이 아니었으면 중원 지역은 이적들에게 짓밟혔을 것이라는 말이다. 이렇게 중원의 문화를 지켜낸 공적은 작은 의리를 지킨 것보다 월등히 낫다는 것이다. 자경(自經)은 스스로 목을 매어 죽는다는 뜻이며, 구독(溝瀆)은 도랑이다. 이 이야기는 공자가 중화주의를 가졌다는 근거로 자주 이용된다.

고려는 몽골군의 침략에 패해 수십 년간 몽골의 풍속을 따라야 했던 적이 있었다. 조선도 일본 제국주의에 침탈을 받아 36년간이나 일본 문화의 지배를 받아야 했다. 고려나 조선의 당시엔 관중 같은 인물이 없었던 것 같다.

공숙문자는 가신인 대부 선과 더불어 공조(公朝)에 올라갔다. 이 이야기를 듣고 공자가 말했다.

"과연 '문' 이라는 시호를 쓸 만하다."

公叔文子之臣大夫僎, 與文子同升諸公. 子聞之, 曰, "可以爲文矣."

공숙문자는 위나라 사람으로 인품이 훌륭한 인물이다. 앞의 14장에 등장한 '삼불'로 유명한 바로 그 사람이다. 대부인 선(僎)은 원래 공숙문자 집안의 가신이었다. 그런데 공숙문자의 추천으로 위나라 공조(公朝)의 대신이 되어 공숙문자와 나란히 섰다. 공조는 임금과 함께 나라의 일을 보는 곳이다. 이 일에 대해 공자는 '문' 시호를 받을 만하다고 칭찬을 했다.

어떤 주석가는 공숙문자가 세 가지 착한 일을 했다고 본다. 첫째는 지인(知人), 사람을 알아봤으며 둘째는 망기(忘己), 자신을 잊었으며 셋째는 사군(事君), 임금을 제대로 섬겼다는 것이다. 고개가 끄덕여지는 말이다. 이 삼선(三善) 가운데 '망기'가 가장 어렵지 않나 하는 생각이 든다. 내가 가신으로 부리던 사람을 나와 나란한 자리에 추천하여 세운다는 것이 어디 쉬운가. 내가 부리던 사람이 나와 똑같은 지위와 권세를 갖게 되는 것을 보통 사람들은 원하지 않을 것이다. '나의 욕심, 나의 명예, 나의 자랑 등등을 잊어야'만 가능한 경지다.

공자는 "내가 서고 싶은 자리에 남도 세워 주라"고 했다. 그것이 인을 실천하는 방법이라는 것이다. '동승제공(同升諸公)'이라는 말은 인의 실천, 망기의 실천, 타자에게 베푸는 선행 등의 의미로 쓰인다.

공자가 계강자와 대화를 나누다가 위령공의 무도함에 대해 이야기했다. 그러자 강자가 물었다.

"그렇게 무도한데 어떻게 나라를 잃지 않았습니까?"

"중숙어가 빈객을 잘 맞이하고, 축타가 종묘를 잘 다스리며, 왕손가가 군대를 잘 통솔하고 있습니다. 이와 같이 하니 어떻게 망하겠습니까?"

子言衛靈公之無道也, 康子曰, "夫如是, 奚而不喪?" 孔子曰, "仲叔圉治賓客, 祝鮀治宗廟, 王孫賈治軍旅. 夫如是, 奚其喪?"

2015년 12월 20일, 대한민국의 교수신문은 해마다 발표하는 올해의 사자성어로 '혼용무도(昏庸無道)'를 발표했다. 혼용무도는 '마치 암흑에 뒤덮인 것처럼 온통 어지럽고 무도한 세상'이란 뜻이다. 예전부터 혼암(昏暗)한 임금이 나라를 결딴낸다고 했다. 혼암은 어리석고 어둡다는 뜻이다. 아주 못나고 무도한 임금을 혼군, 암군이라고 불렀다. 공자가 말하는 위령공이 바로 혼암한 임금의 대표 격이다.

대한민국의 2015년에 교수들은 왜 혼용무도를 사자성어로 선택했을까? 대한민국은 나라가 결딴날 것처럼 그렇게 위태로운가. 그렇다면 나도 계강자처럼 묻고 싶다. 어찌하여 나라가 망하지 않고 있는가? 공자는 위령공 같은 무도한 임금이 있지만 위나라가 망하지는 않을 것이라고 말해 준다. 외교를 잘하는 중숙어, 내정을 잘 다스리는 축타, 국방을 튼튼히 하는 왕손가가 있다는 것이다. 그야말로 훌륭한 대신이 최소한 셋은 있다는 얘기다.

지금 우리 대한민국은 어떤가? 훌륭한 대신이 셋이 아니라 하나라도 있는가? 권력자에게 머리를 처박는 대신들밖에는 보이지 않는다. 백척간두에 선 듯 위태롭고 위태로울 뿐이다. 그러나 여전히 희망은 있다. 곳곳에서 들불처럼 일어나는 대안공동체들의 삶이 그것이다. 작은 집단의 민주적이고 평화로운 삶이 각각의 자리에서 중심이 되고 이들의 자연스러운 연대가 정치지형을 바꿀 수 있다. 우리 삶이 늘 그렇다. 안 좋은 것들 속에는 좋은 것의 씨앗이 들어 있고, 좋은 것 속에도 안 좋은 것의 씨앗이 들어 있다. 너무 절망적으로 일희일비할 필요는 없다.

공자가 말했다.

"하는 말을 부끄럽게 여기지 않는다는 건, 그 말이 실천되기 어렵다는 뜻이다."

子曰, "其言之不怍, 則爲之也難."

백번 옳은 말씀이다. 내가 꼭 실천을 해야 되는 말은 함부로 내뱉지 못한다. 두 번 세 번 생각을 하고 말하게 된다. 실천을 하지 못하는 말은 얼마나 부끄러운 말인가. 신중하지 않고 부끄러워할 줄도 모르는 말은 실천되지 않을 것이라는 짐작을 누구나 할 수 있다.

제나라의 진성자가 자기 나라 임금인 간공을 시해했다. 공자가 목욕하고 조정에 나아가 애공에게 아뢰었다.

"진항이 임금을 시해했습니다. 토벌하소서."

"저 세 사람에게 말해 보시오."

"저는 대부의 뒤를 따르는 사람이라 감히 말하지 않을 수 없었나이다. 그런데 임금께선 저 세 사람에게 말해 보라 하시는군요!"

공자가 물러나와 세 사람에게 가서 말했는데 모두 "불가하다!"고 대답했다. 그러자 공자가 그들에게 이렇게 말했다.

"나는 대부의 뒤를 따르는 사람이라 감히 말하지 않을 수 없었소."

陳成子弑簡公. 孔子沐浴而朝, 告於哀公曰, "陳恒弑其君, 請討之." 公曰, "告夫三子!" 孔子曰, "以吾從大夫之後, 不敢不告也. 君曰告夫三子者!" 之三子告, 不可. 孔子曰, "以吾從大夫之後, 不敢不告也."

진성자는 진항(陳恒)이라는 사람인데 진나라 왕족의 후손이다. 제환공 때 진나라에 온 선조가 뿌리를 내려 실권을 가진 집안이 되었다. 뒷날 진성자의 후손인 전화(田和)가 제나라를 완전히 빼앗는다. 전화 이후로는 제나라 임금의 성이 강(姜)씨에서 전씨로 넘어가게 된다. 우리나라 고려 왕씨가 조선 이씨로 넘어간 것을 생각해 보면 된다. 조선은 왕조 이름을 바꿨으나 제나라는 '제'라는 이름을 그대로 썼다.

공자는 이때 70세가 넘었지만 기개는 서릿발 같다. 굳이 임금에게 나아가 제나라를 치라고 권유하지 않아도 되는데 나갔다. 임금인 애공은 제나라를 칠 생각이 눈곱만큼도 없었다. 제나라는 노나라보다 최소 다섯 배 이상의 군사대국이었다. 애공은 생각도 없으면서 세 사람(三子) 핑계를 댔다. 세 사람은 곧 세 대부 집안인 맹손, 숙손, 계손씨 집안이다. 노나라의 실권은 그들이 쥐고 있으니 나는 모르겠다는 애공의 태도다.

거기서 그만둘 만도 하건만 공자는 기어이 세 집안을 다 찾아다닌다. 당연히 거절! 계란으로 바위치기인 일을 왜 하겠느냐는 것. 그렇다면 공자는 왜 이렇게 돌아다닌 것일까. 그 이유인즉 "나는 대부의 뒤를 따르는 사람이라 감히 말할 수밖에 없었다"는 것이다. 대부의 뒤를 따른다는 말은 예전에 대신의 자리에 있었다는 말과 같다.

공자 생각은 제나라 내부 문제이긴 하지만 거기서 그치지 않고 이웃 나라에도 영향을 미칠 것으로 봤다는 거다. 공자가 제나라를 치라는 말은 전쟁을 일으키라는 말이 아니다. 어린애가 어른에게 대드는 꼴인데 힘이 상대가 되지 않는 건 누구나 다 안다. 공자 생각은 평화를 해치는 이웃 나라의 불안에 대한 대비를 의논하자는 것이다. 사실이 그렇다. 지금도 마찬가지 아닌가. 이웃 나라인 일본의 불안은 곧 우리나라에 영향을 미친다. 중국도 마찬가지다. 세계 평화는 한 나라만 평화롭다고 이루어지지 않는다. 제나라의 불안은 곧 노나라 평화에도 영향을 미칠 것이 틀림없었다. 그러나 권력자들은 누구도 공자 말에 귀 기울이지 않았다.

자로가 스승에게 여쭈었다.

"임금 섬기는 일은 어떠해야 합니까?"

"속이지 말아야지. 그러나 범할 수 있어야 한다."

子路問事君. 子曰, "勿欺也, 而犯之."

임금은 권력을 가진 사람이다. 왕조시대엔 백성의 생살여탈권을 가진 사람이다. 임금의 행위는 곧바로 백성의 삶에 영향을 미친다. 당연히 임금은 나라 형편, 백성 삶의 정확한 진실을 알아야 한다. 임금에게 거짓을 말하는 신하가 바로 간신이다. 다른 속셈을 가지고 있기 때문이다. '범한다'는 건 임금의 생각 중에 옳지 못한 것이 있으면 바로잡아야 한다는 말이다. 임금의 위력에 눌려 진실을 말하지 못하는 신하는 무능한 신하다. 간신도 문제고 무능한 신하도 문제다. 둘 다 나라를 망치는 건 똑같다.

2016년 봄, 대한민국은 20대 국회의원 선거를 앞두고 여당의 공천이 몸살을 앓고 있다. 국민을 위한 정책을 제대로 밀고 나갈 국회의원 후보를 공천하는 것이 아니라, 최고권력자 한 사람의 명령에 충실한 공천을 하고 있다. 민주적인 공당이 아니라 독재권력의 사당(私黨)이

된 모습이다. 그래도 여당은 유권자가 뽑아 줄 거란 확신을 하고 있으니 이는 유권자인 국민이 무능한 것인가, 정치인이 무능한 것인가. 국민이 유능하다면 권력자를 '범할 수 있는' 사람에게 표를 줘야 한다.

4월 13일 실제로 투표가 이뤄진 결과, 최고권력자와 각을 세운 여당의 한 의원에게 지역구 주민들은 압도적인 지지를 보냈다. 십수 년 여당만 당선되던 지역에서 야당 의원이, 야당만 당선되던 지역에서 여당 의원이 당선되었다. '민심은 천심'이라는 말이 틀림없다. 비민주적인 부당한 권력에 대한 응징은 대한민국의 시민의식이 상당히 성장했음을 잘 보여 준다. 역시 믿을 만한 나라라는 사람도 있고, '젊은이들이 예뻐 죽겠다'는 사람도 있다. 투표에 소극적이던 20대의 투표율이 19대 국회위원 선거보다 무려 13퍼센트나 상승했다.

공자가 말했다.

"군자는 위로 통달하지만, 소인은 아래로 통달한다."

子曰, "君子上達, 小人下達."

달(達)은 전문가가 된다는 말과 같다. 그렇다면 여기서 상과 하가 무엇이냐가 문제다. 일반적으로 우리 관념은 상하로 놓고 볼 때 위는 좋고 아래는 나쁘다고 본다. 군자는 좋은 쪽으로 통달하려 하고, 소인은 나쁜 쪽으로 통달하려 한다고 보면 되겠다. 상과 하는 우리 삶에서 매우 다양한 종류가 있다.

공자가 말했다.

"예전에 배우는 사람은 자기를 위하더니, 요즘 배우는 사람은 남을 위하더라."

子曰, "古之學者爲己, 今之學者爲人."

나는 〈논어〉를 읽다가 이 구절에서 무릎을 쳤다. 2,500년이 흘렀으나 공자가 말하는 '지금'은 21세기 우리 현실을 말하는 것이었기 때문이다. 현재 대한민국의 학제를 보면 초등학교 6년, 중고등학교 6년, 대학교 4년으로, 대학까지 졸업하면 16년이다. 대학 졸업자가 80퍼센트가 넘으니 대부분 아이들이 16년 동안 배운다. 여기에 유치원 2~3년, 대학원 2~3년을 보태면 무려 20년이 넘는다. 20년 동안이나 우리 아이들은 도대체 무얼 배우는 것일까?

긴긴 세월의 배움이 '나를 위한' 것이기라도 하면 좋은데 대부분 '남을 위한' 경우가 많다. 어려서는 엄마를 기쁘게 하기 위해서 배우고, 청년이 되어서는 남에게 뻐기는 직장이나 지위를 얻기 위해서 배운다. 이 구절에 대한 정이천(程伊川, 1033~1107년)의 주석을 보자.

나를 위하는 배움이 도달하는 지점은 사물의 이치를 깨닫고 세상을 살아가는 통찰을 얻는 경지이지만, 남을 위한 배움의 종착지는 자기 자신을 잃어버리는 데 이르는 것이다(爲己, 終至於成物. 爲人, 終至於喪己).

어떤 고등학생이 열여덟 살의 나이로 아파트에서 떨어져 죽었다. 그 아이는 전교 1등의 성적이었지만 '더 이상 부모님을 기쁘게 할 수 없다'는 유서를 남겼다. 그 아이의 부모는 아이가 전국에서 1등 하길 바랐다는 것이다. 남을 위한 공부를 하다가 자신을 잃어버린 가슴 아픈 이야기다.

주자도 공자의 이 말에 대해 "배움을 얘기하는 수많은 말들이 있지만 이 말처럼 절실하고 중요한 말은 아직 없다"고 했다. 나는 과연 어떤 배움을 추구하고 있는지 간절하게 돌아보자.

거백옥이 공자에게 심부름꾼을 보내왔다. 공자가 심부름꾼과 마주 앉아서 물었다.

"선생님은 어떻게 지내시는지요?"

"우리 선생님은 늘 허물이 적고자 애쓰시지만 잘 안 된다고 하십니다."

심부름꾼이 밖으로 나가자 공자가 감탄했다.

"오, 심부름꾼이여! 정말 좋은 심부름꾼이구나!"

蘧伯玉使人於孔子. 孔子與之坐而問焉, 曰, "夫子何爲?" 對曰, "夫子欲寡其過而未能也." 使者出. 子曰, "使乎! 使乎!"

거백옥은 위나라 대부로 이름은 거원(蘧瑗)이다. 공자가 나그네 생활을 할 때 위나라에 가장 오래 머물렀고, 위나라에선 거백옥의 집에 자주 묵었다. 공자가 존경하는 몇 명 안 되는 동시대 인물 가운데 한 명이다.

공자는 심부름꾼에게 크게 감탄했다. 공자를 놀라게 한 심부름꾼의 말은 "우리 선생님은 허물이 적고자 애쓰지만 그게 잘 안 된다"는 것이다. 얼핏 보면 자기 스승을 낮춰서 얘기하는 것 같다. 그러나 실상은 그렇지 않다. 자기 스승의 근황을 정확하게 얘기했을 뿐 아니라, 겸손함으로써 오히려 스승을 높이는 효과를 냈다. 말을 잘 전하는 사람의 훌륭한 태도를 보여 준다. 거백옥이 믿고 심부름을 보낼 만했다.

우리 일상생활에서도 마음 푹 놓고 믿고 보낼 만한 심부름꾼이 많지 않다. 학교에서도 보면 선생님이 유독 심부름을 보내는 아이만 보내는데, 거기엔 다 이유가 있다. 누구는 심부름을 보내면 엉뚱한 사고를 치는 반면, 뭘 해도 믿을 만한 아이가 있기 마련이다.

공자가 말했다.

"그 지위에 있지 않으면 그 정치를 도모하지 않는다."

子曰, "不在其位, 不謀其政."

8부 10장에서 나온 구절이 거듭 나왔다. 자리가 사람을 만든다는 말이 있다. 지위가 없는데 말을 하면 좋은 말을 헛되게 낭비하게 된다. 지위를 얻었을 때 피하지 말고 충분히 능력을 발휘하는 것이 좋다.

증자가 말했다.

"군자는 생각이 그 지위를 벗어나지 않는다."

曾子曰, "君子思不出其位."

스승이 얘기한 앞구절을 제자인 증자가 변주한 내용이다. 지위에 따라 생각하는 바가 달라지는 건 틀림없다. 가장 높은 자리에 앉은 사람과 가장 낮은 위치에 있는 사람의 생각이 같을 수 없다. 만나는 사람, 해야 하는 일, 주고받는 대우 등이 확연히 달라지기 때문에 사고의 폭과 깊이가 완전히 달라진다.

아주 단순하게 비교해 보자. 운전석에 앉은 사람과 조수석에 앉은 사람의 생각은 어떨까? 정신의 집중력과 몸의 움직임이 크게 달라진다. 한 회사의 사장과 사원도 마찬가지다. 사원이 사장의 지위에서 해야 되는 일에 간섭하긴 어렵다. 생각의 폭을 넓히고 깊게 하려면 그에 걸맞은 지위를 얻어야만 한다.

공자가 말했다.

"군자는 말은 부끄러워하고 행동은 넘치게 한다."

子曰, "君子恥其言而過其行."

부끄러움은 염치를 알고 겸손한 것이다. 말은 신중하고 부끄러워할수록 좋다. 말은 늘 많아서 탈이기 때문에 될 수 있으면 줄여야 한다. 반면 행동은 과감하고 민첩할수록 좋다. 행동은 늘 부족해서 탈이기 때문에 늘릴수록 좋다. 정의로운 일에 행동하는 일은 더욱 적으므로 오히려 행동은 넘치게 하면 좋다.

이 구절을 "군자는 자기가 한 말이 자기의 행동보다 지나친 것을 부끄러워한다"고 해석하기도 한다. 뜻은 통하지만 나는 본문처럼 해석하는 걸 더 좋아한다.

공자가 말했다.

"군자의 길은 셋이 있는데 내 능력은 거기에 미치지 못했다. 인자는 근심하지 않으며, 지자는 의혹에 흔들리지 않으며, 용자는 두려워하지 않는다."

자공이 듣고 말했다.

"우리 스승님이 스스로를 겸손하게 하신 말씀이다."

子曰, "君子道者三, 我無能焉, 仁者不憂, 知者不惑, 勇者不懼." 子貢曰, "夫子自道也."

인지용(仁知勇)은 군자가 갖춘 세 가지 길이라는 말이다. 똑같은 이야기가 9부 28장에 나왔다. 도는 완전한 경지에 도달한 상태보다 깨달음으로 나아가는 길에 서 있는 즐거움이 더 크다고 했다. 공자의 "나는 군자의 세 갈래 길에 무능하다"는 고백은 꾸준히 깨달음의 길로 나아가는 중에 있음을 말하는 것으로 보면 좋겠다.

자공이 사람들 비교 평가하기를 좋아하자 공자가 말했다.

"사는 참 현명한 사람이로구나. 나는 사람들 비교할 겨를이 없는데."

子貢方人. 子曰, "賜也賢乎哉? 夫我則不暇."

공자의 재미있는 면모를 잘 보여 준다. 어린 제자를 슬쩍 비꼬는 말이라니. 자공은 뛰어난 언변으로 유명한 제자였다. 그 좋은 언변으로 고금의 사람들 평가하기를 즐겼다. 〈논어〉에도 사람들을 평가하는 일화가 여러 번 등장한다. 공자는 그런 자공의 언행을 좋아하지 않았다. 비교나 평가를 하려면 기준을 만들어야 하는데, 세상에 절대적인 기준은 존재하지 않는다. 대부분 평가하는 주체의 주관적인 기준이기 쉽다. 자공이 스승의 이 말을 듣고 사람들 비교 평가하기를 그만뒀는지는 알 수가 없다. 아마 쉽지 않을 것이다. 타고난 천성을 바꾼다는 건 얼마나 어려운 일인가.

자공을 만나는 사람들도 자공의 본을 봐서 그런지 사람 비교하기를 좋아한 듯하다. "당신이 겸손해서 그렇지, 내가 보기엔 당신이 당신 스승 중니보다 낫다"라고 자공에게 말하는 사람도 있었다.

공자가 말했다.

"남이 나를 알아주지 않는 것을 근심하지 말고 내가 능력 없음을 근심하라."

子曰, "不患人之不己知, 患其不能也."

사람이 인정을 받고 싶은 욕구는 거의 식욕이나 성욕에 맞먹는 본능이다. 정신분석학자인 프로이트(1856~1939년)는 문명의 진보는 본능의 억압으로 이루어진다고 했다. 특히 성욕의 억압이 있어야만 문명이 진보한다고 봤다. 그러나 프로이트의 학설은 과잉억압을 불러오기도 했다. 공자는 본능의 억압인 통제가 아니라 수련을 통한 자연스러운 변화를 추구한다. 그러므로 과잉억압의 부작용이 없다. 수련은 욕구의 부정적인 면은 제거하고 긍정적인 에너지를 끌어올리는 과정이다.

공자는 사람의 가장 큰 욕구를 성욕과 식욕이라고 했지만, 이 인정의 욕구를 나란히 세웠다. 문명의 진보와 관계없이 사람다운 삶을 평화롭게 살기 위해선 인정욕구를 벗어날 필요가 있음을 공자는 강조한다. 이 구절은 거의 비슷한 내용으로 〈논어〉에 4회나 등장한다. 공자가 얼마나 자주, 중요하게 말한 것인지를 알게 한다.

타자의 인정 여부에 관계없이 내 삶을 충실히 살 수 있다면 거기에 평화가 깃들 수 있다. 그러나 본능의 넘치는 욕구가 긍정적인 에너지로 전환되기는 몹시 어렵다. 그래서 긍정적으로 전환되었을 때의 유쾌한 경지를 반드시 경험해 봐야만 한다. 어떤 좋은 경지에 도달해 본 경험은 그 경지의 지속을 추구하기 때문이다.

공자가 말했다.

"남이 나를 속이지나 않을까 미리 짐작하지 않으며, 남이 나를 믿지 않는다고 억측하지도 않아야 한다. 그러나 역시 미리 깨닫는 사람이 현명하겠구나!"

子曰, "不逆詐, 不億不信, 抑亦先覺者, 是賢乎!"

이 말씀은 가슴에 새겨 두면 좋을 정말 중요한 이야기다. 역(逆)은 '거스르다, 배반하다'는 뜻으로 주로 쓰이지만, 여기서는 역탐(逆探)의 의미다. '거꾸로 찾는다'는 것인데, 주자의 주석이 좋다. 주자는 '미지영지(未至迎之)'라고 했다. 아직 오지 않았는데도 미리 맞이하러 나간다는 뜻이다. 지레짐작이다. 그러니 역사(逆詐)는 남이 나를 속이지나 않을까 미리 짐작하는 걸 말한다.

'역사'하는 마음을 갖고 있으면 어떻게 될까? 내가 하는 말, 내가 하는 행동에 자연스럽게 상대방을 의심함이 은연중에 드러날 것이다. 상대방이 내 말과 행동에서 그런 느낌을 받는다면 당연히 기분이 나쁘게 된다. 좋은 관계가 형성될 리가 없다.

억(億)은 주자가 미견의지(未見意之)라고 풀었다. 내가 보지도 못했으면서 그럴 것이라고 생각하고 믿는 것이다. 이것은 당연히 틀릴 가능성이 큰 억측이다. 불신은 내가 남을 못 믿는 것이 아니라, 남이 나를 못 믿는다고 의심하는 마음이다. "저 사람이 나를 못 믿으면 어떡하지?" 하고 미리 억측을 해버리는 것이다. 이런 생각을 품고 있으면 어떻게 될까? 괜히 나의 말과 행동이 위축되거나 반대로 과장될 가능성이 있다. 그렇게 되면 상대방이 진짜로 나를 못 믿는 사태가 발생하게 된다.

역(逆)과 억(億)은 아직 확실하지도 않은 것을 미리 결론을 내리는 것이다. 이것은 틀릴 가능성이 더 많다. 하지만 진짜로 그럴 수도 있으므로 먼저 깨달아서 대처하는 사람은 역시 현명한 사람이다. 지레짐작하거나 억측을 할 필요는 없지만 면밀하게 살피는 혜안이 있으면 정확하게 사태를 분석할 수도 있으니까.

미생무가 공자에게 말했다.

"그대는 어찌하여 편안히 깃들이지 못하고 그리 불안하게 돌아다니는가? 누군가에게 아첨하려는 게 아닌가?"

"감히 아첨하여 사람을 기쁘게 하려는 게 아닙니다. 고집스러운 게 싫어서 그렇습니다."

微生畝謂孔子曰, "丘何爲是栖栖者與? 無乃爲佞乎?" 孔子曰, "非敢爲佞也, 疾固也."

미생무는 공자보다 나이가 많고 덕이 있는 은자인 것 같다. 공자를 '구(丘)'라고 이름을 직접 불렀고 하는 말도 직설적이다. 그런데 공자의 대답이 매우 공손한 것으로 봐서 공자가 존경하는 인물임이 분명하다. 맹자는 미생무와 같은 사람을 달존(達尊)이라고 불렀다. 존경할 만한 위치에 있는 사람이 달존인데 조건은 관작(官爵), 연치(年齒), 덕(德) 세 가지이다. 미생무는 달존의 조건 중에 연치와 덕, 두 가지를 갖춘 인물로 보인다.

서서(栖栖)는 새가 편안하게 깃들이지 못하고 불안해하는 모습을 형용한 것이다. 공자가 여러 나라를 돌아다니면서 정치를 하겠다고 이 사람 저 사람을 만나는 걸 비웃는 사람이 많았다. 〈논어〉에도 꽤 여러 명이 등장한다. 그때마다 공자는 정성스럽게 자신의 의견을 내놓는다. 여기서는 '질고(疾固)'라고 했다. 고는 오로지 한 가지만을 고집하는 답답함을 뜻한다. 당시의 여러 제후들은 영토 확장과 백성 숫자 불리는 일에만 전념하고 있었다. 공자는 그런 고집을 바꾸고 싶었다는 얘기를 하고 있는 것이다. 공자는 예악과 인의 정치를 주장했다.

공자가 말했다.

"천리마는 그 힘이 아니라 그 덕을 칭송한다."

子曰, "驥不稱其力, 稱其德也."

힘과 덕의 관계에 대한 공자의 구분이다. 힘을 숭상하는 것이 바로 앞장에서 말하는 '고'에 해당한다. 천리마는 하루에 천 리를 달린다는 말이다. 엄청난 힘을 소유했음을 나타낸다. 그러나 천리마를 칭송하는 참된 뜻은 그 힘에 있지 않고 덕에 있다는 것이다. 천리마의 덕이란 무엇인가? 그 덕은 조양(調良)이라고 한다. 조는 '길이 잘 들었다'는 뜻이고, 양은 '어질다'는 뜻이다. 합쳐서 '길이 잘 들어 조화롭고 어질고 지혜롭다'는 말이다. 사람에 비유하자면 뛰어난 재능보다는 내면에 잘 닦여진 덕이 중요하다는 말이 되겠다.

어떤 사람이 공자에게 말했다.

"덕으로 원망을 갚으면 어떻습니까?"

"원망하는 사람에게 덕으로 갚아 버리면 나에게 덕을 베푼 사람에겐 무엇을 갚을까요? 원망하는 사람에겐 정직함으로 갚고, 덕을 베푼 사람에겐 덕으로 갚아야지요."

或曰, "以德報怨, 何如?" 子曰, "何以報德? 以直報怨, 以德報德."

노자의 〈도덕경〉에 이런 말이 있다.

> 함이 없음으로 하고, 일 없음으로 일을 삼고, 맛없음을 맛으로 여긴다. 크든 작든 많든 적든 모든 원한은 덕으로 갚아라(爲無爲, 事無事, 味無味, 大小多少, 報怨以德. 63장).

밑줄 친 부분은 글자의 앞뒤가 바뀌었지만, 공자에게 묻는 사람이 말하는 '이덕보원(以德報怨)'과 정확하게 똑같은 말이다. 노자의 이 말은 마치 예수가 "원수를 사랑하라"고 한 말과 비슷하다.

노자와 예수의 원(怨)의 주체는 누구일까? 나일까 상대방일까. 내가 원망하는 것인가, 남이 나를 원망하는 것인가. 아니면 원망의 주체가 누구든 간에 무조건 덕으로 갚고 사랑하라는 것일까. 나를 원망하는 사람도 사랑하고, 내가 원망하는 사람도 사랑하라는 말일까. 아마도 노자와 예수의 주장은 그럴 것이다. 원망의 주체와 관계없이 모두 덕으로 갚고 사랑하라는 뜻으로 보인다.

그런데 공자는 생각이 다르다. 원망과 덕의 주체가 '나'이다. 나를 원망하는 사람에겐 덕으로 갚을 것이 아니라 '직(直)'으로 갚으라는 것. 원망을 하게 된 까닭이 무엇인지 정직하게 밝혀서 앙금이 남지 않도록 하라는 것이다. 두루뭉술하게 그냥 덕으로 갚는다고 넘어가면 반드시 뒤끝이 남게 된다. 정직이 우선이고 그 다음이 덕이다.

나에게 덕을 베푼 사람에겐 당연히 나도 덕으로 갚아야 한다. 증여에는 세 가지 의무가 있다고 했다. 주어야 할 의무, 받아야 할 의무, 그리고 갚아야 할 의무. 평화로운 공동체의 삶은 이 세 가지를 주고받으며 살아간다. 이 세 가지는 '의무'라는 단어를 '권리'로 당연히 바꿀 수 있다. 이 세 가지의 의무와 권리는 동시에 이루어져야 하는데, 한 가지나 두 가지가 빠지게 되면 불평등하고 불안한 사회가 되고 만다.

어느 날 공자가 혼잣말하듯 말했다.

"아무도 나를 알아주지 않는구나!"

곁에 있던 자공이 놀라서 물었다.

"어찌하여 스승님을 알아주지 않는다고 하십니까?"

공자가 빙그레 웃고 나서 천천히 말했다.

"하늘을 원망하지 않고 사람도 탓하지 않으련다. 아래부터 배워서 위로 통달했으니 나를 알아주는 이는 저 하늘일 것이다!"

子曰, "莫我知也夫! 子貢曰, "何爲其莫知子也?" 子曰, "不怨天, 不尤人, 下學而上達. 知我者其天乎!"

사람들에게 인정욕구를 내려놓으라고 주문처럼 외었던 공자가 이런 말을 하다니 놀랍다. 남들이 알아주기를 바라지 말고 알아줄 만한지를 생각하라고 말한 공자가 아닌가? 듣고 있던 자공이 깜짝 놀라는 건 당연하다. 사람 비교하기를 좋아하는 자공 앞에서 공자가 이런 말을 한 것도 의미심장하다.

놀라는 자공을 바라보며 빙그레 웃고 공자가 말을 이어간다. 웃은 뒤 한 말이 공자의 진심이다. 후대 사람들이 많이 인용하는 두 관용구 '불원천불우인(不怨天不尤人)'과 '하학상달(下學上達)'이다. 하늘을 원망하지 않으며 사람을 탓하지 않는다. 하늘은 인류가 지고신(至高神)으로 모시는 대상이다. 현생인류가 세상에 살아가기 시작하면서 수많은 신화를 만들어 왔는데, 지구상의 어느 지역이든 가장 많은 경배의 대상이 하늘이다. 사람은 간절한 바람을 빌 때에 하늘을 찾는다. 너무나 가슴 아픈 일이 생겼을 때도 하늘을 부르며 운다.

공자는 그런 하늘을 원망하지 않겠다고 했다. 그 까닭이 있다. 결국 공자 자신의 노력을 알아줄 이는 하늘이기 때문이다. 사람들은 몰라준다고 해도 하늘만은 공자의 참뜻을 알아주실 것이라는 것. 그런 하늘을 왜 원망하겠는가. 여기서 하늘을 원망하지 않는 것 못지않게 중요한 것이 남을 탓하지 않는 일이다. 세상의 모든 분란은 남을 탓하면서부터 발생하는 경우가 많다.

하학상달은 아래부터 배워서 위로 통달한다는 말이다. 하학은 쉬운 것, 가까운 것, 사람의 도리, 기초 등을 배움이다. 하학의 바탕이 있어야 상달이 가능하다. 상달은 어려운 것, 좀 먼 것, 천지자연의 이치, 전문적인 내용 등을 탐구하는 일이다. 곧바로 상달이 일어날 수는 없다. 배움은 단계를 건너뛰어 갑자기 통달하게 되기는 어렵다. 차근차근 길을 밟아 가야 제대로 된 경지에 도달할 것이다.

불원천불우인과 하학상달은 남이 나를 알아주게 하는 길이다. 공자가 "나를 알아주는 이가 없구나!" 하고 한탄을 내뱉고 나서 "나를 알아주는 이는 하늘이리라!" 하고 끝을 맺은 것이 재미있다. '막아지야부!(莫我知也夫!)'와 '지아자기천호!(知我者其天乎!)' 사이에 놀라는 자공이 있고 공자의 불원천불우인, 하학상달이 있다. 기승전결이 꽉 짜인 한 편의 멋진 이야기가 아닌가.

공백료가 계강자에게 자로를 참소했다. 자복경백이 그 사실을 공자에게 알리면서 말했다.

"계강자가 공백료의 말을 듣고 진실로 자로를 의심하는 생각을 갖게 되었습니다. 제 힘으로 공백료를 죽여 사람들이 붐비는 곳에 시체를 매달아 놓을 수도 있습니다."

공자가 고개를 흔들며 대답했다.

"도가 장차 행해지는 것도 천명이고, 도가 장차 실행되지 않는 것도 천명이다. 공백료가 천명을 어찌하겠는가."

公伯寮愬子路於季孫. 子服景伯以告, 曰, "夫子固有惑志於公伯寮, 吾力猶能肆諸市朝." 子曰, "道之將行也與, 命也, 道之將廢也與, 命也. 公伯寮其如命何!"

공백료와 자복경백은 모두 노나라 사람이다. 자로가 계씨 집안의 총재를 지낸 적이 있는데 공백료가 시기를 하여 자로를 참소한 것이다. 참소는 조그마한 잘못을 지나치게 부풀리거나, 아예 없는 거짓을 꾸며서 남을 모략하는 일이다. 스펀지에 물이 스며들듯이 하는 참소는 여간 지혜로운 사람이 아니면 가려내기 어렵다고 했다. 계강자는 공백료의 참소에 마음이 흔들려 자로를 의심하게 되었다.

자복경백은 공자에게 찾아와 그 사실을 전하면서 자신의 힘을 과시했다. 공백료를 죽여 저잣거리에 시체를 늘어놓을 수 있다고 큰소리를 쳤다. 사(肆)는 '방자하다, 거리낌이 없이 말한다'는 뜻인데, 여기서는 '시체를 늘어놓는다'는 의미다. 시조(市朝)는 '시장과 조정'이라는 말이므로 '사람이 많이 모이는 곳'이라는 뜻이다. 나는 '사람들이 붐비는 곳'이라고 해석했다.

공자는 자복경백의 큰소리는 물론 사람을 죽인다는 참혹한 말도 마음에 들지 않았다. 그래서 천명을 들고 나왔다. 자로가 자리에서 물러나는 것은 천명이지, 공백료 따위의 참소로 이뤄질 일이 아니라는 것이다. 공자의 천명에 대한 믿음이 터무니없어 보이기도 하지만 자로에겐 좋은 위안이 될 수 있다. 정당한 삶을 살고 있다면 걱정할 필요 없다는 스승의 위로이니까.

공자가 말했다.

"현자는 세상을 피하고, 그 다음은 땅을 피하고, 그 다음은 얼굴을 피하고, 그 다음은 말을 피한다."

子曰, "賢者辟世, 其次辟地, 其次辟色, 其次辟言."

현자의 처세법이다. 현자는 무능하고 무지한 사람이 아니라 지혜로우며 박문약례를 한 사람이다. 그런 현자가 최선으로 꼽는 것은 세상을 피해 사는 일이다. 이때 세상은 무도한 세상을 말하지만 진정한 현자는 유도, 무도를 가리지 않는다. 인간세를 벗어나 자연과 벗 삼으며 유유자적하는 삶을 살아가는 것이다. 부득이 '피세(辟世)'가 되지 않을 경우 '피지(辟地)'를 한다. 피(辟)는 원래 음이 '벽'이지만, 여기선 '피한다'는 뜻을 가진 '피(避)'와 같은 글자로 본다. 피해야 할 땅은 사람을 불편하게 하는 마을, 지역이다. 좋은 마을을 가려서 사는 것이 지혜롭다는 말도 있다.

부득이 피지도 되지 않을 경우엔 '피색(辟色)'을 한다. 여기의 색(色)은 사람의 얼굴을 말한다. 나의 평화를 깨뜨리는 사람과는 될 수 있으면 함께하지 말라는 것이다. 그런데 어디 그게 마음대로 되겠는가. 우리의 생은 늘 뜻대로 되지 않는다. 부득이 피색도 되지 않는다면 마지막으로 남은 현자의 처세법은 '피언(辟言)'이다. 나쁜 말을 듣지도 않고 나쁜 말을 하지도 않는 것이다. 피하고 싶은 사람과 어쩔 수 없이 같이 살아야 한다면 말이라도 곱게 하면서 살아야 한다. 좋은 말로 잘 사귀다 보면 굳이 피하지 않아도 될 사람으로 서로 바뀔 수도 있다. 세상에 고정된 것은 없다 하지 않던가.

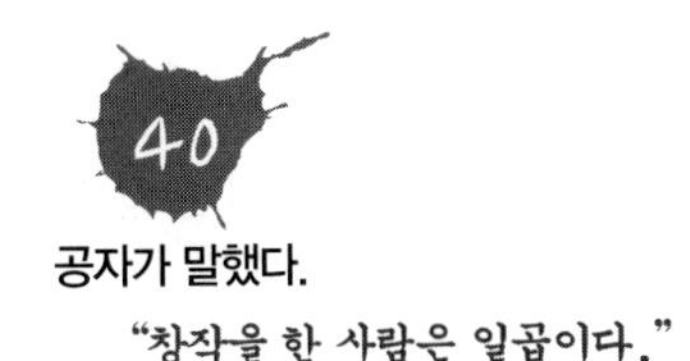

공자가 말했다.

“창작을 한 사람은 일곱이다.”

子曰, “作者, 七人矣.”

공자는 스스로를 “이미 완성된 문화를 나는 기술할 뿐 창작하지 않는다”는 술이부작(述而不作)하는 사람이라고 말했다. 창작이란 세계의 새로운 시스템을 만든 신화적인 인물에게나 어울리는 말이라는 것. 우리는 그런 사람을 신적인 존재, 문화영웅 등으로 부른다. 공자가 생각하는 공자보다 앞선 시대 문화영웅은 일곱 명이다. 복희, 신농, 황제, 요, 순, 우, 탕이다.

복희는 사람 머리에 뱀의 몸을 하였으며, 수렵과 어로를 가르치고 역경의 팔괘를 그렸다. 신농은 사람들에게 농사짓는 법을 가르친 의약, 음악 등의 시조이다. 황제는 풍수와 지리에 대한 체계를 세웠다. 황제와 치우가 다툰 ‘탁록대전’은 유명한 신화이다. 요와 순은 인류의 삶에 기여는 하되 권력은 갖지 않는 수장들이었으며, 우는 치수를 잘한 하나라의 시조이고, 탕은 폭군을 멸하고 백성을 위한 정치제도를 확립한 상나라의 시조이다.

공자 이후 2,500년의 세월이 흐르면서 우리 인류사에는 얼마나 많은 '작자'들이 등장했을까. 한번 손으로 꼽아 봐도 재미있겠다. 공자는 일곱을 말했는데, 나는 과연 몇 사람이나 말할 수 있을까.

자로가 석문에서 잠을 자게 되었다. 석문의 성문을 관리하는 '신문'이 자로에게 물었다.

"그대는 어디서 왔나요?"

"나는 공씨의 제자요."

"옳아, 그 안 되는 걸 알면서도 하는 사람 말이군요?"

子路宿於石門. 晨門曰, "奚自?" 子路曰, "自孔氏." 曰, "是知其不可而爲之者與?"

신문(晨門)은 '새벽 문'이란 뜻인데, 새벽에 성문 여는 일을 맡은 문지기를 말한다. 춘추시대엔 문지기들 중에 현자들이 많았던 모양이다. 가난을 피하기 위한 목적으로 벼슬을 한다면 높은 자리에 앉지 말라고 맹자는 말했다. 높은 지위는 백성들의 삶에 영향을 미치기 때문에 단지 월급을 받기 위한 자리가 아니라 정성을 다해 정치를 해야 하기 때문이다.

여기에 등장하는 문지기 '신문'도 가난을 피하기 위한 현자인 듯하다. 신문은 공자를 '안 되는 줄 알면서도 하는' 딱한 사람이라는 평가를 한다. 자로가 화가 나서 한마디 했을 법한데도 자로의 응답이 기록되어 있지 않다. 아마 기록할 만한 가치가 없는 말이었거나, 화가 치솟은 자로가 대답할 말을 못 찾아 그냥 지나치거나 한 모양이다. 그러나 이 대화의 기록자에겐 문지기의 말이 가슴에 새겨졌던 것 같다.

공자가 중심이 확실하게 선 인물이 아니라면 이 비판은 매우 아프다. 그러나 단독자로서 세상을 일관하는 통찰을 가진 사람에게는 이런 비판쯤이야 웃어넘기면 그만이다. 홀로 독립할 수 없어 남에게 의지하며 심지가 자주 흔들리는 사람은 공자처럼 돌아다니면 안 된다. 혼자만의 시간을 더 가지고 확실한 자기 줏대를 먼저 세워야 한다. 중심이 부실한 사람은 문지기의 이런 비판에도 픽 쓰러질 것이기 때문이다.

공자가 위나라에 머물면서 석경을 연주할 때였다. 삼태기를 메고 공자의 집 대문을 지나 가던 사람이 멈춰 서서 말했다.

"마음이 절절하구나, 석경을 두드리는 소리가!"

조금 더 연주를 듣고 나서 또 말했다.

"비루하다, 단단하게 뭉친 소리여! 자기를 알아주지 않으면 그만둘 뿐이다. 물이 깊으면 옷을 벗어들고 건너고, 물이 얕으면 바짓가랑이를 걷고 건너면 된다."

공자가 전해 듣고 말했다.

"과감하구나! 그 사람은 세상살이에 어려움이 없겠구나."

子擊磬於衛, 有荷蕢而過孔氏之門者, 曰, "有心哉, 擊磬乎!" 既而曰, "鄙哉, 硜硜乎! 莫己知也, 斯己而已矣. 深則厲, 淺則揭." 子曰, "果哉! 末之難矣."

격경(擊磬)은 경이라는 악기를 연주하는 것이다. 경은 쇠로 만든 것도 있고 돌로 만든 것도 있다. 뒤에 경경(硜硜)이라는 말이 있어 석경으로 해석했다. 경경은 차돌멩이처럼 작고 단단하다는 것으로 마음이 고집스럽고 좀스럽다는 비유다. 삼태기를 메고 다니는 사람인 하궤자(荷蕢者)는 세상을 피해 사는 현자를 비유하는 말이다.

하궤자의 말은 공자에게 큰 굴욕을 주는 말이다. 세상을 향한 마음이 가득하다느니, 비루하고 좀스럽다고 비꼬는 것도 모자라, 남의 인정에 목말라하지 말라는 결정타까지 날린다. 공자가 가장 싫어하는 인간상을 공자에게 덧씌운 것이다. 모욕을 준 것도 모자라 마치 어린 아이를 다루듯 세상을 사는 해법까지 알려 준다.

그 해법은 물을 건너는 법에 대한 이야기다. 물이 세상이라면 깊은 물은 무도한 세상이고 얕은 물은 그래도 살 만한 세상을 뜻한다. 물이 깊으면 옷을 벗고 물이 얕으면 옷을 걷으라는 말은, 세상의 상황에 따라 유연하게 대처하라는 것이다. 좀스럽게 고집을 피우지 말고. 이 신랄한 말을 전해 들은 공자의 반응은 무엇인가? 가볍게 한마디 남겼다. "그래, 그 사람은 세상을 사는 데 참 편하겠구나. 그토록 과감하게 세상을 버릴 수 있으니." 역시 자기중심이 확고하게 선 사람다운 응답이다. "그래, 맞아. 나도 세상을 피해 산으로 들어가야 하나? 내가 이렇게 돌아다녀서 뭐하지?" 하고 안절부절 갈피를 못 잡는 그런 모습이 전혀 없다. 아마도 공자는 빙긋 웃으며 말했을 것이다.

자장이 스승에게 여쭈었다.

"서경에 '고종이 양암에서 삼 년 동안 말을 하지 않았다'는 기록이 있는데 무슨 말입니까?"

"어찌 꼭 고종뿐이랴. 옛사람은 다 그랬다. 임금이 죽으면 백관이 다 자기 일을 잘 단속하고 총재의 명령을 들은 뒤 실행하기를 삼 년 동안 했다."

子張曰, "書云, '高宗諒陰, 三年不言.' 何謂也?" 子曰, "何必高宗, 古之人皆然. 君薨, 百官總己以聽於冢宰三年."

〈서경(書經)〉은 중국 고대의 역사서이다. 주로 상나라 역사를 기록하여 '상서(商書)'라고 부르기도 한다. 고종은 상나라 임금인 무정(武丁)이다. 양암(諒陰)은 임금이 상을 치를 때 거처하는 곳이다. 음(陰)은 '암'으로 읽는다. 그러니까 고종이 부모상을 치르는 삼 년 동안 말을 하지 않았다는 기록에 대해 물어본 것이다. 어떻게 임금이 삼 년 동안이나 말을 하지 않을 수 있는가, 몹시도 궁금할 수밖에 없다.

공자는 부모의 삼년상을 주장하는 사람이다. 정치를 해야 하는 임금도 공자 입장에서는 당연히 삼년상을 치러야 한다. 나라의 정치는 각각 직책을 맡은 관리들이 알아서 하면 되고, 왕이 해야 할 결재는 총재(冢宰 : 재상)가 하면 된다는 논리다. 그렇다면 여기서 임금의 불언은 정치에 관한 것일 뿐 일상적인 말은 했다는 걸 알 수 있다. 그러나 이 이야기는 종신임금을 했던 왕조시대에나 가능한 이야기지 지금은 별 의미가 없다.

공자가 말했다.

"윗사람이 예를 좋아하면 백성을 부리기가 쉽다."

子曰, "上好禮, 則民易使也."

공자는 자공과의 대화에서 '예를 좋아함'의 중요성에 대해 말한 적이 있다. 자공이 가난해도 아첨하지 않고 부유해도 교만하지 않으면 어떠냐고 물었을 때 "가난해도 즐김이 있고 부유하면서도 예를 좋아해야 한다"고 대답했다. 예는 혼돈에 질서를 잡아주는 일이며 수시로 상황에 맞춰 변화할 줄 아는 유연함이다. 윗사람이 예를 아는 사람이라면 함께하는 사람들이 평화로울 것은 당연하다. 물론 윗사람이 자기만의 예만 고집한다면 그것보다 비극적인 일은 없겠지만.

자로가 스승에게 여쭈었다.

"군자는 어떤 사람입니까?"

"자기를 경으로써 닦는 사람이다."

"그것뿐입니까?"

"자기를 닦아 사람들을 편안하게 하지."

"그와 같으면 다 됩니까?"

"자기를 닦아 백성을 평안하게 하는 사람이지. 이것은 요임금과 순임금도 오히려 병통으로 여긴 일일걸?"

子路問君子. 子曰, "脩己以敬." 曰, "如斯而已乎?" 曰, "脩己以安人." 曰, "如斯而已乎?" 曰, "脩己以安百姓. 脩己以安百姓, 堯舜其猶病諸?"

나를 수양하는 수기(修己)는 단독자로서 중심을 잡기 위한 과정이다. 수기의 수단을 공자는 경이라고 하였다. 경은 예의바르고 정성스러운 몸가짐이다. '한 가지에 집중하여 흐트러지지 않는 마음(主一無適)'이라고 말하기도 한다. 조선 중기의 대학자인 퇴계 이황(1501~1570년)은 평생 동안 경을 실천하면서 살았다. 퇴계의 경을 통한 수양론은 조선에서 거대한 학맥을 형성했다.

자로는 단지 경의 수기로 군자가 된다는 것이 의아했다. 자로의 입장에서는 "겨우 그것뿐입니까?" 하고 물을 수밖에 없다. 어쨌든 자로의 거듭된 물음으로 스승에게 두 가지를 더 얻어 냈다. 안인(安人)과 안백성(安百姓)이다. 사람을 편안하게 하고 백성을 편안하게 한다는 말이다. 인과 백성이 구분되어 있으니 숫자의 적고 많음으로 보면 되겠다. 내가 경으로 잘 닦여 있으면 나와 가까이 있는 사람들도 편안하다. 그 편안함은 물결이 동심원을 그리듯 퍼져 나가 모든 백성까지 편안하게 한다.

공자는 자신의 평생 소망을 말할 때 "노인을 편안하게 하고, 벗들에게 신뢰를 주며, 아랫사람을 사랑으로 품고 싶다"고 했다. 이 소망은 수기를 경으로 하여 안인, 안백성으로 넓혀져 가는 삶의 태도에 다름 아니다.

원양과 공자가 만날 때였다. 공자가 오는데도 원양은 비스듬히 걸터앉아 있었다. 이에 공자가 말했다.

> **"어려서는 공손하지 않더니 어른이 되어선 뭔가 인정할 만한 것도 없어. 이젠 늙었는데 죽지도 않아. 이것이 도적이지 뭐냐."**
>
> **말을 하면서 공자가 들고 있던 지팡이로 원양의 정강이를 톡톡 두드렸다.**

原壤夷俟. 子曰, "幼而不孫弟, 長而無述焉, 老而不死, 是爲賊." 以杖叩其脛.

원양(原壤)은 공자의 오랜 친구다. '이사(夷俟)'는 뭔가 앉을 것에 비스듬히 걸터앉아서 사람을 기다리는 모습이다. 누군가 자기를 찾아오는데도 이런 자세로 맞이한다면 몹시 거만하다는 느낌을 준다. 그런데 이 이야기를 보면 공자는 유년기부터 노년기까지 원양을 만나고 있다. 평생을 벗으로 지낸다는 건 그만한 까닭이 분명히 있을 것이다.

공자는 "같이 배울 수는 있어도 같은 길을 걸을 수는 없다. 같은 길을 걸을 수는 있어도 같이 설 수는 없다. 같이 설 수는 있어도 권도를 같이 행할 수는 없다"라고 말한 적이 있다. 권도는 임시방편 또는 각자의 상황에 맞는 중용의 도를 행하는 것을 말한다. 이는 단독자인 사람마다 다를 수밖에 없다. 공자는 원양의 권도를 인정했다.

원양은 어머니가 돌아가셨을 때 '춤추고 노래를 부른' 행위로 유명하다. 어머니가 힘든 생애를 마치고 더 좋은 삶으로 변화해 갔으니 축복을 해야 한다는 것이다. 상례는 절절하게 슬퍼야 한다는 공자의 주장과 정면으로 부딪힌다. 원양이 보기에 슬픔은 살아남은 사람의 슬픔이지 죽은 사람의 슬픔이 아니었다. 그럼에도 두 사람은 함께 지냈다. 여기 공자의 말도 원양을 한껏 욕하는 것 같지만 그 이면을 들여다보면 따스한 정감이 느껴진다.

"어려선 버릇없고, 자라선 인정할 게 없고, 늙었는데 죽지도 않느냐? 이 도적놈아!"

이런 말을 누구에게 감히 할 수 있겠는가. 내 주변을 돌아봐도 이런 말을 내뱉을 만한 벗이 선뜻 떠오르지 않는다. 서로의 넓이와 깊이를 다 헤아린 관계가 아니면 하기 어려운 말이다. 예술적 감수성이 뛰어났던 공자의 유머러스한 언행을 잘 보여 주는 보석 같은 일화다. 지팡이로 벗의 정강이를 톡톡 두드리는 행동도 웃음을 자아낸다. "그 다리 좀 치워 봐라. 나도 좀 같이 앉자"는 말이 그 행위 속에 들어 있다고 나는 느낀다.

궐당 동자가 공자의 명을 받들어 전하고 다니자 어떤 사람이 물었다.

"학문의 성취가 있는 아이입니까?"

"나는 그 아이가 어떤 지위를 차지하려는 것도 보고, 자기 선생과 나란히 걷는 것도 봤소. 그런 행위는 학문의 성취를 구하는 게 아니라 뭔가를 빨리 이루고자 하는 욕심일 뿐이라오."

闕黨童子將命. 或問之曰, "益者與?" 子曰, "吾見其居於位也, 見其與先生並行也. 非求益者也, 欲速成者也."

궐당(闕黨)은 동네 이름이고, 동자는 아직 한참 배워야 하는 어린아이라는 뜻이다. 장명(將命)은 어른이나 스승의 명을 받아 이리저리 심부름을 다니는 것을 말한다. 보통 장명자는 똑똑한 사람인 경우가 많고, 스승에게 신뢰를 받는 사람이 대부분이다. 객관적으로 보기에 당연히 또래보다 우수한 아이라고 인정하게 된다. 그러니 어떤 사람이 공자에게 질문한 내용은 당연한 것이었다.

공자의 대답은 '노'였다. 구익(求益)이 아니라 속성(速成)이라는 것. 천천히 하나하나 보태서 학문의 진보로 나아가는 것이 구익이다. 어떤 수단과 방법을 쓰던 빠른 속도로 어떤 목표를 이루고자 하는 것이 속성이다. 공자는 학문은 속성으로 성취할 수 없다고 보는 사람이다. 그렇다면 아이가 속성을 노리고 있다는 걸 무엇으로 알 수 있나? 공자는 두 가지를 제시한다. 어떤 지위를 차지하려 하며, 선생과 나란히 걸으려 한다는 것. 요즘 말로 하면 반장을 하든 뭔가 눈에 띄는 지위에 앉기를 바라는 마음은 속성의 욕심이 있다고 공자는 본다. 선생과 함께 걸을 때 자꾸 선생 옆에 붙어서 나란히 걷고자 하는 것도 속성의 속셈이 시키는 거라고 봤다.

그러니 이 속성을 노리는 아이가 '장명자'의 자리를 양보할 리가 없다. 누구보다 앞장서서 장명자의 자리를 꿰찼을 것이다. 공자는 결국, 겉으로 드러난 행위만 보고 판단하지 말 것을 주문하고 있는 셈이다. 장명자의 보편성으로 개개인의 특수성을 재단하면 안 된다고 가르쳐 주고 있다.

나는 하나로 꿰뚫는다
위령공

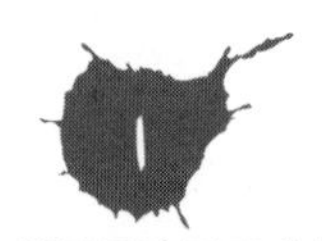

위령공이 공자에게 물었다.

"진법에 대해서 아십니까?"

"제사 그릇 다루는 일은 제가 일찍부터 들어서 좀 압니다만, 군대의 일은 배운 적이 없습니다."

이렇게 대답하고 공자는 다음날 위나라를 떠나 버렸다. 가다가 진(陳)나라 경계에 들어갔을 때 양식이 떨어졌다. 게다가 따르던 사람들 몇몇이 병이 나서 일어서지도 못했다. 그러자 자로가 성난 얼굴로 스승에게 여쭈었다.

"군자도 이토록 궁할 때가 있는 겁니까?"

"군자도 당연히 궁한 때가 있지. 다만 소인은 궁하면 넘치더구나."

衛靈公問陳於孔子. 孔子對曰, "俎豆之事, 則嘗聞之矣, 軍旅之事, 未之學也." 明日遂行, 在陳絶糧, 從者病, 莫能興. 子路慍見曰, "君子亦有窮乎?" 子曰, "君子固窮, 小人窮斯濫矣."

위령공은 무도하고 무능한 임금으로 유명하다. 부인인 남자(南子)에게 휘둘려 아들 괴외는 내쫓고 후계도 세우지 못한 채 죽었다. 공자를 제대로 등용하지도 못하였다. 기껏 공자에게 질문한다는 것이 '진법'이었다. 전쟁터에 나가 군대의 진을 어떻게 칠 것인가 하는 물음인데, 공자의 기대와는 멀어도 한참 멀었다. 예악정치를 추구하는 공자는 위령공과 함께하기 어려움을 알고 위나라를 떠났다.

자로는 위나라가 본거지인 사람이다. 공자가 위나라에 오랫동안 머물 수 있었던 것도 다 자로의 공이었다. 자로는 공자가 위나라에 계속 머물면서 한자리하기를 바랐다. 스승의 고집에 할 수 없이 따라나서기는 했지만 자로는 불만이었다. 설상가상으로 식량이 떨어지고 사람들이 병까지 얻었다. 자로의 화가 폭발했다. 스승 앞에서도 성난 표정을 감추지 않고 툴툴댔다. "군자도 이토록 궁하게 됩니까?" 자로가 말한 군자는 공자를 빗댄 말이다.

식식거리는 자로에게 공자는 선선히 맞장구를 친다. "당연히 궁할 때가 있지." 그래 놓고 그 다음에 덧붙이는 말이 걸작이다. "소인은 말이야, 궁하면 꼭 넘친단다." 남(濫)은 지나치게 함부로 한다는 뜻이다. 자로가 공자 자신을 군자에게 빗댔으므로, 공자는 자로를 소인에게 빗대어 돌려준 셈이다. 지금 식량이 떨어지고 병자도 생기는 궁한 때가 되니까 스승에게도 화를 내는 제자에게 꾸짖음을 주고 있었다. "자로, 너 이놈! 네가 지금 함부로 넘치고 있는 거야." 이 세련된 화법이라니!

진실로 궁하다는 뜻인 '고궁(固窮)'은 궁해도 지킬 건 지킨다는 뜻으로 풀이하는 경우도 있다. 그래도 뜻은 통하지만 나는 그냥 자로의 말에 맞장구를 친 것으로 보는 것이 자연스럽다고 본다.

공자가 말했다.

"사야. 너는 내가 많이 배우고 기억하여 아는 사람이라고 여기느냐?"

"그렇습니다. 아닙니까?"

"아니다. 나는 하나로 꿰뚫는다."

子曰, "賜也, 女以予爲多學而識之者與?" 對曰, "然, 非與?" 曰, "非也, 予一以貫之."

정말 아름다운 대화다. 〈논어〉에서 가장 빛나는 구절이며 인류에게 남겨 준 희대의 명언인 '일이관지(一以貫之)'가 등장한다. 하나로 꿰뚫는다는 일이관지는 줄여서 '일관(一貫)'으로 쓴다. 사람이 학문을 한다는 건 일관의 구도, 말하자면 하나로 꿰뚫는 통찰을 얻기 위함이다. 공자는 자기 평생 학문의 정수를 지금 자공에게 들려주고 있는 것이다.

주고받은 대화가 어찌 이것뿐이랴만 앞뒤를 잘라내고 딱 이 부분만 편집한 기록자들의 지혜도 감탄스럽다. 평소에 자공이 갖고 있는 지식에 대한 생각도 정확하게 드러나 있다. '다학식지(多學識之)'가 바로 자공의 지식에 대한 생각이다. 공자가 자공의 생각을 바로 찌르고 있지 않은가. "그렇지? 사야" 하고 공자가 물으니까, 자공은 "그렇습니다" 하고 긍정한다. 그런데 자공은 아무래도 자신의 생각이 틀린 것 같아서 "아닙니까?" 하고 묻게 되어 있다. 공자는 대답해 준다. 배움이란, 학문이란, 지식이란 다학식지가 아니라 일이관지임을.

일관된 통찰을 얻기 위해 많이 배워야 하지만, 배운 것을 잘 버릴 줄 알아야 한다. 불가에서도 말한다. "강을 건넜으면 나룻배는 잊어라. 나룻배를 머리에 이고 다니려 하느냐!" 머리에 이고 다니는 나룻배는 얼마나 무거울 것인가.

4부에서 증자와 대화에도 일이관지가 나오지만, 나는 아무래도 여기 자공과의 대화가 훨씬 정겹고 좋다.

공자가 말했다.

"유야. 덕을 아는 사람이 드물구나."

子曰, "由! 知德者, 鮮矣."

앞뒤를 뚝 잘라서 기록하여 상상의 재미를 주는 사람들이 위령공의 편집자들이다. 공자는 자로에게 '아는 것'에 대해 말한 적이 있다.

"아는 것은 안다고 하고 모르는 것은 모른다고 해라. 그럼 아는 것이다."

공자가 자로에게 들려준 이 말은, 진실을 말할 줄 아는 사람이 용기 있는 사람이요 참된 지식인이라는 의미가 내포되어 있다. 자로는 용맹스러운데다 의리에 죽고 의리에 사는 인물이었다. 그러나 공자가 보기엔 참된 지식인의 태도가 약하고 배움이 얕으며, 따라서 덕이 좀 부족했다. 그래서 세상에는 덕을 제대로 아는 사람이 부족하다고 말해 주어 자로가 분발하게 하려는 의도로 읽힌다.

덕(德)은 눈을 크게 뜨고 사물을 똑바로 보는 모습을 형상한 글자다. 후대엔 '크다, 얻는다' 등의 뜻으로 정착이 되었다. 사물을 똑바로 보면 얻을 수 있고 나도 크게 성장할 수 있다는 풀이도 가능하다. 공자는 세상을 똑바로 보고 살라는 충고를 자로에게 주고 싶었던 것 같다. 아쉽게도 자로는 공자의 충고를 이해하지 못하고 비참하게 생을 마감하고 말았다.

공자가 말했다.

"아무것도 하는 일 없이 천하를 잘 다스린 사람은 순임금이 아닐까? 그렇다면 순임금은 도대체 뭘 했을까? 자기를 공손하게 하여 남쪽을 바라보며 바르게 앉아 있었을 뿐이다."

子曰, "無爲而治者, 其舜也與? 夫何爲哉? 恭己正南面而已矣."

'아무것도 하지 않는다'는 무위의 다스림은 노자의 전매특허인데, 공자가 여기서 말하고 있다. 어떤 학자는 이 구절을 근거로 노자는 허구의 인물이며, 노자의 〈도덕경〉도 결국 공자의 제자 중에 누군가가 쓴 책이라고 주장하기도 했다.

'아무것도 하지 않기'는 정말 어려운 일이다. 요즘 대한민국도 보라. 대통령의 임기는 5년인데 그 5년 동안 온통 나라를 결딴내는 일을 하고 또 한다. 차라리 제발 아무것도 하지 말고 가만히 있기를 두 손 모아 기도라도 드리고 싶은 마음이다.

그런데 무위는 사실 무위가 아니다. 가장 하기 어려운 일을 하는 것이 무위이다. 그것을 공자는 '공기정남면(恭己正南面)'이라고 했다. 남쪽을 바라보고 임금의 자리에 바르게 앉는 것이 '정남면'이다. 이 남면의 조건이 바로 '공기'다. 자기 자신을 공손하게 함이다. '공기'야말로 공자가 생각하는 무위의 결정체이다. 공자는 '기(己)' 철학자라고도 할 수 있다. 극기(克己), 수기(修己), 구기(求己), 그리고 여기의 공기(恭己)가 대표적인 공자의 '기(己)' 관련 발언들이다. 극기는 예로 돌아가기 위한 수양이다. 수기는 다른 사람들을 평안하고 평화롭게 하기 위한 조건이다. 구기는 남 탓을 하지 않고 문제를 나에게서 발견하기 위한 노력이다. 사실 이런 것들은 보통 어려운 일이 아니다. 극기와 수기와 구기가 다 이루어진 상태, 그것이 바로 공기의 모습이 아닐까 생각해 본다. 그렇다면 공기란 바로 나를 온통 비운 상태, 곧 허기(虛己)의 경지일 것이다. 권력도 명예도 부도 모두 비워 버린 성화된 경지. 이 경지에 도달한 사람이 순임금이며, 그래야만 무위의 다스림이 가능하지 않을까.

자장이 스승에게 여쭈었다.

"제 뜻대로 일이 이루어지게 할 수 있을까요?"

"말이 정성스럽고 믿음이 있으며 행동이 독실하게 공경하다면 비록 오랑캐의 나라에 간다 하더라도 일이 잘 이루어진단다. 말이 충신하지 않고 행위가 독경하지 않다면 비록 작은 마을이라 하더라도 일이 이루어지지 않겠지. 내가 선 곳 어디서나 그 앞에 충신독경이 참여함을 보고 수레를 탄다면 수레의 멍에에 충신독경이 의지해 있음을 본 뒤라야 내 뜻대로 일이 이루어지겠지?"

자장이 자기 허리에 두른 띠에 스승의 말씀을 써 두었다.

子張問行. 子曰, "言忠信, 行篤敬, 雖蠻貊之邦, 行矣. 言不忠信, 行不篤敬, 雖州里, 行乎哉? 立則見其參於前也, 在輿則見其倚於衡也, 夫然後行." 子張書諸紳.

자장은 생각이 크고 호방하며 명예심이 높은 인물이었다. 공자가 좀 지나치다고 평가를 할 정도였다. 자장은 벼슬자리의 녹을 구하는 방법('위정'편)과 세상에 나아가 통달하는 방법('안연'편)을 스승에게 물어본 제자이기도 하다. 여기서는 행(行)에 대해 물었는데, 이 '행' 역시 세상에 내 뜻이 어떻게 하면 잘 행해질 수 있는지를 물은 것이다.

공자의 대답은 충신과 독경이다. 사람이 세상과 교류하는 가장 중요한 수단이 언행이다. 말은 늘 넘치고 행동은 늘 모자란다는 말이 있다. 그런데 말은 지나치게 많지만 충신한 말은 몹시 적은 것이 참 역설적이다. 말 한마디에 내 온 정성을 쏟아 타자에게 신뢰를 주는 말, 그것이 충신한 말이다.

행동은 늘 말보다 부족하다. 말을 해놓고 행동이 따르지 않아 서로 신뢰가 깨지는 경우가 얼마나 많은가. 그래서 공자는 "행동은 좀 지나쳐도 좋다"고까지 말한 적이 있다. 물론 여기서 말하는 행동은 독경의 행동을 말한다. 짓궂고 함부로 까부는 행동은 아니함만 못하다. 진실이 바탕에 깔린 것이 독실함이요, 마음의 정성이 밖으로 드러남이 공경이다. 독실하고 공경한 행동이 충신한 말과 함께 나란히 조화를 이룬다면 못 이루어질 일이 없다는 공자의 주장이다.

서 있을 때와 수레를 탈 때의 비유는 내가 어떤 위치, 어떤 상황에 있든 늘 충신독경이 함께해야 한다는 말과 같다. 오랑캐의 땅은 위치를 말한다고 보면 되겠다. 자장은 스승의 말을 잊지 않으려고 자기 허리띠에 써 두었다.

공자가 말했다.

"정직하구나, 사어여! 나라에 도가 있을 때에 화살처럼 곧더니, 나라에 도가 없을 때에도 화살처럼 곧았다. 군자답구나, 거백옥이여! 나라에 도가 있으면 나아가 벼슬하고, 나라에 도가 없으면 거두어 품어 둘 수 있으니."

子曰, "直哉史魚! 邦有道, 如矢, 邦無道, 如矢. 君子哉蘧伯玉! 邦有道, 則仕, 邦無道, 則可卷而懷之."

세상을 살아가는 태도를 비교했다. 공자는 나라의 유도와 무도에 따른 대처법을 여러 번 얘기했다. 조카사위를 삼은 남용의 이야기는 여기 거백옥과 비슷하다. 남용은 나라에 도가 있을 때 버려지지 않고, 나라가 무도할 때에도 형벌이나 죽음을 면했다고 한다. 거백옥도 유도한 세상에선 벼슬을 하지만, 무도한 세상에선 거두어 품는다고 했다. 상황에 따라 현명하게 대처한다는 것이다.

공자는 유도한 세상에선 말을 높게 하고 행동도 높게 해도 되지만, 무도한 세상에선 행동은 높게 하되 말은 낮추라고 했다. 유도한 세상에서 하는 일 없이 국록을 먹거나 무도한 세상에서 선을 행하지 못하면서 국록을 먹는 일은 몹시 부끄러운 일이라고 제자인 원헌에게 말했다. 무도한 세상에선 거두어 품어 두며 형벌을 면하고 국록을 먹지 않는 행위가 군자답다는 것이다.

그러나 나라에 도가 있건 없건 화살처럼 곧은 '사어'도 공자는 높이 평가했다. 사어 같은 이는 무도한 세상에선 형벌을 받고 죽음을 당하기 쉽다. 세상의 정의를 위해 목숨을 내놓을 수 있는 지사이기 때문이다. 사어는 위나라 대부로 사추(史鰌)라는 사람이다. 사추는 죽을 때 유언으로 빈소를 꾸미지 말고 자기 시체를 창문 밑에 놓게 하여 스스로 죄를 물었다는 일화가 있다. 무능한 군주인 위령공에게 현자를 추천하지 못한 자신을 죽어서도 벌한 것이다. 이를 죽은 몸으로 임금에게 간했다 하여 '시간(屍諫)'이라 한다.

공자는 사어의 기개도 높였지만 역시 '거두어 품어 둘 수' 있는 경지를 더 인정했다. 화살처럼 곧게 뻗다가 부러지는 것보다는, 둘둘 말아 한 걸음 물러날 줄도 아는 넓이와 깊이가 군자답다는 말이다. 가권회지(可卷懷之)는 '둘둘 말아서 가슴에 품는다'는 뜻이다.

공자가 말했다.

"더불어 말해야 하는데도 말하지 않으면 사람을 잃으며, 더불어 말하면 안 되는데도 말하면 말을 잃는 것이다. 지혜로운 이는 사람도 잃지 않고 말도 잃지 않는다."

子曰, "可與言而不與言, 失人, 不可與言而與之言, 失言. 知者不失人, 亦不失言."

이건 정말 굉장히 어려운 일이다. 우리는 세상을 살아가면서 얼마나 많은 사람을 잃고 많은 말을 낭비하는지. 그런데 의문이 생긴다. 과연 말을 섞으면 안 되는 사람이 있는가? 나와 정치적인 입장이 다른 사람? 추구하는 가치가 다른 사람? 나와 종교관이 다른 사람? 어떤 사람과 말을 하면 안 되는 것일까? 공자는 어떤 사람을 염두에 두고 이런 말을 한 것일까?

나는 말을 섞으면 안 되는 사람은 없다고 본다. 공자의 생각도 그렇다고 본다. 공자는 실인과 실언의 구체적인 예를 갖고 오기 위한 전제로 삼기 위해 '여언(與言)'의 가불가를 말했을 뿐이다. 뒷구절인 지자(知者)가 어떤 사람인가를 얘기하기 위한 전제.

제대로 된 지식인은 물과 같은 존재다. "지자는 물을 좋아한다"고 공자는 말한 적이 있다. 물은 스스로 빛깔은 없으나 모든 빛깔을 받아들이고 빛깔들의 좋은 속성을 최대한 찬연하게 드러나도록 돕는다.

지자는 사람도 잃지 않고 말도 잃지 않는다. 한마디로 가불가가 없다는 말이다. 말을 섞어야 되면 섞고 섞지 말아야 되면 섞지 않는 것이 자연스럽다. 고정불변은 없다. 오늘 말을 섞으면 안 되는 사람이 내일 말을 섞어야 하는 사람이 되기도 한다. 그 역도 성립한다. 오늘의 아군이 내일은 적이 되기도 하고, 그 반대가 되기도 한다. 그 통찰로 세상을 살아가는 지자는 실언과 실인이 있을 리가 없다.

공자가 말했다.

"지사와 인인은 자기 목숨을 살리려고 인을 해치지 않지만, 자기 몸을 죽여 인을 이루는 경우는 있다."

子曰, "志士仁人, 無求生以害仁, 有殺身以成仁."

'살신성인'이라는 사자성어를 탄생시킨 너무나 유명한 구절이다. 엄혹한 시기가 되면 공자의 이 말은 많은 사람의 가슴을 치게 만들 것 같다. 가까운 과거인 일제강점기 때를 보자. 나라가 식민지가 되면서 많은 분들이 순국했다. 안중근, 황현, 윤봉길, 민영환……. 반면 나라가 망하는 때를 노려 부귀영화를 누린 사람도 많다. 구생해인(求生害仁)과 살신성인의 극명한 대비가 된다.

'살아남은 자의 슬픔'이란 말이 있다. 1980년 광주의 민주화항쟁 때 많은 시민군이 도청에서 목숨을 잃었다. 그때 도청에서 끝까지 함께 하지 못하고 다양한 이유로 도청에서 미리 나와야 했던 사람들이 살아남아 많은 심적인 고통을 겪었다. 민주화운동 시기에 이런 일들은 매우 많았다. 노동조합을 결성하고 투쟁을 하다가 해고와 폭행 등 다양한 위협에 굴복하여 노조원들이 하나둘 투쟁의 자리를 떠났다. '생을 구한다'는 구생(求生)은 꼭 목숨만을 뜻하지 않는다. 내 생명을 위협하는 모든 것들로부터의 도피, 그것이 구생이다. 구생은 인간의 본능이다. 삶을 추구하지 누가 죽음을 추구하겠는가. 물론 죽음의 본능인 '타나토스'도 삶의 의지인 '에로스'와 비슷한 힘을 갖는다고 프로이트는 말했다. 그러나 여기서 말하는 죽음의 본능은 살려는 의지의 마지막 절규가 아닐까 한다.

살신은 본능을 넘어섬이다. 그 자체가 곧 인을 이룸이다. 그런데 이런 경우는 매우 드물기 때문에 공자는 "그런 경우도 있다"고 말하고, 그런 사람은 반드시 지사나 인인 중에 있다는 것이다.

자공이 스승에게 여쭈었다.

"인은 어떻게 실천해야 합니까?"

"대장장이가 자기 일을 잘하기 위해선 반드시 먼저 도구를 예리하게 만드는 법이다. 그러니 너는 이 나라에 사는 대부 중에 현자를 섬기고 사(士)들 중에 인자와 벗해야겠지."

子貢問爲仁. 子曰, "工欲善其事, 必先利其器. 居是邦也, 事其大夫之賢者, 友其士之仁者."

자공은 자기보다 못한 사람을 만나면 기뻐한다고 공자가 말한 적이 있다. 공자의 이 말은 자공에게만 어울리는 건 아니다. 대부분의 사람들이 그럴 것이다. 나 또한 나 자신을 가만히 돌아봤을 때 공자에게 이 말을 들어도 항변할 수 없다는 걸 알았다. 나보다 나은 사람, 나보다 훌륭한 사람과 함께 있으면 뭔가 불편했다. 작가들 모임에서 인기 작가들을 부러워하며 뒷자리에서 쓸쓸해 한 경우도 있다.

공자는 그러지 말라고 말해 준다. '이 나라'로 해석하는 시방(是邦)은 내가 현재 거주하고 있는 지역이다. 내가 주로 활동하는 계층이라고 봐도 된다. 하여튼 내가 주로 움직이는 시공간이다. 그 시공간에서 현자와 인자를 섬기고 벗하라는 충고를 공자는 하고 있다. 대부는 상당한 부와 높은 지위를 소유하고 있으면서도 현자인 사람이며, 사는 지위는 낮지만 어진 덕성을 갖고 있는 사람이다. 모두 나보다 월등히 훌륭한 사람들이다. 인의 실천은 모름지기 나보다 나은 사람들과 함께하기를 주저하지 말라는 얘기다. 자공에겐 절실한 가르침이었다. 물론 자공보다 못한 나 같은 보통 사람에겐 더욱 절실하다. 대장장이는 도구를 먼저 예리하게 다듬어 놓는다는 비유가 선명하게 눈에 들어온다.

안연이 스승에게 여쭈었다.

"나라를 경영하려면 어찌해야 합니까?"

"하나라의 달력을 쓰고, 은나라의 수레를 타며, 주나라의 면류관을 입어라. 음악과 춤은 소무(韶舞)가 좋다. 정나라 음악은 버리고, 말 잘하는 사람은 멀리해라. 정나라 소리는 음란하고, 말 잘하는 사람은 위태롭단다."

顔淵問爲邦. 子曰, "行夏之時, 乘殷之輅, 服周之冕, 樂則韶舞. 放鄭聲, 遠佞人. 鄭聲淫, 佞人殆."

한 살 차이이며 도달한 경지에 있어 쌍벽을 이루는 두 제자인 자공과 안연의 질문을 나란히 놓았다. 자공은 인의 실천을 물었고, 안연은 '나라 경영'을 물었다. 그런데 재미있는 것은 실제로 나라 경영을 실천한 인물은 자공이고, 일상에서 인을 실천한 인물은 안연이었다. 각자에게 부족한 부분에 대한 관심이 크기 마련인 듯하다.

하은주 삼대의 문화는 공자가 보기엔 인류가 완성한 문화의 결정체이다. 하은주 삼대의 장점들만 모아 놓으면 인류는 수천 년이 가도 평화로운 삶을 영위할 수 있을 것으로 봤다. 여기는 아주 간략하게 정리했다.

먼저 시(時)! 이 시는 바로 농사를 짓는 달력을 말한다. 중국의 고대는 북두칠성의 자루(斗柄 : 일곱 개의 별 중 나란한 세 개의 별)가 초저녁에 가리키는 방향을 기준으로 삼아 달력을 만들었다. 하나라는 북두

칠성의 자루가 2시 방향을 가리킬 때를 기준으로 삼았는데, 이곳이 인방(寅方)이다. 열두 개의 지지(地支) 중에 세 번째가 인이다. 하나라는 이 인방을 정월로 삼았다. 고대의 관념에 하늘은 자방(子方)에서 열리고, 땅은 축방(丑方)에서 열리며, 사람은 인방에서 태어난다고 했다(天開於子, 地闢於丑, 人生於寅). 자방은 12시 방향이고, 축방은 1시 방향이다. 자방은 주나라, 축방은 은나라가 정월로 삼았다. 하나라는 사람이 탄생한다는 인방을 정월로 삼았다. 지금도 우리는 음력은 인방을 정월로 삼는다. 일 년 열두 달 중 새해 첫 달인 정월은 12지지에서는 인월에 해당한다. 동짓달은 자월, 섣달은 축월이라 부른다.

두 번째 로(輅)! 로는 큰 수레이다. 수레는 은나라의 수레가 소박하면서도 튼튼하다고 한다. 공자는 사치를 극도로 싫어했다. 은나라의 다음 왕조인 주나라의 수레는 화려하지만 쉽게 고장이 났다고 한다. 이를 과치이패(過侈易敗)라고 한다. 겉은 번지르르한데 써 보면 기능은 영 형편없는 기계를 생각하면 되겠다.

세 번째 면(冕)! 면은 머리에 쓰는 모자인 면류관이다. 면류관으로 의복의 사치 유무를 가늠하는 경향이 있었다. 의복은 주나라가 검소했던 모양이다. 농사짓는 시기를 알려 주는 달력은 식생활에 매우 중요하며, 수레를 비롯한 도구들은 주생활, 면류관은 의생활의 중요성을 상징한다고 볼 때 공자는 하은주 삼대 의식주의 장점들을 말하고 있는 셈이다. 지나간 시대의 장점을 계승하는 것이 좋은 정치라는 걸 말해 주는 것 같다.

의식주를 말하고 나서 음악을 대표로 한 다양한 문화를 말한다. 음악은 진선진미(盡善盡美)한 '소무'를 사람들이 즐기기를 바라는 소망을 밝혔다. 소무는 무위의 다스림으로 태평성대를 열었던 순임금의 음악이다. 말 잘하는 사람인 '영인(佞人)'은 무엇을 상징할까? 아마도 혹세무민하는 달변가를 뜻하는 게 아닐까? 세상을 위태롭게 한다고 했으니. 요즘 대한민국으로 본다면 나는 텔레비전의 종합편성채널에 등장하는 다수 패널들이 그런 경우가 아닐까 생각해 본다. 어떤 내면의 이기심은 숨기고 가장 공정한 척 논리를 펴는 위선가. 공자의 혐오는 그런 사이비 문화를 탄생시키는 사람들을 향해 있는 것으로 보인다.

공자가 말했다.

"사람이 멀리 생각하지 않으면 반드시 가까운 근심이 있다."

子曰, "人無遠慮, 必有近憂."

두 걸음 나아가기 위해 한 걸음 물러나라는 말이 있다. 눈앞의 작은 이익만 다투다가 진짜로 중요한 큰 것을 잃어버릴 수도 있다. 숲은 보지 못하고 나무만 보면 고집스럽고 피곤한 사람이 된다. 피곤의 곤(困)은 나무가 사방이 꽉 막힌 상자 안에 들어 있는 모습을 나타냈다. 글자만 봐도 괴롭고 숨이 턱턱 막힌다.

우물 안 개구리는 하늘을 우물 입구 넓이만큼만 인식한다. 그리고 그것을 절대지식으로 고집한다. 멀리 보고 넓게 세상을 인식하면 그만큼 작은 근심들은 사라질 것이다. 공자의 이 말은 뒤집어도 뜻이 통한다. 가까이 있는 작은 근심들에 빠져 허우적대다 보면 멀고 넓고 깊은 사려를 할 수가 없지 않겠는가.

공자가 말했다.

"그만두자! 나는 아마도 호덕을 호색만큼 하는 사람을 못 보고 말겠구나."

子曰, "已矣乎! 吾未見好德如好色者也."

이 말은 9부 '자한'편에 나왔는데, 여기엔 '이의호(已矣乎)' 세 글자가 덧붙어 있다. 그만두자는 글자인 '이'에 강한 종결을 나타내는 '의'와 의문종결사인 '호'가 중첩되어 있다. 희망을 그만둬야겠다는 강한 종결을 의문으로 나타내고 있으니 공자의 간절한 심사가 느껴진다. 정말 보고 싶지만 이제는 그만 희망을 거둬야겠다는 생각에다, 그래도 터럭만 한 소망을 여운으로 남기는 심정.

호색으로만 일생을 살아도 인간으로 태어난 생애에 여한이 없는 사람이 많다. 인간의 본능에 충실한 삶을 누가 뭐라 하겠는가. 다만 호덕의 경지로 올라설 수 있는데도 스스로 금을 긋고 안주하는 생애들에 대한 공자의 안타까움이 절절할 따름이다. 나는 지금 어디에 서 있는가. 호색에 매몰되어 있는지, 아니면 호덕의 경계에라도 서 있는지. 시인 이성복은 '극지의 시'라는 표현을 한 적이 있다. 모든 예술은, 특히 시는 극지(極地)에서 버티는 거라고 말했다. 이 극지가 바로 호색과 호덕의 경계를 말하는 것이 아닐지.

공자가 말했다.

"장문중은 지위를 도적질한 자이다. 유하혜가 현자임을 알고도 추천하여 조정에 함께 서지 않았다."

子曰, "臧文仲其竊位者與! 知柳下惠之賢而不與立也."

장문중은 노나라의 대부로서 인사 실권을 맡았던 적이 있다. 유하혜는 역시 노나라의 대부인데 '유하'를 식읍으로 가지고 있었다. 이름은 전획(展獲)이며 자는 금(禽)이다. 자기의 식읍인 유하에 머물면서 그 고을 사람들에게 은혜를 잘 베풀어 은혜롭다는 '혜'를 시호로 받았다. 이렇게 현자로 이름이 높은 유하혜를 장문중이 조정에 천거하지 않았으니 제대로 일을 하지 않았다는 얘기다. 제대로 일을 하지 않으면서 국록만 받아먹었으니 지위를 도적질한 거나 다름없다는 논리다.

이 논리대로라면 시대마다 조정이나 정부에는 도둑놈들로 득시글거렸지 싶다. 지금이라고 다를 바 없다. 도둑놈들의 전성시대라고나 할까. 사람들이 공무원을 빗대어 자주 쓰는 '바닥에 바짝 엎드려 꼼짝하지 않는다'는 복지부동이라는 조어도 결국 '도둑놈'이라는 말과 동의어라고 하겠다.

공자가 말했다.

“스스로 꾸짖기는 두텁게 하고 남의 책임은 얇게 묻는다면 원망이 멀어지리라.”

子曰, “躬自厚而薄責於人, 則遠怨矣.”

궁자(躬自)는 ‘자기 스스로 행한다, 몸소 직접 실천한다’는 뜻이다. ‘책임을 묻는다’는 책(責)은 한 번 썼지만 나와 남에 다 걸리는 말이다. 책임 소재를 따질 때 보통 사람인 우리가 즉각적으로 하는 일은 무얼까? 바로 내 책임을 최대한 줄이고 타자의 책임을 늘리는 방법을 찾는 일이다.

공자는 이것을 거꾸로 하라는 주문을 하고 있다. “타자의 책임은 최대한 줄이고 내 책임을 늘려 봐라.” 공자의 말을 들으면 어떻게 될까? 당연히 상대방이 나를 원망함이 줄어들 것이다. 대신 나는 무엇을 얻는가? 책임은 커지고 감당해야 할 일이 많아진다. 이건 손실일까, 아니면 이득일까. 가늠하기 어렵다. 원망을 받지 않음이 이득인 것 같기는 한데, 내가 감당해야 할 일이 지나치게 많다면, 또 객관적으로 봐도 내 책임이 아닌 일을 내가 떠안았다면, 이건 정당한 모습일까.

나는 괜찮다고 본다. 내가 감당하지 못할 정도로 일이 넘친다면 반드시 조력자가 나타날 것이다. 나를 원망하지 않는 상대방이 조력자가 될 수도 있고, 새로운 인물이 나타날 수도 있다. 문제는 내 책임을 두텁게 묻는 일은 본능을 넘어서는 일이기 때문에 그게 어려울 뿐이다.

공자가 말했다.

"'어떡하지? 어떡하지?' 하고 말하지 않는 사람은 나도 어떻게 해줄 수 없다."

子曰, "不曰如之何, 如之何者, 吾未如之何也已矣."

자발성에 대한 이야기다. 생각은 머릿속에 뱅뱅 도는데 표현에 알맞은 낱말을 찾지 못해 괴로워하는 사람에겐 그 낱말을 알려 줘야 한다. 목마른 사람에게 물 한 잔은 달디단 생명수다. 배움이든 일이든 스스로 나아가려 하지 않는 사람을 돕는 일은 노력은 열 배가 들어도 성취는 없을 가능성이 크다.

공자가 말했다.

"여럿이 하루를 같이 지내는데 말은 정의로움에 미침이 없고, 작은 재주로 즐기기만 좋아하면 어려울 뿐이다."

子曰, "羣居終日, 言不及義, 好行小慧, 難矣哉!"

얼마 전에 선후배 모임에서 부부동반으로 여행을 갔다. 남자들은 스무 해 넘게 친분을 유지해 온 사이지만 부인들은 처음 보는 사람도 있어 서먹서먹했다. 일정은 단순했다. 이름난 사찰을 둘러보고, 저녁 겸 술자리를 하고, 노래방을 가고, 잠을 자는 그런 일들. 술을 좋아하는 남자들이야 재미있었지만 여성들은 영 아니었던 모양이다. 급기야 부인들이 모여 의논을 했다.

"남자들끼리 놀러 다니라고 해."

이게 부인들의 회의 결과였다. 남자들은 정기적으로 부부동반 여행을 하자고 결의를 했지만 부인들은 완전히 상반된 결론을 내린 셈이다.

공자의 말처럼 무리지어 종일토록 함께 놀았으나, 말과 행위들이 부인들에게 즐거움을 주는 게 없었던 까닭이다. 공자가 '의(義)'를 말했지만 이를 꼭 사회적으로 정의로운 일이라고만 해석할 필요는 없다. 의의가 있는 일이어야 한다는 것. 어려운 시간을 내서 남편들 여행에 동반한 부인들도 뭔가 여행의 의의가 있어야 한다. 행위도 마찬가지다. 관광지를 구경하고 술 먹고 노래방을 가는 행위가 전부였다. 노래 실력을 뽐내는 것이 바로 '소혜(小慧)'라고 할까? 그나마 노래를 하기 싫은 사람은 노래방에 앉아 있는 시간이 또 얼마나 고역일까.

모인 사람들이 모두 가슴으로 얘기하고 즐겁게 행위할 만한 뭔가 공통된 주제가 없다면 이런 식의 부부동반 여행은 곧 파국을 맞고 말 것 같다. 공자가 끝에 "어렵겠다!"라고 한 탄성이 정확한 표현이다.

공자가 말했다.

"군자는 의를 바탕으로 삼고 예로 실천하며, 겸손함으로 세상에 나가고 신뢰로 완성한다. 이런 사람은 참으로 군자로다!"

子曰, "君子義以爲質, 禮以行之, 孫以出之, 信以成之. 君子哉!"

세상의 정의는 누구나 다 안다. 의로운 일을 자기 삶의 바탕으로 삼기가 어려울 뿐이다. 불의의 삶을 살고 싶은 사람이 있을까? 악인보다 선자의 삶을 추구하는 것 또한 인간의 중요한 본능이다. 다만 정의로운 삶을 살기 위해선 용기가 있어야 하고 두려움과 근심 속에 나를 빠뜨리지 말아야 한다.

의로운 삶을 살아가겠다고 다짐을 해도 예의와 겸손, 신뢰가 없다면 내 마음 속의 각오로만 그치고 만다. 타자와 함께하는 삶은 이 세 가지가 꼭 필요하기 때문이다.

공자가 말했다.

"군자는 나의 무능함을 근심하지, 남이 나를 알아주지 않음을 근심하지 않는다."

또 말했다.

"군자는 죽을 때까지 이름이 알려지지 않음을 싫어한다."

또 말했다.

"군자는 자기에게서 구하고, 소인은 남에게서 구한다."

子曰, "君子病無能焉, 不病人之不己知也."
子曰, "君子疾沒世而名不稱焉."
子曰, "君子求諸己, 小人求諸人."

주자의 집주를 중심으로 3장으로 나뉘어 있는 것을 한 장으로 합쳤다. 공통된 의미의 연관성이 있어서 그렇게 했다.

남의 인정 여부에 목매지 말라는 공자의 말은 〈논어〉에서 가장 많이 반복하여 등장하는 구절이다. 인정받고 싶은 욕구에서 벗어나야만 진정한 자유로움을 가질 수 있다. 여기선 공자가 약간의 변화를 주었는데, '나의 무능'에 대한 이야기를 하고 있다. 남이 나를 알아주기를 바라는 것 자체가 일종의 무능이다. 정말 유능한 사람은 자연스럽게 남이 알아준다. 삶이 끝나도록 아무도 이름을 알아주지 않는다면, 이는 정말 무능한 것이다.

무능한 삶도 한판의 삶이다. 어쩌겠는가. 모든 사람이 유명한 삶을 살 수는 없지 않은가. 그러나 세상에 태어나 한 번 생을 살면서 무능한 삶을 사는 걸 군자는 싫어한다고 공자는 선언한다. 그것은 약간 이룬 삶에 만족하여 스스로 금을 긋고 사는 소시민적인 삶이기에 그렇다. 환경 탓, 세상 탓, 부모 탓, 시대 탓……. 나를 제외한 세상 모든 것들을 탓할 것은 참 많다. 내가 무능한 것은 다 남의 탓으로 돌리는 삶을 공자는 소인의 삶이라고 규정한다.

군자는 남이 나를 알아주기를 바라진 않지만, 한 번의 생애가 무명으로 끝나는 것 또한 바라지 않는다. 그러자면 자기 자신을 잘 살펴볼 줄 알아야 한다. 인간은 원래 고독하게 태어난다. 혼자의 삶으로 철저하게 외로워 봐야 인간으로서 세상에 온 의미를 찾을지도 모른다. 시인 백석은 '남신의주 유동 박시봉방'이란 시에서 처절한 고독을 보여준 바 있다. 시의 화자는 아내도 잃고 집과 부모와 동생들과도 헤어져 바람 센 쓸쓸한 거리를 헤맨다.

시 속의 화자는 철저한 고독 속에서 자신을 새롭게 발견한다. '내 슬픔, 내 어리석음에 눌려 죽을지도 모른다'는 절규를 하며 고통과 부끄러움의 근원을 찾아간다. 바로 여기 공자가 말하는 '구기(求己)'의 과정이다. 시 속 화자는 고통스런 터널을 지나 마침내 '나보다 더 크고 높아서 나를 마음대로 굴려 가는 존재자'를 인식하고 만나는 단계에 도달한다. 온갖 두려움과 근심 속에 자포자기하는 소인의 삶을 벗어나 성화된 시공간을 만나는 것이다. 그리하여 시 속의 화자는 소인의 삶에서 군자의 삶으로 거듭나게 된다. 그의 마음속에 드물고 정한, 갈매나무가 굳건히 뿌리를 내리게 되었으니 말이다.

공자가 말했다.

"군자는 씩씩하면서도 다투지 않는다. 무리와 함께 하되 패거리를 짓지는 않는다."

子曰, "君子矜而不爭, 羣而不黨."

씩씩하다고 풀이한 긍(矜)은 세상과 자신에 대한 긍정이다. 매사를 부정적으로 보는 사람이 있다. 그런 사람들의 내면을 들여다보면 불안감이 많다. 더러는 몸에 만성적인 질병을 가진 사람도 있다. 부정적으로 보면 볼수록 긍정의 힘은 줄어든다. 무조건 긍정도 좋지는 않지만 일단 긍정적으로 바라봐야 바람직한 길이 열린다. 싸움이란 상대를 부정하는 일이다. 상대의 부정적인 부분은 빼고 긍정적인 부분만 봐 주면 소통의 길이 생기고 싸움은 사라진다.

무리 짓고 패거리를 짓는 일들은 다 관계를 만드는 일이다. 사람은 관계의 동물이다. "외로워 못 살겠다"는 유행가 가사에 눈물 흘리는 사람도 많다. 무리를 짓다 보면 자연스럽게 패거리가 생긴다. 울타리를 치고 배타적인 구별 짓기를 하는 것이 패거리다. 패거리들이 생기다 보면 당연히 싸움이 생긴다. 서로 배타적인 모습을 보이면 소통은 어렵고 일방적인 굴복이나 억압을 감수해야 하기 때문이다.

군자는 자신과 세상에 대해 무한긍정을 하는 사람이니 씩씩하고 자신감에 넘친다. 사람이든 자연이든 세상만물과 조화롭게 무리 지어 살아간다. 그러니 배타적이지 않다. 우리 주변에 이런 군자의 모습을 보이는 사람이 가끔 있다.

공자가 말했다.

"군자는 말만 가지고 사람을 천거하지 않으며, 사람 때문에 말을 버리지 않는다."

子曰, "君子不以言擧人, 不以人廢言."

좋은 말과 훌륭한 인품이 꼭 비례하는 건 아니다. 마찬가지로 사람이 못났다고 말까지 나쁜 건 아니다. 못난 사람도 가끔 훌륭한 말을 할 때가 있다. 사사로운 감정에 구애되지 말고 사람과 말을 있는 그대로 보라는 충고다. 중용의 도를 몸에 체득한 군자다운 태도다.

그러나 사람이 싫은데 말이 좋다고 용납하기는 그리 쉬운 일이 아니다. 어떤 사람이 싫으면 그 사람의 숨소리도 듣기 싫어진다고 한다. 부부가 살다가 이혼을 할 때 서로 혐오의 막장을 보여 주는 경우가 있다. 곁에 있는 것조차 싫은데 그 사람의 말을 듣고 싶겠는가. 공자의 이 주문은 그래서 몹시 어려운 주문이다. 군자가 아니라 아주 좁쌀 같은 인품의 소인배가 되더라도 싫은 건 싫은 것이다. 공자가 말하는 군자의 경지는 이래서 도달하기가 쉽지 않다.

자공이 스승에게 여쭈었다.

"종신토록 실천할 만한 한마디 말이 있겠습니까?"

"그것은 '서' 이겠지. 내가 하고자 하지 않는 것을 남에게도 베풀지 않는 일이다."

子貢問曰, "有一言而可以終身行之者乎?" 子曰, "其恕乎! 己所不欲, 勿施於人."

서(恕)에 대해서 공자가 직접 풀이를 해줬다. 서는 '용서하고 받아들이다, 동정하고 연민하다, 밝게 깨닫다' 등의 뜻을 갖는다. 글자도 파자를 해보면 '내 마음 같이'가 된다. 인(仁)은 나와 남을 '다르지만 둘이 아닌' 시각으로 보는 마음이다. 이 인을 실천하는 구체적인 방법이 서이다. 내가 하기 싫은 건 타자도 하기 싫고, 내가 하고 싶은 건 타자도 하고 싶다. 그것이 인지상정이다.

공자와 증자의 대화에서는 '충서(忠恕)'가 등장한다. 충은 내가 할 수 있는 정성을 다하는 마음이며, 서는 공감과 연민과 동정이다. 모든 일에 충서를 행하는 사람이 있다면 그가 군자요, 인자다. 증자는 자기 스승인 공자가 하나로 꿰뚫은 '일관의 도'가 바로 충서임을 밝힌 바 있다. 자공과 증자, 두 사람과의 대화에서 공자는 '일이관지'와 '서' 이야기를 한다. 〈논어〉를 편집한 사람들의 어떤 의도가 읽힌다.

안회와 자로는 공자보다 먼저 죽었고, 자공은 공자가 죽은 뒤 홀로 6년을 시묘살이했다. 공자가 죽은 직후 공자보다 낫다는 평판까지 들은 사람은 자공이었다. 자공은 부유했고 뛰어난 언변까지 있었다. 공자학단을 이끌 사람은 누가 봐도 자공이었다. 그러나 결국 학통은 증자에게 이어졌다. 그리고 일명 증자의 '충서'장이 〈논어〉에 탄생했다. 공자와 직접 '일이관지'와 '서'의 대화를 나눈 사람은 자공이 틀림없다. 하지만 공자 평생 학문의 요체가 담긴 '일관'과 '서'는 증자의 '충서'라는 해설로 남게 되었다. 학맥의 주도권을 잡은 증자학파의 의도가 〈논어〉에 편집되어 들어간 것으로 읽을 수밖에 없다.

공자가 말했다.

"내가 사람들을 대할 때 누구를 헐뜯고 누구를 칭찬하겠는가. 만약 칭찬한 적이 있다면 시험해 볼 게 있어 그랬을 것이다. 지금 사람들은 다 삼대 시절에 정직한 길을 실천해 온 사람들이다."

子曰, "吾之於人也, 誰毁誰譽? 如有所譽者, 其有所試矣. 斯民也, 三代之所以直道而行也."

사람들에 대한 공자의 무한애정이 느껴진다. 공자는 무한긍정의 철학자라는 이름을 내가 붙인 적이 있는데, 이 구절이 딱 그렇다. '수훼수예(誰毁誰譽)'란 누구를 헐뜯고 누구를 칭찬하겠느냐는 의문형을 취하고 있지만, 속뜻은 아무도 비난하거나 칭찬하지 않겠다는 말이다. 그러니 당연히 비난한 적은 없고 혹시 칭찬한 적은 있을 수도 있다. 만약 누군가를 칭찬했다면 '시험해 볼 일'이 있어서 그랬다고 한다. 시험해 본다는 건, 누군가의 능력을 격려하고 성취를 북돋우기 위해서 칭찬했다는 뜻이다.

비난이란 타자의 악을 드러내기 위해 타자의 선행까지 감추고 악만 지나치게 공격하는 폐단이 있고, 칭찬은 타자의 선을 드러내기 위해 타자의 악행은 감추고 선행의 실상을 부풀리는 폐단이 있다. 비난과 칭찬 둘 다 문제가 있는 셈이다. 따라서 칭찬은 격려 이상을 넘기 어렵고, 비난도 타자를 욕하기 위한 것 이상이 아니다. 당연히 공자 같은 군자가 이런 행위를 할 리가 없는 것이다.

공자가 비난도 칭찬도 하지 않은 까닭이 또 있다. 그 근거를 직도이행(直道而行)으로 들었다. 삼대의 사람들이 정직한 길을 실천해 왔다는 것이다. 삼대는 공자의 앞선 시대인 하은주 세 왕조를 말한다. 공자가 살고 있던 당시는 주나라 말기였다. 그러니 사민(斯民)으로 표현된 '이 사람들'은 공자와 동시대의 사람이자 삼대의 사람이다. 하은주 삼대의 문화를 함께 만들고 겪어 온 지금 이 사람들은 다 '정직한 길을 실천'한 경험이 있으며 그 유전자를 몸에 지니고 있다.

비록 지금 악을 행하는 사람이 있다 하더라도 잠시 정직한 길에서 벗어나 있을 뿐 반드시 되돌아올 수 있다는 믿음을 공자는 갖고 있다. 무한신뢰, 무한긍정을 바탕으로 한 무한애정을 사람들에게 보내는 철학자, 그가 바로 공자다.

공자가 말했다.

"나는 사관이 글을 쓰지 않고 칸을 비워 두는 일과 말 가진 사람이 말을 빌려주어 타게 하는 기록을 읽은 적이 있다. 그런데 지금은 그런 자료가 없구나."

子曰, "吾猶及史之闕文也. 有馬者借人乘之, 今亡矣夫!"

세태에 대한 공자의 비판으로 읽힌다. 궐문(闕文)은 글을 쓰다가 의심나는 부분은 빼놓는 걸 말한다. 사관은 직필이 생명인 사람들이다. 권력에 아부하거나 재물에 현혹되어 곡필을 해서는 안 된다. 사관의 곡필은 곧바로 역사의 왜곡을 부른다. 아울러 사관 자신이 정확하게 인지하지 못한 사실을 추정해서 기록해도 역사 왜곡이다. 정확하지 않은 사실이거나 외압이 있는 부분은 차라리 공백으로 비워 두는 것이 올바른 태도다.

차인승지(借人乘之)는 무얼 뜻하는 것일까? 어떤 사람에게 말을 빌려주어 타 보게 한다는 뜻인데, 말을 빌려준다는 인심 정도를 굳이 이렇게 기록할 필요가 있을까? 더구나 "지금 그런 사람이 없다"라고 공자가 보태고 있으니, 말 빌려주는 사람도 없다는 말은 아닌 게 분명하다. 곡필하지 않는 사관의 엄정한 태도와 나란히 놓일 수 있는 말이어야 할 텐데, 그 뜻풀이가 쉽지 않다.

그래서 마지막 구절인 "지금은 없다"를 사람으로 보지 않고 자료로 보는 해석이 등장한다. 중국의 남회근이 〈논어강의〉에서 그런 해석을 했다. 사관의 당당한 태도와 말을 빌려주는 아름다운 풍습을 보여 주는 기록이 지금은 없어져서 아쉽다는 풀이다. 한국의 김용옥은 〈논어한글역주〉에서 고주를 인용하여 길들지 않은 야생마를 말을 잘 다루는 사람에게 맡겨 길들이게 한다는 식으로 풀었다. "지금은 없다"를 자료로 보지 않고 사람으로 보고 있는 것이다. 나는 사람보다 자료로 보는 것이 좀 더 공자의 진의에 가까운 해석으로 본다.

공자가 말했다.

"교묘한 말은 덕을 어지럽힌다. 작은 것을 참지 못하면 큰일이 어지러워진다."

子曰, "巧言亂德. 小不忍, 則亂大謀."

눈을 크게 뜨고 진실을 똑바로 마주 보는 것이 덕이다. 교묘한 말은 눈앞을 흐리게 하여 진실을 있는 그대로 못 보게 만든다. 교언은 진실의 탈을 쓴 거짓이다. 그래서 영향력이 큰 위치에 있는 사람이나 세력의 교언은 매우 위험하다. 한 공동체를 파괴할 수 있기 때문이다. 요즘 대한민국에는 그런 영향력 있는 세력의 교언이 난무한다.

소불인(小不忍)은 두 가지 해석이 있다. '작은 것을 참지 못한다'는 뜻과 '작은 것도 차마 하지 못한다'는 두 가지다. 앞의 해석은 타자의 작은 잘못도 용서하지 못하는 좁은 아량이고, 뒤의 해석은 망설이고 주저하면서 결행을 못하는 과감성 결여라고 볼 수 있다. 두 가지 다 큰일을 도모하기엔 부족한 심성이다.

공자가 말했다.

"대중이 싫다고 해도 반드시 잘 살펴보고, 대중이 좋다고 해도 반드시 잘 살펴봐야 한다."

子曰, "衆惡之, 必察焉, 衆好之, 必察焉."

대중은 고정관념이나 선입견에 휘둘리는 속성이 있다. 세상의 진실을 정확하게 바라보는 통찰은 고정관념과 선입견을 버려야만 생긴다. 처음부터 내 생각이 아닌데 내 속에 들어와 내 생각인 것처럼 행세하는 것이 고정관념이다. 예를 들면, "남자가 부엌에 들어가면 고추가 떨어진다"는 말이 있다. 이 고정관념은 지금은 거의 깨졌지만 이 관념을 자신의 생각으로 받아들여 평생을 살아간 사람들이 많았던 시대가 있었다. "돈이면 안 되는 것 없다"는 고정관념을 가진 사람도 있다. 사실 자본이 이렇게 강력한 힘을 발휘한 기간은 수만 년 인류사에서 극히 최근의 일이다. 마치 인류가 처음부터 돈의 노예로 살았던 것처럼 오해하는 고정관념을 가진 사람이 의외로 많다.

공자가 말했다.

"사람이 길을 넓히지, 길이 사람을 넓히지 않는다."

子曰, "人能弘道, 非道弘人."

역시 사람의 타고난 능력에 대한 신뢰를 보여 주는 말이다. 공자는 인류의 긍정적인 가능성에 대하여 무한한 애정을 가진 사람이다. 공자의 이런 사상을 이어 맹자는 모든 인류는 선한 본성을 타고난다는 '성선(性善)'을 주장하게 된다. 주자의 '성리(性理)'도 크게 다르지 않다. 주자의 '리'는 하늘의 이치이며, 사람이 사람다운 길을 걸어가게 하는 절대적인 법칙이다. 다만 사람마다 기질이 다르고 여러 가지 감정들이 뒤섞여 바른 이치를 해치는 경우가 있다고 주장한다. 맹자나 주자나 공자의 소박한 발언을 자기 식의 관념철학으로 발전시켰다.

사람은 누구나 '홍도(弘道)'의 능력을 타고났다. 다만 스스로 멈추고 새로운 길을 가거나 길을 더 넓히려고 하지 않을 뿐이다. 그리고 길을 탓한다. 내 앞의 길들이 잘못되어 나는 사람다운 사람으로 살 수 없다고 탓하는 것이다.

요즘 금수저와 흙수저라는 말이 유행한다. 부유한 집안에서 태어난 아이는 금수저를 물고 태어나고, 가난한 집 아이는 흙수저를 물고 태어난다는 것. 금수저를 물고 태어난 아이의 앞에는 탄탄대로가 펼쳐져 있고, 흙수저를 물고 태어난 아이의 앞에는 꽉꽉 막힌 좁은 길만 있다는 뜻이다.

그런데 정말 그럴까. 수저 탓을 하는 것이 바로 여기 공자의 '비도홍인'에 걸린다. 길이 사람을 넓혀 주지는 않는다는 것. 금수저를 물고 나온 아이들은 정말 훌륭한 인격에 사람다운 삶을 살고, 흙수저를 물고 나온 아이는 불량한 인격을 가지고 짐승처럼 살아가기로 결정된 것인가? 결코 그렇지 않다. 길은 사람이 만드는 것이지, 길이 사람을 만들지 않는다. 내가 걸으니까 그 길은 나의 길이 된다. 길은 늘 거기 있어도 내가 가지 않으면 그 길은 내 길이 아닌 것과 마찬가지로.

공자가 말했다.

"내가 일찍이 낮에는 먹지도 않고 밤에는 잠도 자지 않으며 생각을 거듭해 봤으나 무익하더라. 배우는 것만 못하더구나."

子曰, "吾嘗終日不食, 終夜不寢, 以思無益, 不如學也."

사색할 수 있다는 것은 인류가 갖고 있는 크나큰 축복이다. 신라인이 만든 미륵반가사유상이나 로뎅의 조각인 '생각하는 사람'을 보라. 뭔가 곰곰이 생각하는 얼굴에서 사람으로 태어난 기쁨을 나는 느낀다. 그런데 공자는 사색은 무익하다고 선언하고 있다. 이는 사색의 힘을 부정하는 것인가? 밥도 먹지 않고 잠도 자지 않고 치열하게 사색을 해본 결과 공자가 내린 결론이니 그렇다고 봐야 하나?

그렇지는 않을 것이다. 배움을 강조한 말로 보면 되겠다. 공자는 다른 자리에서 배우기만 하고 생각하지 않으면 허망하다고 말한 적이 있다. 반대로 생각만 하고 배우지 않으면 위태롭다고 했다. 넓은 배움이 있어야만 사색도 깊이와 넓이가 생길 것이다. 사려가 깊다는 말은 배움이 깊다는 말과 같다.

공자가 말했다.

"군자는 도를 꾀하지, 먹을 것을 꾀하지 않는다. 밭을 갈아도 굶주림이 그 속에 있고, 배우면 녹이 그 속에 있다. 군자는 도를 근심하지, 가난을 근심하지 않는다."

子曰, "君子謀道不謀食. 耕也, 餒在其中矣, 學也, 祿在其中矣. 君子憂道不憂貧."

도와 음식이 대비되었다. 도는 사회구조적인 문제이며, 음식은 눈앞의 재물이다. 우리의 삶에 직접적인 영향을 끼치는 구체적인 것이 음식이다. 밭을 갈아 농사를 짓는 까닭은 먹을 것을 얻기 위한 노력이다. 풍요로운 음식을 추구하는 삶은 열심히 농사를 지어야 한다. 문제는 농사를 열심히 지어도 굶주릴 수 있다는 것이다. 내 생산물을 착취당하기 때문이다. 역사적으로 생산자는 늘 착취를 당하고, 생산하지 않는 자들이 배불리 먹어 왔다.

불평등하고 부조화된 그런 모습은 구조의 문제이다. 우리가 세상의 길, 그러니까 구조가 어떻게 잘못되었는지를 배워야 하는 까닭이 그것이다. 군자는 '길'을 걱정한다는 말이 그 말이다. 땅에 코를 박고 열심히 곡물을 생산해도 다 빼앗기고 굶주림을 면치 못하는데도 구조적인 문제를 배우려 하지 않으면 희망이 없다. 배워서 착취구조를 깨뜨려야만 모두가 굶지 않고 고르게 먹을 수 있는 평화세상이 온다. 배우면 그 속에 녹이 있다는 말이 바로 그것을 가리킨다.

나는 농민회에서 요청한 강의를 하러 가서 이 구절을 이야기한 적이 있다. 낮 동안 일을 하고 밤 시간에 하는 강의를 들으면서 꾸벅꾸벅 조는 농부가 많았다. 강의 말미에 한 분이 말했다.

"그러니까 트랙터 몰고 가서 고속도로를 막아야 되는 거 아닙니까? 쌀값이 똥값인데 어째 가난 걱정을 안 합니까. 애들 등록금도 한두 푼이라야지."

내가 한가한 소리를 하고 있다는 지적이었다. 나는 "근본적인 착취 구조를 바꾸지 않으면 트랙터를 몰고 고속도로를 막아 봐야 소용이 없다. 구조를 어떻게 변화시킬지 공부하고 방법을 만들어야 하지 않겠느냐"는 논지로 답변을 했다. 논의는 더 이루어지지 못했다. 강의 시간이 넘었고, 소주잔을 돌리는 뒤풀이를 어서 시작해야 했기 때문이다.

공자가 말했다.

"지식이 일을 완수하기에 충분해도 인으로 지키지 못하면 비록 얻었더라도 반드시 잃는다. 지식이 충분하고 인으로 그것을 지켜도 위엄으로 대하지 않으면 사람들이 공경하지 않는다. 지식이 충분하고 인으로 지키며 위엄이 있어도 움직임에 예가 없으면 결국 잘되지 않는다."

子曰, "知及之, 仁不能守之, 雖得之, 必失之. 知及之, 仁能守之. 不莊以涖之, 則民不敬. 知及之, 仁能守之, 莊以涖之, 動之不以禮, 未善也."

지와 인은 어떤 일을 성취하기 위한 근본이 된다. 장례 일을 예로 들어보자. 대학의 장의학과를 나와서 장례의 절차를 아주 잘 알고 있다고 하자. 그러나 이 장의사가 아주 사무적으로만 일처리를 한다면 어떻게 될까? 상주의 슬픔을 위로하고 돌아가신 분에 대한 추모의 마음으로 정성을 다하는 것이 인이다. 그런 인의 마음이 없다면 그 장의사는 일을 한 대가를 한 번은 받았을지라도 계속 일을 해 나가기 어려울 수도 있다.

지와 인으로 일의 근본을 마련했다고 해도 장리(莊涖)와 동례(動禮)가 필요하다. 지와 인이 일을 처리하는 사람의 내면이라면, 장리와 동례는 바깥으로 드러나는 부분이다. 일 마디마다 위엄이 있게 임하고 움직임이 예에 맞아야 한다는 것. 내부와 외부의 조화가 잘 이루어져야 일이 제대로 성취된다. 그래서 공자는 네 가지가 서로 맞물리지 않으면 잘했다고 볼 수 없다는 결론을 내렸다.

공자가 말했다.

> **"군자는 작은 일은 못하는 경우가 있어도 큰 임무를 받았을 땐 잘 처리한다. 소인은 큰 임무를 해내기는 어렵지만 작은 일은 잘 알아서 처리한다."**

子曰, "君子不可小知而可大受也, 小人不可大受而可小知也."

군자와 소인의 능력에 대한 이야기다. 중국천하를 셋으로 나누어 유비의 근거지를 마련하는 계책을 세워 놓은 제갈량을 작은 고을의 수령으로 삼았다면 그 능력을 제대로 발휘할 수 없었을 것이다. 그랬다면 제갈량은 아마도 조용히 책이나 읽으며 세상을 마쳤을지도 모른다. 마찬가지로 세상을 경영할 능력이 전혀 없는 사람이 제왕이나 재상의 자리에 앉으면 자신을 망치고 나라까지 결딴을 내고 만다.

세상에는 큰 임무를 맡아서 할 수 있는 사람과 자질구레한 일을 잘하는 사람이 있다. 누가 더 낫다고 일도양단 식으로 말할 순 없다. 세상엔 군자도 있어야 하고 소인도 있어야 한다. 그렇게 어울렁더울렁 살아가는 것이다. 다만 각자의 능력에 맞는 일을 맡아서 할 때 평화롭다. 그것을 각자가 자기 자리를 얻었다는 '각득기소(各得其所)'라고 한다.

공자가 말했다.

"사람들은 인의 실천을 물과 불보다 더 중요하게 여겨야 한다. 물에 빠지거나 불에 타서 죽는 사람은 내가 봤지만, 인에 빠지거나 타서 죽는 사람은 보지 못했다."

이어서 공자가 또 말했다.

"그래서 인을 실천하는 일은 스승에게도 양보하지 않는 법이다."

子曰, "民之於仁也, 甚於水火. 水火, 吾見蹈而死者矣, 未見蹈仁而死者也."
子曰, "當仁, 不讓於師."

물과 불은 사람이 살아가는 데 꼭 필요한 요소들이다. 하지만 물과 불이 사람을 죽이기도 한다. 생명을 잘 키워 내다가 홍수나 화산 폭발 등으로 일순간에 수많은 생명을 사지로 몰아넣는다. 물과 불이 인류에게 꼭 필요한 물질적인 요소의 비유라면, 인은 정신적인 요소의 비유다. 나와 타자의 관계가 인의 실천으로 이루어질 수만 있다면 공자가 간절하게 바라 마지않던 '도가 들려오는 세상'이 될 것이다.

이렇게 좋은 '인'은 물이나 불처럼 사람을 죽이는 일도 없다. 살리고 살리는 '생생(生生)'의 긍정적인 에너지를 한없이 쏟아 낼 뿐이다. 그래서 인의 실천은 스승에게도 양보하지 않는다고 공자는 말했다.

공자가 말했다.

"군자는 정직하고 곧을 뿐, 작은 의리에 연연하지 않는다."

子曰, "君子貞而不諒."

량(諒)은 '믿다, 참되다' 등의 뜻을 갖고 있지만, 부정적으로 볼 때는 '작은 일에 구애받는 진실', '하찮은 의리'로 풀이된다. 작은 일이나 하찮은 것의 비유를 하나 든다면, 나는 '선거'에서 지연이나 학연, 혈연 등으로 보고 싶다. 공적인 일을 담당할 인물을 뽑는 모든 선거에서 작은 일에 구애받거나 하찮은 의리로 투표를 한다면 어떻게 될까? 공적인 지위에 맞지 않은 인물이 뽑힐 가능성이 매우 높아진다.

현대의 민주사회에선 모든 권력은 선거로 주어진다. 그런데 주인인 '민'이 작고 하찮은 의리에 구애받아서 제대로 된 권리를 행사하지 못하는 경우가 많다. 민주사회라면서 오히려 왕조시대보다 못한 최고권력자가 탄생하는 이유가 거기에 있다. 제발 군자답게 '정(貞)'으로 투표를 하자.

공자가 말했다.

"임금을 섬김에 그 일을 공경하게 처리하고 먹는 것은 뒤로 돌려라."

子曰, "事君, 敬其事而後其食."

중이 염불에는 마음이 없고 젯밥에만 욕심을 낸다는 말이 있다. 실제로 중요한 일은 뒷전이라는 뜻이다. 임금을 섬긴다는 건 백성을 위한 정치를 편다는 말이다. 자기가 맡은 일에 충성을 다하다 보면 먹을 것도 생기고 지위도 자연스럽게 생겨난다는 논리다. 어찌 임금 섬기는 일에만 그러하랴. '군'을 사람이나 자연이나 세상만물로 바꿔도 마찬가지다.

공자가 말했다.

"가르침에는 종류를 따지지 않는다."

子曰, "有教無類."

공자의 드넓은 인품을 잘 보여 주는 말이다. '류(類)'는 다양한 해석이 가능하다. 우선 배움의 종류를 들 수 있다. 사람이 살아가면서 필요한 모든 것은 배움의 대상이 될 수 있다는 것. 그것이 널리 배운다는 박문이다. 음악도 배우고, 수학도 배우고, 활쏘기도 배우고, 말타기도 배운다. 종교도 마찬가지다. 기독교도 배우고, 불교도 배우고, 이슬람교도 배우고, 힌두교도 배운다. 굳이 류를 따질 필요가 없다는 말이다. 공자는 '이단'을 공격하지 말라고 했다. 나와 다른 생각을 가진 사람에게도 배워야지, 나와 다르다고 공격하는 건 해로울 뿐이라고 했다.

또, 류는 사람의 신분으로 볼 수도 있다. 공자의 제자들은 노예 신분의 천민부터 최상위 귀족인 왕족까지 있었다. 상종도 못할 놈들만 모여 사는 마을이라고 손가락질 받는 '호향'이라는 마을의 아이가 배움을 청하러 왔을 때에도 공자는 아무런 거리낌 없이 받아 줬다. 주변에서 걱정을 할 때 "사람에게 너무 심하게 하지 말라"고 오히려 꾸짖었다. 너그러운 군자의 품격이 오롯이 살아 있는 멋진 구절이다.

공자가 말했다.

"도가 같지 않으면 같이 일을 도모할 수가 없다."

子曰, "道不同, 不相爲謀."

도는 길이다. 사람마다 걷는 길이 같을 수도 있고 다를 수도 있다. 길이 다른데 굳이 같이 가려고 하면 서로 힘만 든다. 한 부모에게서 태어나 같은 가정환경에서 자란 형제도 아주 다른 길을 가는 경우가 흔하다. 물론 길이 달라도 서로 도와줄 수는 있다. 여기서 일을 도모한다는 '모(謀)'는 도움이 아니라 공동으로 일을 추진하는 것이다.

음악을 전공하고 싶은 오빠와 빵을 만드는 일을 하고 싶은 누이가 있다고 하자. 오빠가 동생의 빵집에 와서 음악을 연주해 줄 수는 있어도 동생과 함께 빵을 만들기는 어려울 것이다. 마찬가지로 누이동생도 오빠의 연주회에 가서 박수를 보낼 수는 있어도 함께 음악을 만들고 연주하고 노래를 부르기는 어렵다.

공자가 말했다.

"말은 뜻이 잘 전달되면 그뿐."

子曰, "辭, 達而已矣."

'말'에 대한 공자의 의식을 잘 보여 준다. 말은 내 생각을 충분히 전달하기엔 부족한 도구다. 그럼에도 규정력은 또 어마어마하다. 말 한마디로 사람을 살리기도 하고 죽이기도 한다. 말 한마디로 천 냥 빚을 갚는다는 속담이 말의 가치를 잘 보여 준다.

화려하게 꾸미는 말보다 단순하고 솔직한 말이 뜻을 더 잘 전달한다. 거짓일수록 말은 정교해진다. 말이 뜻을 제대로 전달하지 못하고 왜곡을 하면 큰 사단이 벌어진다.

악사인 사면이 공자를 만나러 왔다. 사면이 계단 앞에 이르자 공자가 말했다.

"계단입니다."

사면이 앉을 자리에 가까워지자 공자는 말했다.

"자리입니다."

참석한 사람들이 모두 자리에 앉으니까 공자가 이렇게 말했다.

"누구는 여기 있고 누구는 여기 있습니다."

만남이 끝나고 사면이 떠난 뒤에 자장이 스승에게 여쭈었다.

"악사와 함께 있을 때 말하는 도입니까?"

"그렇다. 진실로 악사를 도와주는 도이다."

師冕見, 及階, 子曰, "階也." 及席, 子曰, "席也." 皆坐, 子告之曰, "某在斯, 某在斯." 師冕出. 子張問曰, "與師言之道與?" 子曰, "然, 固相師之道也."

사면은 당시 노나라의 궁정악사로서 시각장애인이었다. 뛰어난 악사들 중에는 시각장애인이 많았다. 눈이 안 보이는 대신 소리에 더 집중할 수 있어서 그런 것 같다. 자기 집에 찾아온 손님은 정성껏 대접하는 것이 예의다. 그런데 앞이 안 보이는 악사가 왔으니 계단을 알려주고 자리를 알려 주고 누구누구가 함께 앉아 있는지를 알려 주는 일은 당연하다. 그런데 이렇게 특별히 기록을 한 것으로 봐서 공자가 하듯이 장애인을 대우하는 행위가 일반적이지 않았던 모양이다. 내가 어렸던 70년대에도 장애인이 놀림감이 되는 경우가 많았다. 공자가 살았던 2,500년 전에는 장애인에 대한 대우가 지금보다 훨씬 안 좋았을 수도 있다.

공자는 상복을 입은 사람과 예식을 치르기 위해 옷을 갖춰 입은 사람과 장애인을 만나면 극진한 예를 갖췄다는 제자들의 기록이 있다. 여기 일화도 그런 공자의 생각이 실천으로 드러난 부분이다. 일부러 남에게 보이기 위한 행동이 아니라 자연스러웠을 것이다. "이것이 진실로 악사를 돕는 길이다"라는 공자의 대답이 그렇다.

論語

16

고르면 가난이 없다

계씨

人文學

계씨가 전유를 침략하려고 했다. 염유와 계로가 공자를 뵙고 말씀드렸다.

"계씨가 장차 전유에서 일을 벌이려고 합니다."

"구야! 이것은 너의 잘못이 아니냐? 무릇 전유는 지난날 선왕께서 동몽산의 제주(祭主)로 삼았던 땅이다. 또 우리 노나라의 경계 안에 있으니 사직의 신하이다. 어찌 침략할 수 있단 말이냐."

염유가 아뢰었다.

"계씨가 욕심을 부리는 것이지, 우린 둘 다 그러고 싶지 않습니다."

"구야! 고대의 훌륭한 사관인 주임(周任)이 '있는 힘껏 지위에 맞는 일을 하다가 능력이 못 미치면 그만둬야 한다'라고 했다. 계씨가 위태로운데도 잡아 주지 않고 넘어지려는데 부축하지 않으면 장차 너희는 무엇을 도우려는 게냐? 또 네 말이 잘못되었다. 호랑이와 무소가 우리에서 나와 도망가고 거북 껍질과 옥이 상자 속에서 부서진다면 이는 누구의 허물이냐?"

"지금 전유는 견고하고 비 땅에서 가깝습니다. 지금 취하지 않으면 후세에 반드시 자손들의 근심이 될 것입니다."

"구야! 군자는 미워한다. 하고 싶다고 솔직하게 말하지 않고 마치 아닌 것처럼 돌려서 하는 말을. 나는 이렇게 들었다. '나라와 집안을 다스리는 사람은 적은 것을 근심하지 않고 고르지 않은 것을 근심한다. 가난을 근심하지 않고 불안함을 근심한다'고. 무릇 고르면 가난이 없고, 화목하면 사람 수나 재물이 적어지지 않고, 백성이 평안하면 나라가 기울어지지 않는다. 이와 같이 해야 하기 때문에 먼 데 사람이 복종하지 않으면 문덕을 닦아서 스스로 찾아오게 해야 한다. 이미 왔으면 편안하게 해줘야 한다. 그런데 지금 유와 구, 너희 둘은 계씨를 돕는 자리에 있으면서 먼 데 사람이 복종하지 않는데 오게 하지도 못한다. 더구나 나라가 나뉘어 무너지고 서로 떨어져 부서져도 지킬 능력이 없으면서, 오히려 나라 안에서 창과 방패가 서로 움직일 것을 도모하고 있구나. 나는 두렵다. 계손씨의 근심이 전유에 있지 않고 담장 안에 도사리고 있음을."

季氏將伐顓臾. 冉有季路見於孔子曰, "季氏將有事於顓臾." 孔子曰, "求! 無乃爾是過與? 夫顓臾, 昔者先王以爲東蒙主, 且在邦域之中矣, 是社稷之臣也. 何以伐爲?" 冉有曰, "夫子欲之, 吾二臣者皆不欲也." 孔子曰, "求! 周任有言曰, '陳力就列, 不能者止.' 危而不持, 顚而不扶, 則將焉用彼相矣? 且爾言過矣, 虎兕出於柙, 龜玉毁於櫝中, 是誰之過與?" 冉有曰, "今夫顓臾，固而近於費. 今不取，後世必爲子孫憂.” 孔子曰，“求! 君子疾夫舍曰欲之而必爲之辭. 丘也聞有國有家者，不患寡而患不均，不患貧而患不安. 蓋均無貧，和無寡，安無傾. 夫如是，故遠人不服，則脩文德以來之. 旣來之，則安之. 今由與求也，相夫子，遠人不服，而不能來也，邦分崩離析，而不能守也，而謀動干戈於邦內. 吾恐季孫之憂，不在顓臾，而在蕭牆之內也.”

계씨는 당시 노나라에서 가장 강력한 집안이었다. 노나라의 거의 절반을 자기 영향 아래 두고 있었다. 그런데도 만족하지 못하고 전유라는 작은 고을을 또 손에 넣으려 했다. 마침 공자 제자인 염구와 중유가 계손씨 밑에서 벼슬을 살고 있었다. 공자로선 계씨의 전유 침탈을 결코 용납할 수 없는 일이었다. 여기서 공자가 편 논리가 그 빛나는 '균무빈(均無貧)'이다. 고르면 가난이 없다는 말!

성장 지상주의자들은 전체 파이가 커져야만 떨어지는 가루도 많아진다고 한다. 그러나 공자는 인정하지 않는다. 많기를 바라지 말고 고르게 하라는 것. 사람들은 가난을 걱정하는 것이 아니라 불안을 싫어한다는 것이다. 불안은 미래에 대한 희망이 없을 때 발생한다. 대학을 나와도 30퍼센트 이상이 먹고 살아갈 직장을 잡을 수 없는 요즘, 우리나라는 지극히 불안한 사회다. 파이는 커질 대로 커져 있는데도 그렇다. 10대 재벌이 곳간에 쌓아 둔 돈은 수백 조에 이른다. 그러나 청년실업은 넘쳐나고 사람들은 불평등을 호소하며 '지옥 같은 나라'라고 좌절한다. 성장론자들의 그 낙수효과는 어디로 간 것일까? 현대 대한민국에 비유해 보면, 계씨는 대재벌이고 전유는 중소기업이나 하청업체들이다.

공자는 말한다. "고르면 가난이 없고 편안하면 나라가 망하지 않는다"고. 이것을 뒤집으면 부가 편중되면 가난이 생기고 불안하면 나라가 망한다는 얘기가 된다. 지금 현재 대한민국은 지독하게 부가 편중되어 있고 사회는 극도의 불신과 불안이 넘친다. 자, 기울어지는 이 나라를 어찌할 것인가? 대답은 너무 쉽지 않은가? 균무빈! 어떤 젊은 이가 재벌들의 곳간에 쌓여 있는 사내유보금에 '청년고용세'를 물리자는 주장을 했다. 의미 있는 주장이지만 이런 주장을 들을 귀가 재벌과 재벌을 비호하는 권력자들에게 있는지 의문이다.

공자가 말했다.

"천하에 도가 있으면 예악과 정벌이 천자로부터 나오고, 천하가 무도하면 예악과 정벌이 제후로부터 나온다. 제후로부터 나오면 대개 10세대 안에 망하지 않는 경우가 드물다. 대부로부터 나오면 5세대 안에 망하고, 집에서 부리는 신하가 나라의 운명을 잡고 있으면 3세대 안에 망한다. 천하에 도가 있으면 정치는 대부에게 있지 않고, 천하에 도가 있으면 뭇 사람들의 의견이 분분하지 않다."

孔子曰, "天下有道, 則禮樂征伐自天子出, 天下無道, 則禮樂征伐自諸侯出. 自諸侯出, 蓋十世希不失矣, 自大夫出, 五世希不失矣, 陪臣執國命, 三世希不失矣. 天下有道, 則政不在大夫. 天下有道, 則庶人不議."

여기서 천자는 정당한 권력을 말한다. 현대사회로 보자면 하찮은 의리나 작은 일에 구애받지 않고 공정하게 투표하여 뽑힌 권력이다. 그런데 제후, 대부, 가신이 막후에서 협잡을 부려 권력을 탄생시키면 곧 나라가 망하게 된다. 현대사회의 제후나 대부는 재벌이나 수구언론이라고 볼 수 있겠다. 재벌의 돈이 민의를 왜곡시키고 언론의 펜대가 교언을 생산하면 진실은 묻히고 빛을 잃는다. 그렇게 탄생한 권력은 국민을 위하지 않는다. 당연히 누구의 눈치를 보겠는가? 그러고도 나라가 망하지 않는다면 이상한 일이다.

공자가 말했다.

"국록이 공실을 떠난 지 5세대가 되었고, 정치가 대부에게서 나온 지 4세대가 되었다. 그렇기 때문에 삼환의 자손이 미미하게 되었다."

孔子曰, "祿之去公室五世矣, 政逮於大夫四世矣, 故夫三桓之子孫微矣."

공실은 정당한 권력을 말한다. 공자가 살던 당시의 노나라는 계손, 맹손, 숙손이라는 삼대부가 정치를 쥐락펴락했다. 임금은 거의 유명무실했다. 삼환은 노나라의 공실을 뜻한다. 대부들이 자신의 집안 세력을 불리는 데 골몰했으므로 백성들의 삶은 피폐하고 불안할 수밖에 없었다. 2,500년 전 공자의 한탄이 현대 우리나라에도 그대로 적용된다. 역사는 진보하는 것이 아니라 '한 번 다스려지고 한 번 어지럽다'는 맹자의 일치일란(一治一亂) 명제가 절실하게 느껴진다.

공자가 말했다.

"유익한 벗이 셋 있고, 손해나는 벗이 셋 있다. 정직한 벗, 성실한 벗, 아는 게 많은 벗은 유익하다. 한쪽으로 지나친 면이 있는 벗, 아첨하며 잘 따르기만 하는 벗, 말이 많고 말재주를 부리는 벗은 손해를 끼친다."

孔子曰, "益者三友, 損者三友. 友直, 友諒, 友多聞, 益矣. 友便辟, 友善柔, 友便佞, 損矣."

벗은 혈연관계가 아니어서 만나고 헤어지는 데 자유롭다. 그렇지만 벗의 존재는 우리 삶에 있어서 몹시 중요하다. 때로는 가족보다 더 위로가 되기도 한다. 여기 유익과 손해는 양날의 칼과 같다. 내가 벗에게, 벗이 나에게 서로서로 유익하기도 하고 손해를 끼치기도 하기 때문에 그렇다. 나에겐 손해만 끼치는 어떤 벗이 또 다른 누군가에게는 유익한 존재이기도 하다.

사람의 관계는 고정되어 있지 않다. 오랜 기간 벗으로 지냈어도 나를 늘 힘들게만 한다면 헤어지는 용기를 내야 한다.

공자가 말했다.

"유익한 즐거움이 셋 있고, 손해가 되는 즐거움이 셋 있다. 예악을 절제하는 즐거움, 남이 잘한 일을 말하는 즐거움, 어진 벗이 많은 즐거움은 유익하다. 예악을 절제하지 않는 즐거움, 나태하게 놀러 다니는 즐거움, 잦은 잔치를 벌이는 즐거움은 손해다."

孔子曰, "益者三樂, 損者三樂. 樂節禮樂, 樂道人之善, 樂多賢友, 益矣. 樂驕樂, 樂佚遊, 樂晏樂, 損矣."

공자가 손해라고 하는 즐거움은 오히려 우리가 즐기는 것들이다. 나 자신을 돌아봐도 그렇다. 음악을 클래식만 들을 수는 없다. 가끔 미친 듯이 소리 지르며 온몸을 흔들며 춤이라도 춰야 즐겁다 하지 않겠나. 편안하게 아무 하는 일도 없이 그저 바람이 부는 대로 구름이 흘러가는 대로 놀러 다니는 즐거움, 얼마나 좋은가. 잔치도 그렇다. 기쁘고 행복한 일이 있을 때 벌이는 것이 잔치 아닌가.

공자의 삼락(三樂)은 잘 살펴보면 유익과 손해가 서로의 속에 들어 있음을 알게 된다. 손해라고 한 세 가지 즐거움이 진짜 즐거움이긴 하지만 지나치면 문제라는 지적이다. 음악을 취향에 따라 즐기되 절제도 좀 하고, 편안히 맘껏 놀러 다니는 것도 좋은데 여행 중에도 사람들의 '선'을 찾아보라는 것이며, 잔치도 너무 자주 벌이지 말라는 것이다.

공자가 말했다.

"군자를 모시는 데 세 가지 허물이 있다. 말이 아직 도착하지 않았는데 먼저 말하면 조급한 것이고, 말이 이미 도착했는데도 말하지 않고 가만히 있으면 숨기는 것이고, 안색을 살피지 않고 말하는 것을 눈이 멀었다 한다."

孔子曰, "侍於君子有三愆, 言未及之而言謂之躁, 言及之而不言謂之隱, 未見顔色而言謂之瞽."

여기 군자는 내가 공손하게 대접해야 할 상대를 나타낸다. 그런 어른과 함께할 때의 세 가지 허물을 말했다. 모두 말과 관련된 것인데 조급함, 숨김, 눈멀음이다. 어떤 사안에 대해 이야기를 나눌 때 상대가 어른이라면 말씀을 기다리는 것이 맞다. 먼저 나서서 떠들어 대는 건 조급하여 실수할 가능성이 크다. 어른의 의견이 나왔으면 자신의 의견을 숨김없이 내놔야 한다. 내 의견을 당당하게 피력하지만 상대방의 안색을 살피는 건 기본적인 배려다.

말다툼을 벌이다가 서로 감정이 틀어져 원수처럼 지내는 경우가 더러 있다. 말다툼을 벌이는 사람들을 잘 살펴보라. 처음엔 의견의 충돌이 일어났겠지만 싸움이 길어지면서 감정이 폭발하는데, 그건 대부분 표정이나 몸짓이 부채질을 한다. 비웃는 표정, 삿대질 등. 표정과 몸짓으로 모욕감을 느꼈다고 생각이 되면 이때부터는 논리가 필요 없다.

토론을 제대로 이어 가려면 상대방의 안색을 잘 살펴야 한다. 감정선을 건드려 분노가 일면 어떤 논리를 펴도 타자는 받아들이지 않는다. 그건 나도 마찬가지다. 상대가 나의 분노를 일으키면 상대방의 논리가 아무리 좋아도 받아들이고 싶지 않다. 타자의 안색을 살피는 일은 아첨이 아니라 배려다. 사람과 사람이 소통하는 데 언어는 약 7퍼센트 정도의 영향을 미친다고 한다. 눈빛, 표정, 몸짓 등이 훨씬 큰 역할을 한다는 것이다.

공자가 말했다.

"군자는 경계해야 할 것이 셋 있다. 어려서는 혈기가 안정되어 있지 않으므로 색욕을 조심해야 하고, 장년이 되면 혈기가 바야흐로 강성해지므로 싸움을 조심해야 한다. 늙어서는 혈기가 이미 쇠하므로 소유하려는 탐욕을 조심해야 한다."

孔子曰, "君子有三戒, 少之時, 血氣未定, 戒之在色, 及其壯也, 血氣方剛, 戒之在鬪, 及其老也, 血氣旣衰, 戒之在得."

덕이 완성되었다는 군자도 조심해야 하는데 소인배인 우리야 오죽하겠는가. 군자도 늘 경계를 해야 하니, 역으로 이 세 가지는 힘이 강력하다는 얘기다. 색욕, 투욕, 소유욕이다. '투욕(鬪欲)', 즉 싸움 욕심은 결국 남을 이기려는 마음이고 권력을 가지려는 욕심이다. 이 세 가지 욕심은 태어나서 죽을 때까지 인류가 버릴 수 없는 본능적인 욕구다.

어리다고 투욕과 소유욕이 없을까? 늙었다고 색욕과 투욕이 없을까? 절대 그렇지 않다. 골고루 다 가지고 있지만 나이대에 따라 좀 더 활성화되는 욕심이 있다는 공자의 진단이다. 어떤 물건에 대한 탐심을 나타내는 소유 욕구는 나이가 들수록 더 강화되는 건 맞다. 젊은 사람일수록 물건에 대한 양보를 더 잘하는 것을 볼 수 있다. 자기 나이대에 활성화되는 부정적인 욕구를 잘 알고 경계를 하는 일은 군자만이 아니라 평범한 우리에게도 필요한 일이다.

공자가 말했다.

"군자가 두려워하는 것이 셋 있으니 천명을 두려워하고, 대인을 두려워하며, 성인의 말씀을 두려워한다. 소인은 천명을 몰라서 두려워하지 않고, 대인에겐 함부로 친한 척하고, 성인의 말씀은 깔본다."

孔子曰, "君子有三畏, 畏天命, 畏大人, 畏聖人之言. 小人不知天命而不畏也, 狎大人, 侮聖人之言."

외(畏)는 겁이 나서 발발 떠는 것이 아니라 외경(畏敬), 곧 공경하고 높인다는 뜻이다. 하늘은 태양신을 모시는 사람들에겐 지고신이다. 지고신은 우주와 지구를 창조한 신이다. 창조주가 곧 하늘이니, 하늘의 명령인 천명은 지극히 두렵고 높다. 이는 종교적으로 성화된 세계에서 살고자 하는 인류의 바람이기도 하다. 장독대에 정안수를 떠 놓고 천지신명에게 비는 어머니의 간절한 소망도 천명을 두려워하는 마음과 다르지 않다. 시공간의 성화는 속물적인 인간의 탐욕을 절제하는 힘을 길러 주기도 한다.

대인은 사람으로서 고매한 경지에 도달한 인물이니 공경함이 마땅하고 성인의 말씀 또한 마찬가지다. 그러나 소인은 지극히 세속화되어 있어 성스러운 시공간을 업신여긴다. 당연히 대인을 공경하지 않고 성인의 말씀도 깔본다. 압(狎)이라는 글자는 친할 친(親)과 같이 써서 '친압한다'는 말로 쓰이는데, 이는 지나치게 친한 척하며 함부로 구는 행동을 말한다. 마치 버릇없는 손자가 할아버지의 수염을 뽑는 행위 같다고나 할까. 할아버지가 오냐오냐하니까 세상에 자기밖에 모르고 함부로 구는 행위. 관대한 대인에게 그렇게 행동하는 사람이 있다면 그는 소인배다.

공자가 말했다.

"나면서부터 아는 사람은 최상의 인물이다. 배워서 알면 그 다음이고, 사방이 꽉 틀어막혔을 때 배울 용기를 내면 또 그 다음이다. 사방이 꽉 막혔는데도 배우려 하지 않으면 가장 하급의 인물이 된다."

孔子曰, "生而知之者上也, 學而知之者次也, 困而學之, 又其次也, 困而不學, 民斯爲下矣."

배움의 중요성에 대한 이야기다. 나면서부터 안다는 건 비유의 언어다. 공자가 자신이 하고 싶은 말을 일으키기 위한 전제로 가져왔다. 나면서부터 아는 사람이 과연 있을까. 우스갯소리로 아기들이 돌이 될 때까지 말을 하지 않는 이유는 세상을 다 꿰뚫어 보고 있기 때문에 그렇다는 말이 있다. 걷지도 못하고 혼자 살아갈 수 없는데 아는 척을 하면 사람들이 보호해 주지 않기 때문에 아예 말을 하지 않는다는 것이다. 나면서 세상을 다 알았는데 그것을 하나하나 잊어서 마침내 다 잊으면 말을 하게 되고 일어서서 걷게 된다고 한다. 잊는 속도가 늦으면 말과 걸음이 그만큼 늦어진다.

우스개지만 진짜 그럴지도 모르겠다. 부처님은 태어나자마자 일곱 걸음을 걸으면서 '천상천하 유아독존'이라고 외쳤다지 않는가. 그러니 부처님 정도는 되어야 '나면서부터 아는' 생지(生知)라 할 수 있다. 공자도 자기는 결코 생지가 아니라고 했다. 배워서 아는 '학지(學知)' 정도 된다고 자평했다. 사람에 따라서 깨닫는 속도가 느린 사람이 있다. 자신이 뭘 배워야 하는지 모르는 경우도 있다. 하지만 배우고자 하는 열망이 있고 포기하지 않는 끈기를 가지고 끝내 깨달음에 도달하는 사람이 있다. 이런 사람들을 '곤학(困學)'이라고 할 수 있겠다. 바로 노자가 말하는 대기만성이다.

어떤 경지에 도달하기만 하면, 생지든 학지는 곤학이든 다 하나가 된다. 문제는 불학이다. 사방이 꽉꽉 막혀 있는데도 배워서 뚫고 나가려는 의지가 없는 사람이다. 아니, 배움을 경멸하며 자신은 이미 알 건 다 안다고 고집을 피우는 사람이다. 이런 사람을 '곤불학(困不學)'이며 가장 하급의 인물이라고 공자는 말했다. 내 생각에 곤불학자는 자기 스스로는 절대 하급의 인물이라고 생각하지 않을 것 같다.

공자가 말했다.

"군자는 아홉 가지를 생각한다. 볼 때는 밝음을 생각하고, 들을 때는 귀 기울이고, 얼굴빛은 따뜻하게, 몸가짐은 공손하게, 말은 정성스럽게, 일은 경건하게 하고, 의심스러운 건 묻는다. 분노가 일면 어려움을 생각하고, 뭔가를 얻을 땐 의로운가를 생각한다."

孔子曰, "君子有九思, 視思明, 聽思聰, 色思溫, 貌思恭, 言思忠, 事思敬, 疑思問, 忿思難, 見得思義, "

어찌 세상사 살아가면서 생각할 일이 아홉 가지뿐이랴. 다만 대표적인 것들을 예로 들어 놓았다. 보고 듣는 '시청(視聽)'은 우리 삶에서 가장 기본적인 감각이다. 보고 듣는 것이 곧 행동의 법칙이 되기도 한다. 그러니 잘 보고 들어야 한다. 밝게 분석하고 제대로 된 의미를 찾아야 한다. 이를 총명(聰明)이라 한다.

얼굴은 온화하게 하고 몸가짐이 겸손하면 더없이 좋다. 말은 정성스럽고 일도 경건하게 책임감을 갖고 잘 처리한다면 더 바랄게 있겠는가.

의문이 나면 지체 없이 물어서 풀어야 뒤끝이 남지 않는다. 분노를 조절하지 못하면 큰 탈이 생긴다. 성을 내기 전에 심호흡 한 번 하고, 성을 내고 난 뒤의 일을 생각해 보면 좋겠다. 하루아침의 분노를 참지 못해 성질을 부리면 남는 건 어려운 뒷수습이다. 후회하고 또 후회를 해봐도 이미 부린 성질은 사라지지 않는다. 작은 분노를 참지 못해 내 몸을 망치고, 부모를 망치고, 이웃도 망치는 경우가 얼마나 많은가.

내게 생기는 이득이 정의로운가를 따져 보라는 말은 공자가 누누이 강조하는 말이다.

공자가 말했다.

"선함을 보면 못 미친 듯이 하고, 불선을 보면 뜨거운 물에 손이 닿은 듯이 한다. 나는 그런 사람을 봤고, 그렇게 하는 사람이 있다는 이야기도 들었다. 숨어 살면서 품은 뜻을 구하고 정의를 실천하여 그 도를 이루는 일이 있다. 나는 그렇게 하는 사람이 있다는 이야기는 들었지만, 실제로 그런 사람을 보지는 못했다."

공자가 이야기를 덧붙였다.

"제경공은 전차를 끄는 말만 4천 마리나 있었지만 죽는 날에 백성들이 그 덕을 칭송하지 않았다. 백이와 숙제는 수양산 아래서 굶어 죽었지만, 백성들이 지금까지 덕을 칭송한다. 그것이 바로 이것을 말함이 아니겠는가."

孔子曰, "見善如不及, 見不善如探湯. 吾見其人矣, 吾聞其語矣. 隱居以求其志, 行義以達其道. 吾聞其語矣, 未見其人也."
齊景公有馬千駟, 死之日, 民無德而稱焉. 伯夷叔齊餓于首陽之下, 民到于今稱之. 其斯之謂與?

선행은 아무리 많이 해도 부족하다. 그래서 착한 일은 내가 늘 다른 사람보다 적게 한다고, 못 미친 듯이 여기라는 말이다. 그런데 불선은 아무리 적게 해도 너무 많다. 세상을 살면서 단 한 가지도 불선을 행하지 않는 사람은 없을 것이다. 다만 불선인 줄 알았을 때엔 재빨리 행위를 멈춰야 한다. 마치 뜨거운 물에 무심코 손을 넣은 듯이. 끓는 물에 손이 들어간다면 척수와 뇌가 미처 명령을 내리기도 전에 손을 번개보다 빠른 속도로 물에서 뺀다. 내가 하는 일이 불선인 줄 알았을 땐 그렇게 해야 한다는 것이다. 이런 사람을 공자는 실제로 봤다고 한다.

하지만 이야기만 듣고 실제로 보지 못한 부류의 사람이 있다고 공자는 말했다. 이런 사람은 선행은 부족하다 여기고 불선을 의식하면 재빨리 손을 빼는 사람보다 높은 경지임에 틀림없다. 그렇다면 어떤 경지일까? 숨어 살면서 자신의 뜻한 바를 구하는 은자, 정의를 실천하여 자신이 이루고 싶은 도에 통달하는 사람.

공자는 제경공과 백이숙제를 비교하면서 예를 들었다. 제나라는 제후국 중에서도 강성한 나라였다. 경공은 전차만 천 대 이상을 낼 수 있는 군주였다. 백이와 숙제는 수양산에 들어가 고사리를 캐먹다가 굶어 죽었다. 무왕이 은나라의 주임금을 죽이는 쿠데타를 일으키는 일에 반대하다가 듣지 않자 그런 행동을 한 것이다. 백이숙제는 자신들의 생각이 '정의롭다'고 여겼고, 그것을 실천하여 자신들이 생각하는 도를 죽음으로 이뤘다. 공자는 백이숙제의 행동을 "인을 구하다가 인을 얻었다(求仁而得仁)"고 말했다.

제경공은 강성한 제후에다 엄청난 부를 누린 인물이었으나 죽음과 함께 사람들의 이야기 속에서 사라졌다. 그러나 백이와 숙제는 수백년이 흘렀으나 지금까지도 사람들의 이야기에 인을 실천한 인물로 등장한다. 공자는 백이나 숙제 같은 인물이 이야기 속에나 있고 현실에는 없다는 걸 비유적으로 표현하며 세태를 한탄하는 셈이다.

진항이 백어에게 물었다.

"선생은 아버님께 뭐 특별히 들은 이야기가 없습니까?"

"뭐 딱히 없는데요. 아, 전에 아버님이 홀로 서 계실 때 내가 종종걸음으로 뜰을 지나간 적이 있어요. 그때 아버님이 '시를 배웠느냐?' 물으시기에 '아직 안 배웠습니다' 했더니 '시를 배우지 않으면 말을 할 수가 없단다' 하시더군요. 그래서 내가 물러나와 시를 배웠죠. 또 어느 날 아버님이 홀로 계실 때 역시 내가 종종걸음으로 뜰을 지날 때였어요. 아버님이 '예를 배웠느냐?' 하시기에 '아직 안 배웠습니다' 했더니 '예를 배우지 않으면 사람으로 설 수가 없단다' 하시더군요. 그래서 내가 물러나와 예를 배웠죠. 이 두 가지를 들었다고 할 수 있겠네요."

진항이 백어와 헤어진 뒤 기뻐하면서 말했다.

"한 가지를 물어 세 가지를 얻었다. 시와 예를 배워야 한다는 걸 알았고, 군자는 그 자식을 특별대우하지 않음을 들었다."

陳亢問於伯魚曰, "子亦有異聞乎?" 對曰, "未也. 嘗獨立, 鯉趨而過庭. 曰, '學詩乎?' 對曰, '未也.' '不學詩, 無以言.' 鯉退而學詩. 他日, 又獨立, 鯉趨而過庭. 曰, '學禮乎?' 對曰, '未也.' '不學禮, 無以立.' 鯉退而學禮. 聞斯二者." 陳亢退而喜曰, "問一得三, 聞詩聞禮, 又聞君子之遠其子也."

진항은 자공의 제자라고도 하고 공자의 제자라고도 하는 의미심장한 인물이다. 〈논어〉에 등장하는 제자들 중에 재아와 진항이 약간 까칠한 모습을 보인다. 하지만 도달한 경지에 있어서는 진항은 재아에게 턱없이 모자란다. 공자와 직접적으로 논쟁을 벌이는 재아는 논리가 정연하고 설득력도 높다. 반면 진항은 내놓는 말들이 좀 유치하다. 그나마 이 일화는 나은 편이다.

백어는 공자의 아들로 공리다. 진항이 "선생은 아버님께 특별히 배운 것이 있겠지요?" 하고 묻는 말 속에 벌써 약간의 비꼼이 들어 있다.

백어는 진항보다 열 살 이상 많았으므로 '선생' 정도로 부르지 않았을까 싶다. '그대'라거나 '형'이라고 부르기엔 나이 차가 좀 많다. 백어는 진항의 비꼼을 눈치챘지만 모른 체하고 대답을 해준다. 시와 예를 배운 이야기. 시를 모르면 말할 수 없고 예를 모르면 사람으로 설 수 없다는 말은 짧지만 강렬하다. 백어가 아버지인 공자의 가르침을 정확하게 이해하고 있음을 알 수 있다.

한 번 물어서 셋을 알았다고 진항은 우선 자화자찬을 했다. 그런 다음 자신이 갖고 있던 의혹이 해소되었음을 털어놓았다. 공자가 자기 자식이라고 특별히 더 가르치거나 하지 않는다는 걸 알았다고. 공자를 '군자'라고 부르며 그 덕성을 인정하기까지 했다. "나는 숨기는 것이 아무것도 없다. 나는 모든 것을 너희들과 함께한다"라고 제자들에게 말해 왔던 공자다. 그런데도 진항은 의심의 눈초리를 보냈으니 참 대책 없는 사람이다.

한 나라 임금의 아내는 임금이 직접 부를 때엔 '부인'이라 말하고, 부인이 자기 자신을 부를 때엔 '소동'이라 하고, 나라 사람들이 부를 때엔 '군부인'이라 하고, 다른 나라 사람들에게 말할 때엔 '과소군'이라 하고, 다른 나라 사람들이 부를 때엔 '군부인'이라 한다.

邦君之妻, 君稱之曰夫人, 夫人自稱曰小童, 邦人稱之曰君夫人, 稱諸異邦曰寡小君, 異邦人稱之亦曰君夫人.

왕비의 호칭에 대한 이야기다. 〈논어〉에는 맥락이 모호한 구절이 가끔 등장한다. 많은 주석가들은 착간(錯簡), 곧 죽간이 뒤섞여서 삽입된 구절로 본다. '어린아이'라는 소동과 '덕이 적은 작은 임금'이라는 과소군은 겸손한 말이고, 부인은 높임말이다.

해와 달은 흐르고 세월은 기다려 주지 않네
양화

人文學

양화가 공자를 보고 싶어 했지만 공자는 만나 주지 않았다. 그러자 양화는 공자가 집에 없는 틈을 타서 삶은 돼지를 선물로 보냈다. 할 수 없이 공자가 사례를 하기 위해 양화를 찾아가다가 길에서 만났다. 양화가 공자에게 말했다.

"이리 가까이 오시오! 내가 그대와 함께 할 말이 있소."

공자가 가까이 다가가자 양화가 말했다.

"가슴에 보물을 품고서 나라를 어지럽게 한다면 그것을 인하다 할 수 있겠소?"

"불가합니다."

"일을 하기 좋아하면서도 자주 때를 놓친다면 그것을 지혜롭다 할 수 있겠소?"

"불가합니다."

"해와 달이 속절없이 흘러가고 있소. 세월은 나를 기다려 주지 않는다오."

"알겠습니다. 내가 장차 벼슬을 하겠습니다."

陽貨欲見孔子, 孔子不見, 歸孔子豚. 孔子時其亡也, 而往拜之. 遇諸塗. 謂孔子曰, "來! 予與爾言." 曰, "懷其寶而迷其邦, 可謂仁乎?" 曰, "不可." "好從事而亟失時, 可謂知乎?" 曰, "不可." "日月逝矣, 歲不我與." 孔子曰, "諾, 吾將仕矣."

참으로 멋진 대화가 아닌가. 양화의 말은 아주 간결하게 핵심을 곧바로 찌르고 있다. 회보미방(懷寶迷邦)과 호사실시(好事失時)라는 좋은 사자성어도 생산되었다. 보물을 품고서 나라를 어지럽게 한다는 '회보미방'은 공자를 인정하면서도 넌지시 꾸짖는 말이다. 보물이란 나라를 잘 경영할 만한 재주를 말한다. 인자가 그렇게 보물을 감추고만 있으면 되겠느냐는 지적이다. 상대방을 기분 나쁘게 하지 않으면서도 할 말은 다 하고 있다. 일하기를 좋아하면서 자주 때를 놓친다는 지적 또한 마찬가지다. 공자는 늘 현실참여를 부르짖었다. 양화는 공자의 그런 삶의 태도를 잘 꿰뚫고 있었다. 그러나 때를 놓치는 사람을 어찌 지혜롭다 하랴. 양화는 단 두 마디로 공자의 인과 지를 공격한 것이다.

공자는 역시 공자다. 정확한 지적에 무슨 구구한 변명이 필요하겠는가. 당신의 지적이 다 옳다고 곧바로 긍정한다. 양화는 회심의 미소를 지었다. 그리고 마지막 일격! 세월은 마냥 기다려 주지 않는다는 비유로 어서 빨리 나를 돕는 벼슬자리에 나서라고 권유했다. 공자는 싹싹하게 대답한다. "알겠습니다. 벼슬을 하죠." 그런데 여기에 공자는 '장(將)'을 써서 약간의 말미를 남겼다. '앞으로, 미래'에 벼슬을 하겠다는 것. 지금 당장 하지는 않겠다는 뜻이다.

양화는 양호(陽虎)라는 사람으로 계씨 집안의 가신이었다. 자기의 식읍을 가진 대부였는데, 세력을 키워서 계씨 집안의 적장자인 계환자를 감금시키고 국정을 농단했다. 양호는 공자를 자기편으로 삼아서 야망을 펼치려 했다. 공자는 양호와 손을 잡으려는 생각이 아주 없지 않았으나 자신의 뜻을 마음대로 펼칠 대상이 아니어서 마음에 걸렸다. 양호는 만만한 사나이가 아니었던 것이다. 위의 대화에서도 드러나듯이 양호는 뛰어난 사람이었다. 능력이 출중한 사람은 남이 자기 위에 서는 것을 용납하지 못한다. 그 사람이 공자라 해도 말이다.

공자는 그것을 너무 잘 알았기에 아쉽지만 마음을 접어야 했다. 그래서 양호가 여러 번 만나자고 했지만 거절했다. 하지만 양호는 역시 호락호락하지 않았다. 예를 잘 아는 공자가 꼼짝 못하도록 꾀를 냈다. 대부가 사에게 선물을 할 때, 사가 집에서 받지 못했다면 반드시 대부의 집에 찾아가서 사례를 하는 것이 당시의 통례였다. 그래서 양호는 공자가 집에 없는 틈을 타서 삶은 돼지를 보냈던 것. 게다가 공자가 자신이 집에 없는 틈을 타서 찾아와 사례할 것을 예견하고 길목을 지킬 정도로 헤아림이 있는 사람이었다.

그러나 역시 공자가 한 수 위였다. 양호의 충동에 마음이 잠시 흔들리기는 했으나 계씨에게 양호가 곧 진압될 것을 공자는 예상하고 있었다. 역사적인 사실을 떠나, 어쨌든 이 대화는 참 멋이 있다. 고대인들 대화의 세련미가 느껴지지 않는가.

공자가 말했다.

"사람이 타고나는 본성은 비슷하나 환경과 습관이 서로 멀어지게 만든다."

덧붙여서 공자가 말했다.

"오직 최상의 지혜를 타고나는 사람과 가장 어리석은 사람은 변화하기 어렵다."

子曰, "性相近也, 習相遠也." 子曰, "唯上知與下愚, 不移."

공자는 형이상학적인 논의를 거의 하지 않는다. 대부분 일상생활의 모습을 잘 살펴보고 빛나는 말들을 남겼다. 오죽하면 제자인 자공이 "우리 스승님이 성과 천도에 대해서 말씀하시는 것을 들은 적이 없다"고 했을까. 그런데 〈논어〉의 기록으로는 여기 이 구절에서 딱 한 번 공자가 '성(性)'에 대한 이야기를 남겼다.

사람은 누구나 타고나는 본성은 다를 바 없다는 것. 후천적인 '습(習)'이 사람을 바꿔 버린다고 주장했다. 왕족으로 태어나거나 노예의 자식으로 태어나거나 누구나 인간인 건 똑같다. 그런데 태어나면서부터 환경이 다르면 삶의 모습이 천리만리 달라질 수 있다.

공자의 이 성의 이야기를 맹자가 받아서 성선설로 정립했다. 사람은 누구나 선한 본성을 타고나지만 '습'에 의해 선악의 구분이 생겨난다는 것이다. 이를 정자(程子)는 본연(本然)의 성과 기질(氣質)의 성으로 나눴다. 본연의 성은 인의예지(仁義禮智)로서 오로지 선하기만 하다. 이것을 리(理)라고 하였다. 기질의 성은 희노애락구오욕(喜怒哀樂懼惡慾), 곧 기쁨, 성냄, 슬픔, 즐거움, 두려움, 미움, 욕심 등인데 이 감정들은 아름답기도 하고 악하기도 하다. 이 기질의 성이 바로 '습'에 해당하는 것으로서 부정적인 감정들이 길러지면 악한 삶을 살게 된다는 것이다. 인의예지로 표현되는 본연지성을 네 개의 실마리라는 사단(四端)이라 하고, 희노애락구오욕로 표현되는 기질지성을 일곱 개의 감정이라는 칠정(七情)이라고 부른다.

사람의 성(性)은 오로지 착하고 그것이 움직일 수 없는 이치(理)라고 하여 '성리학'이 탄생했다. 이 성리학은 조선시대 학자들을 옭아매는 족쇄로 기능하기도 했다. 어디 불변의 이치가 있을 수 있을까? 하늘의 이치가 그러할까? 결코 변할 수 없는 이치가 존재하고 거기에 우리 삶을 맞춰 나가야 한다면 꽤 답답할 것이다. 해가 지면 밤이 되고 해가 뜨면 낮이 되는 이치는 변할 수 없는 이치일까? 그럴 수 있다. 문제는 왜곡이다. 지배자의 권력은 절대적이며 결코 피지배자와 바뀔 수 없는 신분의 벽이 있다는 설정! 인간이 자기의 편리에 따라 왜곡시키는 가치관이 문제다. 성리학은 그런 왜곡된 지배이데올로기로 기능할 우려가 큰 철학이었다.

그런데 공자는 말했다. 아무리 '습'을 해도 변화될 수 없는 사람도 있다고. 그것이 상지(上知)와 하우(下愚)인데, 공자의 재미있는 농담이다. 지배자가 제아무리 철학을 왜곡하여 자기에게 이롭게 포장을 한다고 해도 그것을 받아들이지 않는 두 부류, 최상의 지식인과 가장 어리석은 사람의 집단이 있다고. 어떻게 보면 이들에 의해서 세상의 변화가 일어난다고 봐야 하겠다.

공자가 무성에 갔는데 곳곳에서 현악기를 타면서 노래를 부르는 소리가 들렸다. 공자가 빙그레 웃으며 제자인 자유에게 말했다.

"닭을 잡는데 어찌하여 소 잡는 칼을 쓰느냐?"

"예전에 제가 스승님께 들었습니다. '군자가 도를 배우면 사람을 사랑하고, 소인이 도를 배우면 부리기가 쉽다' 고 말입니다."

공자가 껄껄 웃으며 좌우를 돌아보며 말했다.

"이보게들. 언의 말이 옳다. 아까 내가 한 말은 농담이었다."

子之武城, 聞弦歌之聲. 夫子莞爾而笑曰, "割雞焉用牛刀?" 子游對曰, "昔者偃也聞諸夫子曰, '君子學道則愛人, 小人學道則易使也.'" 子曰, "二三者! 偃之言是也. 前言戲之耳."

"닭 잡는 데 소 잡는 칼 쓴다"는 말로 유명한 대화다. 굳이 사자성어로 만들어 보자면 할계우도(割鷄牛刀) 정도가 되려나. 그럼 닭은 무엇이고 소는 무엇인가. 닭은 무성이라는 작은 고을이고, 소는 '현악기를 타면서 노래를 부르는' 문화라고 보면 되겠다. 자유는 공자보다 46살이 적었던 아주 어린 제자다. 그렇지만 자유는 공문의 십대제자에 이름을 올렸다. '문학'에 뛰어나다고 자하와 함께 공자가 꼽았던 인물이다.

그만큼 능력이 출중한 까닭에 이십대 중반의 나이로 무성이라는 한 고을의 수령이 되었다. 어린 제자인 자유가 무성의 수령으로서 잘하고 있는지 보러 공자가 찾아갔을 때 이 대화가 있었다. 공자가 평생 추구한 것이 예악정치였다. 예는 카오스를 코스모스로 만드는 천하의 질서이며, 악은 사람과 사람, 사람과 자연을 평안하고 평화롭게 만들어 주는 천하의 조화였다. 공자가 무성 고을에 들어서는데 거문고와 비파 소리에 맞춰 노랫소리가 여기저기서 들려왔다. 공자는 저절로 웃음이 나오고 몹시 즐거웠다. 왜 아니 그렇겠는가. 어린 제자가 스승의 가르침을 현실에 그대로 적용하고 있으니 말이다.

즐거운 공자는 농담을 던졌다. 그것이 바로 '할계우도'였다. 반응이 역시 영민한 자유다웠다. 스승의 의도를 곧바로 알아듣고 대꾸를 한다. 군자든 소인이든 누구나 도를 배워야 하지 않겠는가. 여기서 도는 바로 예악이다. "군자다운 사람은 사람을 사랑하고, 소인스러운 사람은 일을 같이 하기 쉽다"는 자유의 발언은 공자를 더욱 즐겁게 만들었다. 공자는 자유의 말이 옳다고 인정하고 껄껄 웃었다.

참 아름다운 장면이다. 아마 이때는 공자 나이가 70~72세이고, 자유는 24~26세 정도였을 것이다. 칠십대와 이십대가 공감하는 삶을 우리는 지금 살고 있는가. 세대 간의 격절이 너무 심한 시대를 우리가 살고 있는 것은 아닌지.

공산불요가 비 땅을 근거로 삼아 반란을 일으켰다. 불요가 공자를 불렀는데 공자가 가려 했다. 자로가 불만스러워 툴툴거렸다.

"갈 곳이 없으면 그만둘 일이지, 하필 공산씨에게 가려고 하십니까?"

"나를 부르는 게 할 일이 없어 그랬겠느냐. 만약 나를 써 준다면 내가 동쪽의 주나라를 만들지 않겠느냐?"

公山弗擾以費畔, 召, 子欲往. 子路不說, 曰, "末之也已, 何必公山氏之之也?" 子曰, "夫召我者, 而豈徒哉? 如有用我者, 吾其爲東周乎?"

공산불요 역시 양호와 마찬가지로 계씨 집안의 가신이었다. 양호와 연합하여 계환자를 가두고 비읍을 근거로 들고 일어섰다. 공자가 불요의 부름에 응하려고 하자 자로가 화가 났다. 말투를 보라. "갈 곳이 없으면 그만두시지요." 이 말은 몹시 기분이 나쁘다는 감정을 그대로 드러낸 말이다. "겨우 공산불요 같은 놈에게 불려 가려 하시는지, 참 스승님 실망입니다" 하는 자로의 툴툴거림이 그대로 전해진다.

그런 자로에게 공자가 하는 말이 참 걸작이다. 내가 간다면 '동쪽의 주나라'를 만들겠다는 말. 공자는 하은주 삼대의 문화를 인류가 이룩할 수 있는 문화의 진수는 다 성취했다고 봤다. 하은 이대의 문화에서 취할 건 취하고 버릴 건 버린 뒤 완성된 문화가 주나라의 문명이었다. 주나라는 중국 대륙의 서쪽에서 일어난 나라다. 노나라는 중국 대륙의 동쪽에 있다. 따라서 노나라의 비읍을 근거로 주나라의 문화를 꽃

피운다면 바로 동주(東周)가 된다.

결국 공자는 공산불요에게 가지 않았지만, 공자의 절절한 바람만은 가슴을 아리게 만든다. 자신의 정치철학을 현실에 적용하지 못한 늙은 철학자의 서글픔이 느껴지지 않는가. 사회에 크게 기여는 하되 권력은 갖지 않는 '수장' 같은 지도자. 천하를 소유했으나 아무런 간섭을 하지 않았던 요순 같은 지도자. 공자의 희망은 현실에서 끝내 이뤄지지 않았다.

자장이 스승에게 여쭈었다.

"인이 무엇입니까?"

"세상에 나가 다섯 가지를 행할 수 있으면 인을 실천했다 하겠다."

"다섯 가지를 알고 싶습니다."

"공손하고, 너그럽고, 믿음직하고, 민첩하며, 은혜로움이다. 공손하면 모욕을 받지 않고, 너그러우면 무리를 얻고, 믿음직하면 사람들이 일을 맡긴다. 민첩하면 공이 있고, 은혜로우면 만족스럽게 사람을 부릴 수 있다."

子張問仁於孔子. 孔子曰, "能行五者於天下爲仁矣." "請問之." 曰, "恭寬信敏惠. 恭則不侮, 寬則得衆, 信則人任焉, 敏則有功, 惠則足以使人."

어린 제자 자장에게 공자는 그동안 많은 제자들과 얘기해 왔던 것들을 종합하여 들려주고 있다.

필힐이 부르자 공자가 가려고 했다. 자로가 말렸다.

"예전에 제가 스승님께 들었습니다. '직접 자기 몸에 불선을 행하는 자가 있는 곳에 군자는 들어가지 않는다'고 말입니다. 필힐은 중모를 근거지로 반란을 일으킨 자입니다. 스승님께선 어찌 가려 하십니까?"

"그러나 이런 말이 있다. '단단하지 않은가? 갈아도 얇아지지 않으니. 정말 희지 않은가? 앙금흙으로 검게 물들여도 검어지지 않으니.' 내가 어찌 뒤웅박처럼 공중에 매달려 사람들이 먹지는 못하고 쳐다보게만 하겠느냐."

佛肹召, 子欲往. 子路曰, "昔者由也聞諸夫子曰, '親於其身爲不善者, 君子不入也.' 佛肹以中牟畔, 子之往也, 如之何?" 子曰, "然, 有是言也. 不曰堅乎, 磨而不磷, 不曰白乎, 涅而不緇. 吾豈匏瓜也哉? 焉能繫而不食?"

필힐은 진나라 대부인 조간자의 가신이었는데, 중모라는 땅의 수령으로 있었다. 중모에서 세력을 키워 그 땅을 근거지로 반란을 일으켰다. 나름대로 야망을 이루려고 공자를 초청하여 일을 벌이려고 했다. 이에 공자가 가려 하자 자로가 말린 것이다. 자로는 현실정치 감각이 뛰어난 제자였다.

역시 자신의 정치철학을 펴 보고 싶은 공자의 간절함이 읽힌다. 당시 유행하던 말까지 인용하면서 "나는 뒤웅박이 아니다"라는 말로 자로를 설득하려 한다. 끝내 자로의 만류로 가지는 않았다. 갈아도 얇아지지 않는 '마이불린(磨而不磷)'과 물들여도 검어지지 않는 '날이불치(涅而不緇)'는 중심이 굳건한 사람의 비유로 쓰인다.

공자가 말했다.

"유야, 너는 여섯 가지 말과 여섯 가지 폐단에 대해 들었느냐?"

"아직 못 들었습니다."

"거기 앉아라. 내가 너에게 들려주마. 인을 좋아하면서 배우지 않으면 그 폐단은 어리석고, 지혜를 좋아하면서 배우지 않으면 그 폐단은 방탕하게 되고, 신의를 좋아하면서 배우지 않으면 그 폐단은 서로 해치게 되고, 정직을 좋아하면서 배우지 않으면 그 폐단은 목을 매단 듯 답답하게 되고, 용맹을 좋아하면서 배우지 않으면 어지러워지고, 굳셈을 좋아하면서 배우지 않으면 그 폐단은 미치광이처럼 된다."

子曰, "由也! 女聞六言六蔽矣乎?" 對曰, "未也." "居! 吾語女. 好仁不好學, 其蔽也愚, 好知不好學, 其蔽也蕩, 好信不好學, 其蔽也賊, 好直不好學, 其蔽也絞, 好勇不好學, 其蔽也亂, 好剛不好學, 其蔽也狂."

자로는 배움을 그리 좋아하지 않았다. 현실의 경험을 쌓는 것이 중요하지, 꼭 배운 뒤에 실천을 해야 된다고 생각하지 않았다. 그런 자로에게 배움의 중요성에 대해 공자는 말해 주고 싶었다.

공자가 말했다.

"젊은이들이여, 왜 시를 배우지 않는가? 시는 감성을 충만하게 하고, 세상을 보는 올바른 관점을 키워 주고, 만물의 특징을 잘 알게 하며, 원망과 사랑을 알게 하며, 가까이는 가정에 멀리는 나라의 일에 참여하게 하며, 날짐승과 길짐승과 풀과 나무의 이름도 많이 알게 된다."

이어 공자는 아들 백어에게 이렇게 말했다.

"너는 주남과 소남을 배웠느냐? 사람이 주남과 소남을 배우지 않으면 담장에 얼굴을 바로 맞대고 선 것과 같지 않겠느냐?"

子曰, "小子何莫學夫詩? 詩, 可以興, 可以觀, 可以羣, 可以怨. 邇之事父, 遠之事君, 多識於鳥獸草木之名." 子謂伯魚曰, "女爲周南 召南矣乎? 人而不爲周南 召南, 其猶正牆面而立也與?"

공자의 시에 대한 사랑과 신뢰는 대단하다. 스스로 〈시경〉을 편집하여 만들었는데, 주남과 소남은 〈시경〉의 '국풍(國風)' 제1편과 제2편이다. 국풍은 각 나라의 민요를 말한다. 주남은 주나라 직할지의 남쪽에서 주로 채집한 노래이고, 소남은 소공(召公)인 희석(姬奭)이 다스린 소 땅의 민요이다. 둘 다 주나라의 민요이니 공자의 주나라 사랑도 잘 보여 주는 대목이다.

공자는 시를 배우면 좋은 점 여섯 가지를 얘기했는데 귀담아 들어둘 만하다. 이렇게 좋은 시를 배우지 않으면 높다란 담을 마주 보고 서 있는 것과 같다고 하니, 그 비유도 참 적절하다. 한마디로 꽉 막힌 세상을 살아간다는 얘기가 아닌가. 세상에 시는 넘쳐나지만 시를 읽는 사람은 점점 줄어드는 것 같다. 그만큼 꽉 막힌 사람이 많아진다는 얘기가 아닐까.

공자가 말했다.

"예다, 예다 하지만 옥과 비단을 이르는 것일까? 음악이다, 음악이다 하지만 종과 북을 말하는 것일까?"

子曰, "禮云禮云, 玉帛云乎哉? 樂云樂云, 鐘鼓云乎哉?"

좋은 옥과 값비싼 비단은 예물로 귀하다. 쇠로 만든 종과 가죽으로 만든 북이 없으면 음악을 연주하기 어렵다. 그러나 이들은 모두 물건이라, 정성이 깃들지 않으면 빈껍데기일 뿐이다. 예와 음악은 그것을 활용하는 사람의 태도에 따라 완전히 달라진다.

공자가 말했다.

"얼굴빛은 위엄이 있지만 마음은 유약한 사람이 있는데, 소인에 비유해 보자면 벽에 뚫린 개구멍으로 드나들거나 담을 넘는 좀도둑과 같겠지?"

子曰, "色厲而內荏, 譬諸小人, 其猶穿窬之盜也與?"

좀도둑은 사람을 만날까 늘 두려워한다. 실제로 도둑이라는 이름도 제대로 얻지 못하면서 항상 조마조마 두려움에 떤다. 겉으론 위엄이 있는 체하지만 속은 유약하기 짝이 없는 사람은 이 좀도둑과 같다. 겉은 한없이 부드럽지만 내면은 강한 '외유내강'의 사람과는 정반대이다.

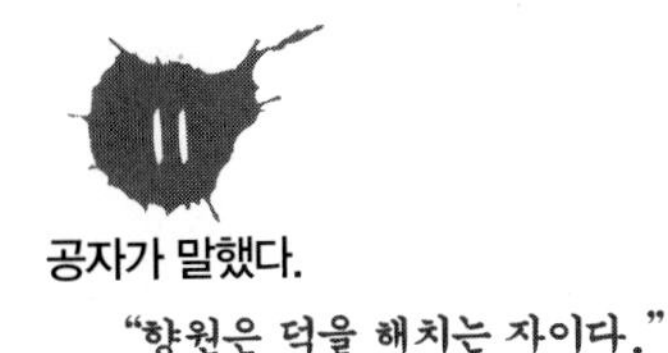

공자가 말했다.

"향원은 덕을 해치는 자이다."

子曰, "鄕愿, 德之賊也."

원(愿)은 '성실하다, 공손하다'의 뜻인데 근본을 뜻하는 원(原)과 통용자로도 본다. 그럼 향원은 어떤 마을의 근본이면서 공손하고 성실하다는 뜻이다. 의미는 참 좋아 보인다. 그런데 공자는 왜 덕을 해치는 자라고 했을까. 공손하고 성실한 척하면서 뒤로는 호박씨란 호박씨는 다 까는 인물이기에 그렇다. 자기가 어떤 마을의 토박이라고 안 그런 척 텃세도 부리는 사람이 바로 향원이다.

공자가 말했다.

"길에서 듣고 길에서 말하는 건 덕을 버리는 짓이다."

子曰, "道聽而塗說, 德之棄也."

이건 정말 문제다. 길에서 듣고 길에서 말한다는 건, 내 몸 안에 들어와 숙성되는 시간이 없이 들어오자마자 바로 나가는 걸 말한다. 내 몸이 그냥 통과기계 역할을 했을 뿐이다. 귀와 입의 거리는 얼마나 가까운가. 귀로 들어와서 입으로 바로 나가 버렸으니 그 말은 머리로도 못 가고 가슴으로도 못 갔다. 머리와 가슴으로도 가지 않았으니 손과 발을 움직여 실천을 해봤을 턱이 없다. 귀로 듣고 바로 입으로 말해 버리는 기계 역할을 하게 만드는 건, 자기 몸을 스스로 해치는 짓이다.

공자가 말했다.

"비루한 사람과 함께 임금을 섬길 수 있을까? 뭔가를 얻지 못했을 때엔 얻을 것만 근심하고 이미 얻었으면 또 잃을까 근심한다. 진실로 잃을 것을 근심하면 하지 못할 짓이 없게 된다."

子曰, "鄙夫可與事君也與哉? 其未得之也, 患得之. 旣得之, 患失之. 苟患失之, 無所不至矣."

여기서 '얻음'이란 지위와 부 정도일 것이다. 사람의 타고난 본성은 부귀를 좋아하고 빈천을 싫어한다. 그렇긴 하지만 온통 부귀를 얻고 잃음에만 몸과 영혼이 매여 있으면 늘 근심 속에서 살 수밖에 없다. 부귀가 없으면 얻기를 바라야 하고, 부귀를 얻으면 또 지키느라 노심초사해야 한다. 차라리 텅 비우고 마음 편히 사는 것만 못하다. 절대빈곤도 문제지만 절대부를 소유하려고 애쓰는 건 더 큰 문제를 발생시킨다.

공자가 말했다.

"고대 사람들은 세 가지 쓸 만한 흠이 있었는데, 지금은 그것도 없어졌다. 고대의 거친 사람은 뜻이 원대하고 시원시원했으나, 지금의 거친 사람은 방탕하기만 하다. 고대의 자긍심 높은 사람은 자신에게 엄격했지만, 지금의 자긍심 높은 사람은 남에게 성질을 부린다. 고대의 어리석은 사람은 정직했지만, 지금의 어리석은 사람은 속임수를 쓴다."

子曰, "古者民有三疾, 今也或是之亡也. 古之狂也肆, 今之狂也蕩, 古之矜也廉, 今之矜也忿戾, 古之愚也直, 今之愚也詐而已矣."

거친 사람의 지나치게 큰 뜻, 자긍심 높은 사람의 지나친 엄격함, 어리석은 사람의 지나친 정직함은 다 과한 흠은 있으나 잘 다듬기만 하면 훌륭한 인성으로 발전할 가능성이 있다. 그런데 지금은 이미 나쁜 쪽으로만 발달하여 방탕하고 성질부리고 속임수를 쓰는 지경으로까지 되어 버렸다. 우리 시대가 지금 그렇지 않은지 살펴볼 일이다.

공자가 말했다.

"교묘한 말을 하고 낯빛을 거짓으로 꾸미는 사람은 인한 경우가 드물다."

子曰, "巧言令色, 鮮矣仁."

제자들은 공자가 자주 하는 말은 거듭 기록한 경우가 많다. 이 구절도 그렇다.

공자가 말했다.

"자주색이 붉은색을 빼앗는 것을 미워하고, 정나라 소리가 아악을 어지럽히는 것을 미워하며, 말재주를 부려 나라와 집안을 넘어뜨리는 걸 미워한다."

子曰, "惡紫之奪朱也, 惡鄭聲之亂雅樂也, 惡利口之覆邦家者."

자주색은 검은색과 붉은색이 섞인 색이다. 검은색이 붉은색을 침범한 색이 자주색이라고 보고 미워한다는 것이다. 붉은색은 정색(正色)이고 자주색은 간색(間色)이라 부른다. 간색이 정색을 침범하는 건 쿠데타나 반란을 의미한다. 색깔이 뒤섞이면 지저분해 보이는 경우가 있는데, 봄에 피는 벚꽃이 그렇다. 꽃만 먼저 피는 나무는 화사하고 예쁜데, 잎이 꽃과 함께 나오는 벚나무는 뭔가 잡스러워 보인다.

정나라의 음악은 지나치게 음탕하고 무분별하다고 봤다. 아악은 궁중의 우아한 음악, 곧 클래식이라고 보면 된다. 정색과 간색의 관계와 같은 의미다. 말재주를 부리다가 나라와 집안을 망가뜨리는 것 또한 깊이 경계해야 할 일이다. 말재주인 교언은 진실을 가장한 거짓이기 때문이다.

공자가 말했다.

"나는 이제 말을 하지 않으련다."

자공이 놀라서 여쭈었다.

"스승님께서 말씀을 하지 않으면 저희들이 무엇으로 배우고 기록을 하리까."

"하늘이 무슨 말을 하더냐? 그래도 계절이 잘 운행되고 만물이 잘만 살아간다. 하늘이 무슨 말을 하더냐?"

子曰, "予欲無言." 子貢曰, "子如不言, 則小子何述焉?" 子曰, "天何言哉? 四時行焉, 百物生焉, 天何言哉?"

공자의 도가적인 색채를 잘 보여 주는 발언이다. 공자는 세상을 피해 살아가는 은자들의 삶을 동경했다. 그러나 자신의 몸은 사람들 속을 떠나지 못하고 현실정치에 참여하여 세상을 의미 있는 방향으로 변화시키려 노력했다. 공자는 '무위(無爲)의 정치'를 최고로 쳤다. 아무것도 하지 않지만 모든 것을 다 하는 정치. 그런 정치를 요순의 정치라고 했고 그것을 현실에서 이루고자 했다. 무위는 곧 여기 "하늘이 무슨 말을 하더냐"와 같다. 하늘이 아무런 말도 없지만 사시사철은 잘 운행되고 만물은 맘껏 생장한다. 공자는 자공에게 무위의 정치를 풀이해 주고 있었다.

유비가 공자를 만나고 싶어 찾아왔다. 공자는 아프다고 핑계 대고 만나는 걸 사양했다. 공자의 말을 전달하는 사람이 방문을 열고 나가자 공자는 거문고를 타면서 노래를 불러 유비로 하여금 듣게 했다.

孺悲欲見孔子, 孔子辭以疾. 將命者出戶, 取瑟而歌, 使之聞之.

도대체 이 무슨 이해 못할 행동인가? 병을 핑계 대고 만나 주지 않고는 또 아프지 않음을 일부러 알리고 있다. 그냥 "나는 너를 만나기 싫다"고 하면 될 것 아닌가. 누가 봐도 옹졸해 보이는 이런 행동을 공자가 공개적으로 보인 까닭이 무엇일까? 주석가들은 유비(孺悲)가 문제가 많은 사람이라 '크게 깨닫게 하려고' 공자가 일부러 이런 행동을 했다고 한다.

아마 그럴지도 모른다. 나는 정말로 너를 보고 싶지 않다는 것을 강력하게 보여 주는 행위. 아니면 유비가 그냥 돌아가지 않고 다시 공자 만나기를 청하게 하려는 의도일 수도 있다. 유비가 진심으로 공자를 만나려 했다면 발끈해서 돌아가지 말고, 공자가 아프다는 건 핑계라는 걸 알려 줬으니 당연히 다시 뵙기를 청해야 할 것이다. 그때는 공자도 흔쾌히 만나 주리라 본다. 좋은 이야기도 덤으로 안겨 주고 말이다. 이러한 가르침을 '불설지교(不屑之教)'라고 한다. '달갑지 않지만 가르침을 주는' 것이라고 풀면 된다.

재아가 스승에게 말했다.

"삼 년의 상례는 너무 길고 일 년이면 충분할 듯합니다. 군자가 삼 년 동안 예를 행하지 않으면 예가 반드시 무너지고, 삼 년 동안 음악을 하지 않으면 음악이 반드시 무너질 겁니다. 지난해 곡식은 이미 없어졌고 햇곡이 이미 익었습니다. 불씨로 쓰는 나무도 바꾸어 불을 붙였으니 상례는 일 년이면 충분합니다."

"쌀밥을 먹고 비단옷을 입으면 너는 마음이 편하더냐?"

"예, 편안합니다."

"너는 편안하다면 그렇게 하라! 무릇 군자가 상을 치를 때엔 맛난 것을 먹어도 입에 달지 않고 좋은 음악을 들어도 즐겁지 않다. 이는 거처와 마음이 다 불편하기 때문에 하지 않는 것이다. 지금 너는 편안하다면 그렇게 하라!"

재아가 묵묵히 있다가 밖으로 나갔다. 이에 공자가 남은 사람을 둘러보며 말했다.

"여(予)는 불인한 사람이다! 자식은 태어나 삼 년이 지난 뒤에야 부모의 품에서 벗어날 수 있다. 따라서 삼 년의 상례는 천하가 다 함께하는 상례다. 여는 자기 부모에게 삼 년의 사랑을 받은 적이 있는가?"

宰我問, "三年之喪, 期已久矣. 君子三年不爲禮, 禮必壞, 三年不爲樂, 樂必崩. 舊穀旣沒, 新穀旣升, 鑽燧改火, 期可已矣." 子曰, "食夫稻, 衣夫錦, 於女安乎?" 曰, "安." "女安則爲之! 夫君子之居喪, 食旨不甘, 聞樂不樂, 居處不安, 故不爲也. 今女安則爲之!" 宰我出. 子曰, "予之不仁也! 子生三年, 然後免於父母之懷. 夫三年之喪, 天下之通喪也, 予也有三年之愛於其父母乎!"

재아는 재여(宰予)이며 달변가다. 자공과 함께 언어로 공문십철에 들었다. 앞에서 우물에 사람이 빠졌을 때 인자가 어떻게 할 것이냐고, 공자에게 날카로운 질문을 던진 적도 있다. 낮잠을 자다가 '썩은 나무'라는 소리도 들었던 재아다. 이 일화에서는 재아가 "불인한 놈!"이라는 공자의 꾸중을 듣는다.

하지만 재아의 논리는 빈틈이 별로 없다. 기년(期年)의 상도 정성만

들인다면 별 무리가 없어 보인다. 요즘은 기년은커녕 일주일이면 완전히 탈상을 하고 만다. 공자가 요즘의 상례를 본다면 무슨 말을 할 것인가? 일년상을 주장한 재아를 "불인한 놈!"이라고 했는데 '일주일상'을 치르는 현대인에겐 뭐라고 욕을 하실까.

공자가 말했다.

"배불리 먹으며 하루해가 다 가도록 마음을 쓰는 곳이 없다면 어렵지 않은가! 장기와 바둑이 있지 않나? 그거라도 하는 것이 아무것도 안 하는 것보단 낫겠다."

子曰, "飽食終日, 無所用心, 難矣哉! 不有博奕者乎? 爲之猶賢乎已."

무위도식이란 말이 있다. 밥만 먹고 아무것도 하지 않는 밥벌레라는 욕과 같다. 현대사회에서는 '무노동무임금'이라는 용어가 있는데, 이 용어는 사업주들에게 간간이 악용이 되기도 한다. 공자는 다만 하릴없이 보내는 시간에 대한 경계를 하고 있을 뿐이다. 박혁(博奕)의 박은 장기, 혁은 바둑이다. 원래 뜻은 '넓고 아름답다'는 말이다.

공자는 바둑을 한가한 시간에 즐기는 놀이로만 여겼지만 요즘은 그렇지 않다. 컴퓨터 전문회사인 구글에서 무려 33조를 투자하여 바둑 두는 인공지능 컴퓨터 '알파고'를 개발했다. 21년간 세계 바둑계의 최정상급 고수로 활동하는 한국의 이세돌 9단은 알파고와 5국을 두어 1:4로 대패했다. 이 대국 현장이 세계에 생중계되면서 인공지능이 인간의 지능을 넘어설 날에 대한 두려움과 기대가 교차하고 있다.

인류의 황금시대에는 3시간만 일하고 놀며 예술을 즐기는 삶을 살았다고 한다. 인공지능이 인류의 황금시대를 열어 줄지도 모르겠다. 의식주의 생산을 인공지능이 담당하고 인류는 놀이와 예술을 즐기는 삶을 살아가는. 그러나 엄청난 자본을 투자한 자본가들이 순순히 혜택을 나눠 줄지 의문이다. 인공지능을 장악한 세력이 인류를 통제한다면 황금시대가 아니라 재앙의 시대가 될 수도 있다.

자로가 스승에게 여쭈었다.

"군자도 용맹을 숭상합니까?"

"군자는 의로움을 최상으로 여긴다. 군자가 용맹은 있으나 의롭지 않으면 난리를 일으키고, 소인은 용맹은 있으나 의롭지 않으면 도적이 된다."

子路曰, "君子尙勇乎?" 子曰, "君子義以爲上, 君子有勇而無義爲亂, 小人有勇而無義爲盜."

여기의 군자는 높은 지위에 있는 사람을 말하는 것으로 보면 좋겠다. 훌륭한 인품을 갖춘 높은 경지의 인물이라면 의롭지 않을 리가 없다. 상대적으로 소인은 지위도 없고 평범한 인물을 말한다. 따라서 지위가 있는 인물이 용맹하나 의롭지 않으면 쿠데타를 일으키고, 지위가 없는 인물이 용맹하고 불의하다면 도적떼가 되기 쉽다는 말은 의미가 통한다.

자공이 스승에게 여쭈었다.

"군자도 미워함이 있습니까?"

"있다. 남의 단점을 떠벌리는 자를 미워하며, 아래에 있으면서 위에 있는 사람을 비난하는 자를 미워하며, 용맹하지만 무례한 자를 미워하며, 과감하긴 하나 융통성 없는 자를 미워한다. 그래 사야, 너도 미워하는 것이 있느냐?"

"요리조리 눈치로 아는 것을 지혜롭다고 여기는 자를 미워하며, 불손하게 구는 것을 용기로 생각하는 자를 미워하며, 남의 비밀을 들추어내는 걸 정직하다고 여기는 자를 미워합니다."

子貢曰, "君子亦有惡乎?" 子曰, "有惡, 惡稱人之惡者, 惡居下流而訕上者, 惡勇而無禮者, 惡果敢而窒者." 曰, "賜也亦有惡乎?" "惡徼以爲知者, 惡不孫以爲勇者, 惡訐以爲直者."

공자의 말보다는 자공의 말이 더 쉽게 다가온다. 공자의 말이 원론적이라면, 자공의 말은 우리가 자칫 범하기 쉬운 행위들이기 때문이다. 눈치로 대충 때려잡아서 아는 것을 지혜로 여기는 경우, 함부로 구는 걸 용기로 아는 경우, 남의 비밀을 떠벌리면서 정직한 체하는 경우가 있다. 누구나 조심하지 않으면 순간적으로 이런 유혹에 넘어간다. 자공에게 미움 받지 않기도 어려운데, 공자에게 미움을 받지 않기란 더욱 어렵다.

요즘 〈미움 받을 용기〉라는 책이 큰 인기를 얻었다. 이 책에서 말하는 미움이란 여기 자공이나 공자가 말하는 미움과는 다르다. 내가 하고 싶은 일을 하다 보면 사람들에게 미움을 받거나 오해를 받을 수도 있지만 걱정하지 말고 밀고 나가라는 격려다. 그런 미움이야 좀 받아도 나에게 피와 살이 되지만, 여기 공자와 자공에게 받는 미움은 내 삶을 갉아먹는다.

공자가 말했다.

"오직 여자와 소인은 기르기 어렵다. 가까이하면 불손하고, 멀리하면 원망한다."

子曰, "唯女子與小人, 爲難養也, 近之則不孫, 遠之則怨."

여자와 소인을 동격에 놓고 폄훼했기 때문에 공자가 가장 비난을 많이 받는 구절이다. 주석가들은 이 말이 공자의 말일 리가 없다고 변호하지만, 나는 그럴 필요 없다고 본다. 공자의 여성관이 갖고 있는 한계임을 인정하면 그뿐이다. 공자가 현대에 살아나 페미니스트들에게 공격을 받았다면 선선히 대답했을 것이다. "나는 행복한 사람이다. 내가 잘못이 있으니 누구나 아는구나!" 이 말은 오맹자(吳孟子) 사건에서 잘못을 지적받았을 때 공자가 한 말이다.

공자가 말했다.

"나이가 마흔이 되어서도 사람들에게 미움을 받는다면, 그것은 끝이다."

子曰, "年四十而見惡焉, 其終也已."

이 얼마나 무서운 말인가. 공자는 마흔을 불혹이라고 했다. 흔들림 없이 자신의 길을 걸어갈 나이라는 뜻이다. 뒤에 태어난 사람이 두렵다고 '후생가외'라고 하면서도, 후배들이 마흔이나 오십이 되어서도 알려지는 것이 없다면 굳이 두려워할 필요가 없다고 했다. 마흔이 사람의 생애에서 매우 중요한 전환점이라는 말이겠다. 사람들에게 미움을 받는다는 건 바로 앞의 22장에서 나온 공자와 자공의 미움의 요소들을 갖고 있다는 말이 아닐까. 참으로 두려운 일이다.

18

나는 되는 것도 없고 안 되는 것도 없다
미자

人文學

미자는 떠났고, 기자는 노예가 되었고, 비간은 간하다가 죽었다. 공자가 이 일을 두고 말했다.

"은나라에 세 사람의 인자가 있었다."

微子去之, 箕子爲之奴, 比干諫而死. 孔子曰, "殷有三仁焉."

은나라의 마지막 임금인 주(紂)의 배다른 형이 미자이고, 기자와 비간은 숙부였다. 미자는 주의 무도함을 어찌해 볼 수 없다 여기고 은나라를 떠났다. 미자는 주가 망가뜨리지 못하도록 중요한 은나라의 문화를 챙겨서 떠났다. 그 까닭에 나중에 은을 멸망시킨 뒤 무왕은 미자로 하여금 은나라를 이어 유민들을 이끌어 살게 했다.

기자와 비간은 조카의 실정을 바로잡아 보려 열심히 충간했으나, 기자는 옥에 갇혔다가 노예로 떨어지고 비간은 죽임을 당했다. 공자는 이 세 사람의 행적을 높이 평가하여 '인자'라고 불렀다. 공자가 일찍이 말했던 '살신성인'의 본보기가 아닌가 한다.

유하혜가 사사(士師)가 되었다가 세 번이나 자리에서 쫓겨나자 어떤 사람이 말했다.

"그대는 이만하면 노나라를 떠날 때도 되지 않았나?"

"도를 곧게 하여 사람을 섬기다 보면 어디를 간들 세 번 이상 쫓겨나지 않겠나? 도를 굽히면서 사람을 섬기려면 하필 부모의 나라를 떠날 게 뭔가?"

柳下惠爲士師, 三黜. 人曰, "子未可以去乎?" 曰, "直道而事人, 焉往而不三黜? 枉道而事人, 何必去父母之邦?"

유하혜는 자기 고을에서 온화하고 은혜로운 사람으로 신망이 높았다. '사사'는 감옥을 책임지는 관리다. 세 번이나 등용되었다가 자리에서 쫓겨났으면 노나라를 등질 만도 하다는 것이 어떤 이의 주장이다. 유하혜의 대답이 멋지다. "나는 어느 나라에 가든 도를 굽힐 생각이 없으므로 늘 자리에서 쫓겨날 것이다. 만약 도를 굽히고 살 거라면 부모의 나라에서 살지 왜 떠나겠느냐?"는 것이다. 도를 굽히고 살 생각이 없으니 나에게 그런 권유는 하지 말라는 부드러운 거절이다. 말투가 온화하고 말의 내용은 여유롭다.

제나라 경공이 공자의 대우에 대해 이렇게 말했다.

"계씨처럼은 내가 대접하지 못하지만 계씨와 맹씨 사이로 대우하겠소."

조금 있다가 제경공이 또 말했다.

"내가 늙어서 그대를 등용하지는 못하겠소."

공자가 제나라를 떠났다.

齊景公待孔子曰, "若季氏, 則吾不能, 以季孟之間待之." 曰, "吾老矣, 不能用也." 孔子行.

공자는 춘추시대 당시 대국이던 제나라에서 뜻을 펴 보고 싶었다. 경공은 공자를 맞아 환대했다. 계씨는 노나라의 대부다. 노나라의 삼경(三卿)은 계씨가 상경, 숙손씨가 중경, 맹손씨가 하경이었다. 따라서 경공은 공자를 노나라 중경 급으로 대우를 하겠다는 말이다. 이는 대부도 아니고 사 계급에 불과한 공자를 극진하게 대우하는 셈이다.

그러나 경공은 공자에게 지위를 주어 정치를 하게 할 수는 없다고 못 박았다. 공자로선 제나라에 머물 이유가 없는 셈이다. 지위 없이 주는 곡식이나 얻어먹자고 제나라를 찾은 것이 아니기 때문이다. 나라에 도가 있건 없건 하는 일 없이 국록만 먹는 일은 몹시 부끄러운 일이라고 공자는 제자들에게 늘 말하곤 했었다.

제나라에서 춤 잘 추고 노래 잘하는 여자 악사들을 노나라에 보내 왔다. 계환자가 여악사들과 즐기느라 사흘이나 조회를 열지 않았다. 공자가 노나라를 떠났다.

齊人歸女樂, 季桓子受之, 三日不朝, 孔子行.

공자가 노나라를 떠나 무려 14년이나 객지를 떠돌게 된 시작이었다. 계환자가 제나라의 여악을 받아 즐긴 것이 어찌 공자 출국의 모든 이유일까. 하지만 부채질을 하기엔 충분했다. 계씨가 정치를 농단하는 것을 더는 막을 수 없다는 무력감을 느낀 공자는 떠날 수밖에 없었다. 나이도 오십대 중반을 넘어선 그 쓸쓸한 길. 유하혜는 "내가 뭣하러 부모의 나라를 떠나겠는가" 하고 말했지만 공자는 떠날 수밖에 없었다. 인류의 위대한 지성으로 운명을 타고난 사람에겐 시련이 끊이지 않는 법인 듯하다. 타국을 떠돌면서 공자는 인류의 목탁으로 거듭나기 위한 고통을 겪을 수밖에 없었다.

초나라 미치광이 접여가 노래를 부르면서 공자 수레 옆을 지나가다가 말했다.

"봉새여! 봉새여! 어찌 그리 덕이 쇠했는가? 지나간 것은 간할 수 없지만 오는 것은 따를 수 있다네. 그만두자, 그만둬! 지금 세상에 정치하는 자들은 위태롭기만 하구나!"

공자가 수레에서 내려 함께 이야기를 나누고자 했다. 그러자 접여는 재빠른 걸음으로 피해 버려서 더불어 말할 수가 없었다.

楚狂接輿歌而過孔子曰, "鳳兮鳳兮! 何德之衰? 往者不可諫, 來者猶可追. 已而已而! 今之從政者殆而!" 孔子下, 欲與之言. 趨而辟之, 不得與之言.

접여는 거짓 미친 척하며 세상을 피해 사는 은자다. 공자가 들으라고 하는 말이 범상치 않음을 알 수 있다. 봉새는 평화로운 세상이 되면 나타난다는 새다. 봉새를 공자에 비유하기는 했으나 덕이 쇠한 날지 못하는 봉새로 규정지었다. 무력만 앞세우고 영토 확장과 백성 숫자 불리기에만 골몰하는 세태에 공자의 사상은 받아들여지지 않을 것임을 넌지시 암시하고 있다. 공자도 접여의 말을 알아듣고 급히 수레에서 내렸으나 접여는 빠르게 사라져 버렸다. 은자들이 가진 지혜를 듣고 싶은 공자는 뜻을 이루지 못했다.

장저와 걸익이 짝을 지어 밭을 갈고 있었다. 공자가 길을 지나가다가 그들을 보고 자로를 시켜 나루터를 물어보게 했다. 장저가 자로에게 물었다.

"저 수레 고삐를 잡고 있는 사람은 누구요?"

"공구라고 합니다."

"노나라 공구 말이오?"

"그렇습니다."

"그럼 나루터를 잘 알겠군."

장저가 더 이상 대꾸를 안 하자 자로는 걸익에게 물었다. 그러자 걸익이 나루는 가르쳐 주지 않고 이렇게 되물었다.

"그대는 누구인가?"

"중유라고 합니다."

"노나라 공구의 무리인가?"

"그렇습니다."

"지금 세상은 도도히 흘러가는 거센 물결과 같다. 누가 변역시킬 수 있으리오. 그대는 차라리 사람을 피하는 선비를 따르느니 세상을 피하는 선비를 따르는 게 낫지 않겠나?"

이 말을 끝으로 걸익은 밭에 김만 매고 자로를 거들떠보지도 않았다. 자로가 공자에게 돌아가서 아뢰자 공자가 낙담한 얼굴로 말했다.

"새와 짐승과 더불어 살 수는 없으니, 내가 사람의 무리와 살지 않으면 누구와 함께하리오. 천하에 도가 있다면 내가 굳이 변역시키려 들지도 않을 텐데."

長沮桀溺耦而耕, 孔子過之, 使子路問津焉. 長沮曰, "夫執輿者爲誰?" 子路曰, "爲孔丘." 曰, "是魯孔丘與?" 曰, "是也." 曰, "是知津矣." 問於桀溺. 桀溺曰, "子爲誰?" 曰, "爲仲由." 曰, "是魯孔丘之徒與?" 對曰, "然." 曰, "滔滔者天下皆是也, 而誰以易之? 且而與其從辟人之士也, 豈若從辟世之士哉?" 櫌而不輟. 子路行以告. 夫子憮然曰, "鳥獸不可與同羣, 吾非斯人之徒與而誰與? 天下有道, 丘不與易也."

평화로운 세상, 곧 세상에 도가 이루어졌다는 소문이 들려오기만 하면 저녁에 죽어도 좋다고 술회했던 공자의 절절함이 바로 느껴지는 일화다.

자로가 일행보다 뒤처져 가다가, 지팡이에 대나무 삼태기를 걸어서 매고 가는 어떤 노인을 만났다. 자로가 그 사람에게 물었다.

"혹시 우리 스승님을 보셨나요?"

"손과 발을 부지런히 움직이지 않으며, 오곡을 분간할 줄도 모르는 사람이 누구의 스승이 된단 말이오?"

노인은 지팡이를 땅에 심어 놓고 밭의 김을 맸다. 자로가 그 옆에 공손하게 손을 모으고 서 있으니까 노인이 자로를 집에 데리고 가서 묵게 했다. 닭을 잡고 기장밥도 지어서 자로에게 대접하고, 두 아들도 자로에게 인사를 시켰다. 다음 날, 자로가 공자를 만나서 아뢰자 공자가 말했다.

"은자로구나."

공자는 자로에게 되돌아가서 은자를 찾아보게 했는데 이미 어디론가 떠나고 없었다. 이에 자로가 말했다.

"벼슬을 살지 않는 건 군신의 의리를 저버리는 일이다. 어른과 아이를 구분하는 예절은 폐하지 않으면서 군신의 의리는 왜 폐한단 말인가. 이 사람은 자기 몸만 깨끗하게 할 욕심으로 큰 윤리를 어지럽혔다. 군자가 벼슬을 사는 것은 의리를 행하는 일이다. 세상에 도가 행해지지 않는 것은 우리 스승님이 이미 알고 계신다."

子路從而後, 遇丈人, 以杖荷蓧. 子路問曰, "子見夫子乎?" 丈人曰, "四體不勤, 五穀不分. 孰爲夫子?" 植其杖而芸. 子路拱而立. 止子路宿, 殺雞爲黍而食之, 見其二子焉. 明日, 子路行以告. 子曰, "隱者也." 使子路反見之. 至則行矣. 子路曰, "不仕無義. 長幼之節, 不可廢也, 君臣之義, 如之何其廢之? 欲絜其身, 而亂大倫. 君子之仕也, 行其義也. 道之不行, 已知之矣."

자로가 종적을 감춰 버린 은자에게 대놓고 불만을 터뜨렸다. 세상이 무도하다고 모두 산속으로 숨어 버리는 건 세상의 의리를 저버리는 일이라는 것. 자기 한 몸 깨끗하게 하자고 큰 윤리를 어지럽힌다고 공격했다. 은자가 아이들을 손님(자로)에게 인사시키는 장유유서(長幼有序)의 예절은 알면서, 세상에 나아가 경륜을 펴는 군신유의(君臣

有義)는 왜 모른 체하느냐는 논리를 폈다. 오랜만에 빛나는 자로의 논리가 등장했다. 같이 있던 다른 제자들도 감탄하여 이렇게 기록으로 남겼다.

세상에 초연한 '일민'은 백이, 숙제, 우중, 이일, 주장, 유하혜, 소련이라고 사람들이 말하자, 공자도 이렇게 말했다.

"자신의 뜻을 굽히지 않고 자신의 몸을 욕되게 하지 않은 사람은 백이와 숙제다. 유하혜와 소련으로 말하자면, 뜻을 굽히고 몸을 욕되게 했으나 말이 이치에 맞고 행동이 사람들 생각에 맞았다. 그 정도일 따름이다. 우중과 이일을 평가하자면, 숨어 살면서 말은 함부로 했으나 몸가짐이 깨끗했고, 벼슬을 살지 않음이 저울추처럼 균형이 있었다. 하지만 나는 이들과 다르다. 되는 것도 없고, 안 되는 것도 없다."

逸民, 伯夷, 叔齊, 虞仲, 夷逸, 朱張, 柳下惠, 少連. 子曰, "不降其志, 不辱其身, 伯夷叔齊與!" 謂柳下惠少連, 降志辱身矣, 言中倫, 行中慮, 其斯而已矣. 謂虞仲夷逸, 隱居放言, 身中淸, 廢中權. 我則異於是, 無可無不可."

공자는 은자와 일민을 높이 평가했다. 세상을 피하고 사람을 피하면서 자신의 뜻을 지키는 사람도 나쁘게 보지 않았다. 공자는 사람들의 단독자로서의 삶을 인정했다. 각득기소! 개개인의 삶을 가치 있게 만들어 주는 건 사람마다 다를 수밖에 없다. 다만 자기 자신의 삶은 다섯 글자로 정리했다. 무가무불가(無可無不可)! 되는 것도, 안 되는 것도 없다. 묘하게 편한 느낌을 주지 않는가? 고집스럽지 않은 평안. 되면 좋고, 안 돼도 좋고. 아니, 안 되면 더 좋고. 지금 원하던 것이 안 된다고 절망할 필요 없다. 새로운 삶이 늘 기다리고 있으니까.

태사인 지는 제나라로 가고, 아반인 간은 초나라로 가고, 삼반인 료는 채나라로 가고, 사반인 결은 진나라로 가고, 북 치는 방숙은 하내로 가고, 작은북을 흔드는 무는 한중으로 들어가고, 소사인 양(陽)과 경쇠를 치는 양(襄)은 바다의 섬으로 들어갔다.

大師摯適齊, 亞飯干適楚, 三飯繚適蔡, 四飯缺適秦, 鼓方叔入於河, 播鼗武入於漢, 少師陽, 擊磬襄, 入於海.

노나라의 모든 악사가 뿔뿔이 흩어졌다는 기록이다. 얼마나 무서운 기록인가? 가슴이 두근거리지 않는가? 태사는 악장이며 지휘자이다. 아반(亞飯)은 아침식사 때, 삼반(三飯)은 점심식사 때, 사반(四飯)은 저녁식사 때 임금의 식감을 돋우기 위해 연주를 하는 악사들이다. 그래서 다 밥을 뜻하는 '반' 자를 썼다. 요즘도 고급 요리점에 가면 현악사중주 같은 연주를 해주는 것을 볼 수 있다.

고(鼓)는 북잡이, 파도(播鼗)는 작은북을 흔드는 악사, 소사는 태사의 보좌이며, 격경(擊磬)은 경쇠를 연주하는 악사다. 여덟 명의 뛰어난 악사가 모두 노나라를 떠났다. 이것은 무얼 뜻하는 것일까? 그렇다. 노나라가 곧 망한다는 말과 같다. 음악이 사라지는 세상, 깜깜하지 않은가? 어느 나라를 막론하고 독재정권이 맨 먼저 탄압을 한 것은 음악이었다. 독재자가 가장 싫어하는 것이 자유와 평화이기 때문이다.

주공이 노공에게 말했다.

"군자는 가까운 사람을 함부로 하지 않으며, 큰 신하를 쓰지 않아 원망하게 하지 않고, 오랜 벗을 큰 문제가 아니면 버리지 않는다. 또 한 사람이 모든 것을 갖추기를 요구하지 않아야 한다."

周公謂魯公曰, "君子不施其親, 不使大臣怨乎不以. 故舊無大故, 則不棄也. 無求備於一人!"

노공은 백금(伯禽)인데 주공의 큰아들이다. 주공이 주나라의 수도에서 어린 조카인 성왕을 도와야 하므로 아들을 노나라에 제후로 보내야 했다. 아들을 보내면서 일러 준 네 가지는 한 나라의 지도자로서 지녀야 할 덕성에 대한 것이었다. 큰 임무를 맡아서 가는 아들을 위한 자애로운 아버지의 모습이 겹쳐진다. 지도자가 지녀야 할 훌륭한 덕성의 하나로, 마지막 말이 가슴에 와 닿는다.

"한 사람이 모든 걸 갖추기를 요구하지 말라!"

주나라에는 여덟 명의 선비가 있었다. 백달, 백괄, 중돌, 중홀, 숙야, 숙하, 계수, 계와 등이다.

周有八士, 伯達, 伯适, 仲突, 仲忽, 叔夜, 叔夏, 季隨, 季騧.

주나라에는 인재가 많았다는 기록인 듯하다. 〈논어〉에는 착간이 더러 있는데, 이 장도 그런 것 같다.

19

살아 계시니 모두의 영광이요, 돌아가시니 모두의 슬픔이라
자장

論語 人文學

자장이 말했다.

"사는 위험을 당했을 때 목숨 바칠 각오를 하며, 이득을 볼 때엔 의로운가를 생각하고, 제사엔 공경을 생각하고, 상례엔 슬픔을 다한다. 그것이 가능해야 한다."

子張曰, "士見危致命, 見得思義, 祭思敬, 喪思哀, 其可已矣."

공자가 기원전 6세기에 정립한 '사'라는 인물형은 제자들에게는 누구나 도달하고 싶은 경지였다. 일단 사가 되어야 대부도 되고 군자도 되고, 나아가 인자나 성인도 될 수 있었기 때문이다. 여기 자장의 발언은 스승 공자가 늘 얘기하던 사의 조건을 자기 나름대로 요약해 본 것이다.

자장이 말했다.

"덕을 잡음이 넓지 않고 도를 믿음이 독실하지 않다면, 무엇을 할 수 있으며 무엇을 할 수 없겠는가?"

子張曰, "執德不弘, 信道不篤, 焉能爲有? 焉能爲亡?"

덕은 두 눈을 크게 뜨고 세상을 똑바로 보는 관점이다. 도는 사람과 만물이 평화롭게 어울려 살아가는 세상을 지향하는 길이다. 세상을 보는 눈이 넓고 크지 않으면 외로워지고, 내가 살아갈 길의 지향에 대한 확신이 없다면 우왕좌왕 헤매기만 할 것이다. 이런 사람은 어떤 일을 할 수도 안 할 수도 없는 어정쩡한 삶을 살아가게 된다. 좀 심하게 말하자면 있으나 마나 한 사람이 된다.

자하의 문인이 자장에게 사람 사귐에 대하여 묻자 자장이 되물었다.

"너의 스승인 자하는 뭐라 하셨느냐?"

"괜찮은 사람이면 사귀고, 안 좋은 사람은 거절하라 하셨지요."

"오호, 내가 배운 것과는 다르구나. 군자는 어진 이를 높이고 대중을 포용하며, 잘하는 사람은 아름답게 여기고 부족한 사람은 불쌍하게 여긴다. 내가 크게 어질다면 어떤 사람인들 받아들이지 못할까. 만약 내가 어질지 않다면 다른 사람이 나와 사귀기를 거절할 텐데 어떻게 내가 다른 사람을 거절할 틈이 있으랴."

子夏之門人問交於子張. 子張曰, "子夏云何?" 對曰, "子夏曰, '可者與之, 其不可者拒之.'" 子張曰, "異乎吾所聞, 君子尊賢而容衆, 嘉善而矜不能. 我之大賢與, 於人何所不容? 我之不賢與, 人將拒我, 如之何其拒人也?"

사람 사귀는 도는 자장이 자하보다 한 수 위인 것 같다. 자하는 좀 엄숙하고 신중한 사람이었다. 자장은 배포가 크고 뜻이 넓고 높았다. 훤칠한 외모에 사람 사귀기를 좋아했다. 자장은 대중을 다 포용하는 '크게 어진 사람'이 되고자 했으나 동료들은 자장을 그렇게 평가해 주지 않았다. 동료들 가운데 누구도 자장의 '인'을 인정하지 않았던 것이다. 사람의 인품은 말로는 이루어지지 않음을 잘 보여 준다.

자하가 말했다.

"비록 작은 재주라도 반드시 볼만한 것이 있다. 다만 먼 길을 가는 데 방해가 될까 두려워 군자가 하지 않는 것이다."

子夏曰, "雖小道, 必有可觀者焉, 致遠恐泥, 是以君子不爲也."

작은 재주라는 '소도'와 먼 길을 간다는 '치원(致遠)'을 대비시켰다. 치원은 내가 일생의 목표로 삼고 있는 최고의 경지를 말한다. '10,000시간의 법칙'이라는 것이 있다. 어떤 한 가지 일을 집중하여 만 시간을 할 수만 있다면 반드시 일정한 성취를 얻는다는 것이다. 하루에 10시간을 집중한다고 해도 무려 3년을 꼬박 바쳐야 한다. 과연 먼 길이긴 하다. 하루에 5시간을 집중하면 6년, 2~3시간을 집중하면 10년이다. 좀 쉬엄쉬엄 가면 십 년은 걸리겠다. 그래서 그랬을까. 자하도 이것저것 작은 재주들을 익혀 놀면서 사는 삶도 볼만하긴 하지만, 정말 뭔가 원대한 것을 이루고자 한다면 길이 만만치 않다는 것을 인식하고 있었다.

자하가 말했다.

"날마다 나에게 없는 것을 알아 가고, 달마다 내가 할 수 있는 것을 잊지 않는다면, 배움을 좋아한다고 하겠다."

子夏曰, "日知其所亡, 月無忘其所能, 可謂好學也已矣."

내가 무지하다는 것을 인식함이 배움의 시작이다. 알면 알수록 더 알고 싶어진다. 나에게 없는 것들을 깨달아 가는 즐거움이 크기 때문이다. 날마다 새로운 앎도 필요하지만, 배워서 할 수 있게 된 것을 잊지 않는 것도 중요하다. 배운 모든 것을 의식하고 있을 필요는 없다. 다만 나에게 알맞은 것은 체화시켜야 한다. 달마다 잊지 않음은 내 몸과 마음에 익혀 둔 것을 한번 되새겨 본다는 뜻이다.

명말청초의 대학자인 고염무(顧炎武, 1613~1682년)는 〈일지록(日知錄)〉이란 책을 썼다. 일생을 바친 자신의 학술정치사상을 기록한 책에 여기 자하의 말을 따다 붙였다. 날마다 새로운 앎을 얻는다는 것이 너무 좋았던 모양이다. 고염무는 성리학의 공리공론을 비판하고 현실에 적절하게 대응하기 위한 실학을 강조했다.

자하가 말했다.

"널리 배우고 뜻을 독실하게 하며, 절실하게 묻고 가까이 있는 것부터 생각한다면, 인이 그 가운데에 있다."

子夏曰, "博學而篤志, 切問而近思, 仁在其中矣."

박학과 독지는 공자가 여러 번 얘기한 것의 반복이다. 자하가 발명한 것은 절문(切問)과 근사(近思)다. '절실한 물음'과 '가까운 생각'은 지금, 여기가 중요하다는 말이다. 먼 달나라의 이야기 말고 나에게 절실한 것을 배워야 하고, 지금 당장 내가 실천해야 할 일들을 생각하라는 것이다. 인의 실천은 그렇게 멀리 있지 않고 바로 내 곁에 있다는 말과 같다. 송나라의 대학자인 주자는 〈근사록(近思錄)〉을 엮었다. 북송시대의 철학자 주돈이, 정호, 정이, 장재의 저서에서 발췌한 글을 편집한 책이다. 주자가 자신이 편집한 책에 자하의 말을 따다 붙인 것은, 자하의 말이 그만큼 배우는 사람들에게 절실했던 까닭이다.

자하가 말했다.

"모든 공인은 공장에서 자기의 일을 완성하고, 군자는 배움으로 자기의 도를 이룬다."

子夏曰, "百工, 居肆以成其事, 君子, 學以致其道."

사람마다 자기가 목표한 바를 이루기 위해선 사용하는 도구와 길이 다르다는 이야기다.

자하가 말했다.

"소인은 허물이 있으면 반드시 변명을 한다."

子夏曰, "小人之過也, 必文."

문(文)은 무늬다. 잘 꾸며서 보기 좋게 하는 일이다. 그래서 변명이라고 해석했다. 자하의 이 말은, 우리가 일상생활에서 많이 겪는 일이다. 일이 벌어지면 누구나 자기 잘못을 일단 변명하고 싶어진다. 자기 잘못을 고치기는 꺼리고 자기 속이는 일은 꺼리지 않는 사람을 '소인'이라고 했다. 내 잘못을 변명한다고 내가 저지른 잘못이 줄어들지는 않는다. 자기가 저지른 잘못을 고치려 하지 않는 것, 그것이 진정한 잘못이라고 공자는 말했다. 자하는 스승의 말을 다른 방향에서 설명했다.

자하가 말했다.

"군자는 세 번 변화하는 것처럼 보인다. 멀리서 보면 엄숙하고 당당한데, 가까이서 보면 온화하고, 그 말을 들어 보면 명확하다."

子夏曰, "君子有三變, 望之儼然, 卽之也溫, 聽其言也厲."

멀리서는 얼굴빛을 분간하긴 어려워 보통 몸가짐을 보게 된다. 군자는 몸가짐이 당당하고 정돈되었다는 얘기다. 위엄이 넘치면 온화하지 않은 경우가 많다. 그런데 가까이서 얼굴을 보면 아주 따뜻하여 무슨 말이든 해도 잘 받아 줄 것처럼 보인다. 군자는 주저하거나 숨기거나 돌려서 말하지 않는다. 그러므로 목소리가 씩씩하고 말의 뜻이 명확하다. 목소리가 작고 뜻이 분명하지 않은 말은 뭔가 흠이 있거나 숨기는 것이 있어 그렇다.

자하가 말했다.

"군자는 신뢰를 얻은 뒤에 사람을 수고롭게 한다. 신뢰가 없는데 수고롭게 하면 사람들은 자기를 해친다고 여긴다. 윗사람에겐 신뢰를 얻은 뒤에 의견을 다툰다. 신뢰를 얻지 못하고 의견을 다투면 윗사람은 자기를 비방한다고 여긴다."

子夏曰, "君子信而後勞其民, 未信, 則以爲厲己也. 信而後諫, 未信, 則以爲謗己也."

윗사람이든 아랫사람이든 신뢰를 얻는 일의 중요성을 말했다. 신뢰하지 않는 사람의 말은 콩으로 메주를 쑨다고 해도 일단 불신하고 본다. 신뢰하는 사람의 말은 팥으로 메주를 쑨다고 해도 "그럴 수 있을까?" 하고 일단 긍정적으로 생각하게 된다. 사람이 '신(信)'이 없으면 수레에 말과 연결하는 멍에가 없는 것과 같다고 공자가 말한 적이 있다.

자하가 말했다.

"큰 덕이 한계를 넘지 않았다면, 작은 덕은 들쑥날쑥해도 괜찮다."

子夏曰, "大德不踰閑, 小德出入可也."

큰 덕과 작은 덕을 무엇으로 규정하든지 관계없이 자하의 이 말은 허점이 많다. 큰일을 이루기 위해선 작은 희생이 따를 수도 있다는 말과 같다. 그러나 이건 지배자의 논리로 악용될 소지가 크다. 국민 전체의 행복을 위해서 몇몇 국민은 불행해도 좋다는 논리도 가능하기 때문이다. 나라 전체의 경제를 성장시켜야 되므로 개인의 가난은 좀 참으라는 경제성장 지상주의자의 말도 여기에 해당한다.

12

자유가 말했다.

"자하의 제자들은 '물 뿌리고 청소하고 손님 접대하고 나아가고 물러나는' 예절은 좋다. 하지만 그것은 배움의 가지이니 뿌리가 없으면 어찌하려는가?"

자하가 그 말을 듣고 말했다.

"아아! 언유(언언/자유)**의 말이 지나치구나! 군자의 도는 무엇을 먼저 전하고 무엇을 나중에 전한단 말인가? 초목에 비유하면 각각 종류가 있어서 다른 것과 같으니 군자의 도를 어찌 속일 수 있으랴? 처음이 있고 끝이 있는 이는 오직 성인이다!"**

子游曰, "子夏之門人小子, 當灑掃應對進退, 則可矣, 抑末也. 本之則無如之何?" 子夏聞之, 曰, "噫! 言游過矣! 君子之道, 孰先傳焉? 孰後倦焉? 譬諸草木, 區以別矣. 君子之道, 焉可誣也? 有始有卒者, 其唯聖人乎!"

'쇄소응대진퇴(灑掃應對進退)'는 학생들이 학교에 들어가면 가장 먼저 배워 실천해야 할 일이었다. 청소하고 사람 사귀고 자기 몸가짐의 예절을 아는 것, 그것이 쇄소응대진퇴이다. 자유는 이것은 가지에 불과하니 그것만 잘해선 안 된다고 주장을 했고, 자하는 가지와 뿌리는 모두 초목의 다른 부분일 뿐 결국 한 몸이라는 주장을 펴고 있다.

그런데 성인이라야 가지가 곧 뿌리이고 뿌리가 곧 가지인 모습을 보일 수 있다. 아직 어린 제자들은 성인이 아니므로 가지를 익히고 점차 뿌리로 나아가야 한다는 것이 자하의 생각이다. 쇄소응대진퇴가 뿌리가 아닌 것은 맞지만, 쇄소응대진퇴가 군자의 도가 아니라고 속여서도 안 된다고 자하는 주장했다. 여기서는 자유가 자하에게 한 방 먹었다.

자하가 말했다.

"벼슬을 살면서 여유가 있으면 배워라. 배우면서 여유가 있으면 벼슬을 살아라."

子夏曰, "仕而優則學, 學而優則仕."

벼슬을 사는 일과 배우는 일은 따로 떨어져 있지 않다. 예를 들어, 교사가 대학을 졸업하고 교사자격증을 따고도 늘 배우러 다니는 이유가 거기 있다. 많이 배울수록 더 잘 가르칠 수 있기 때문이다. 역으로, 잘 가르치기 위해선 더 많이 배워야 한다. 그러니 사실 '여유가 있으면'이 아니라 '여유를 만들어' 벼슬을 살고 공부를 하는 게 맞다. 자하의 이 말은 천자문에 학우등사(學優登仕)로 인용되었다.

자유가 말했다.

"상례는 슬픔이 지극하면 그것으로 충분하다."

子游曰, "喪致乎哀而止."

자유가 스승 공자의 말을 반복하였다. 근데 좀 지나친 감이 있다. 상례의 핵심이 슬픔이긴 하지만 적절한 예절이 갖춰지면 더 좋을 것이다.

자유가 말했다.

"나의 벗인 자장은 어려운 일을 잘 해낸다. 그러나 아직 인하다고는 못하겠다."

증자가 말했다.

"당당하구나, 자장이여. 하지만 나란히 인을 실천하기는 어렵구나."

子游曰, "吾友張也, 爲難能也, 然而未仁." 曾子曰, "堂堂乎張也, 難與並爲仁矣."

자유는 자장보다 두 살이 많았고, 증자는 자장보다 한 살 많았다. 그러나 동문수학한 사이로서 '벗'이라 호명한다. 자장은 배포가 크고 뜻이 높으며, 스승에게도 큰 질문들을 잘했다. 자유도 어려운 일을 시원시원하게 해내는 자장을 높게 평가하고 있다. 벗은 서로 인의 실천을 돕는 관계다. 한쪽이 힘든 관계여선 안 된다. 그러자면 벗에 대한 정확한 인식은 꼭 필요하고, 사귐을 지속할지를 생각해야만 한다.

증자가 말했다.

"내가 스승님께 들으니 '사람은 스스로 알아서 정성을 다하는 일이 드문데, 반드시 부모님 상에는 정성을 그만두지 못한다'고 하셨다."

이 말을 이어 증자가 또 말했다.

"내가 스승님께 들으니 '맹장자의 효가 다른 거야 누구든 가능하지만, 자기 아버지의 신하와 아버지의 정치를 고치지 않은 일은 누구나 하기 어렵다'고 하셨다."

曾子曰, "吾聞諸夫子, 人未有自致者也, 必也親喪乎!" 曾子曰, "吾聞諸夫子, 孟莊子之孝也, 其他可能也, 其不改父之臣與父之政, 是難能也."

증자가 공자에게 들은 이야기를 자기 제자들에게 들려주고 있다. '자치(自致)'는 누가 시키지 않았는데도 스스로 온 정성을 다하는 걸 말한다. 사람이 자치를 하는 경우는 매우 드문데 부모님의 상을 당하면 저절로 정성을 다하게 된다고 했다. 그 사례로 맹장자의 이야기를 들었다. 아버지인 맹헌자가 죽은 뒤에 맹장자는 아버지가 쓰던 신하를 그대로 쓰고, 아버지의 정책을 그대로 계승했다. 자기 사람, 자기 정책으로 하루아침에 바꾸고 싶을 텐데 그러지 않기는 몹시 어렵다고 공자는 말했다.

맹씨가 양부를 사사로 삼았다. 양부가 증자에게 임무를 잘하려면 어떡하면 되겠느냐고 묻자 증자가 대답했다.

"윗사람이 도를 잃어 백성이 흩어지고 죄를 범한 지 오래되었다. 만일 그 실정을 자세히 안다면 슬퍼하고 불쌍히 여겨야지, 기뻐하지 말라!"

孟氏使陽膚爲士師, 問於曾子. 曾子曰, "上失其道, 民散久矣. 如得其情, 則哀矜而勿喜!"

사사는 감옥을 관리하는 책임자다. 양부는 증자의 제자였다. 감옥에 잡혀 온 백성들은 그들의 잘못이 아니라 윗사람의 실정이 그렇게 만들었다는 증자의 진단이다. 따라서 "양부 너는 옥살이 하는 백성들을 불쌍히 여기고 잘 돌볼 걱정을 해야지, 네가 관리가 되었다고 기뻐할 일이 아니다"라는 가르침이었다. 증자의 애민사상을 보여 주는 구절이다.

자공이 말했다.

"주(紂)의 불선은 지금 사람들이 욕하는 것처럼 심하지 않았을 수도 있다. 그래서 군자는 하류에 거처하는 걸 싫어한다. 천하의 악이 모두 모여들기 때문이다."

子貢曰, "紂之不善, 不如是之甚也. 是以君子惡居下流, 天下之惡皆歸焉."

은나라 마지막 임금인 주는 세상 패악의 대명사다. 가장 나쁜 일을 빗대어 얘기할 때 누구보다 먼저 떠오르는 인물이 되었다. 20세기의 히틀러라고나 할까. 자공은 주가 실제로 저지른 패악보다 더 나쁘게 포장되었다고 본다. 왜냐하면 세상의 모든 패악이 주의 몸에 모이도록 악의 상징이 되었기 때문이다. 그것을 '하류'라고 표현했다. 물은 낮은 곳으로 흘러들어 모인다.

바다는 모든 것을 '받아'들여 바다라고 부른다는 말이 있다. 이것은 포용성이지만, 주는 패악의 바다였으니 결코 좋은 의미가 아니다. 한번 나쁜 상징이 되면 헤어나기가 어렵다. 그래서 군자는 '하류'가 되는 걸 싫어한다는 것. 여러 일상에서 많이 조심해야 할 일이다. 나는 어떤 일에서 하류가 되고 있지는 않은지.

자공이 말했다.

"군자의 허물은 일식이나 월식 같아서 허물이 있으면 사람들이 모두 알게 된다. 하지만 허물을 고치기만 하면 사람들이 모두 우러러보게 된다."

子貢曰, "君子之過也, 如日月之食焉, 過也, 人皆見之, 更也, 人皆仰之."

자공 마음속의 군자는 바로 공자다. 자공에게 공자는 저 하늘의 해나 달과 같은 존재였다. 공자도 허물이 없을 수 없는데, 공자의 허물은 마치 일식이나 월식과 같아서 누구나 다 알게 된다. 그런데 공자는 조금도 머뭇거리지 않고 바로 허물을 고쳤고, 해와 달이 다시 빛을 뿌리니 세상 사람들이 다 우러러보게 된다는 것.

자공은 이런 말도 하고 싶었으리라. "일식과 월식이 순식간에 지나가듯 허물이 있으면 빨리 고쳐야 한다. 마치 뜨거운 물에 손이 닿으면 재빨리 치우듯이."

위나라 대부인 공손조가 자공에게 물었다.

"중니는 어떤 공부를 했나요?"

"문왕과 무왕의 도가 아직 땅에 떨어지지 않고 사람들에게 있습니다. 현명한 사람은 큰 것을 기억하고 있고, 덜 현명한 사람은 작은 것을 기억하고 있지요. 하지만 크나 작으나 모두 문왕과 무왕의 도입니다. 우리 스승님이 무엇을 배우지 않으셨을까요? 일상에 스승이 많으니 배우는 데 무슨 어려움이 있겠습니까?"

衛公孫朝問於子貢曰, "仲尼焉學?" 子貢曰, "文武之道, 未墜於地, 在人. 賢者識其大者, 不賢者識其小者. 莫不有文武之道焉. 夫子焉不學? 而亦何常師之有?"

중니는 공자의 자다. 공손조는 제자인 자공 앞에서 스승을 '자'로 부르는 자체가 이미 공자를 낮춰 보는 마음이 있다. 게다가 "뭘 배웠느냐?"고 묻는 말도 몹시 거만하다. 자공으로선 기분이 나쁘지만 정성껏 대답을 해줬다. 문왕과 무왕은 은나라를 멸망시키고 주나라의 문화를 만든 장본인들이다. 공자와 약 600년의 시차가 있으나 크고 작은 문화가 그대로 다 남아 있으니 어디선들 다 배울 수 있다고 했다. '상사(常師)'라는 말이 그것을 나타낸다. 항상 만나는 스승, 일상의 스승, 좀 더 나아가 누구나의 스승이라고도 할 수 있다.

따라서 공자의 배움은 뭐 특별한 것이 아니라 바로 지금 우리의 문화를 배웠고, 그 문화를 좀 더 발전시키려는 것일 뿐이라고 대답해 준 것이다. 자공의 말은 그러니까 "공손조, 임마! 뭐 특별한 것인 줄 아냐? 니가 무식해서 모르는 거야!" 정도로 보면 되겠다.

숙손무숙이 조정에서 대부들에게 말했다.

"자공이 중니보다 낫다."

자복경백이 그 말을 자공에게 알리자 자공이 말했다.

"궁궐의 담에 비유하자면 나의 담장은 어깨 높이라 집안의 좋은 것들을 누구나 엿볼 수 있소. 그런데 우리 스승님의 담장은 몇 길이나 되니 대문을 열고 들어가지 않으면 종묘의 아름다움이며 백관의 풍부함을 볼 수가 없소. 하지만 그 대문을 얻은 자가 아주 적으니, 숙손무숙의 말이 참으로 마땅하지 않소."

자공의 말을 전해 들은 숙손무숙은 자신의 말을 취소하지 않고 여전히 공자를 헐뜯었다. 이에 자공이 말했다.

"그러지 마시오! 중니는 헐뜯을 수 있는 사람이 아니오. 다른 사람의 어짊은 언덕 같아서 넘어갈 수 있지만, 중니는 해와 달이니 넘어갈 수가 없소. 사람들이 비록 스스로 끊고자 해도 해와 달에 무슨 영향을 줄 수 있겠소. 오히려 자신의 헤아림이 부족함과 무지함만 알게 될 것이오."

叔孫武叔語大夫於朝曰, "子貢賢於仲尼." 子服景伯以告子貢. 子貢曰, "譬之宮牆, 賜之牆也及肩, 闚見室家之好. 夫子之牆數仞, 不得其門而入, 不見宗廟之美, 百官之富. 得其門者或寡矣. 夫子之云, 不亦宜乎!"
叔孫武叔毁仲尼. 子貢曰, "無以爲也! 仲尼不可毁也. 他人之賢者, 丘陵也, 猶可踰也, 仲尼, 日月也, 無得而踰焉. 人雖欲自絶, 其何傷於日月乎? 多見其不知量也."

공자가 죽고 자공이 시묘살이를 하고 있을 때 일인 것 같다. 숙손무숙은 숙주구(叔州仇)라는 인물이다. 자공은 돈도 많고 뛰어난 언변을 자랑하는데다가 나이도 젊은데 공자의 무덤 옆에서 6년이나 시묘살이를 했다. 사람들이 경탄할 수밖에 없었다. 그러니 스승인 공자보다도 더 훌륭하게 보일 만했다.

자공은 자기를 크게 낮추지 않으면서도 스승을 한없이 높였다. 자공이 언젠가 공자와 대화하는 자리에서 안연은 하나를 들으면 열을 알지만 자신은 하나를 들으면 둘 정도는 안다고 말했던 자긍심을 여기서도 볼 수 있다. 자신을 비하하는 사람은 그 진실성이 의심스러운데 자공에겐 그런 것이 없다.

자공은 말한다. "나의 담장도 어깨 높이는 된다. 그러나 공자의 담장은 수인(數仞)이나 된다." 인(仞)은 일곱 자이니 수인이면 매우 높아서 담장 안을 들여다볼 수가 없다. 종묘와 백관은 한 나라의 궁궐 안에 갖고 있는 최대의 보물들이다. 공자의 궁궐로 들어갈 수 있는 사람은 몇 명 없으니 숙주구는 당연히 공자의 궁궐에 들어가 본 적이 없다. 따라서 숙주구가 공자의 아름다움에 대해 모르는 것이 마땅하다는 논리가 성립한다. 반박이 불가능할 정도로 조리가 정연한 솜씨다. 말을 전해 들은 숙주구는 얼굴이 확확 달아올랐을 것이다. 말이 가벼우면 후회는 무거운 법이다.

그러나 숙주구는 공자를 깔보는 일을 멈추지 않았다. 그 정도면 소인도 보통 소인이 아니다. 자공도 더 이상 대꾸할 필요가 없을 텐데 한마디를 더 했다. 공자는 해나 달과 같다는 이야기를 해준다. 자공의 말투가 좀 거칠어졌다. 헐뜯기로 작정한 사람과의 대화는 이 정도에서 끝내야 할 것이다.

진자금이 자공에게 말했다.

"선생님이 공손해서 그렇지, 중니가 어찌 선생님보다 낫겠습니까?"

"군자는 한마디 말로 아는 사람이 되기도 하고, 한마디 말로 무지한 사람이 되기도 하니, 말을 참으로 조심해야 한다. 스승님에게 내가 미칠 수 없는 건 하늘에 사다리 놓고 못 올라가는 것과 같다. 만약 스승님이 나라 다스릴 기회를 얻었다면, 세우면 서고 이끌면 실천되어 삶이 편안하니 사람들이 모여들고 움직임마다 다 화목할 것이다. 살아 계시니 모두의 영광이요, 돌아가시니 모두의 슬픔이라. 내가 어떻게 미칠 수 있는 경지겠는가!"

陳子禽謂子貢曰, "子爲恭也, 仲尼豈賢於子乎?" 子貢曰, "君子一言以爲知, 一言以爲不知, 言不可不愼也. 夫子之不可及也, 猶天之不可階而升也. 夫子之得邦家者, 所謂立之斯立, 道之斯行, 綏之斯來, 動之斯和. 其生也榮, 其死也哀, 如之何其可及也?"

진자금은 앞에서 나온 진항과 같은 인물이다. 공자의 아들 백어에게 삐딱한 질문을 했던 그 인물이다. 공자가 죽은 뒤에 자공에게 뭔가 아첨하고 싶은 마음이 있었던 모양이다. 그러나 자공에게 '무지한 사람'이란 소리만 듣고 말았다. 자공이 공자를 높이는 마음은 진정에서 우러나왔으며, 그 뛰어난 언변으로 공자를 전설로 만들었다.

"살아 계시니 모두의 영광이요, 돌아가시니 모두의 슬픔이라(其生也榮, 其死也哀)"는 자공의 말은 종교적인 성스러움마저 느껴진다.

예를 알고 언어를 알면 천명도 알게 된다

요왈

요가 순에게 천하를 넘겨주면서 말했다.

"아! 너, 순아! 하늘의 차례가 네 몸에 있구나. 진실로 그 중용의 덕을 잡아라. 사해가 곤궁하면 천록이 영영 끊어지리라."

순도 요와 똑같은 말로 우에게 천하를 넘겨줬다. 우의 하나라는 마지막 임금인 걸이 포학하여 탕이 걸을 몰아내고 상나라를 세웠다. 탕이 말했다.

"나 부족한 리(履)는 검은 짐승을 희생으로 바치며 감히 하늘에 계신 상제께 고합니다. 죄 있는 이를 감히 사면하지 않겠으며 상제의 신하를 버리지 않겠으니, 선택하심은 상제의 마음이십니다. 제 몸에 죄가 있을 뿐 세상에는 죄가 없습니다. 만약 세상에 죄가 생긴다면 그것 또한 저의 죄입니다."

탕이 세운 상(商=殷)나라는 마지막 임금인 주가 포학하여 무왕이 몰아내고 주나라를 세웠다. 무왕이 세상에 크게 베푸니 착한 사람들이 부유해졌다. 무왕이 말했다.

"은나라의 폭군인 '주'에게는 비록 가까운 친척이 많았으나 우리 주나라의 어진 사람만 못하다. 백성들에 허물이 있다면 그 책임은 나 한 사람에게 있다."

그리고 무왕은 이런 일들을 실행했다. 저울과 되질을 조심하게 하고, 법도를 잘 살피게 하고, 없어진 관직을 새롭게 정비하니 사방의 정치가 잘 행해졌다. 망한 제후국을 다시 일으키고, 끊어진 집안의 대를 이어 주고, 숨은 인재를 뽑아 쓰니 천하의 민심이 모여들었다. 아주 소중하게 여긴 것은 백성들의 먹을 것과 상례와 제례였다. 군주가 너그러우면 무리를 얻고, 신뢰가 있으면 백성들이 자신을 맡기며, 민첩하면 공이 있고, 공정하면 백성들이 기뻐한다.

堯曰, "咨! 爾舜! 天之曆數在爾躬, 允執其中. 四海困窮, 天祿永終." 舜亦以命禹. 曰, "予小子履敢用玄牡, 敢昭告于皇皇后帝, 有罪不敢赦. 帝臣不蔽, 簡在帝心. 朕躬有罪, 無以萬方, 萬方有罪, 罪在朕躬." 周有大賚, 善人是富. "雖有周親, 不如仁人. 百姓有過, 在予一人." 謹權量, 審法度, 脩廢官, 四方之政行焉. 興滅國, 繼絶世, 擧逸民, 天下之民歸心焉. 所重, 民食喪祭. 寬則得衆, 信則民任焉, 敏則有功, 公則說.

'요순우탕문무'로 이어지는 중국천하의 지도자에 대한 이야기를 요약해서 보여 준다. 세상의 평화는 지도자 자신의 책임이 가장 크다는 얘기를 하고 있다. 주나라까지는 아직 '수장'의 의미가 살아 있다. 사회에 최대한 기여를 하되 권력은 갖지 않는 지도자. 공자의 이상은 거기에 맞춰져 있었다. 그러나 공자가 살던 시대는 부국강병이 시대 이념이었다. 강력한 전제국가의 탄생을 앞두고 있었으므로 공자의 사상은 군주들에게 받아들여지기 어려웠다.

그러나 2,500년이 지난 지금, 여기는 어떠한가. 국가가 과연 국민의 삶을 평화롭게 만드는 기구인가? 인디언들은 왜 그토록 국가의 탄생을 저지하려 했을까? 절대 권력은 절대 부패한다. 국가라는 무소불위의 권력체계는 지배자의 권익에 봉사하는 길을 늘 선택해 왔다. 이 시점에서 우리는 새로운 물음을 던질 필요가 있다. 그것이 오래전의 〈논어〉를 지금 다시 이야기하는 까닭이기도 하다.

자장이 공자에게 여쭈었다.

"어찌하면 정치를 잘할 수 있습니까?"

"다섯 가지 아름다움을 높이고 네 가지 악을 물리치면 정치를 잘할 수 있지."

"무엇이 다섯 가지 아름다움입니까?"

"군자는 은혜롭되 낭비하지 않으며, 수고롭게 하되 원망받지 않으며, 욕심을 부려도 탐심은 없으며, 태연하되 교만하지 않으며, 위엄은 있되 사납지 않다."

"무엇이 은혜롭되 낭비하지 않는 것입니까?"

"사람들이 이롭게 여기는 것에 근거하여 이롭게 해주니, 은혜롭되 낭비하지 않음이 아니겠느냐. 수고롭게 할 만한 것을 가려 수고롭게 하니, 누가 원망할까. 인을 실천하고자 욕심을 내서 인을 얻었으니, 어찌 탐욕이라 하겠는가. 많든 적든 작든 크든 감히 거만함이 없으니, 태연하고 교만하지 않음이다. 의관을 바로하고 보는 것을 단정하게 하고 엄숙하여 사람들이 바라보며 외경스러워하니, 위엄이 있되 사납지 않음이구나."

"무엇이 네 가지 악입니까?"

"가르치지 않고 죽음으로 내모는 것을 모질다(虐) 하고, 주의를 줌도 없이 갑자기 완성하라고 몰아치는 것을 사납다(暴) 하고, 명령은 게으르면서 기일은 각박하게 주는 것을 해친다(賊) 하고, 똑같이 주면서 출납을 인색하게 하는 것을 유사(有司)라 한다.

子張問於孔子曰, "何如斯可以從政矣?" 子曰, "尊五美, 屛四惡, 斯可以從政矣." 子張曰, "何謂五美?" 子曰, "君子惠而不費, 勞而不怨, 欲而不貪, 泰而不驕, 威而不猛." 子張曰, "何謂惠而不費?" 子曰, "因民之所利而利之, 斯不亦惠而不費乎? 擇可勞而勞之, 又誰怨? 欲仁而得仁, 又焉貪? 君子無衆寡, 無小大, 無敢慢, 斯不亦泰而不驕乎? 君子正其衣冠, 尊其瞻視, 儼然人望而畏之, 斯不亦威而不猛乎?" 子張曰, "何謂四惡?" 子曰, "不教而殺謂之虐, 不戒視成謂之暴, 慢令致期謂之賊, 猶之與人也, 出納之吝謂之有司."

〈논어〉 전편의 마지막 대화를 가장 어린 제자인 자장과 나누는 것으로 마무리했다. 〈논어〉 편집자들의 재치를 볼 수 있다. 마치 〈주역〉

에서 마지막 괘를 미제(未濟)로 둔 것과 비슷하다는 생각이 든다. 미제는 "아직 건너지 못했다"는 뜻으로, 위의 소성괘는 불이고 아래의 소성괘는 물이다. 불이 아래에 있으면 꺼지지만 위에 있으니 꺼지지 않는다. 그래서 화수미제괘는 세상의 변화가 완결되지 않고 계속 진행 중임을 나타낸다.

자장은 공자가 죽었을 때 25살이었다. 신체는 완성되었으나 정신적인 삶은 이제 출발점에 서 있다. 마치 〈주역〉의 마지막 괘인 미제처럼, 삶의 파란만장한 길을 아직 건너지 않은 상태인 것이다.

대화의 주제도 '정치'라는 것이 의미심장하다. 우리 삶의 하나하나가 정치 아닌 것이 있으랴. 공자는 '오미사악(五美四惡)'을 말했지만, 세상의 아름다움이 어디 다섯뿐이고 세상의 악이 어디 넷뿐이랴. 수많은 아름다움과 수많은 악이 세상에 들끓고 있다. 정치란 아름다움을 더욱 빛나게 하고 악을 가능한 대로 없애 나가는 일이다.

공자가 말했다.

"천명을 모르면 군자가 될 수 없으며, 예를 모르면 사람으로 설 수가 없고, 언어를 모르면 사람을 알 수가 없다."

孔子曰, "不知命, 無以爲君子也, 不知禮, 無以立也, 不知言, 無以知人也."

아주 간결한 공자 말씀으로 〈논어〉의 막을 내렸다. 천명과 예와 언어! 공자 철학의 처음과 끝은 군자가 되는 길을 깨닫고 실천하는 것이다. 그런데 군자가 되려면 천명을 알아야 한다고 공자는 전제했다. 천명은 하늘이 사람에게 내린 명령이다. 천명이라는 형이상학의 개념을 삶에 구체화시켜 주는 것이 뒤에 덧붙인 예와 언어이다.

예는 때와 장소, 대상에 따라 수시로 변화하는 소통의 도구다. 고정관념과 선입견의 틀을 깨고 타자의 상태를 공감하는 과정이기도 하다. 세상의 혼돈에 질서를 잡아 주는 것이 예이기도 하다. 그러니 예를 모르면 사람다운 사람으로 설 수 없음이 분명하다. 그런데 예의 구체화에는 또 언어가 큰 역할을 하게 된다. 우리는 온갖 감각기관으로 타자와 교감을 하지만 언어의 규정력은 몹시 크다. 오죽하면 독일 철학자 하이데거는 언어를 '존재의 집'이라고 했겠는가. 어떤 사람의 언어는 그 사람을 규정한다. 따라서 우리는 언어를 알아야만 사람을 실질적으로 안다고 할 수 있다.

최근에 대한민국 국회에서 192시간의 필리버스터가 있었다. 필리버스터는 합법적으로 의사진행을 방해하기 위한 무제한 토론이다. 야당 의원 38명이 짧게는 58분에서 길게는 12시간 31분까지 쉬지 않고 '말'을 했다. 여당 소속인 국회의장이 국가비상사태라고 본회의에 직권상정한 테러방지법의 표결을 방해하기 위한 방법이었다. 여기서 우리는 말의 중요성을 알게 된다.

민주주의는 총칼이 아니라 말로 토론하고 싸울 수 있을 때 정착된다. 다수당인 여당의 횡포에 맞서 야당은 192시간의 토론을 벌였다. 이 수많은 말들 속에 우리는 그 사람이 어떤 사람인지 자연스럽게 파악하게 된다. 국민 대부분이 이해할 수 없는 '국가비상사태'라는 말을 한 국회의장, 정당하게 합법적인 발언을 하는 국회의원에게 삿대질을 하면서 비아냥거리는 어떤 여당의 국회의원, 저리는 발을 참아 가며 10시간 넘게 말을 하다가 결국 울먹이던 어떤 여성의원. 그들의 말은 곧 그들의 사람됨을 너무나 잘 알려 준다.

그러므로 여기 공자가 "말을 모르면 사람을 알 수 없다"라고 한 말은 뒤집으면 "사람을 알려면 그 사람의 말을 들어 봐라"가 되겠다. 이렇게 언어를 통해 존재를 파악하고, 예를 통해 공감하고 소통하는 삶이 군자의 삶으로 가는 길이다. 나는 지금 어떤 길 위에 서 있는가?

〈끝〉